Jörn Albrecht
Literarische Übersetzung

Jörn Albrecht

Literarische Übersetzung

Geschichte – Theorie – Kulturelle Wirkung

Wissenschaftliche Buchgesellschaft
Darmstadt

Einbandgestaltung: Neil McBeath, Stuttgart.

Die Deutsche Bibliothek – CIP-Einheitsaufnahme

Albrecht, Jörn:
Literarische Übersetzung: Geschichte, Theorie,
kulturelle Wirkung / Jörn Albrecht. – Darmstadt:
Wiss. Buchges., 1998
ISBN 3-534-10915-5

Bestellnummer 10915-5

Das Werk ist in allen seinen Teilen urheberrechtlich geschützt.
Jede Verwertung ist ohne Zustimmung des Verlages unzulässig.
Das gilt insbesondere für Vervielfältigungen,
Übersetzungen, Mikroverfilmungen und die Einspeicherung in
und Verarbeitung durch elektronische Systeme.

© 1998 by Wissenschaftliche Buchgesellschaft, Darmstadt
Gedruckt auf säurefreiem und alterungsbeständigem Offsetpapier
Reproduktionsfähige Druckvorlagenerstellung: Anna Körkel und Katrin Zuschlag
Druck und Einband: Druckhaus Beltz, Hemsbach
Printed in Germany

ISBN 3-534-10915-5

Inhalt

Zur Einführung 9

I   Zur Theorie und Geschichte des Übersetzens

1   Der Turmbau zu Babel: Wahrnehmung und Bewältigung des Problems der Sprachenvielfalt im Lauf der Geschichte 23

1.1 Die frühesten Zeugnisse von der Tätigkeit der Dolmetscher und Übersetzer 25

1.2 Dolmetschen, Übersetzen, Verdeutschen usw. Die Bezeichnungen für Sprachmittler und Sprachmittlung in der westlichen Welt 37

1.3 Die Dokumentation der sprachmittlerischen Tätigkeit: Übersetzungsbibliographien und Ähnliches 42

2   Kurzer Abriß der Geschichte der Übersetzungstheorie und Übersetzungspraxis 47

2.1 Überblick über die vorhandene Literatur 49

2.2 Cicero, Horaz, Hieronymus und die Folgen 53

2.3 So treu wie möglich, so frei wie nötig 61

2.4 Einbürgerung vs. Verfremdung 69

2.4.1 Les belles infidèles 76

2.4.2 Die »Wende« der europäischen Übersetzungsgeschichte im Zeichen der Romantik und des Historismus 84

2.5 Von der Rhetorik zur Stilistik: Der Stil als Invariante der Übersetzung 88

2.6 Alternde Übersetzungen und ewige junge Originale 101

3   Die Übersetzung der Bibel 110

3.1 Die aporetische Situation der Bibelübersetzer 115

3.2 Die Reformation als »Motor« der Übersetzungsgeschichte 127

3.3 Die Bibel als heiliger Text und literarisches Kunstwerk............... 131

4 Übersetzen und Sprachwandel: Die Beeinflussung der
 Zielsprache durch die Übersetzertätigkeit................................... 139
4.1 Die »äußeren Grenzen« der Übersetzung.................................... 141
4.2 »Vertikales« und »horizontales« Übersetzen............................... 143
4.3 Vom Nutzen und Nachteil der Übersetzung für die Sprache....... 147
4.3.1 Einige ausgewählte Beispiele.. 154

II Literatur aus zweiter Hand: Literarischer Austausch im Spiegel der Übersetzungen

5 Nationalliteratur und »Weltliteratur«... 161
5.1 Zur Genese des Begriffs »Weltliteratur«..................................... 165
5.2 Literaturgeschichte, Literaturwissenschaft, vergleichende
 Literaturwissenschaft: Der Beitrag dieser Disziplinen zur
 Übersetzungstheorie und –praxis.. 172
5.3 »Übersetzungsliteratur«.. 182
5.4 Die Stellung der Übersetzungsliteratur im »literarischen
 Polysystem«.. 191

6 Vom literarischen Kanon zum literarischen Markt..................... 199
6.1 Der Begriff des „Kanons". Einige historische Beispiele............. 202
6.2 Schulanthologien und »Leselisten«... 215
6.3 Literaturkritik und Übersetzungskritik.. 227
6.4 Literarische Ranglisten als Ausdruck des »Tauschwerts«:
 Vorläufige Bemerkungen zum »literarischen Wechselkurs«....... 233

7 Die Übersetzung im weiteren Sinn... 243
7.1 Traditionelle Bezeichnungen für freiere Formen des
 Übersetzens 244

7.2 Die Übersetzungsstrategie als Funktion des Texttyps und des Übersetzungszwecks 255
7.3 Die »inneren Grenzen« der Übersetzung 262

8 Übersetzer und Übersetzung im Literaturbetrieb 270
8.1 Gibt es ein »Berufsbild« des Literaturübersetzers? 273
8.2 Bekannte Schriftsteller als Übersetzer 279
8.2.1 Exkurs: Übersetzer und Übersetzen in der Literatur 288
8.3 Die Verbreitung der Kenntnis fremder Länder und Sprachen und ihre Auswirkung auf Erwartungen und Bedürfnisse des Lesepublikums 290

9 Die Nationalliteraturen im Spiegel der Übersetzungen 294
9.1 Italien 295
9.2 Frankreich 303
9.3 Spanien und seine iberischen Nachbarn 310
9.4 Großbritannien und Irland 318
9.5 Deutschland, Österreich, Schweiz 325
9.6 Ein Blick in andere Länder und Sprachräume 330

10 Die literarische Handelsbilanz im Spiegel der Übersetzungen 336
10.1 Von den Veränderungen der Richtung und der Mächtigkeit der »Übersetzungsströme« im Laufe der Zeit 336
10.2 Die Übersetzungsgeschichte als Spiegel der Beständigkeit und Unbeständigkeit des Interesses an Werken und Autoren 338
10.3 Ausblick: Über die wechselseitige Abhängigkeit von literarischem Erfolg und literarischer Übersetzung 340

Literatur 344

Namenregister 357

Zur Einführung

„Haben Sie den neuen Eco schon gelesen?" „Welchen neuen Eco?" „*Das Foucaultsche Pendel.*" „Das habe ich mir letztes Jahr gekauft. Ich habe sofort angefangen, es zu lesen; ich muß allerdings gestehen, daß ich mit der Lektüre nicht so recht vorangekommen bin." „Das kann aber nicht stimmen, das Buch ist ja erst gestern erschienen!" „Dann liegt ein Mißverständnis vor. Ich dachte an Ecos Roman, Sie sprechen von der deutschen Übersetzung."

Ich erinnere mich recht gut an diese Unterhaltung, die vor einigen Jahren stattgefunden hat, nicht zuletzt deshalb, weil ich dabei eine schlechte Figur abgegeben habe. Mein Gesprächspartner hielt mich für einen unerträglichen Snob. Sicherlich werden ihm viele meiner Leser nachträglich freudig zustimmen. Sie mögen recht haben, zumindest in diesem spezifischen Fall. Das ändert jedoch nichts daran, daß jemand, der sich ständig mit dem Problem des Übersetzens zu beschäftigen hat, eine unbefangene Identifikation eines literarischen Werks mit seiner Übersetzung nicht so einfach hinnehmen kann. Eine solche Identifikation beruht auf einem fast unbegrenzten Vertrauen des »gewöhnlichen« Literaturfreundes in die Möglichkeiten des Übersetzens. Während dieser im allgemeinen schnell bereit ist, treuherzig zu versichern, Lyrik sei unübersetzbar, liefert er sich beim Konsum von Romanen vertrauensselig den Zufälligkeiten und Unwägbarkeiten des Übersetzungsbetriebs aus. Eine weitverbreitete Überbewertung des Technischen in der Lyrik geht nicht selten mit einer fahrlässigen Unterschätzung des Problems der Übersetzung im allgemeinen einher. Darauf werde ich später zurückkommen. Vorerst genügt es, dem Leser anhand einiger Beispiele vor Augen zu führen, wie groß der Ermessensspielraum ist, den sich Übersetzer bei ihrer Arbeit zugestehen.
Man kann nie sicher sein, »das ganze Original« in Händen zu halten. Sorgfältige Untersuchungen der Übersetzungen umfangreicher und komplexer Werke fördern immer wieder Auslassungen »schwieriger Stellen« zutage. Man darf in solchen Fällen annehmen, daß der jeweilige Übersetzer sich umständliche Recherchen ersparen wollte und darauf vertraute, das Fehlen des weggelassenen Passus werde niemandem auffallen. Weit häufiger sind jedoch Auslassungen auf freie Entscheidungen des Übersetzers zurückzuführen. In der Zeit der *belles infidèles* lassen die Übersetzer alles weg, was im Verdacht steht, dem Geschmack und den Erwartungen des Publikums zuwiderzulaufen. Der zu seiner Zeit

berühmte französische Übersetzer La Place kürzt Henry Fieldings *Tom Jones* um ein gutes Drittel in der durchaus löblichen Absicht, seine Leser vor den durch »störende Nebenhandlungen« möglicherweise ausgelösten Verständnisschwierigkeiten zu bewahren. Alessandro Manzonis *Promessi sposi* wurden von zeitgenössischen französischen Übersetzern nicht behutsamer behandelt. M. Rey-Dusseuil erspart sich oder seinen Lesern viele Seiten vor allem in den Schlußkapiteln des Romans; schlimmer noch sein Nachfolger Ernest Merson, der diese Kapitel fast völlig wegläßt und darüber hinaus, einer durchaus eingestandenen Schwäche für tragische Lösungen nachgebend, die Heldin sterben und den Helden wahnsinnig werden läßt. Noch in unserem Jahrhundert versichert der Bearbeiter einer von Georg Goyert angefertigten Übersetzung des Romans *Salammbô*, er habe einige poetische Weitschweifigkeiten Flauberts dem deutschen Leser nicht zumuten wollen, die „in der Beschreibung von Gebäuden, Gärten, Landschaften oder Waffen sich dichterisch dem Geist unserer Sprache versagen ..."[1]

Ebensowenig, wie man sicher sein kann,»das ganze Original« in Händen zu halten, darf man darauf vertrauen, allein den Originaltext ohne Zutaten des Übersetzers vorgesetzt zu bekommen. In seiner im 18. Jahrhundert erschienenen Übersetzung des *Celoso Extremeño* (eifersüchtigen Extramadurers) von Cervantes läßt der französische Übersetzer S. Martin de Chassonville zwar alle allzu deutlichen sexuellen Anspielungen weg, erfindet dafür jedoch einen längeren erbaulichen Schlußdialog hinzu. In Flauberts *Madame Bovary* wird geschildert, wie eine Magd für langjährige treue Dienste eine Auszeichnung erhalten soll. Als ihr der ihr zugedachte bescheidene Betrag genannt wird, erklärt sie nach einem Moment des Nachdenkens, dieses Geld dem Pfarrer des Ortes anvertrauen zu wollen, der dafür Messen lesen solle. Der Apotheker Homais, die Verkörperung der spießbürgerlichen, auf einen doktrinären Antiklerikalismus heruntergekommenen französischen Aufklärung, kommentiert diese Entscheidung sarkastisch mit den Worten *Quel fanatisme!* Der deutsche Übersetzer Legné (wahrscheinlich handelt es sich um ein Pseudonym), dessen Übersetzung nur zwei Jahre nach dem Erscheinen des Originals auf den deutschen Markt kam, macht daraus:

---

[1] Gustave Flaubert: *Salammbô*, München 1959. Anmerkungen von B. H. Bonsels, 6.

Der Apotheker glaubte in seiner Eigenschaft als Freigeist sich über diese Äußerung der Frömmigkeit lustig machen zu müssen. Er neigte sich gegen den Notar und sprach von Fanatismus und dergleichen mehr.[2]

Wer Übersetzungen sorgfältig mit dem Originaltext vergleicht, wird nicht nur auf Kürzungen und Hinzufügungen, sondern auch auf sonstige Eingriffe in die Struktur des Textes stoßen. Hier zunächst ein ganz schlichtes Beispiel: In Balzacs Roman *Eugénie Grandet* verwendet die Protagonistin in einer Unterredung mit ihrem Vetter, in den sie unglücklich verliebt ist, die nichtssagende Floskel *Eh bien!, oui, n'est-ce pas?*, die vom Angesprochenen am Ende seiner Replik wiederholt wird. Darauf heißt es bei Balzac (ich übersetze selbst): „Als sie die Worte hörte, die sie gerade zu ihrem Vetter gesagt hatte ...". Alle italienischen Übersetzer glauben an dieser Stelle, Balzac müsse sich geirrt haben, da die letzten Worte ja nicht von Eugénie Grandet, sondern von ihrem Vetter Charles stammen, und korrigieren in „die ihr Vetter zu ihr gesagt hatte". Wahrscheinlich hatte der erste Übersetzer gemeint, den Autor verbessern zu müssen, und alle späteren Übersetzer sind ihm, ohne viel nachzudenken, gefolgt. Der englische Übersetzer von Milan Kunderas Roman *Zert* (*The Joke*) meinte, die komplizierte Zeitstruktur des Originals seinen Lesern nicht zumuten zu können, und sah sich bemüßigt, durch Umstellungen von Kapiteln wenigstens annäherungsweise Chronologie herzustellen. Michael Schreiber teilt in seiner Dissertation, die dem Thema *Übersetzung und Bearbeitung* gewidmet ist, neben dem soeben erwähnten eine große Anzahl ähnlicher Beispiele mit. Aus ihnen geht hervor, wie stark Übersetzer in die Originaltexte einzugreifen pflegen, nicht selten, ohne ihre Leser auf ihre Absichten aufmerksam zu machen.[3] In neuerer Zeit sind die Vorstellungen darüber, was man unter einer Übersetzung zu verstehen habe, strenger geworden. Dies gilt weit weniger für die Theorie als – von wenigen Ausnahmen abgesehen – für die Praxis. Burkhart Kroeber, dem Übersetzer des eingangs erwähnten Romans von Umberto Eco, muß jedenfalls bescheinigt werden, daß er recht behutsam mit seinen Vorlagen umzugehen pflegt.

Dem unbekümmerten Vertrauen in die Kunst der Übersetzer gesellt sich häufig ein ebenso unbegründetes Mißtrauen bei. Der Kritiker, der

---

[2] Gustave Flaubert: *Madame Bovary oder Eine Französin in der Provinz*, Hartleben, Pest, Wien, Leipzig, 1858, II, 43.

[3] Vgl. Schreiber 1993, 310 und darüber hinaus Kap. 2.2 und 2.3.

einen fremdsprachigen Roman zustimmend bespricht, schreibt die glückliche Wirkung allein dem Autor zu und vergißt nicht selten, den Übersetzer zu erwähnen. Gerät er jedoch an einen holprigen, sperrigen Text, so wird häufig vorschnell der Übersetzer dafür verantwortlich gemacht. Wer wäre nicht versucht, angesichts eines Passus wie des folgenden, der der deutschen Übersetzung eines südamerikanischen Romans entnommen ist, dem Übersetzer schludrige Arbeit vorzuwerfen:

> Das Tanzen lernten wir fast zur selben Zeit wie das Rauchen, uns gegenseitig stoßend, sich verschluckend vom Rauch der Lucky und Viceroy, hopsend bis es plötzlich so ist's richtig, Bruderherz, jetzt hast du's kapiert, klappte, komm nicht draus, rühr dich mehr, uns schwindelig fühlend, hustend und spuckend, mal sehen, hatte er inhaliert?[4]

Ein Blick ins Original, Mario Vargas Llosas Roman *Los Cachorros*, zeigt, daß der Übersetzer sich recht gut aus der Affäre gezogen hat. Seine Aufgabe bestand darin, zwei zeitlich auseinanderliegende Erinnerungskomplexe der jugendlichen Hauptpersonen, die ersten Tanzstunden und das Rauchen der ersten Zigaretten, die in Form einer Pseudoperiode unter Verletzung der üblichen syntaktischen Regeln ineinander geschoben wurden, durch vergleichbare zielsprachliche Mittel aufscheinen zu lassen. Das ist ihm nicht schlecht gelungen. Ein Kritiker, dem ein solches Verfahren mißfällt, sollte sich an den Autor, nicht an den Übersetzer halten. Nachdem ich über Jahre hinweg die Besprechungen vor allem in der deutschen und in der französischen Presse sorgfältig verfolgt habe, stellte ich mit Überraschung fest, daß die Rezensenten von Sachbüchern der Übersetzungsproblematik in der Regel mehr Beachtung schenken als die Kritiker schöngeistiger Literatur, von denen man dies eher annehmen würde.

Die Unterschätzung der Schwierigkeiten des Übersetzens hat eine lange Tradition. In einer berühmten Stelle des *Don Quijote* vergleicht der Protagonist, in dem wir hier das Sprachrohr Cervantes' sehen dürfen, den Übersetzer mit einem Kopisten. Das Übersetzen aus „leichten Sprachen" – damit sind die Volkssprachen im Gegensatz zum Griechischen und Lateinischen gemeint – erfordere weder Verstand noch Beredsamkeit. Allerdings sei das Übersetzen an sich nicht verwerflich, räumt Don

---

[4] Mario Vargas Llosa: *Die jungen Hunde*, Frankfurt a.M. 1991 (Üb. Wolfgang Alexander Luchting).

Quijote großmütig ein, *„porque en cosas peores se podría ocupar el hombre"*, man könne sich auch mit schlimmeren Dingen abgeben.[5]

In der breiteren Öffentlichkeit, ja sogar unter den Übersetzern selbst, wird immer wieder Verwunderung darüber geäußert, daß es wissenschaftliche Studiengänge zur Ausbildung von Diplomübersetzern gibt. Der theoretische Überbau dieser Studiengänge, die „Übersetzungswissenschaft", erfreut sich weder unter den Philologen noch unter den Literaten ungeteilter Zustimmung. Ganz im Gegenteil: Als sich zu Beginn der achtziger Jahre diese Disziplin im Bewußtsein der akademischen Öffentlichkeit zu etablieren begann, sprach ein Kritiker im Feuilleton eines unserer einflußreichsten Intelligenzblätter von einer „Möchtegernwissenschaft", die unfähig sei, „denjenigen, die mit dem Geschäft des Übersetzens zu tun haben, auch nur halbwegs brauchbare Einsichten an die Hand zu geben".[6]

Ich will mich an dieser Stelle nicht damit aufhalten, die Berechtigung dieses Vorwurfs zu diskutieren. Es steht außer Zweifel, daß ein so komplexer Vorgang wie die Übersetzung wissenschaftlich untersucht werden kann und soll. Eine ganz andere Frage ist es, ob der Gegenstand „Übersetzung" geeignet ist, die Einheit einer eigenen Disziplin zu garantieren, und ob wissenschaftliche Erkenntnisse sich immer ohne weiteres in praktische Handlungsanweisungen umsetzen lassen.

Die sog. „Übersetzungswissenschaft" entwickelte sich nach dem letzten Krieg zunächst zögernd als Teildisziplin der Sprachwissenschaft. Inzwischen hat sie sich weit von ihren Ursprüngen entfernt. Die Bezeichnung „linguistische Übersetzungsforschung", die von den Vertretern einer literaturwissenschaftlichen Richtung mit dem Ziel der Abgrenzung von den eigenen Forschungszielen verwendet wird, erscheint heute nicht mehr angemessen. Wie unterschiedlich die verschiedenen Tendenzen innerhalb dieses im deutschen Sprachgebiet besonders stark entwickelten Forschungsgebiets auch sein mögen, es handelt sich im wesentlichen um eine *präskriptive* und *prospektive* Disziplin: Es geht darum, wie man unter bestimmten Umständen übersetzen *soll*, und die Rede ist von *künftig anzufertigenden* Übersetzungen. Eine Ausnahme – und in gewisser Hinsicht ein Bindeglied zu

---

[5] Vgl. Miguel de Cervantes: *El ingenioso hidalgo Don Quijote de la Mancha*, Teil II, Kap. 62.

[6] Genaueres s. Albrecht 1987, 9f.

der Richtung, von der nun die Rede sein soll – stellt die Übersetzungskritik dar, die bereits existierende Übersetzungen zum Gegenstand hat. Daneben hat sich in den vergangenen zwanzig Jahren eine andere Forschungsrichtung etabliert, die *deskriptiv* und *retrospektiv* ausgerichtet ist. Hier geht es darum zu dokumentieren, wie *in der Vergangenheit* tatsächlich übersetzt worden *ist*. Die Vertreter dieser Richtung setzen sich gelegentlich in gereiztem Ton von der „linguistischen", d. h. der präskriptiv-prospektiven Übersetzungsforschung ab, was überhaupt nicht nötig wäre, denn bei genauerem Hinsehen handelt es sich nicht um antagonistische, ja nicht einmal um konkurrierende, sondern um komplementäre Forschungsrichtungen. In einer ersten Annäherung könnte man sagen: Die zuerst genannte Richtung beschäftigt sich mit den unvermeidlichen, die zuletzt genannte mit den vermeidbaren Abweichungen der Übersetzung vom Original. Bei den unvermeidlichen handelt es sich um *virtuelle* Größen, die sich aus dem durch die Übersetzung zu überbrückenden Unterschied zwischen zwei Sprachen und Kulturen ergeben. Bei den vermeidbaren handelt es sich um *aktuelle* Phänomene, d. h. um historisch dokumentierte Fälle, die es zu ermitteln und, soweit dies möglich ist, im umgangssprachlichen Sinn des Wortes zu »erklären« gilt. Wenn Lessing den Titel von Cervantes' *Novelas ejemplares* mit *Neue Beispiele* übersetzt hat, so ist der historisch-deskriptive Übersetzungsforscher nicht daran interessiert, dies zu »kritisieren«. Er wird sich vielmehr bemühen herauszufinden, ob der berühmte Übersetzer sich bei dieser überraschenden Lösung »etwas gedacht hat« oder ob es sich hier um eine Fehlleistung handelt, die Lessing selbst unverzüglich korrigiert haben würde, wenn man ihn in geeigneter Form darauf aufmerksam gemacht hätte. Eines der Ziele dieses Buchs besteht darin, die Leser durch Anschauungsmaterial davon zu überzeugen, daß es keine schlechterdings »richtige« Übersetzung geben kann, sondern nur eine dem jeweiligen Zweck besonders gut angemessene. Daraus darf allerdings nicht aufgrund eines logisch nicht zulässigen Umkehrschlusses abgeleitet werden, es könne keine falschen Übersetzungen geben. Lessings Übersetzung des Titels der *Lehrreichen Erzählungen* des Cervantes (andere Übersetzer haben *Beispielhafte* oder *Moralische Erzählungen* zum Titel gewählt, später herrscht die schlichte Lehnbildung *Exemplarische Novellen* vor) darf getrost als „falsch" bezeichnet werden, da sich zeigen läßt, daß er diese Version nicht aufgrund zweckgerichteter Überlegungen gewählt hat, sondern daß ihn sein unzulängliches französisch-spanisches Wörterbuch zu diesem

Mißgriff verleitete.⁷ Wenn man nachweisen könnte, daß Lessing sich ganz bewußt für diesen Titel entschieden hat, so ließe sich natürlich immer noch über die Angemessenheit seiner Lösung streiten.⁸

Auf eine knappe, eher historisch als systematisch ausgerichtete Einführung in die Problematik des Übersetzens aus präskriptiver und prospektiver Sicht kann hier nicht verzichtet werden. Der eigentliche Schwerpunkt liegt jedoch auf der historisch-deskriptiven Übersetzungsforschung. Es geht mir in erster Linie um die Frage, inwiefern die Rezeption einer Nationalliteratur bei anderen Nationen von der Übersetzungstätigkeit abhängt, von ihrem Umfang, vom literarischen Geschmack einzelner Übersetzer und nicht zuletzt von der Art und Weise, wie in verschiedenen Kulturen und in verschiedenen historischen Epochen übersetzt wurde. Es gibt mindestens vierundzwanzig »echte«⁹ Übersetzungen von Voltaires *Candide* ins Deutsche. Die vorerst letzte, von Stephan Hermlin angefertigte, stammt aus dem Jahre 1972. Wilhelm Raabes Erzählung *Die Akten des Vogelsangs*, die ebenso »deutsch« anmutet, wie der *Candide* »französisch«, ist meines Wissens nie ins Französische übersetzt worden. Wer Raabe auf französisch lesen will, muß sich mit der *Chronik der Sperlingsgasse* zufriedengeben.

Ist die Anzahl der Übersetzungen ein sicheres Indiz für den literarischen Rang eines Autors, die Bedeutung eines Werks, oder haben nicht umgekehrt einige glückliche, zur richtigen Zeit erschienene Übersetzungen den Ruf eines Übersetzers, eines Werks entscheidend befördert? Wie der Staatsmann bei Machiavelli, so benötigt auch ein literarisches Werk neben seiner *virtù*, seinem intrinsischen Wert, *occasione*, Gelegenheit, fördernde Bedingung und darüber hinaus *fortuna*, blindes Glück, um erfolgreich zu sein, um Aufnahme in den Kanon der Weltliteratur zu finden. Werden diese beiden notwendigen Begleitumstände des Erfolgs in der Literatur nicht auch von den Übersetzern bereitgestellt?

Um dergleichen Fragen gründlich erörtern zu können, müßten wir zuverlässig wissen, welche Werke wann und wie oft in welche Sprachen übersetzt worden sind. Es gibt eine ganze Reihe von Nachschlagewerken,

---

⁷ Vgl. Franzbach 1965, 65f.

⁸ Zum Begriff des »Übersetzungsfehlers« aus der Sicht der historisch-deskriptiven Übersetzungsforschung vgl. Rühling 1992.

⁹ Unter »echten« Übersetzungen sind solche zu verstehen, die den Anspruch erheben, keine bloßen Bearbeitungen früherer Übersetzungen zu sein.

die darüber Auskunft geben. Sie sind alles andere als zuverlässig. Der Düsseldorfer Übersetzungsforscher Fritz Nies spricht in diesem Zusammenhang von einem „Elend der Übersetzungsbibliographien".[10] Meine Behauptung, Raabes *Akten des Vogelsangs* seien bisher nicht ins Französische übersetzt worden, stützt sich auf die einschlägigen Übersetzungsbibliographien; sie könnte sich leicht als falsch erweisen.

Die historisch-deskriptive Übersetzungsforschung ist aus der vergleichenden Literaturwissenschaft hervorgegangen. Man kann darin eine Art von »Wiedergutmachung« sehen, denn lange Zeit hindurch hat die Komparatistik der Übersetzung erstaunlich geringe Aufmerksamkeit geschenkt. Inzwischen ist in diesem Bereich einiges geschehen. In Amsterdam, Düsseldorf, Göttingen, Löwen, London und Tel Aviv, um nur einige bekannte Forschungszentren zu nennen, bemüht man sich darum, die Rolle, die der Übersetzung bei den literarischen Beziehungen über die Sprachgrenzen hinweg zukommt, angemessen zu würdigen. Dies scheint dringend geboten. Wir sollten uns bei der Bewertung der Rolle der Übersetzung im allgemeinen Literaturbetrieb daran erinnern, daß eine der entscheidenden »Richtungsänderungen« innerhalb unserer eigenen Literatur durch eine Art von »Übersetzungspolitik« vorbereitet wurde. In seinem berühmt gewordenen *Siebzehnten Literaturbrief*, in dem er einen klaren Bruch mit Gottsched und seiner Schule vollzieht, schreibt Lessing:

Wenn man die Meisterstücke des Shakespear, mit einigen bescheidenen Veränderungen, unsern Deutschen übersetzt hätte, ich weiß gewiß, es würde von bessern Folgen gewesen seyn, als daß man sie mit dem Corneille und Racine so bekannt gemacht hat. Erstlich würde das Volk an jenem weit mehr Geschmack gefunden haben, als es an diesen nicht finden kann, und zweytens würde jener ganz andere Köpfe unter uns erweckt haben, als man von diesen zu rühmen weiß.[11]

Eine Reihe von bedeutenden Übersetzern und nicht zuletzt Lessing selbst haben mit Übersetzungen aus den verschiedensten Literaturen den Anstoß dazu gegeben, daß sich die deutsche Literatur vom Vorbild des damals bereits erstarrten französischen Klassizismus gelöst und eine neue Richtung eingeschlagen hat. Noch Herder verfolgte mit seiner bekannten Volksliedsammlung, die lange nach seinem Tode unter dem Titel

---

[10] Vgl. Kortländer/Nies 1986, 152ff.

[11] Lessing, *Sämtliche Schriften*, Ausgabe Lachmann/Muncker, Stuttgart/Leipzig/Berlin ³1886-1924, Bd.VIII, 43.

Stimmen der Völker in Liedern erschienen war und die zum größten Teil aus Übersetzungen besteht, den Zweck, eine Rückkehr der deutschen Dichtung zu ihren Ursprüngen einzuleiten und dabei das wiederzufinden, was er für ihr eigentliches *telos* hielt; ein Ziel, das ihr, so glaubte er, durch Nachahmung ungeeigneter Modelle abhanden gekommen war.

Harald Kittel, der Koordinator des an der Universität Göttingen beheimateten Sonderforschungsbereichs „Die literarische Übersetzung", stellt die Leitfrage, die das Erkenntnisinteresse der historisch-deskriptiven Übersetzungsforschung in knapper Form charakterisiert: „*Was* wurde *wann, warum, wie* übersetzt, und *warum* wurde es so übersetzt?"[12] Es fällt nicht schwer, in dieser Formulierung einen Reflex des alten rhetorischen Frageschemas wiederzuerkennen: *quis, quid, ubi, quibus auxiliis, cur, quomodo, quando*; es versteht sich nahezu von selbst, daß für den Übersetzungsforscher auch die Fragen *Wer?* und *Mit welchen Hilfsmitteln?* von Belang sind. Aus diesen zentralen Fragen ergeben sich eine Reihe von weiteren Fragestellungen, die uns ebenfalls beschäftigen werden:

In welchem Maße greifen die Übersetzer, eingestandener- und uneingestandenermaßen, auf die Arbeiten ihrer Vorgänger zurück? Plagiate kommen im Bereich der Übersetzung weit häufiger vor als in dem der Originalliteratur, nicht zuletzt deshalb, weil sie viel schwerer aufzudecken sind.[13] Die Trägerin des Nobelpreises für Literatur, Grazia Deledda, hat eine Übersetzung von Balzacs Roman *Eugénie Grandet* vorgelegt, die auf große Zustimmung gestoßen ist. Bei genauerem Hinsehen zeigt sich, daß die sardische Schriftstellerin nur die ersten siebzehn Seiten selbständig übersetzt hat. Beim Rest des Romans hat sie sich darauf beschränkt, eine fünfundzwanzig Jahre früher erschienene Übersetzung leicht zu überarbeiten, ohne ausdrücklich darauf hinzuweisen. Vergleichbares kommt häufiger vor und fällt selten auf.

Wie steht es mit der Einheitlichkeit eines Œuvres in einer fremden Sprache? Fast alle Werke Michel Tourniers liegen in der Übersetzung von Hellmut Waller, die wichtigsten Werke von Umberto Eco in derjenigen von Burkhart Kroeber vor. In diesen Fällen sind – ungeachtet der Qualität der Übersetzungen – wie von selbst ein »deutscher Tournier« und ein »deutscher Eco« entstanden. Bei anderen bedeutenden Schriftstellern kann davon keine Rede sein.

---

[12] Kittel 1988, 160.
[13] Vgl. Levy 1969, 80.

Auf welche Textgrundlage beziehen sich Literaturkritiker oder berühmte Schriftsteller, wenn sie sich über fremdsprachige Werke äußern, auf die Originaltexte oder auf eine Übersetzung? Und wenn letzteres der Fall sein sollte, auf welche Übersetzung? In welcher Form werden die Autoren in Literaturgeschichten, in Anthologien zitiert, oder in literaturwissenschaftlichen Arbeiten, die an ein breiteres Publikum gerichtet sind? Darf man, wie ich selbst es getan habe, Karl Vossler zu den Übersetzern Leopardis im weiteren Sinne rechnen, weil er in seinem Buch über den italienischen Dichter kurze Passagen in eigener Übersetzung anführt?

Welche berühmten Schriftsteller sind nebenbei auch als Übersetzer hervorgetreten, und aus welchen Gründen haben sie übersetzt? Die Beweggründe für Wielands Shakespeareübersetzungen, für Chateaubriands Übersetzung von Miltons *Paradise Lost*, für die Übersetzungen einiger Werke von Edgar Allan Poe durch Charles Baudelaire oder für Rilkes vielfältige Übersetzungstätigkeit – um nur einige wenige, besonders gut bekannte Beispiele herauszugreifen – sind häufig untersucht und kommentiert worden. Es handelt sich um literarische oder im weitesten Sinne »ideologische« Motive: Hinter den beiden höchst unterschiedlichen Übersetzungen des berühmten Monologs Hamlets, die Voltaire im Abstand von knapp dreißig Jahren vorgelegt hat, verbirgt sich ein Stück »Literaturpolitik«. Die Adaptationen der Stücke Calderóns, die Eichendorff auf dem Höhepunkt der Spanienbegeisterung im Zeitalter der deutschen Spätromantik vorgenommen hat, haben ein Jahrhundert später die Textgrundlage für eine französischsprachige Calderónausgabe geliefert.[14] Neben den Dichtern als Übersetzern verdienen jedoch auch die weniger glücklichen Schriftsteller unsere Aufmerksamkeit, die sich teilweise durch Übersetzen ihren Lebensunterhalt verdienen mußten, wie z.B. Ferdinand Freiligrath, der im Londoner Exil viel aus dem Englischen übersetzt hat. Inwieweit werden diese Übersetzungen bekannter Schriftsteller von den Philologen für würdig befunden, in größeren Werkausgaben berücksichtigt zu werden? Die Artemis-Gedenkausgabe der *Sämtliche[n] Werke* Goethes, die in einer preiswerten Taschenbuchausgabe vorliegt und sich somit zumindest in dieser Form an einen breiteren Leserkreis wendet, enthält in Band XV

---

[14] Le Grand Théâtre du Monde, de Calderón. Adapté en français (d'après l'adaptation allemande de J. von Eichendorff pour le théâtre de la Gesellschaft der geistlichen Festspiele, Einsiedeln) par Gonzague de Reynold, Biel/Bienne 1941.

auf über tausend Seiten eine mehr oder weniger erschöpfende Sammlung aller Übersetzungen, die Goethe im Laufe seines langen Lebens angefertigt hat, angefangen bei den *labores iuveniles*, den lateinischen Stilübungen des Schülers. In der Ausgabe von Lessings *Sämtliche[n] Schriften* von Lachmann und Muncker, die neben derjenigen von Petersmann und von Ohlshausen die breiteste und zuverlässigste Textgrundlage bietet, wurden Lessings Übersetzungen eher stiefmütterlich behandelt. Erfreulicherweise sind seine besonders bedeutsamen Übersetzungen der Bühnenwerke Diderots, *Das Theater des Herrn Diderot*, als Reclam-Bändchen erhältlich. Auch Schillers erstaunlich textnahe Übersetzung von Racines *Phèdre*, die in den meisten volkstümlicheren Schillerausgaben fehlt, ist in dieser Sammlung erhältlich und somit jedermann leicht zugänglich.

Ein wenig »Literaturpolitik«, genauer ausgedrückt, ein wenig »Steuerung der Literaturrezeption« soll auch im vorliegenden Buch betrieben werden. Bei ihren Nachforschungen zu italienischen Übersetzungen der *Eugénie Grandet* hatte eine meiner Studentinnen Schwierigkeiten, akademisch gebildeten Bibliothekaren begreiflich zu machen, daß ihr nicht an einer beliebigen, sondern an einer ganz bestimmten, zuvor bibliographisch ermittelten Übersetzung des Romans gelegen war. Die Leser dieses Buches sollen darauf aufmerksam gemacht werden, daß von den bedeutenden Werken der Weltliteratur in der Regel mehrere konkurrierende Übersetzungen erhältlich sind und daß es sich durchaus lohnt, vor der Lektüre – und erst recht vor dem Kauf – Erkundigungen einzuholen und eigene Vergleiche anzustellen. Auf der anderen Seite wird auch auf das nicht eben häufige Phänomen der »Kanonisierung« einer Übersetzung einzugehen sein. Luthers Bibelübersetzung, der Shakespeare von August Wilhelm von Schlegel, Dorothea Tieck und Wolf Graf Baudissin oder die Fassungen der *Tre libretti per Mozart* von Lorenzo da Ponte, die auf Carl Niese, Hermann Levi und Georg Schünemann zurückgehen, haben nicht zuletzt dadurch, daß sie »in aller Munde« waren und sind, eine Stellung im deutschen Sprachraum erobert, die ihnen von neueren, möglicherweise angemesseneren Übersetzungen nur schwer streitig gemacht werden kann: *(Herr) bleibe bei uns; denn es will Abend werden, und der Tag hat sich geneig(e)t* [...]; *Löscht eure Fackeln jetzt; schon fällt der Tau/ Der Wolf zieht waldwärts, und vom Schlaf noch schwer/ Streift sich der Osten schon mit lichtem Grau* [...] oder *Reich mir die Hand, mein Leben* [...] – wer will das ernstlich in einer anderen Fassung hören?

Schließlich werden wir uns noch mit einer Frage beschäftigen, für deren Bedeutung beim sogenannten »breiteren Publikum« eine größere Aufgeschlossenheit vermutet werden darf als bei vielen Übersetzungsforschern: die Frage nach dem Einfluß, den die beteiligten Sprachen auf die Leichtigkeit des Gelingens und letztlich auf den Erfolg von Übersetzungen ausüben. Anläßlich der Feier seines fünfundneunzigsten Geburtstages zitierte der Philosoph Hans Georg Gadamer einen Satz aus einem Roman des dänischen Schriftstellers Herman Bang und fügte hinzu, es sei leicht, aus dem Dänischen ins Deutsche zu übersetzen; so erkläre es sich, daß dieser Romancier vor allem über die deutschen Übersetzungen seiner Werke eine bedeutende Wirkung auf die europäische Literatur gehabt habe. Eine solche Behauptung darf sich der Doyen der philosophischen Hermeneutik erlauben, ein Übersetzungsforscher wird damit bei vielen seiner Fachgenossen auf entschiedenen Widerspruch stoßen. Die Eigenschaften der an einer Übersetzung beteiligten Sprachen stellen für die allgemeine Übersetzungswissenschaft ein praktisches Problem dar, für dessen Lösung sie sich nicht zuständig fühlt. Dem könnte man zustimmen, wenn sicher wäre, daß die Sprachen Behältnisse sind, denen man einen Inhalt anvertrauen kann, der sich ebensogut in einem anderen Behälter unterbringen läßt. Wir wissen, daß dies nur in eingeschränktem Maße der Fall ist. Sprachen eignen sich sehr wohl zum Transport von Inhalten; das sei allen gegenteiligen sprachrelativistischen Ansichten zum Trotz behauptet. Sprachen besitzen jedoch nicht die Eigenschaften von Edelstahltanks; sie sind aus einem Stoff, der die ihnen anvertrauten Inhalte in mancherlei Hinsicht beeinflußt. Je ähnlicher das Material ist, aus dem sie bestehen, desto leichter fällt es, den Inhalt beim »Umfüllen« vor fremdem Geschmack, störendem Geruch und unerwünschter Färbung zu bewahren. Es sind in der langen Geschichte der Übersetzungstheorie und Übersetzungskritik schon so viele Beispiele für den Einfluß der Eigenschaften einer bestimmten Sprache auf die durch sie mitgeteilten Inhalte gegeben worden, daß es mir schwerfällt, mich hier für eines der mir bekannten zu entscheiden. Ich will es dennoch tun: Die Bühnenwerke des bedeutendsten Vertreters des klassischen französischen Theaters, die Dramen Jean Racines, haben es nie so recht vermocht, sich außerhalb des französischen Sprachgebiets durchzusetzen. Sie sind sprachlich unauffällig, konventionell, wortarm. Ihre sprachlichen Feinheiten erschließen sich dem Leser nicht »auf den ersten Blick«, dem Theaterfreund nicht beim ersten Besuch einer Aufführung. Dem Stilideal der französischen

Klassik entsprechend, meidet Racine das »treffende Wort«, den »farbigen Ausdruck«. Das gilt nicht zuletzt für die Farbbezeichnungen selbst, die in seinen Werken auffallend selten vorkommen. Etwas anders verhält es sich mit der Verwendung der Farbwörter in übertragener Bedeutung. In *Phèdre* zieht sich das Adjektiv *noir* wie ein »schwarzer Faden« durch das gesamte Stück: *flamme noire*; *noirs pressentiments*; *noires amours*; *mensonge noir*; *action noire*. Man könnte dergleichen mit einer schon etwas verblaßten musikalischen Metapher ein *Leitmotiv* nennen, im technischen Jargon der Linguistik spricht man von *Isotopieebene*. In der höchst eigenwilligen Übersetzung des italienischen Lyrikers Giuseppe Ungaretti steht das Adjektiv *nero* überall am »richtigen Platz«. Man hat nicht unbedingt den Eindruck, daß er sich besonders um die Erhaltung dieser Struktureigentümlichkeit seiner Vorlage bemüht hätte, sie ergibt sich im Italienischen nahezu von selbst. Schiller und andere deutsche Übersetzer waren gezwungen, synonymisch zu variieren, von *schwarz* auf *dunkel* und *finster* auszuweichen. Die Kollokationen wären im Deutschen sonst allzu ungewöhnlich ausgefallen, und gerade dies war bei Racine, der »kühne Wortverbindungen« eher als Geschmacklosigkeit denn als glückliche Bereicherung seiner Ausdrucksmittel angesehen hätte, am wenigsten angebracht. In der Übersetzung des Stücks durch den amerikanischen Lyriker Robert Lowell geht dieses Kohäsion stiftende lexikalische Band vollständig verloren. Es bleibe dahingestellt, ob dies aufgrund der Unaufmerksamkeit des Übersetzers oder aufgrund sprachlicher Schwierigkeiten geschah.

Diesen Fragen und einigen anderen mehr wollen wir in den folgenden Kapiteln nachgehen. Im Mittelpunkt werden die Literaturbeziehungen zwischen dem deutschen und den benachbarten Sprachräumen stehen – die slavischen Sprachen können wegen fehlender Sprachkenntnisse des Verfassers allenfalls gestreift werden. Es soll jedoch auch ein Blick auf die literarischen Beziehungen zwischen anderen Sprachräumen geworfen werden, wie sie sich im Spiegel der Übersetzungen darstellen: Wie wurde die klassische spanische Literatur, wie Shakespeare ins Französische übersetzt? Es versteht sich von selbst, daß von einem nicht sehr umfangreichen, für literarisch interessierte Leser ohne besondere Vorkenntnisse bestimmten Buch, weder Vollständigkeit bei der Darstellung des im Titel angekündigten Gegenstandes noch tiefschürfende Gelehrsamkeit erwartet werden darf. Ich werde dankbar auf die reichhaltigen Ergebnisse zurückgreifen, die in den weiter oben zum Teil bereits erwähnten Forschungszentren erarbeitet worden sind, und ich werde mich bemühen, eine im besten Sinne des Wortes „allgemeinverständliche" Synthese vorzulegen. Der Textteil soll, soweit es mir gelingen wird, dem *delectare* gewidmet sein, der Anmerkungsapparat und das umfangreiche Literaturverzeichnis dem *prodesse* vorbehalten bleiben. Der Leser soll gezielte Hinweise zur selbständigen Weiterbeschäftigung mit den hier erörterten Fragen erhalten.

Das vorliegende Buch ist, wie die meisten anderen Bücher, im Studierzimmer ausgedacht und geschrieben, sein Inhalt jedoch weitgehend im Hörsaal erarbeitet worden. Ein großer Teil des vorgestellten Materials und viele anregende Ideen stammen aus Diskussionsbeiträgen, Seminarreferaten und Diplomarbeiten. Aus technischen Gründen konnten nur die letzteren – obschon unveröffentlicht – im Literaturverzeichnis aufgeführt werden. Ich bin meinen Studentinnen und Studenten aus Germersheim und Heidelberg für ihre Mithilfe zu großem Dank verpflichtet.

I Zur Theorie und Geschichte des Übersetzens

1 Der Turmbau zu Babel: Wahrnehmung und Bewältigung des Problems der Sprachenvielfalt im Lauf der Geschichte

Die Menschheit hatte sich gerade von den Folgen der Sintflut erholt. Das war für heutige Begriffe langsam vonstatten gegangen; Noah selbst hatte dieses einschneidende Ereignis um 350 Jahre überlebt. Aber nun waren die Nachkommen der Söhne Noahs wieder übermütig geworden. Sie beschlossen, einen Turm zu bauen, dessen Spitze bis an den Himmel reichen sollte. Dieses Mal griff der Herr zu einem subtileren Mittel, um sich der Aufmüpfigkeit seiner Geschöpfe zu erwehren. Er fuhr hernieder, verwirrte ihre Sprache und zerstreute sie in alle Länder. Der Ort, an dem dies geschah, hieß Babylon, und die hebräische Namensform, Babel, die schon frühzeitig volksetymologisch mit hebräisch *balal* „verwirren" in Verbindung gebracht wurde (1. Mose 11, 9), dient heute noch in einigen modernen Sprachen als Sinnbild der Verderbnis: *Sündenbabel*. Der Name steht jedoch auch für die Überwindung der Folgen der Sprachverwirrung: *After Babel* hat der Genfer Philosoph George Steiner das Werk genannt, in dem er sich mit der Vielfalt der Sprachen und mit dem Problem der Übersetzung auseinandersetzt,[1] und das Publikationsorgan des internationalen Übersetzerverbands, der *Fédération Internationale des Traducteurs* (FIT), nennt sich schlicht *Babel*.

Alle Menschen sprechen, aber sie bedienen sich dabei recht unterschiedlicher Techniken. Diese Tatsache scheint den Völkern Vorderasiens schon früh zu einem Problem geworden zu sein. Die Geschichte vom Turmbau zu Babel, in der die Sprachenvielfalt und die Schwierigkeiten, die sie für die Menschheit mit sich bringt, ihren mythologischen Niederschlag gefunden hat,[2] findet sich bekanntlich im ersten Buch Mose. Andere Kulturen sind in ihrer Frühzeit weit sorgloser mit diesem Phänomen umgegangen:

---

[1] Steiner 1975. Wie der Untertitel andeutet, wird die Übersetzungsproblematik aus sprachphilosophischer Sicht behandelt.

[2] Borst 1957-1963. Die Habilitationsschrift des bekannten Historikers, von ihm selbst als „eine Zumutung" bezeichnet (Bd. II,1, VI), behandelt die „Geschichte der Meinungen über Ursprung und Vielfalt der Sprachen und Völker" auf insgesamt 2230 Seiten, deren Inhalt über Register glücklicherweise gut zu erschließen ist.

Also erscholl das Geschrei im weiten Heere der Troer;
Denn nicht gleich war alles Getön, noch einerlei Ausruf,
Vielfach gemischt war die Sprach' und mancherlei Stammes die Völker

heißt es in der *Ilias*[3], und von der Vielfalt der Sprachen im Heer der Trojaner und ihrer Bundesgenossen – nicht der Griechen – ist auch an anderer Stelle die Rede. Wie sich die Krieger untereinander verständigt haben, erfahren wir nicht. Am Ende des *Rolandslieds* wird ganz ähnlich wie bei Homer die Vielfalt der im Heer Karls des Großen vertretenen Völker beschworen:

Puis sunt turnet Bavier et Aleman,
E Peitevin e Bretun et Norman,
Sor tuit li altre l'unt otrïet, li Franc
Que Guenes moerget ...[4]

aber alle scheinen ohne Dolmetscher ausgekommen zu sein. „Die Verschiedenheit der Menschennatur, der Sprachen, der Völker war überhaupt kein ernstzunehmendes Problem; nicht hier fielen die großen Entscheidungen."[5]

Ähnlich paradiesisch, oder doch wenigstens vorbabylonisch, geht es in der älteren Literaturbetrachtung zu. Dort ist von vielfältigen Einflüssen über die Sprachgrenzen hinweg die Rede, es wird Stoff- und Motivgeschichte getrieben, die Abhängigkeit eines Autors von fremdsprachigen Vorbildern nachgewiesen. Die Vielsprachigkeit als solche wird keineswegs geleugnet, aber über die Art und Weise, wie die Sprachgrenzen in den verschiedenen Fällen überwunden wurden, hätte man gern Genaueres erfahren. Hat der Dichter sein Vorbild im Original gelesen? Hat er eine Übersetzung herangezogen oder vielleicht sogar die Übersetzung einer Übersetzung, eine „Übersetzung aus zweiter Hand"? Die

---

[3] Ilias, IV, 436ff. in der Übersetzung von Johann Heinrich Voss, die bei ihrem Erscheinen wegen ihrer sehr genauen Nachbildung der griechischen Vorlage z.T. scharf kritisiert wurde, die aber später für lange Zeit im deutschen Sprachraum kanonische Geltung besaß.

[4] Darauf sind Bayern, Alemannen, Poiteviner, Bretonen und Normannen heimgekehrt. Mehr als alle anderen haben die Franken gebilligt, daß Ganelon sterben möge ... (*Chanson de Roland*, Beginn der Laisse 288). Das *Rolandslied des Pfaffen Konrad* stellt eine frühe deutschsprachige Nachdichtung dar, wie sie für die recht einseitigen französisch-deutschen Literaturbeziehungen im Mittelalter typisch ist.

[5] Borst 1958, Bd. II,1, 602. Man findet bei Borst zahlreiche ähnliche Belege.

Übersetzung stellt eine »Dienstleistung« dar, die kaum der Beachtung wert scheint, solange sie reibungslos abläuft, und erst dann Aufmerksamkeit erregt, wenn sie mit Mängeln behaftet ist oder, aus welchen Gründen auch immer, nicht in Anspruch genommen werden kann. Nicht allzu häufig geschieht es, daß einer, der im Lichte des Kulturbetriebs steht, aus freien Stücken derer gedenkt, die da im Dunkeln bleiben. Am Ende einer Besprechung von Calderons *Hija del aire* kommt ein erfolgreicher Autor von europäischem Rang, dem das Zusammenwachsen der Nationalliteraturen zu einer Weltliteratur besonders am Herzen lag, auf den Verfasser des Textes zu sprechen, der seiner Rezension zugrunde liegt:

Wir kehren zur Tochter der Luft zurück und fügen noch hinzu: Wenn wir uns nun in einen so abgelegenen Zustand, ohne das Lokale zu kennen, ohne die Sprache zu verstehen, unmittelbar versetzen, in eine fremde Literatur, ohne vorläufige historische Untersuchungen bequem hineinblicken, uns den Geschmack einer gewissen Zeit, Sinn und Geist eines Volks an einem Beispiel vergegenwärtigen können, wem sind wir dafür Dank schuldig? Doch wohl dem Übersetzer, der lebenslänglich sein Talent, fleißig bemüht, für uns verwendet hat.[6]

Wer diese Auslassungen Goethes genau liest, wird feststellen, daß nicht nur von „Sprachmittlung", sondern auch von „Kulturmittlung" die Rede ist. Johann Diederich Gries (1775-1842), dessen Übersetzung gemeint ist, hat seinen Zeitgenossen nicht nur die Mühe abgenommen, Spanisch zu lernen. Er hat darüber hinaus sein Wissen darauf verwendet, sie unmittelbar in eine Welt zu versetzen, die ihnen auch damals schon zeitlich fern lag. Auf diese Möglichkeit der Übersetzung und die Gefahren, die sie in sich birgt, werde ich später noch zurückkommen (vgl. 2.4). Zunächst soll jedoch berichtet werden, wie alles angefangen hat.

1.1 Die frühesten Zeugnisse von der Tätigkeit der Dolmetscher und Übersetzer

Nachdem Joseph, der Sohn Jakobs, gestützt auf seine oneiromantischen Fähigkeiten, dafür Sorge getragen hatte, daß die Vorratsspeicher Ägyptens auch während der sieben mageren Jahre wohlgefüllt waren, konnte er mit seinen Brüdern aus der Position des Stärkeren heraus über

---

[6] Goethe, Artemis Gedenkausgabe, Bd. 14, *Schriften zur Literatur*, 847.

Getreidelieferungen verhandeln. Seine Brüder erkannten ihn nicht. Sie konnten auch nicht wissen, daß der, den sie einst als Sklaven nach Ägypten verkauft hatten, sehr wohl verstand, was sie untereinander redeten, „denn er redete mit ihnen durch einen Dolmetscher" (1. Mose 42, 23). Wie wir gesehen haben, wird in der Bibel (und in der gesamten älteren Literatur) ein so unbedeutender Vorgang wie die Sprachmittlung nur selten ausdrücklich erwähnt. Die moderne Übersetzungstheorie bietet eine einleuchtende Erklärung dafür an: Es war in streng hierarchisch organisierten Gesellschaften üblich, einen Mächtigen als Urheber einer Handlung anzugeben, die er in Wirklichkeit nicht selbst ausgeführt, sondern nur angeordnet hatte. „Das Haus aber, das Salomo dem Herrn baute, war sechzig Ellen lang ...", heißt es in der Luther-Bibel (1. Könige 6, 2), und die meisten neueren Bibelübersetzungen in den verschiedenen europäischen Sprachen geben das ähnlich wieder. Im Hinblick auf den Verstehenshorizont eines modernen Lesers sollte man hier vielleicht lieber übersetzen „... das Salomo dem Herrn errichten ließ". Analog dazu könnte man viele Stellen, wo es wörtlich heißt „X sagte" für den modernen Leser einleuchtender mit „X ließ durch einen Dolmetscher mitteilen" wiedergeben.[7]

Wie bei so vielen kulturellen Einrichtungen liegen auch die Ursprünge des Übersetzens und Dolmetschens im mythischen Dunkel. Für die Sprachen und für die Sprachmittlung war im alten Ägypten der Gott Thot zuständig, in dem die Griechen den Götterboten und Viehdieb Hermes wiederzuerkennen glaubten. Über den Zusammenhang zwischen *Hermes* und *hermeneuo* "auslegen, erklären, dolmetschen" ist viel spekuliert worden (vgl. w. u. 1.2). In unserer monotheistischen Religion, die keine Götter für spezielle Aufgaben kennt, war es immerhin ein Erzengel, dem die verantwortungsvolle Aufgabe der Sprachmittlung zufiel: Michael, dem "Mittler des Menschengeschlechts".[8] Unter den Menschen waren es vor allem die Ärzte – man sollte wohl besser sagen, die Schamanen, die Wunderheiler und Traumdeuter –, die mit dem Dolmetschen in Verbindung gebracht werden. Mehrsprachigkeit galt als eine zweideutige Gabe; Mithridates (Mithradates), der König von Pontus, wurde wegen seiner legendären Sprachkenntnisse bewundert und beargwöhnt. Die meisten Übersetzungshistoriker weisen darauf hin, daß selbst einem aufgeklärten Mann wie Cicero, der gut Griechisch sprach,

---

[7] Vermeer 1992, I, 168.
[8] Hermann 1959, 28f.

die Dolmetscher höchst verdächtig waren.[9] Anständige Kaufleute kamen in den ältesten Zeiten offenbar ohne Dolmetscher aus. Der Handel wurde zumindest teilweise in Form des "stummen Tausches" (*silent trade*) abgewickelt,[10] in anderen Fällen behalf man sich mit einer Art Gebärdensprache. Xenophon berichtet in seinen historischen Werken nicht nur über das Dolmetschen – sehr viel genauer, als die Epiker und Dramatiker seiner Zeit –, sondern auch über die Verständigung durch Gesten.[11]

In Anlehnung an das bereits in der Einführung erwähnte rhetorische Schema *quis, quid, ubi, quibus auxiliis, cur, quomodo, quando* – die Reihenfolge der Fragewörter ist metrisch bedingt und braucht in einem prosaischen Bericht nicht eingehalten zu werden – sollen nun noch einige Fragen in bezug auf die Ursprünge des Dolmetschens und Übersetzens beantwortet werden.

Wer waren die frühen Dolmetscher und Übersetzer? In vielen Fällen handelte es sich um zwei- oder mehrsprachige Personen ohne besondere Ausbildung: Als es darum ging, einen Bevollmächtigten zu Ariovist zu schicken, wählte Caesar Gaius Valerius Procillus „et propter fidem et propter linguae Gallicae scientiae" für diese gefährliche Mission.[12] Auch heute wird in der größeren Öffentlichkeit angenommen, die hervorragende Kenntnis einer Fremdsprache sei eine hinreichende Bedingung für das Dolmetschen. Doch scheint es darüber hinaus schon früh so etwas wie Berufsdolmetscher und -übersetzer gegeben zu haben. In kaum einer Übersetzungsgeschichte fehlt der Hinweis auf die „Gaugrafen von Elephantine", die an der Südgrenze des altägyptischen Reichs Handelsbeziehungen mit dem benachbarten Nubien abwickelten und den Titel „Vorsteher der Dragomanen" (overseers of dragomans)[13] führten. Dem Terminus, der nicht ägyptischen Ursprungs ist, sondern ein altägyptisches Wort wiedergeben soll, über dessen Gestalt man nur spekulieren kann,[14] werden wir später noch begegnen. Obwohl die alten Ägypter ähnlich wie die Griechen eine ethnozentrische Kultur besaßen und dem

---

[9] Vgl. u.a. Hermann 1956, 38, Vermeer 1992, I, 60f.
[10] Vgl. u.a. Hermann 1956, 30; ders. 1959, 34.
[11] Vgl. u.a. Hermann 1956, 44; Vermeer 1992, I, 174f.
[12] „sowohl wegen seiner Zuverlässigkeit als auch wegen seiner Kenntnis der Sprache der Gallier"; *Bellum Gallicum* I, 47, 4.
[13] Vgl. Sir Alan Gardiner, *Egypt of the Pharaohs. An Introduction*, Oxford 1961, 96.
[14] Vermeer 1992, I, 64.

geistigen Austausch mit anderen Völkern wenig Bedeutung beimaßen, werden sie in historischen Darstellungen der Sprachmittlung immer wieder hervorgehoben. Das liegt wohl in erster Linie an den eindrucksvollen Reliefdarstellungen in den Felsengräbern von Elephantine und in der Nekropole von Memphis. Auf dem sog. „Dolmetscher-Relief" aus dem Grab des Haremhab in Memphis ist eine Doppelgestalt zu sehen, die sich gleichzeitig an die zwei verhandelnden Parteien wendet.[15]

Bei den Griechen scheint es nur Gelegenheitsdolmetscher gegeben zu haben; eine nennenswerte Übersetzertätigkeit setzt erst in hellenistischer Zeit ein. Für die Römer hingegen gilt, was der Übersetzungshistoriker L.G. Kelly vom gesamten Abendland behauptet: Sie verdanken ihre Kultur den Übersetzern.[16] Die Geburt der römischen Literatur aus dem Geiste der griechischen auf dem Wege einer meist recht »freien« Übersetzung, oder besser *imitatio*, ist oft genug in allen Einzelheiten dargestellt worden.[17] Hier sollen nur noch einmal die wichtigsten Dichter-Übersetzer aus der Frühzeit der römischen Kultur in Erinnerung gerufen werden: Livius Andronicus; Naevius; Ennius, von dem Aulus Gellius sagte, daß er „drei Herzen habe", weil er Griechisch, Oskisch und Lateinisch sprach; Plautus und Terenz. Livius Andronicus' Nachdichtung der *Odyssee*, die *Odusia*, reicht weit in die Zeit des archaischen Lateins zurück (um 240 v. Chr.), aber auch der jüngste unter den hier genannten »Imitatoren«, der Freigelassene Publius Terentius Afer, ist lange vor Ciceros Geburt gestorben. Römische Politiker ließen sich auf ihren Reisen oft von Dolmetschern begleiten. Häufig waren es freigelassene Sklaven, die diesen Beruf ausübten. Vermutlich waren sie nicht nur „zweisprachig" im landläufigen Sinne – das waren, was die Zielsprache Griechisch betrifft, ihre Auftraggeber ebenfalls –, sondern hatten sich im Laufe ihres Berufslebens eine gewisse „translatorische Kompetenz" angeeignet, die über die reinen Sprachkenntnisse hinausging.

Was wurde übersetzt oder gedolmetscht? Gedolmetscht wurde, was Politiker sich in ihren Unterredungen gewöhnlich zu sagen haben. Ein guter Dolmetscher dürfte auch damals bereits gewußt haben, in welcher Situation er dabei »treu« und in welcher er »frei«, d.h. mildernd und

---

[15] Vgl. u.a. Kurz 1985 und 1986.
[16] Kelly, 1979, 1: „Western Europe owes its civilization to translators".
[17] Vgl. u.a. Savory 1957, 37ff.; Jacobsen 1958, 44ff.; Pohling 1971, 127; Ballard ²1995, 38f.; Seele 1995, 4ff., 84ff., 109ff.

verhüllend zu verfahren hatte. Gedolmetscht wurden auch militärische Befehle. Das spielte im aus den verschiedensten Nationen zusammengewürfelten Söldnerheer Karthagos eine besondere Rolle. Ein moderner „realistischer" Autor schenkt diesem Umstand größere Beachtung als die zeitgenössischen Historiker. Auf den ersten Seiten seines Romans *Salammbô* schildert Flaubert die Sprachenvielfalt des punischen Heers, die sich bei einem Gelage offenbart, mit der sprichwörtlichen „epischen Breite". Dann läßt er einen Legionär das Wort ergreifen und vergißt dabei nicht, dem Leser plausibel zu machen, wie er sich verständlich machte: „... parlant grec, ligure et punique, il remercia encore une fois les Mercenaires ...".[18] Noch ein Wort zu den frühesten Übersetzungen. Als Prototyp darf die Inschrift auf dem Stein von Rosette gelten, „l'une des traductions les plus célèbres de l'Antiquité".[19] Es handelt sich um einen Erlaß aus ptolemäischer Zeit, der in Hieroglyphen, in der sog. „demiotischen" Schrift und in Griechisch wiedergegeben wurde und mit dessen Hilfe es Jean François Champollion gelungen war, die ersten Schritte zur Entzifferung der altägyptischen Hieroglyphen zu tun (die vollständige Entschlüsselung gelang erst mit Hilfe eines später gefundenen Textes). Zu den sumerisch-akkadischen „Wortlisten" und den frühen Übersetzungen religiöser Texte wird gleich noch etwas zu sagen sein.

Warum wurde gedolmetscht oder übersetzt? Auch die beliebten „dummen Fragen" führen hin und wieder zu neuen Erkenntnissen. Es versteht sich von selbst, daß die Sprachmittlung früher wie heute vor allem dem Informationsaustausch im weitesten Sinne diente. Gedolmetscht wurde jedoch auch aus »diplomatischen« Gründen im engeren Sinn. Obwohl die meisten römischen Senatoren den Ausführungen griechischer Gesandter mühelos hätten folgen können, mußten aufgrund eines Gesetzes in jedem Fall Dolmetscher hinzugezogen werden. Die nationale Würde gebot dies. Erst Sulla ließ Griechisch als Verhandlungssprache zu. Für andere Sprachen mußten weiterhin Dolmetscher hinzugezogen werden.[20] Auch Joseph hatte sich in den eingangs erwähnten Verhandlungen sicherlich nicht nur aus Gründen der Verstellung eines Dolmetschers bedient. Die nationale Würde verbot eine „Profanierung" der eigenen Sprache im Umgang mit »barbarischen«

---

[18] Flaubert, Ausgabe von A. Thibaudet und R. Dumesnil, Paris 1951, 714.
[19] Ballard ²1995, 29.
[20] Vgl. u.a. Pohling 1971, 127; Kurz 1986a.

Nomaden, und Josephs Sprache war nun einmal, nachdem er es in der Fremde zu Rang und Ansehen gebracht hatte, das Ägyptische. *Mit welchen Hilfsmitteln* wurde gedolmetscht und übersetzt? Wie wurden Sprachmittler auf ihre Arbeit vorbereitet? Die einfachste Methode, von der sich auch heute viele Sprachenliebhaber wahre Wunder versprechen, der Aufenthalt im Sprachgebiet, wurde auch in der Antike angewandt, wenn auch in radikalerer Form. Mit schöner Regelmäßigkeit wird in den Arbeiten zur Übersetzungsgeschichte an den Pharao Psammetich erinnert, der im siebten vorchristlichen Jahrhundert hellenischen Ansiedlern im Nildelta ägyptische Knaben übergab, damit sie Griechisch lernen sollten.[21] Zwei Dinge sind dabei von besonderem Interesse: Zum einen deutet sich in dieser Überlieferung eine Wende in der »Sprachenpolitik« des „Neuen Reichs" an: Es wird nun nicht mehr von den Barbaren erwartet, daß sie Ägyptisch lernen. Man möchte selbst über »Sprachexperten« verfügen. Zum anderen führt das Verpflanzen eines Kindes in eine völlig fremde Umgebung im günstigen Fall nicht nur zum Erwerb von Sprach-, sondern auch von Kulturkenntnissen. War ein solches Kind erst in die Heimat zurückgekehrt und hatte sich wieder in die heimische Kultur eingegliedert, so beherrschte es nicht nur die fremde Sprache, sondern es kannte auch Sitten, Gebräuche, Wertvorstellungen des fremden Volkes und wußte – das wird auch heute von einem Dolmetscher erwartet –, „*wie* man mit diesen Leuten zu reden hatte". Vermutlich kam man jedoch auch in den frühesten Zeiten nicht ganz ohne Schulung im engeren Sinne aus. Wie in allen anderen *artes* dürfte es auch im Dolmetschwesen einen Fundus von erlernbaren Kunstgriffen gegeben haben, die vom Meister an den Schüler weitergegeben wurden. Es sei in diesem Zusammenhang daran erinnert, daß in oralen oder schwach literalisierten Kulturen die Mnemotechnik sehr viel feiner ausgebildet war als in reinen Schriftkulturen. In Mesopotamien entstand – aufgrund höchst spezifischer historischer Bedingungen – zumindest *in nuce* das Instrument, das von jeher als das wichtigste Hilfsmittel des Sprachmittlers gilt: das zweisprachige Wörterbuch. Bekanntlich haben die semitischen Einwanderer, die das sumerische Reich von innen zerstört haben, die sumerische Sprache, die sich typologisch stark vom semitischen Akkadischen (Babylonisch und Assyrisch) unterschied, über lange Zeit hinweg neben ihrer eigenen Sprache als Kultsprache bewahrt. Unter diesen ganz besonderen Bedingungen

---

[21] Vgl. u.a. Pohling 1971, 125; Hermann 1956, 30, Hermann 1959, 34.

entwickelte sich eine Technik extrem wörtlichen Übersetzens, ein Erstellen von Interlinearversionen, das auf dem Wege eines weiteren Abstraktionsschritts in die Erstellung zweisprachiger Glossare mündete. Diese Technik, die Ermittlung lexikalischer Äquivalente für ein gegebenes Sprachenpaar durch vergleichende Beobachtung des Sprachgebrauchs, ist heute nur noch dem Fachterminologen vertraut. Dieser arbeitet nämlich auf sehr spezifischen Gebieten, für die es noch keine zweisprachigen Nachschlagewerke gibt. Der »gewöhnliche« Lexikograph stützt sich hingegen auf einen umfassenden Fundus etablierter Äquivalenzen, im besten Fall aktualisiert und ergänzt er sie aufgrund eigener Beobachtungen. Jeder, der bei seiner Arbeit zu vielen Wörterbüchern greift, wird feststellen, daß sie sich recht wenig voneinander unterscheiden.

Ansätze für die Entstehung von Ausbildungszentren für Sprachmittler scheint es erst im Mittelalter gegeben zu haben. Hier wären die allgemein bekannte „Schule von Toledo"[22] (sicherlich keine »Schule« im engeren Sinn) und die weit weniger bekannte „Schule von Amalfi" zu nennen.[23] Der katalanische Philosoph Ramón Llull (Raimundus Lullus) und der Jurist Pierre Dubois (Petrus de Bosco) haben im Spätmittelalter sogar den Versuch unternommen, „Dolmetscherinstitute" zu gründen. Zu Beginn des 14. Jahrhunderts richtete Dubois eine Denkschrift mit dem Titel *De recuperatione Terre Sancte* [lies *Terrae Sanctae*] an seinen Gönner, den französischen König Philipp IV. („den Schönen"). Darin entwarf er ein Ausbildungsprogramm, das erstaunliche Parallelen zu den Studienordnungen moderner akademischer Ausbildungsstätten aufweist.[24]

Wie wurde gedolmetscht und übersetzt? Diese Frage wird uns in den späteren Kapiteln immer wieder beschäftigen. Sie soll daher an dieser Stelle nur vorläufig, speziell im Hinblick auf den Unterschied zwischen

---

[22] Vgl. u.a. Mounin 1967, 27f.; Pohling 1971, 132f.; Vermeer 1996, I, 212ff. Man sollte besser von einem „Übersetzungszentrum" sprechen, in dem Übersetzer aus den verschiedensten Nationen vor allem wissenschaftliche Werke aus dem Arabischen ins Lateinische übersetzten. Wichtige griechische philosophische Texte wurden dadurch auf dem Umweg über das Arabische in Westeuropa bekannt, bevor in der Renaissance die griechischen Originale erschlossen wurden.

[23] Berschin 1994. Hier entstanden im 11. Jahrhundert Übersetzungen aus dem Griechischen ins Lateinische, in einer Zeit also, in der der direkte Zugang zu griechischen Texten auch den meisten „Gelehrten" verschlossen blieb.

[24] Vgl. Thieme 1956, 20; Vermeer 1996, I, 246-252.

Übersetzen und Dolmetschen beantwortet werden. Vor über vierzig Jahren, vor der Entstehung einer „Übersetzungswissenschaft" im engeren technischen Sinn, hat Karl Thieme, damals Direktor eines renommierten universitären Instituts zur Ausbildung von Übersetzern und Dolmetschern, eine Typologie der Sprachmittlungsverfahren entworfen. Sie nimmt sich heute, vor dem Hintergrund einer furchterregenden übersetzungswissenschaftlichen Terminologie, beruhigend schlicht und altmodisch aus. Thieme unterscheidet vier „Idealtypen von Sprachverschiedenheit und jeweils ihr entsprechender Überbrückung derselben" und ordnet diese – darin wirkt er ganz »modern« – in Form eines Kreuzklassifikationsschemas an:

	Sakralsprache	Amtssprache
treu	ausgelegt dem Laien	übersetzt dem »gemeinen Mann«
frei	Literatursprache übertragen dem Publikum	Verkehrssprache gedolmetscht zwischen Geschäftsführern
	feierlich	alltäglich

(leicht modifiziert nach Thieme 1956, 12).

Die Dichotomie „feierlich vs. alltäglich" bezieht sich also auf die Typen von Sprachverschiedenheit, die Dichotomie „treu vs. frei" auf die sprachmittlerischen Strategien, die zu deren Überbrückung angewandt werden. Hans J. Vermeer, Vertreter einer radikal-pragmatischen Position in der Übersetzungstheorie[25], der viele Jahre lang, doch zu einem späteren Zeitpunkt, am selben Institut wie Thieme gelehrt hat, kritisiert diese typologische Skizze wegen der unscharfen Begriffe, die dort verwendet werden.[26] Sachlich hat er damit nicht unrecht, denn „treu" und „frei" sind in der Tat vielsagende, zuviel sagende Begriffe. Aber man sollte nicht vergessen, daß Thiemes Beitrag auf eine akademische Festrede zurückgeht und daß Termini, in denen sich eine *cognitio clara*

---

[25] „Ich stehe auf der Seite des prospektiv-teleologisch ausgerichteten Handelns: Man dolmetscht und übersetzt immer auf etwas hin und damit jemand versteht" (Vermeer 1992, I, 57).

[26] Vermeer 1992, I, 37f.

confusa im Sinne Leibniz' widerspiegelt,[27] für eine erste Annährung an einen komplexen Gegenstand besonders gut geeignet scheinen. Wir erkennen *klar*, aber *verworren*, was „treu" und „frei" bedeutet, d. h. wir wissen, was gemeint ist, aber wir können das intuitiv Erfaßte nicht hinlänglich abgrenzen und in seine definitorischen Bestandteile zerlegen. *Verba volant, scripta manent.* Betrachten wir das Thiemesche Schema im Lichte dieser alten Sentenz, so erhalten wir einen ersten Anhaltspunkt dafür, wie die verschiedenen Sprachmittlungstechniken vor dem Hintergrund des Unterschieds zwischen Mündlichkeit und Schriftlichkeit zu beurteilen sind. Nur schriftlich überlieferte Texte werden im Laufe der Zeit unverständlich, so daß sie „ausgelegt" werden müssen. Nur schriftlich überlieferte Texte lassen die „Botschaft", die sie enthalten, so fest werden, daß sie „übersetzt" werden müssen. Bei mündlichen Äußerungen, die überhaupt nicht zur Überlieferung bestimmt sind, sondern die lediglich in einer bestimmten Situation über eine sog. „Sprachgrenze" hinweg „gedolmetscht" werden, stellt sich die Frage nach dem »Wortlaut« überhaupt nicht. Bei der Literatur scheiden sich die Geister. Das Original, sofern es schriftlich fixiert wurde, führt ein viel längeres Leben als die Übertragungen. Es wird, wenn die Spuren des Alterns unübersehbar werden, von den Kulturrestauratoren der Nation, die es hervorgebracht hat, sorgsam einbalsamiert. Die Übersetzungen hingegen sollen in der Zielkultur „leben". Dazu bedarf es einer Technik, die zwischen dem „Übersetzen" und dem „Dolmetschen" in dem von Thieme intendiertem Sinn liegt (vgl. w. u. 2.6).

Aus schüchternen Anfängern in der Homer-Philologie am Ende des 18. Jahrhunderts[28] hat sich eine Mündlichkeits-Schriftlichkeits-Forschung entwickelt, die in den vergangenen Jahrzehnten eine reiche Literatur hervorgebracht hat.[29] Parallel dazu bemüht man sich vor allem in der Dolmetschforschung um eine klare Abgrenzung der Faktoren, durch die

---

[27] Vgl. G.W. Leibniz: Meditationes de Cognitione, Veritate, Ideis (1684). Zit. nach: *Die philosophischen Schriften von G.W. Leibniz.* Hrsg. von C.J. Gerhard, 4 Bde, Neudruck Hildesheim 1960, 422ff.

[28] Auslöser waren die 1795 erschienenen *Prolegomena ad Homerum* von Friedrich August Wolf, worin er nachzuweisen versuchte, daß die *Ilias* und die *Odyssee* nicht das Werk eines einzelnen Dichters, sondern mehrerer Rhapsoden seien (*rhapsodein* „zusammennähen"). Daran knüpfte sich dann später die Hypothese, daß alle alten Heldenepen zunächst mündlich tradiert, von fahrenden Sängern auswendig vorgetragen und erst in einem späteren Stadium aufgeschrieben worden seien.

[29] Einen breiten Überblick für Leser ohne besondere Vorkenntnisse bietet Ong 1982.

sich das Dolmetschen vom Übersetzen unterscheidet. Hier könnten fruchtbare Verbindungslinien gezogen werden. Beide Forschungsrichtungen befinden sich in einer analogen Situation. Sie müssen in einer völlig literarisierten Gesellschaft das Verständnis für die weitgehend verschütteten Traditionen einer oralen Kultur wiedererwecken:

> Mit Einführung der Schrift ging der größeste Teil dieses alten Worts zu Grabe; nur Weniges von ihm ward aufbehalten und allmählich geregelt. Mit Einführung der Schrift kam Prose auf, Geschichte und Beredsamkeit wurden ausgebildet

schreibt Herder melancholisch in den *Briefe[n] zur Beförderung der Humanität*.[30] Hier klingt all das an, was von der späteren Forschung unter dem Rubrum „romantische Opposition gegen die Schrift" zusammengefaßt werden sollte. In der Dolmetschwissenschaft kann es natürlich nicht darum gehen, eine ähnliche »Nostalgiewelle« auszulösen. Dennoch muß ein Verständnis für die spezifischen Umstände der mündlichen Sprachmittlung geweckt werden. Sie traten in der Frühzeit des Dolmetschens in schwach literalisierten Gesellschaften klarer zu Tage als heute, wo vielfache Mischformen der Sprachmittlung auftreten. Der Dolmetscher in der Antike dürfte wohl kaum vor seinem Einsatz das „Manuskript" einer zu übertragenden Rede erhalten haben. Er war oft gleichzeitig „Botschafter" im engsten Sinne des Wortes; er hatte eine Botschaft zu überbringen und stützte sich dabei nicht auf einen ausformulierten Text, sondern auf »Notizen«, ähnlich den Aufzeichnungen, die sich Konsekutivdolmetscher machen und die nicht mit Stenogrammen verwechselt werden dürfen. Die Notizen des Dolmetschers lassen sich eher mit den frühesten mnemotechnischen Hilfsmitteln vergleichen, die der eigentlichen ideographischen Schrift, der sog. Bilderschrift, historisch vorausgehen.[31] Diese Aufzeichnungen fixieren keine Botschaften in einer an eine bestimmte Sprache gebundenen Form. Sie dienen vielmehr dazu – etwas überspitzt formuliert –, Assoziationen auszulösen, Gedächtnisinhalte abzurufen, die der Dolmetscher dann in der Zielsprache wiedergibt. Mit der Entwicklung der Schrift, insb. der

---

[30] Zit. nach der Einleitung zu Goody/Watt/Gough 1986, 13. Das Bändchen bietet, ergänzend zu Ong 1982, eine Einführung in ein Problemfeld, das hier nur angedeutet werden kann.

[31] Vgl. u.a. Haarmann 1990, 1. Kapitel.

Lautschrift, dem historisch jüngsten Stadium der Schriftentwicklung,[32] geht die Hypostasierung des Sprechens zur „Sprache" einher. Man spricht nicht mehr griechisch, d. h. auf griechische Art und Weise, sondern man spricht Griechisch, man „verwendet das Griechische". Von nun an wird es als Entität sui generis betrachtet.[33] Vermeer hat sehr schön gezeigt, daß diese Entwicklung nebenbei auch wichtige Konsequenzen für die Sprachmittlung mit sich brachte. Alle Vorstellungen von „Treue" gegenüber dem „Wortlaut des Originals", die uns heute vertraut sind, ob wir sie nun billigen oder nicht, konnten erst innerhalb einer Schriftkultur entstehen. Die Verschriftung einer Sprache bildet oft erst den Anstoß zu einem analytischen Nachdenken über die eigene Sprache, zur isolierten Betrachtung einzelner Elemente, Wörter, Flexionsformen usw., die aus dem Ganzen der Rede herausgelöst und kontextfrei betrachtet werden. Selbstverständlich spielen dabei auch sprachtypologische Voraussetzungen eine Rolle. Eine isolierende Sprache wie das Chinesische oder eine agglutinierende wie das Sumerische lassen sich mit geringerem technischen Aufwand analysieren als eine flektierende Sprache wie Latein. Was heißt lat. *feminum*? Sogar einem »guten Lateiner« dürfte es nicht leicht fallen, eine solche Form herausgelöst aus dem Zusammenhang eines Textes zu analysieren als Genitiv Plural von *femen* „Oberschenkel" (eine ältere Nebenform zu *femur*). Noch größere Probleme wirft dem Ungeübten die sog. „Binnenflexion" der semitischen Sprachen auf, eine Erscheinung, die auch im Deutschen auftritt. Wie analysiert man *gib* und *gab*? Hier kann man nicht so einfach nach der schlichten »Abstrichmethode« vorgehen und das Ganze in Teile mit unterschiedlichen Funktionen zerlegen. Die lexikalische Bedeutung „geben" steckt in der konsonantischen Klammer, die einen nicht genau spezifizierten Vokal umschließt: gVb. Die grammatischen Bedeutungen „Imperativ Singular" bzw. „3. Person Präteritum" wird durch die Färbung ausgedrückt, die der Vokal annimmt.

Was für die Bewußtmachung der technischen Eigentümlichkeiten der eigenen Sprache gilt – eine Technik, die man zwar »beherrscht«, aber nicht zu analysieren vermag –, gilt auch für das Verfassen und das

---

[32] Es sei in diesem Zusammenhang daran erinnert, daß auch vorwiegend ideographische Schriftsysteme wie die altägyptischen Hieroglyphen („heilige Einmeißelungen") oder das Chinesische phonographische, d. h. lautschriftliche Elemente enthalten.

[33] Vgl. Coseriu 1967, 13f.

Verstehen von Texten. Zwischen den Notizen eines Konferenzdolmetschers oder einem Logogramm aus der Frühgeschichte der Schrift auf der einen und einem sorgfältig komponierten, in alphabetischer Schrift festgehaltenen Text besteht kein Kontinuum, sondern ein Gradatum. Die Unabhängigkeit der »Botschaft« von ihrem Umfeld nimmt stufenweise zu in Abhängigkeit von den verwendeten Aufzeichnungstechniken und von der Fähigkeit und Bereitschaft des Verfassers, Faktoren, die bei mündlicher Kommunikation aus der Situation zu erschließen sind, ebenfalls festzuhalten. Entsprechend verringert sich der Spielraum für die Auslegung, und es wächst die Pflicht des Sprachmittlers, die Informationsstruktur, das „Was" der Botschaft in der Art ihres Gegebenseins, zur Kenntnis zu nehmen und wenn möglich nachzubilden. Dies ist meine Ansicht; sie wird heute von wenigen geteilt. „Dekonstruktivisten" aller Schattierungen, angefangen bei den relativ gemäßigten Vertretern der „Rezeptionsästhetik", versuchen zu zeigen, daß es einen „objektiven" Textsinn, der unabhängig von einem individuellen Rezeptionsakt gegeben wäre, nicht geben könne. „Funktionalistische" und „pragmatische" Übersetzungstheoretiker haben daraus die entsprechenden Konsequenzen gezogen. Sie verspotten den naiven Glauben an das „heilige Original". Es wird sorgfältig zu prüfen sein, wie weit wir ihnen darin in den späteren Kapiteln dieses Buches folgen dürfen. Vorerst darf jedoch festgehalten werden, daß Vermeer, ein herausragender Vertreter der „funktionalistischen" oder „pragmatischen" Übersetzungstheorie, in seinen *Skizzen zu einer Geschichte der Translation* den historischen Zusammenhang zwischen der Entstehung der Schriftkultur und dem Wandel der Auffassung von den Aufgaben eines Sprachmittlers, überzeugend dargestellt hat: Erst auf dem Boden einer Schriftkultur kann ein „Übersetzungsliteralismus", ein ängstliches Kleben am Wortlaut bis hin zu groben Verletzungen der Regeln der Zielsprache gedeihen.[34] Diese Erscheinung wird in besonders ausgeprägter Form auftreten, wenn die Elite einer jungen, noch kaum literalisierten Kultur mit den Texten einer reifen Schriftkultur konfrontiert wird. Genau das war in der frühesten Phase unserer west- und mitteleuropäischen Sprachen der Fall, als sich die Übersetzer mit der lateinischen Überlieferung auseinanderzusetzen begannen.

---

[34] Vgl. Vermeer 1992, I, 45ff.

1.2 Dolmetschen, Übersetzen, Verdeutschen usw. Die Bezeichnungen für Sprachmittler und Sprachmittlung in der westlichen Welt

Auf eines der ältesten Wörter zur Bezeichnung des Dolmetschens sind wir bereits gestoßen: *Dragoman,* „Fremdenführer und Sprachkundiger im Nahen Osten". Das Wort hat eine äußerst verwickelte Geschichte, die hier nur in groben Zügen wiedergegeben werden kann. Es läßt sich zurückverfolgen bis zum Akkadischen *targumannu(m)* oder *turgumann,* das in der Form *turjuman* ins Arabische entlehnt wurde. Während der Kreuzzüge gelangte das Wort (zum Teil in volksetymologischen Umdeutungen) ins Französische: *droguement, truchement,* und ins Italienische: *turcomanno, dragomanno.* Die heute noch im Englischen und Deutschen übliche Form des Wortes, mit dem kein seriöser Dolmetscher, sondern ein levantinischer Fremdenführer bezeichnet wird, ist also im Italienischen, und zwar durch neugriechische Vermittlung entstanden. Die französische Form *truchement,* durch Umdeutung aus dem älteren *drugement* (bei Chrétien de Troyes *druguemant*) hervorgegangen, wird heute nur noch in übertragener Bedeutung im Sinne von „Vermittler" gebraucht. Sie ist in verschiedenen Formen ins Mittelhochdeutsche gelangt. Noch in dem zu Anfang des 16. Jahrhunderts erstmals gedruckten Volksbuch *Fortmatus* bitten der Held und seine Gefährten um „glait und einen trutzelman, der mit yn reit".[35] Neben *trutzelman* gab es im Mittelhochdeutschen noch eindeutigere volksetymologische Umdeutungen wie *tragemunt* oder *trougmunt.* Die zuletzt genannte Form ist wohl in Anlehnung an das Präteritum von *triegen* „(be)trügen" entstanden – *trouc* – und deutet somit auf den zweifelhaften Ruf hin, den die Dolmetscher bereits in der Antike hatten. Das Wort *Dolmetsch,* bzw. die aus dem Verb neugebildete Form *Dolmetscher* geht ebenfalls auf akkadisch *targumannu* zurück, jedoch über türkisch-ungarische Vermittlung. Es verdrängte langsam das mittelhochdeutsche *tolke,* das aus dem Slavischen oder Baltischen stammt. Dieses Wort hat sich im Niederländischen und in den skandinavischen Sprachen bis heute behauptet.[36]

Die auffällige Ähnlichkeit zwischen dem griechischen Wort *hermeneuo* „auslegen, dolmetschen" und dem Namen des Gottes *Hermes*

---

[35] Zit. nach: *Anfänge des Bürgerlichen Romans in Deutschland,* bearbeitet von Franz Podleiszek, Darmstadt 1974, 76.

[36] Vgl. u.a. Hermann 1959, 29; Vermeer 1992, I, 58f. sowie die einschlägigen etymologischen Wörterbücher, deren Auskünfte hier nur in grober Vereinfachung wiedergegeben werden konnten.

hat immer wieder Anlaß zu volksetymologischen Spekulationen gegeben. Mal wird das Verb, bzw. das Nomen *hermeneus* „Ausleger, Dolmetscher" vom Namen des Gottes, mal eben dieser Name vom gemeinsprachlichen Wort abgeleitet.[37] Der zünftige Etymologe wird gegenüber dergleichen Deutungsversuchen größte Skepsis walten lassen; die Altphilologen leiten den Namen des Gottes von *hermaion* „Steinhaufen" ab, was zu dem auch im Deutschen gebräuchlichen *Herme* „zu Zwecken des Kults errichtete Säule", paßt.[38] Es ist hier nicht der Ort für gelehrte etymologische Untersuchungen. Im Rahmen dieser Darstellung dürfen »naive« volksetymologische Umdeutungen getrost ernst genommen werden; denn schließlich sind sie es, die im Sprecherbewußtsein wirksam sind und für die Sprachentwicklung bedeutsam werden können.

Von größter Bedeutung für die romanischen Sprachen und für das Englische (indirekt auch für das Deutsche) sind die Bezeichnungen, die im Lateinischen für die Sprachmittlung und diejenigen, die sie ausübten, gebraucht wurden. Die Tatsache, daß es eine Vielfalt von konkurrierenden Benennungen, aber kein *verbum proprium*, keine zentrale, »normale« Benennung des gemeinten Begriffs gab, deutet darauf hin, daß die Begriffsbildung in diesem Bereich noch im Fluß war, daß Übersetzen und Dolmetschen sich im römischen Kulturbetrieb noch nicht als autonome Aktivitäten etabliert hatten. Wenn wir uns den berühmten Satz aus Ciceros Schrift *De optimo genere oratorum* vor Augen führen (5, 14): „*Converti enim ex Atticis duorum eloquentissimorum orationes* [...]; *nec converti ut interpres, sed ut orator, ...*" (ein Passus, der wohl viele hundert Male, wenn nicht häufiger, angeführt worden ist, und der uns später noch beschäftigen wird; vgl. w. u. 2.2), stellen wir fest, daß für die Tätigkeit ein anderer Ausdruck erscheint als für den, der sie ausübt. Dem Verb *convertere* steht das Substantiv *interpres* gegenüber. Unter den üblicheren lateinischen Verben zur Bezeichnung der Sprachmittlung werden genannt: *convertere, imitari, interpretari, mutare, sequi, tradere, trans(s)cribere, transferre, transponere, transvertere, vertere, vortere,* dazu kommen Phraseologismen wie *Latine componere/explicare, Latino sermone tradere, exprimere e Graecis* und einige andere mehr. *Interpretari, vertere* und *convertere* erscheinen besonders häufig. Nicht ganz so verwirrend sieht es bei den Substantiven aus. Für den Begriff „Übersetzung" findet man Nomina actionis wie *interpretatio, mutatio,*

---

[37] Vgl. u.a. Hermann 1959, 25.
[38] Vgl. *Der kleine Pauly*, s. v. Hermes.

imitatio, translatio, transpositio, versio, conversio; für „Übersetzer" fast nur die Nomina agentis *interpres* und *imitator*, wobei sich der zuletzt genannte Terminus nur selten eindeutig auf diese Bedeutung festlegen läßt. Alle diese Wörter können auch in anderen Bedeutungen erscheinen und müssen, wenn sie die Sprachmittlung bezeichnen sollen, durch den Kontext präzisiert werden. Eine klare Unterscheidung zwischen „übersetzen" und „dolmetschen" ist nicht zu erkennen.[39] Die Stammformen des Verbs *ferre*, die vielen von uns schon in Kindertagen Verdruß bereitet haben, sind eine Quelle weiterer Komplikationen. Völlig verschiedene Wurzeln haben sich zu einem Verbparadigma zusammengeschlossen (Suppletivismus, vgl. im Deutschen *sein, bin, war/gewesen*). Der Präsensstamm hat die europäischen Sprachen mit Wörtern vom Typ *Transfer, transferieren* usw. versorgt, aus dem Partizipialstamm sind Wörter vom Typ *Translation, Translat* usw. hervorgegangen. Vom Nomen actionis *translatio* ist ein neues Verb gebildet worden, das bis in die Renaissance hinein in den romanischen Sprachen für den Begriff „übersetzen" gebraucht wurde: altfrz. *translater*, altit. *translatare*, span. *trasladar*. Über das Altfranzösische ist das Verb und das dazugehörige Nomen actionis ins Englische gelangt: *translate, translation*. Im Spanischen kann *trasladar* heute noch im Sinne von „traducir" gebraucht werden; häufiger bedeutet das Verb jedoch „umziehen", „(einen Termin) verschieben". In der Renaissance kommt der „semantische Neologismus" *traducere, traductio* hinzu. Damit ist gemeint, daß die entsprechenden Formen im Lateinischen zwar vorhanden waren, jedoch nicht in dieser Bedeutung gebraucht wurden. Gemeinhin gilt der italienische Humanist Leonardo Bruni als derjenige, der *traducere* zum ersten Mal in der Bedeutung „übersetzen" verwendet hat, und zwar in seinem um 1420 entstandenen übersetzungstheoretischen Traktat *De interpretatione recta*. Zwei Gründe hat man dafür angeführt: Zum einen wurde behauptet, Bruni habe den Neologismus bewußt eingeführt, um seine neue Auffassung vom Übersetzen durch eine terminologische Neuerung zu unterstreichen. Dagegen spricht, daß im Titel seines Traktats – eine Textstelle, die zur Verbreitung eines neuen Terminus besonders geeignet erscheint – der traditionelle Ausdruck *interpretatio* gebraucht wird. Plausibler erscheint daher immer noch eine Hypothese, die ein italienischer Philologe zu Beginn unseres Jahrhunderts aufgestellt hat: Als rhetorisch geschulter Autor war Bruni ständig auf der Suche nach

---

[39] Vgl. Schneiders 1995, 16f. und die dort angegebene weiterführende Literatur.

Synonymen, um dem Prinzip *variatio delectat* Genüge zu tun. Dabei stieß er möglicherweise in den *Noctes Atticae* des römischen Schriftstellers Aulus Gellius (um 170 n. Chr.) auf eine Stelle, wo von einem *vocabulum Graecum vetus traductum in linguam Romanam* die Rede ist.[40] *Traductum* ist hier allerdings nicht im Sinne von „übersetzt", sondern in dem von „eingeführt, entlehnt in die römische Sprache" zu verstehen. Welche der Hypothesen nun auch immer richtig sein mag, der Neologismus hatte gegenüber den konkurrierenden Bezeichnungen einen entscheidenden Vorteil: Er war Teil einer vollständigen Wortbildungsserie, *traducere, traductio, traductor*, und diese Serie konnte in allen romanischen Sprachen nachgebildet werden. Das deutsche Wort *übersetzen* oder das russische *perevodit'* sind genaue Nachbildungen (Lehnübersetzungen) dieser neuen, fast in ganz Europa erfolgreichen Benennung. Die meisten Nachschlagewerke geben an, der Neologismus sei als Lehnwort oder als Lehnübersetzung aus dem Italienischen in viele europäische Sprachen gelangt. Das ist wahrscheinlich nicht ganz korrekt. Ausstrahlungszentrum dürfte nicht das Italienische, sondern das Latein der angesehenen und viel gelesenen italienischen Humanisten gewesen sein. Bezeichnungen wie *traductus/traducta/traductum* etc. finden sich auf den Titelblättern zahlreicher früher Drucke, die seit dem Ende des 15. Jahrhunderts in verschiedenen europäischen Ländern erschienen sind.[41] Daneben werden weiterhin Wörter gebraucht, die auf lat. *interpres, interpretari* zurückgehen. Erst im 16. Jahrhundert zeichnet sich undeutlich eine Spezialisierung dieser Ausdrücke auf die Bedeutungen „Dolmetscher, dolmetschen" ab. Im Deutschen dauert der semantische Differenzierungsprozeß möglicherweise noch länger. Im 17. Jahrhundert gebraucht der Nürnberger Georg Philipp Harsdörffer, der geschätzte Erfinder des „poetischen Trichters", die Bezeichnungen *dolmetschen* und *übersetzen* noch synonym.[42] Im Romanischen haben sich zwar später Substantive wie *interprète, interprete, interprétation, interpretariato* usw. mit einer auf den Bereich „Dolmetschen" eingeschränkten Bedeutung durchgesetzt, nicht jedoch die entsprechenden Verben, die

---

[40] Seither geistert dieser Passus durch die Literatur zur Übersetzungsgeschichte.
[41] Vgl. hierzu insgesamt Wolf 1971; Schneiders 1995, 15ff.
[42] *Gesprächsspiele* usw., Dritter Theil, Nürnberg: Wolfgang Endters 1643, 59ff. Harsdörffers *Gesprächsspiele* (ich habe ein Exemplar der Badischen Landesbibliothek in Karlsruhe eingesehen) sind den Sprachdialogen der Renaissance nachempfunden.

weiterhin fast ausschließlich in der allgemeineren Bedeutung „interpretieren" gebraucht werden. Was im Deutschen nur in der Umgangssprache zu beobachten ist, wo der Dolmetscher „übersetzt" statt zu dolmetschen, ist im Romanischen auch in der Fachsprache üblich. Die sog. „Leipziger Schule" der Übersetzungswissenschaft hat die Benennung *Translation* als Oberbegriff für „Übersetzen und Dolmetschen" vorgeschlagen. Dieser Vorschlag war nicht sehr erfolgreich. Der gleichlautende (zumindest homographe) Terminus *translation* der Weltsprache Englisch ist nun einmal auf die engere Bedeutung „Übersetzen" festgelegt; dem Bereich „Dolmetschen" sind Bezeichnungen wie *interpreter, interpreting, interpretation* vorbehalten. Nicht zuletzt aus diesem Grund wurden hier die etwas altväterischen Bezeichnungen *Sprachmittler, Sprachmittlung* beibehalten.

Neben den *verba propria* für „übersetzen", die sich in den europäischen Sprachen langsam etablieren, sind bis in die neuere Zeit hinein weiterhin eine Fülle von anderen Ausdrücken anzutreffen. Es würde sich lohnen, einmal eine Untersuchung darüber anzustellen, was in dieser Hinsicht alles auf den Titelblättern von übersetzten Werken erscheint. Der wegen seiner extrem wörtlichen Übersetzungstechnik berühmt-berüchtigte Humanist Nikolaus von Wyle nennt seine eigenen Übertragungen aus dem Mittellateinischen und Italienischen *Translatzen*. Der Typ „in deutsche Verse gesetzt", „reccato in versi italiani" usw. usf. ist in vielen europäischen Sprachen verbreitet. Ähnlich wie auch heute noch gelegentlich etwas „verdeutscht" wird, wurden früher viele Werke „verenglischt", z. B. *Ovid's Metamorphosis, Englished by George Sandys*. Neben *translate* und *translation* sind im Englischen heute *render* und *rendering* durchaus gebräuchlich.

So gut wie alle Bezeichnungen für den Komplex „Sprachmittlung" sind, wie wir gesehen haben, auf dem Wege der Spezialisierung von Bedeutungen entstanden. (In der Terminologielehre spricht man in diesem Fall von „Terminologisierung".) Das hat zur Folge, daß die meisten der hier aufgeführten Ausdrücke polysem sind; sie können auch in ihrer allgemeineren, nicht spezialisierten oder in einer anderen, ebenfalls spezialisierten Bedeutung gebraucht werden. Für das Wort *interpretatio* und alle Mitglieder dieser Wortfamilie ist das so offensichtlich, daß es diesbezüglich keiner Erläuterungen bedarf. Weniger bekannt sind die weiteren fachsprachlichen Sonderbedeutungen von *traductio* und *translatio*. *Translatio* ist eines der lateinischen Äquivalente für griechisch *metaphora*; in einem viel allgemeineren Sinn kann damit auch die Verweisung einer Rechtsangelegenheit an eine andere Instanz gemeint sein. Dazu kam noch die mittelalterliche Vorstellung der Übertragung des Kaisertums von Byzanz auf Karl den Großen, die *translatio imperii*, der man später noch die *translatio studii*, die Übertragung der Wissenschaft von einem kulturellen Zentrum auf ein anderes, hinzufügte. Unter *traductio* wird wird im Lateinischen auch eine kunstvoll herbeigeführte Art der Homonymie verstanden. In dem Satz *cur eam rem tam studiose curas quae tibi multas dabit curas?*[43] erscheint die Form *curas* einmal als 2. Person Präsens des Verbs *curare*, ein anderes Mal als Akkusativ Plural des Substantivs *cura*.[44] Die Kenntnis dieser Sonderbedeutungen schützt vor falschen Interpretationen. Im Deutschen hat die nach dem Vorbild von *traducere* gebildete Lehnmetapher *übersetzen* eine eigene Entwicklung genommen. Das zusammengesetzte Verb hat in der übertragenen Bedeutung seine Durchsichtigkeit verloren; der Akzent hat sich vom ersten auf den zweiten Bestandteil verlagert. Syntaktisch verhält sich das Wort nicht wie ein zusammengesetztes, sondern wie ein einfaches Verb: Der Fährmann *setzt über, hat übergesetzt*; der Übersetzer *übersetzt, hat übersetzt*. Dazu kommt, daß *übersetzen* im älteren Deutsch eine Sonderbedeutung haben konnte, die zu allerlei derben Scherzen in den Übersetzervorreden des 18. Jahrhunderts Anlaß bot; das Wort wurde im Sinne von „überteuern" gebraucht.[45]

Die Termini für „vertikales" Übersetzen (*volgarizzamento* etc.) werden in Kapitel 4.2, diejenigen für „Übersetzen im weiteren Sinne" (*Bearbeitung, imitation, adaptation* usw.) in Kapitel 7 behandelt.

1.3 Die Dokumentation der sprachmittlerischen Tätigkeit: Übersetzungsbibliographien und Ähnliches

Mit der Erfindung des Buchdrucks erweiterte sich der literarische Markt. Man druckte immer mehr Texte antiker Autoren, darunter auch schon Übersetzungen in die sich herausbildenden Volkssprachen. Es wurde zunehmend schwierig, einen Überblick über die verfügbaren Ausgaben zu behalten, und somit wuchs das Bedürfnis nach Dokumentation. Der

---

[43] In Annäherung etwa: „Warum sich so eifrig um eine Angelegenheit *sorgen*, die doch nur *Sorgen* bereiten wird?" (in der gegenwärtigen Rechtschreibung homophon, aber nicht homograph).

[44] Vgl. Lausberg 1963, §§ 31,1; 228; 287.

[45] Vgl. Fränzel 1914, 95f.; H. Paul, *Deutsches Wörterbuch* s. v. *übersetzen*.

Zürcher Arzt, Naturforscher und Polyhistor Konrad Gesner kam diesem Bedürfnis nach und legte 1545 seine *Bibliotheca universalis* vor, ein Verzeichnis aller Ausgaben von Werken in lateinischer, griechischer und hebräischer Sprache, von denen er Kenntnis erhalten hatte. Das Beispiel machte Schule. Schon wenige Jahre später erschienen die *Libraria prima* (1550) und die *Libraria seconda* (1551) des aus Florenz stammenden Schriftstellers Antonio Francesco Doni, dem Benedetto Croce bescheinigte, er habe „in einem nichtigen Leben ohne Sinn und Ziel das Bewußtsein der Nichtigkeit erlangt"[46]. Donis Katalog erhob den Anspruch, alle gedruckten Bücher in italienischer Sprache zu erfassen, darunter auch, und dafür haben wir uns hier besonders zu interessieren, die Übersetzungen ins Italienische.[47] Es ist vielleicht kein Zufall, daß einer der ersten Kompilatoren einer Übersetzungsbibliographie der Nichtswürdigkeit geziehen wurde. Die Mühe, die das Erstellen einer zuverlässigen Übersetzungsbibliographie bereitet, steht in einem sehr ungünstigen Verhältnis zu dem Ansehen, das sich damit erringen läßt. Reine Übersetzungsbibliographien bleiben vorerst eine Seltenheit. In die ab dem 16. Jahrhundert erscheinenden Nationalbibliographien ante litteram werden selbstverständlich auch Übersetzungen aufgenommen, und es finden sich darin oft biographische Angaben über Schriftsteller und Übersetzer. Mir ist nur ein verhältnismäßig frühes Beispiel einer reinen Übersetzungsbibliographie bekannt, ein 1778 erschienenes Verzeichnis der Übersetzungen antiker Autoren und christlicher Schriftsteller, die „vor der Erfindung des Buchdrucks" entstanden sind.[48] Schon sehr viel früher, im Jahrhundert der französischen Klassik, gibt es erste Ansätze einer Dokumentation der sprachmittlerischen Tätigkeit, wenn auch keine reinen Übersetzungsbibliographien. Der Romancier Charles Sorel, Exponent einer burlesk-satirischen Strömung der Literatur seines Jahrhunderts, die sich gegen das die erste Hälfte dieses Jahrhunderts prägende Preziösentum richtete, hatte 1664 eine National-

---

[46] „In una vita nulla, deserta d'ogni fine, egli acquista la coscienza del nullismo", Benedetto Croce: *Poeti scrittori del primo e del tardo Rinascimento*, Bari, Bd. I, 273.

[47] Vgl. Malclès ⁴1977, 22ff.; Guthmüller 1991, 120f.

[48] D. Juan Antonio Pellicer y Saforcada: Ensayo de una bibliotheca de traductores españoles donde se da noticia de las traducciones que hay en castellano de la sagrada escritura, santos padres, filosofos, historiadores, medicos, oradores, poetas, así griegos como latinos; y de otros autores que han florecido antes de la invención de la imprenta, Madrid 1778.

bibliographie unter dem Titel *Bibliothèque françoise* herausgegeben. Das elfte Kapitel war den Übersetzungen ins Französische gewidmet. Wenige Jahre zuvor war eine bedeutende Abhandlung zum Problem des Übersetzens erschienen, die uns noch beschäftigen wird: *De interpretatione libri duo* (1661)[49]. Ihr zweiter Teil, dessen Überschrift *De claris interpretibus* einem weit verbreiteten Muster folgt,[50] berichtet über berühmte Bibelübersetzer. Es handelt sich hier um einen seltener auftretenden Typ von Informationsquelle, der bedauerlicherweise bis auf den heutigen Tag nur schwach entwickelt ist, ein bio-bibliographisches Kompendium. Es gibt über berühmte Übersetzer und ihre Arbeiten Auskunft.[51]

Eine systematische Dokumentation der Übersetzertätigkeit entstand erst im zwanzigsten Jahrhundert. Es gibt zwar eine große Zahl von Arbeiten zur Geschichte der Übersetzung, die meist auf einzelne Sprachräume und Epochen spezialisiert sind,[52] jedoch muß derjenige, der gezielte Informationen zur Übersetzung bestimmter Werke oder zu einem bestimmten Übersetzer benötigt, versuchen, mit Hilfe der Register ans Ziel zu gelangen. Inzwischen verfügen wir über eine größere Anzahl von Übersetzungsbibliographien, die allerdings, wie bereits erwähnt, nicht absolut zuverlässig sind, vor allem was die ältere Zeit betrifft. Eine knappe Auswahl dieser Nachschlagewerke bietet das Literaturverzeichnis dieses Buches. Hier sollen nur einige Bibliographien exemplarisch vorgestellt werden.

Es lassen sich grob drei Typen unterscheiden: Universalbibliographien, Bibliographien für eine bestimmte Zielsprache und Bibliographien für ein bestimmtes Sprachenpaar. Alle drei Typen sind gewöhnlich auf bestimmte Zeiträume begrenzt. Die wichtigste Universalbibliographie ist der *Index translationum*. Er erschien erstmals 1932 und

---

[49] Petri Danielis Huetii de interpretatione libri duo, quorum prior est de optimo genere interpretandi, alter de claris interpretibus. Das Werk ist bis heute nie übersetzt worden; eine französische Übersetzung des 1. Teils, die im Rahmen eines *mémoire de maîtrise* 1968 an der Universität Rennes angefertigt wurde, liegt mir als Typoskript vor.

[50] Vgl. *De viris illustribus, de claris mulieribus* usw.

[51] Als moderne Beispiele seien genannt Cary 1963 und Marti 1974.

[52] Typische Beispiele sind Hennebert 1861; Fränzel 1914; Amos 1920. Nur das zuletzt genannte Werk trägt einen sehr unspezifischen Titel, aus dem nicht hervorgeht, das ausschließlich Übersetzungen ins Englische von den Anfängen bis zum 18. Jahrhundert behandelt werden.

beschränkte sich zunächst auf die in Deutschland, Spanien, den Vereinigten Staaten, Frankreich und Großbritannien erschienenen Übersetzungen. Erfaßt werden die von den Nationalbibliotheken weitergemeldeten Neuerscheinungen, also nicht nur schöngeistige, sondern auch Sachliteratur.[53] Das Unternehmen mußte 1940 wegen der Kriegsereignisse abgebrochen werden. Seit 1949 erscheint die *New Series* des *Index translationum* (die Bandzählung beginnt wieder bei 1), nunmehr unter dem Patronat der UNESCO. Inzwischen sind die Nationalbibliotheken von 56 Ländern an diesem Unternehmen beteiligt, und seit 1979 (Band 32) werden die Daten mit Hilfe einer elektronischen Datenbank erfaßt und weiterverarbeitet. Neuerdings sind diese Daten nur noch auf CD-ROM erhältlich, dafür sind sie sehr viel aktueller als früher. Die dem Philologen sympathischere Printfassung war zuletzt um viele Jahre in Verzug. Der letzte erschienene Band enthält die Übersetzungen des Jahres 1986. Die größten Dokumentationslücken ergeben sich also im Bereich der älteren und der neuesten Übersetzungen. Hier helfen oft nur die Dokumentationssysteme und Nachschlagewerke weiter, über die heute jede größere Buchhandlung verfügt. Als Musterbeispiel für den zweiten Typ darf die vor kurzem (1997) erschienene Bibliographie *Weltliteratur in deutscher Übersetzung* von Wolfgang Rössig gelten. Sie ist chronologisch geordnet und mit Hilfe mehrerer, nach unterschiedlichen Kriterien erstellter Register schnell erschließbar. Schon an zweiter und dritter Stelle werden gewichtige Zeugnisse der deutschen Übersetzungsgeschichte aufgeführt, nämlich zwei Übersetzungen des berühmten schwäbischen Humanisten Steinhöwel, und bei den übersetzten Autoren handelt es sich um keine geringeren als Boccaccio und Petrarca. Die Bibliographie kann begreiflicherweise nicht vollständig sein, sie strebt jedoch Repräsentativität an.[54] Zur Illustration des besonders stark vertretenen dritten Typs seien drei Titel exemplarisch herausgegriffen: die *Bibliographie deutscher Übersetzungen aus dem Französischen* von Hans Fromm, die *Bibliographie französischer Übersetzungen aus dem Deutschen* von Lieselotte Bihl und Hans Epting und die *Bibliographie der deutschen Übersetzungen aus dem Italienischen*

---

[53] Die wissenschaftlichen und technischen Fachübersetzungen werden inzwischen in dem seit 1987 in den Niederlanden erscheinenden *World Translation Index* erfaßt, der 1997 sein Erscheinen eingestellt hat.

[54] Dem Verfasser dieses verdienstvollen Werks sei herzlich dafür gedankt, daß er mir eine Kopie des Umbruchs vor Erscheinen des Buchs überlassen hat. Der vollständige Titel findet sich im Literaturverzeichnis.

von Frank-Rutger Hausmann.[55] Zahlreiche weitere Nachschlagewerke dieser Art umfassen weit kürzere Zeiträume. Sie können wegen ihres hohen Spezialisierungsgrades auch im Literaturverzeichnis des vorliegenden Buchs nicht vollständig aufgeführt werden.

---

[55] Fromm 1950-53/21981; Bihl/Epting 1987; Hausmann 1992; die vollständigen Angaben finden sich im Literaturverzeichnis.

2 Kurzer Abriß der Geschichte der Übersetzungstheorie und Übersetzungspraxis

Zu Zeiten, da die übersetzungswissenschaftliche Literatur noch wie ein helles Bächlein dahinplätscherte, in dem sich die hin- und herschießenden Forellen leicht erkennen ließen, erschien in London ein schmales Buch mit dem Titel *The Art of Translation*[1]. Das Wort *Art*, das seinem Etymon, lat. *ars*, inhaltlich genau entspricht, kann im Deutschen nur mit einer Periphrase wiedergegeben werden: „Kunst, Handwerk und Wissenschaft", kein unreflektiertes Tun-Können, sondern eine in reflektierter Form tradierte Gesamtheit von »Kunstgriffen«, die zur Beherrschung des jeweiligen Metiers gehören. Diese *ars* steht der *scientia*, der Wissenschaft im engeren Sinne, an Dignität nicht nach.[2] Theodore Savory, der Autor des genannten Buchs, stellt die Geschichte der Übersetzungstheorie in engstem Zusammenhang mit der Geschichte der Übersetzungspraxis dar und macht dabei eine überraschende Feststellung. Es scheint kaum eine Übersetzungsmaxime zu geben, der nicht eine andere widerspräche:

1. Eine Übersetzung soll den Wortlaut des Originals wiedergeben.
2. Eine Übersetzung soll den gedanklichen Gehalt, den Sinn des Originals wiedergeben.
3. Eine Übersetzung sollte sich wie ein Original lesen.
4. Eine Übersetzung sollte sich wie eine Übersetzung lesen (d. h. sie soll zu erkennen geben, daß sie eine ist).
5. Eine Übersetzung sollte den Stil des Originals bewahren.
6. Eine Übersetzung sollte den Stil des Übersetzers zeigen.
7. Eine Übersetzung sollte sich lesen, als wäre sie zur Zeit des Originals entstanden.
8. Eine Übersetzung sollte sich lesen wie ein zeitgenössischer Text.
9. Eine Übersetzung darf Zusätze und Auslassungen aufweisen.
10. Eine Übersetzung darf keinesfalls Zusätze und Auslassungen aufweisen.
11. Verse sollten in Prosa wiedergegeben werden.
12. Verse sollten durch Verse wiedergegeben werden.[3]

Wer sich mit der Geschichte der Übersetzungstheorie ein wenig vertraut gemacht hat, wird zugeben, daß Savory keineswegs übertrieben hat. Wie

---

[1] Savory 1957; [2]1968.

[2] Das Studienprogramm der Spätantike und des frühen Mittelalters bestand bekanntlich nicht aus scientiae, sondern aus den septem artes liberales; vgl. Albrecht 1987, 22.

[3] Savory 1957, 49 in meiner eigenen, »freien« Übersetzung (vgl. 2.3).

eine Satire wirkt die obenstehende Liste nur deshalb, weil einzelne Leitsätze aus ihrem historischen und argumentativen Zusammenhang herausgelöst und zu einem neuen Text zusammengestellt wurden. Wie Sprache ist auch Übersetzung dem historischen Wandel unterworfen. Was eine Übersetzung sollte, soll oder darf, was sie nicht sollte, nicht soll und nicht darf, steht nicht ein für allemal fest. Die Ansichten darüber ändern sich wie die Sitten, Gebräuche und Wertvorstellungen einer Gemeinschaft und die Regeln ihrer Sprache. Die Übersetzungstheoretiker laufen dieser historischen Entwicklung hinterher. Sie glauben, allgemeingültige Kategorien rational abzuleiten, tun jedoch meist nichts anderes, als zeit- und kulturbedingte *opiniones communes* über die richtige Art des Übersetzens zu explizieren.

Daran kann auch der »Paradigmenwechsel« nichts ändern, der die Bemühungen um das Problem des Übersetzens aus dem Stadium einer *ars* in das einer *scientia* überführt hat. Dieser qualitative Sprung war von einem Anschwellen des hellen Bächleins der übersetzungstheoretischen Literatur zu einem mächtigen Strom begleitet, in dem sich so manche tückisch trübe Stelle findet. Die wissenschaftlichen Aussagen wollen nun nicht mehr nur erklären, was der Fall ist, sie wollen ihrerseits erklärt werden. Die moderne „translatologische Forschung untersucht" – so eine ihrer herausragendsten Vertreterinnen – „Bedingungen translatorischer Handlungen holistisch in komplexen biologischen und sozialen Zusammenhängen, reflektiert ihren Standort in einem globalen wissenschaftshistorischen Gefüge".[4] Die Vertreter der sog. „Skopostheorie" sehen in der Translation „ein Informationsangebot in einer Zielkultur und deren Sprache über ein Informationsangebot aus einer Ausgangskultur und deren Sprache". Dieses „Informationsangebot einer Translation" werde „als abbildender Transfer eines Ausgangsangebots dargestellt".[5] Wer da – angesichts so kühn vorgeschobener Forschungspositionen – heute noch behaupten wollte, ein Übersetzer habe nichts weiter zu tun, als das, was er in seinem Ausgangstext vorfindet, in einer anderen Sprache wiederzugeben – und dies am Ende „so treu wie möglich, so frei wie nötig" –, der sähe „ganz schön alt aus", im jugendsprachlichen wie im buch-

---

[4] Justa Holz-Mäntärri: „Das Transfer-Prinzip", in: Reiner Arntz/Gisela Thome (Hrsg.): Übersetzungswissenschaft. Ergebnisse und Perspektiven. Festschrift für Wolfram Wilss zum 65. Geburtstag, Tübingen 1990, 59-70, hier 59.
[5] Reiß/Vermeer 1984, 105. Vgl. ebenfalls die Ausführungen zu Vermeer im vorhergehenden Kapitel, insb. Anm. 25.

stäblichen Sinne dieser Wendung. Zwischen Theorie und Praxis hat sich in den letzten Jahrzehnten eine tiefe Kluft aufgetan, die es in früheren Zeiten nicht gegeben hatte. Damals trat fast jeder anspruchsvollere Übersetzer auch als Übersetzungstheoretiker auf und traute seinen Lesern zu, die Früchte seiner praktischen Arbeit zu genießen und gleichzeitig die in der Vorrede oder im Nachwort gelieferte theoretische Rechtfertigung nachzuvollziehen.[6] Ich möchte versuchen, den tiefen Graben zwischen Theorie und Praxis ein wenig aufzufüllen, indem ich den Leser an die Punkte der Übersetzungsproblematik, die für das Anliegen dieses Buchs relevant sind, schrittweise heranführe. Dabei soll weniger der gegenwärtige „Stand der Forschung" als die Genese der wichtigsten Fragestellungen im Zentrum stehen. Es geht also um weniger und mehr als um einen „Abriß der Übersetzungstheorie und -praxis" im engeren Sinn. Die Übersetzungsgeschichte der Literaturen, denen das vorliegende Buch gewidmet ist, kann nicht vollständig behandelt werden, nicht einmal in Form einer knappen Zusammenfassung. Dafür erhält der Leser im ersten Abschnitt (2.1) einen Überblick über die vorhandene Literatur zu diesem Thema. Die folgenden Abschnitte erheben den Anspruch, etwas mehr als bloße Übersetzungsgeschichte zu sein. Sie möchten darüber hinaus eine bescheidene Einführung in einige Grundfragen der Übersetzungstheorie bieten – nicht streng systematisch und ahistorisch, sondern eingebettet in einen historischen Kontext.

2.1 Überblick über die vorhandene Literatur

Die Übersetzungsgeschichte war lange Zeit hindurch kein Gegenstand eigenständiger Publikationen. Sie manifestierte sich in Form von historischen Exkursen, eingebettet in Arbeiten, die dem Problem der Übersetzung im allgemeinen gewidmet waren. Auch in neuerer Zeit sind Werke dieser Art entstanden. Das unmittelbar nach dem letzten Krieg erschienene Buch *Sous l'invocation de Saint Jérôme*[7] des französischen Schriftstellers Valéry Larbaud, der selbst viel übersetzt hat, darf bereits als Klassiker auf diesem Gebiet gelten. Es enthält Gedanken über die

---

[6] Eine lesenswerte Sammlung von Übersetzervorreden, in denen sich die Übersetzungstheorie einer Kultur in einer bestimmten Epoche widerspiegelt, hat der Göttinger Übersetzungsforscher Wilhelm Graeber zusammengestellt (Graeber 1990).

[7] Larbaud 1946. Hieronymus (Jérôme), dem wir die heute noch maßgebende lateinische Version der Bibel, die sog. Vulgata, verdanken, gilt als Schutzheiliger der Übersetzer (vgl. 2.2).

Schwierigkeiten, die dem Autor bei der Übersetzung englischer und spanischer Literatur begegnet sind. Die Reflexionen des Autors weiten sich hin und wieder zu übersetzungshistorischen Exkursen aus. George Steiners bereits erwähntes Werk *After Babel* enthält neben zahlreichen historischen Informationen auch den Versuch einer Periodisierung der gesamten Übersetzungsgeschichte[8], kann selbst jedoch nicht als solche bezeichnet werden; der systematisch-sprachphilosophische Aspekt hat Vorrang gegenüber dem historisch-deskriptiven. Für den französischen Linguisten und Übersetzer Antoine Berman stellt die Übersetzungsgeschichte eine notwendige Komponente der „modernen" Reflexion des Problems der Übersetzung dar. Er treibt sie nicht um ihrer selbst, sondern um einer angemessenen Darstellung der Gesamtproblematik willen, die man ihrer historischen Dimension nicht entkleiden kann.[9] Ähnliches gilt für eine größere Anzahl vergleichbarer Werke, von denen hier nur wenige genannt werden können. Rolf Kloepfers *Theorie der literarischen Übersetzung* ist implizit eine *Geschichte* der literarischen Übersetzung. Louis Kellys *True Interpreter* und Frederick Reners *Interpretatio*, Werke, die sich in ihren Untertiteln als Übersetzungsgeschichten ausweisen, sind weit davon entfernt, bieder und streng chronologisch zu berichten, was sich im allgemeinen Übersetzungsbetrieb im Laufe der Jahrhunderte Bemerkenswertes ereignet hat. Gut gewählte Titel und Untertitel mögen – vor allem wenn sie reichlich »barock« ausfallen – für den Verleger ein Ärgernis sein; für den Leser sind sie eine hochwillkommene Orientierung: Wer zu Friedmar Apels Habilitationsschrift *Sprachbewegungen* oder zu Iris Konopiks Dissertation *Lesebilder in französischen und deutschen Übersetzungskonzeptionen des 18. Jahrhunderts* greift, darf darauf bauen, daß die Titel halten, was sie versprechen: Apel geht es um eine *Poetik der Übersetzung*, Konopik um eine (zeitlich und räumlich begrenzte) *Rezeptionsgeschichte* von Übersetzungen.[10]

---

[8] Vgl. Steiner 1975, 236ff.: Die erste Periode soll von Cicero bis zu Hölderlins Sophokles-Übersetzung reichen, die zweite, unter dem Zeichen der klassischen Hermeneutik stehende, von Schleiermacher bis Valéry Larbaud. Die dritte umfaßt die optimistisch-wissenschaftsgläubige »linguistische« Phase der Übersetzungswissenschaft, die zur Zeit der Veröffentlichung von Steiners Buch gerade wieder in einen »neo-hermeneutischen« Skeptizismus umzuschlagen begann.

[9] Vgl. Berman 1984, 23. Sein Buch *L'épreuve de l'étranger* ist der deutschen Romantik gewidmet und wurde daher auch, obwohl es nicht auf deutsch vorliegt, in deutschen Tageszeitungen besprochen (vgl. w. u. 6.3).

[10] Vgl. Kloepfer 1967; Kelly 1979; Rener 1989; Apel 1982; Konopik 1997.

Daneben gibt es jedoch auch eine Anzahl von Werken, die einer »reinen« Übersetzungsgeschichte näher kommen, Werke, in denen philosophische, sprachtheoretische, poetologische und rezeptionsästhetische Fragestellungen gegenüber der reinen Dokumentation von Fakten zurücktreten. Dazu gehört *Teoria e storia della traduzione* des französischen Linguisten Georges Mounin, der zu den Begründern der modernen Übersetzungswissenschaft zählt. Zwar erscheint der Terminus *Teoria* im Titel, das Werk ist jedoch im Gegensatz zu den *Problèmes théoriques de la traduction* desselben Autors vorwiegend historisch und praktisch ausgerichtet.[11] Knapper, aber vollständiger ist der umfangreiche Übersichtsartikel, den die Leipziger Übersetzungswissenschaftlerin Heide Pohling in einem Sammelband mit Beiträgen zur Übersetzungswissenschaft vorgelegt hat.[12] Zwei Werke könnte man als »prototypische« Vertreter der Gattung „Übersetzungsgeschichte" bezeichnen, beide sind in französischer Sprache verfaßt und bisher nicht ins Deutsche übersetzt worden: die *Histoire de la traduction en Occident* des belgischen Übersetzungstheoretikers und erfahrenen Dolmetschers Henri van Hoof und das Buch *De Cicéron à Benjamin* des französischen Übersetzungswissenschaftlers Michel Ballard.[13] Seit über dreißig Jahren verfolgt der Weltverband der Übersetzer[14] einen ehrgeizigen Plan: eine umfassende Dokumentation aller Daten und Fakten, die für die Geschichte der Übersetzung in allen historischen Epochen und in allen Sprach- und Kulturräumen von Bedeutung sind. Als Bausteine zur Verwirklichung dieses Projekts hat das Sprachrohr dieser Organisation, die bereits erwähnte Zeitschrift *Babel*, eine Rubrik eingerichtet, in der

---

[11] Vgl. Mounin 1963 und 1965/67. *Teoria e storia* gehört zu einer Textgattung, die in keiner Übersetzungstypologie fehlen darf: Der Text wurde unter dem Titel *Traductions et traducteurs* auf französisch geschrieben, um ins Italienische übersetzt zu werden. Der Originaltext ist meines Wissens nie publiziert worden. Es versteht sich von selbst, daß in einem solchen Fall die »Treue« zum Ausgangstext eine andere Rolle spielt als bei der Übersetzung eines zuvor erschienenen Originals. Das Buch ist zwei Jahre später in Deutschland in der ausgezeichneten – das ist im Bereich der Sprach- und Übersetzungstheorie keineswegs die Regel – Übersetzung von Harro Stammerjohann erschienen.

[12] Vgl. Pohling 1971. Es handelt sich um eine Kurzfassung des historischen Teils der ein Jahr später erschienenen Dissertation der Verfasserin, die weniger leicht zugänglich ist als die Vorabpublikation.

[13] Vgl. Van Hoof 1991 und Ballard ²1995. Mit *Benjamin* im Titel des Werks von Ballard ist Walter Benjamin gemeint.

[14] Fédération Internationale des Traducteurs (F.I.T.).

über viele Jahre hinweg Beiträge zur Geschichte der Übersetzung und des Dolmetschens erschienen sind.[15] Inzwischen haben zwei kanadische Mitglieder des Verbands eine erste Synthese gewagt: Das Buch *Les traducteurs dans l'histoire*, das unter ihrer Leitung entstanden ist, kann zwar nicht den Anspruch erheben, eine wirklich umfassende Übersetzungsgeschichte zu sein. Das ist auf gut dreihundert Seiten auch gar nicht möglich. Dafür informiert das Werk über einige Bereiche, die in den übrigen Übersetzungsgeschichten kaum behandelt werden: so etwa über den Beitrag der Übersetzer zur Verschriftung von Kultursprachen in ihren frühesten historischen Stadien, den Einfluß der Übersetzer auf die Ausbreitung von Weltreligionen, den Beitrag der Übersetzer zur Lexikographie usw. usf. Auch dieses Werk ist auf französisch erschienen und wird möglicherweise nie auf deutsch erhältlich sein; denn das Deutsche gehört nicht mehr zu den Sprachen, in die alle wichtigen Arbeiten früher oder später übersetzt werden.[16]

Was kann man nun dem Deutschsprachigen empfehlen, der unbedingt ein Buch über dieses Thema in seiner Muttersprache lesen möchte? Zunächst einmal ein zu Beginn unseres Jahrhunderts erschienenes Werk, das nichts von seiner Lebendigkeit und seinem Informationswert eingebüßt hat, wenn auch die Wege der Forschung den Spezialisten inzwischen in einzelnen Punkten weit über das dort Vermittelte hinausführen mögen: Walter Fränzels *Geschichte des Übersetzens im 18. Jahrhundert*. Es behandelt zwar nur einen begrenzten Zeitraum und nur die Geschichte der Übersetzungen ins Deutsche, aber dieser Zeitraum war wohl entscheidend für unsere neuere Sprach-, Literatur- und nicht zuletzt Übersetzungsgeschichte.[17] George Steiners mehrfach erwähntes Buch *After Babel* liegt seit längerer Zeit in deutscher Übersetzung vor (vgl. Literaturverzeichnis). *Das* große deutschsprachige Werk zur Übersetzungsgeschichte könnte aus dem umfangreichen Projekt hervorgehen, das Hans J. Vermeer vor einigen Jahren mit seinen *Skizzen zu einer Geschichte der Translation* begonnen und unter dem

---

[15] Vgl. Radó 1964 und 1967.

[16] Vgl. Delisle/Woodsworth 1995. Das Werk bietet im Gegensatz zu den bisher erwähnten vielfältige Informationen über außereuropäische Sprach- und Kulturräume. Es existiert auch eine englischsprachige Ausgabe.

[17] Vgl. Fränzel 1914. Nicht umsonst haben auch andere historische Darstellungen der deutschen Übersetzungsgeschichte ihren Schwerpunkt im 18. Jahrhundert und in der Zeit der Romantik.

Titel *Übersetzen im Mittelalter* fortgeführt hat. Aus beiden Teilen des Werks wurde bereits ausgiebig zitiert.[18]

In diesem kleinen Literaturüberblick konnte nur ein Teil der einschlägigen Werke zur Übersetzungsgeschichte genannt werden. Es gibt darüber hinaus noch eine verhältnismäßig große Anzahl von Arbeiten, in denen verschiedene Teilgebiete der Übersetzungsgeschichte unter den unterschiedlichsten Gesichtspunkten behandelt werden. *Das Buch* zur Übersetzungsgeschichte gibt es nicht. Es gibt noch nicht einmal eines, das ein früher erschienenes ersetzen, vollständig überflüssig machen würde. Das gehört wohl zu den Eigentümlichkeiten des Forschungsbetriebs in den sogenannten „Geisteswissenschaften": Was im Hinblick auf die Behandlung der primären Fakten als obsolet erscheinen mag, wird gerade aufgrund dieser Behandlung wiederum zum Gegenstand der Forschung; denn es „ist dies die Eigenschaft des Geistes, daß er den Geist ewig anregt".[19]

2.2 Cicero, Horaz, Hieronymus und die Folgen

Das vorliegende Buch handelt von den Übersetzungen im Bereich der neueren europäischen Literaturen. Wozu also ein Rückgriff auf lateinische Texte, auf Zitierautoritäten aus einer so weit zurückliegenden Zeit? Die lästigen Mahner, die gegen den Rückgang des Unterrichts der klassischen Sprachen zu Felde ziehen, handeln nicht nur aus eigensüchtigen Beweggründen. Unsere Kultur ist auch heute noch so tief von den klassischen Sprachen, insbesondere vom Lateinischen, geprägt, daß zumindest Grundkenntnisse dieser Sprache eine Voraussetzung für jeden anspruchsvolleren Umgang mit Texten der unterschiedlichsten Art darstellt. Das gilt in unserem Zusammenhang nicht nur für die Übersetzungsgeschichte, sondern auch für die Übersetzung literarischer oder historischer Werke.

Die drei im wahrsten Sinne des Wortes »klassischen« Texte (bei genauerem Hinsehen handelt es sich um Textstellen), mit denen wir uns im folgenden auseinandersetzen, werden bis in unser Jahrhundert hinein immer wieder in übersetzungswissenschaftlichen Abhandlungen zitiert, und zwar keineswegs nur in Arbeiten zur Übersetzungsgeschichte im

---

[18] Vermeer 1992 und 1996.

[19] Goethe, „Shakespeare und kein Ende"; zit. nach Artemis-Gedenkausgabe, Bd. 14, *Schriften zur Literatur*, 755.

engeren Sinn. Dem ersten Passus sind wir bereits begegnet (vgl. w. o. 1.2). Er stammt aus einer der weniger bekannten Schriften Ciceros, die gewöhnlich mit dem Titel *De optimo genere oratorum* zitiert wird. Es handelt sich um die Vorrede zu Übersetzungen von Reden zweier bedeutender griechischer Rhetoren. Cicero nimmt dort zu der von ihm verfolgten Übersetzungsstrategie Stellung. Die Übersetzungen selbst sind verlorengegangen, so daß wir die Absichten des Übersetzers nicht mehr mit den Ergebnissen seiner Bemühungen vergleichen können. Cicero war darum bemüht, verbreitete Irrtümer über den »Stil« (*dicendi genus*) der Redner auszuräumen, und dazu wollte er anschauliche Beispiele liefern:

> Ich habe also die herausragendsten Reden übersetzt, die die beiden wortgewaltigsten attischen Redner, Aischines und Demosthenes, gegeneinander gerichtet haben. Und ich bin dabei nicht wie ein Dolmetscher, sondern wie ein Redner vorgegangen, unter Wahrung des Sinnes und der Form, gewissermaßen der Redefiguren, aber in einer Ausdrucksweise, die unserer eigenen Sprache angemessen ist. Dabei hielt ich es nicht für nötig, Wort für Wort wiederzugeben, sondern ich habe die Ausdrucksmittel insgesamt und ihre Wirkung (*genus omne verborum vimque*) beibehalten. Denn nicht dem Leser die Wörter vorzuzählen, sie ihm gleichsam zuzuwägen hielt ich für meine Aufgabe.[20]

Die rein sprachliche Bedeutung dieses immer wieder zitierten Passus wirft keine Probleme auf. Schwierigkeiten bereitet hingegen die Interpretation seines Sinns. Cicero schildert, wie er seinen Lesern Anschauungsmaterial über die attische Redekunst liefern wollte und wie er zu diesem Zweck einige bedeutende Reden nicht wörtlich, sondern »sinngemäß«, wenn man so will »wirkungsäquivalent«, d. h. unter Wahrung der Wirkung auf den Hörer/Leser, übersetzt hat. Ging es ihm dabei um die Redekunst allein oder darüber hinaus auch um die Übersetzung, wollte er sich nicht nur *de optimo genere oratorum*, sondern auch *de optimo genere interpretandi* äußern? Von den meisten Übersetzungstheoretikern und Übersetzungshistorikern ist er in eben diesem Sinne verstanden worden. Spätestens seit der Renaissance wird dieser Passus

---

[20] Converti enim ex Atticis duorum eloquentissimorum nobilissimas orationes inter seque contrarias, Aeschini et Demostheni; nec converti ut interpres, sed ut orator, sententiis isdem et earum formis tamquam figuris, verbis ad nostram consuetudinem aptis. In quibus non verbum pro verbo necesse habui reddere, sed genus omne verborum vimque servavi. Non enim ea me adnumerare lectori putavi opportere, sed tamquam appendere. *De opt. gen. orat.* 14; eigene Übersetzung, gestützt auf die englische Übersetzung von H.M. Hubbel und auf die deutsche von Astrid Seele (vgl. Seele 1995, 81; vgl. ebenfalls die frz. Übersetzung in Ballard 1995, 39f.).

immer wieder von den Anhängern einer »freien«, »einbürgernden«, »wirkungsäquivalenten« Art des Übersetzens zur Bekräftigung ihrer Ansichten bemüht. So ist in *After Babel* lakonisch von „Cicero's famous precept [!] not to translate *verbum pro verbo* [...] and Horace's reiteration of this formula in the *Ars poetica* some twenty years later..." die Rede, als ob über den Sachverhalt nicht der geringste Zweifel bestünde.[21] Kelly möchte die *communis opinio* stützen, indem er eine weitere, allgemein bekannte Cicero-Stelle anführt, wo die wortwörtliche Übersetzung als charakteristisch für die ungeschickten Übersetzer (*interpretes indiserti*) bezeichnet wird.[22] Bei genauerem Hinsehen ist an dieser Stelle aber nicht eigentlich von Übersetzungsverfahren, sondern von der Auffüllung von Bezeichnungslücken die Rede. Was ist zu tun, wenn das »passende Wort« fehlt? Mit dem *verbum e verbo*-Verfahren ist in diesem Zusammenhang die Übersetzung auf Morphemebene, die Lehnübersetzung (wie z. B. lat. *contradictio* > dt. *Widerspruch*) gemeint (vgl. w. u. 4.3.1). Cicero hat sich dieses Verfahrens selbst bedient, als er für griech. *periphrasis* das lat. Äquivalent *circuitus* „Umschreibung" geprägt hat. Obschon Cicero sich mehrfach auf das Übersetzer- und Dolmetscherwesen seiner Zeit berufen hat, dürfte es kaum in seiner Absicht gelegen haben, Ratschläge auf diesem Gebiet zu erteilen. Es ist sogar zweifelhaft, ob Cicero die von ihm bei der Übersetzung der Reden des Aischines und des Demosthenes angewandte Übersetzungsmethode für die einzig richtige gehalten hat. An einer anderen Stelle, an der er über seine Übersetzung eines philosophischen Textes berichtet, versichert er nämlich, bei diesem Text wortwörtlich (*totidem verbis*) vorgegangen zu sein.[23]

Mir scheint, daß Cicero keineswegs das »freie« Übersetzen – was damit gemeint sein mag, wird im nächsten Abschnitt zu erläutern sein – zur Richtschnur erheben wollte. Möglicherweise schwingt in seiner Äußerung die gleiche Herablassung gegenüber dem biederen *interpres* mit, die ich auch in dem berühmten Passus aus Horaz' *Ars poetica* zu erkennen glaube, der uns gleich beschäftigen wird. Cicero scheint sich eher auf das »wortgetreue« Übersetzen als eine geläufige Praxis zu beziehen, die keineswegs generell in Frage gestellt werden soll. Er möchte nur klarstellen, daß er sein eigentliches Ziel, nämlich einen

---

[21] Vgl. Steiner 1975, 236.
[22] *De finibus bonorum et malorum*, III, 15; vgl. Kelly 1979, 36.
[23] *Epistulae ad Atticum*, VI, 2, 3 referiert nach Rener 1989, 267.

Beitrag zur Kenntnis der griechischen Redekunst zu leisten, auf diesem Wege nicht erreichen konnte. Es ging ihm um Rhetorik, nicht um Übersetzung. Die Tatsache, daß eine beiläufig eingestreute Bemerkung eine so außergewöhnlich lang anhaltende Wirkung gehabt hat, erklärt sich aus dem Bedürfnis der Übersetzungstheoretiker, einen *consensus omnium* durch Berufung auf eine anerkannte Autorität herbeizuführen.[24]

Der zweite hier zu diskutierende Passus steht in der *Epistula ad Pisones* von Horaz, die gemeinhin als *De arte poetica* zitiert wird. Es ist sehr wahrscheinlich, daß Horaz mit dieser Stelle auf die soeben behandelte Cicero-Stelle anspielt.[25] Horaz gibt den jungen Dichtern Ratschläge, wie man am besten beim Publikum reüssieren könne. Man solle als unbekannter Autor besser nicht einen völlig neuen Stoff behandeln, sondern auf die allgemein bekannten Stoffe zurückgreifen, die als eine Art von »öffentlichem Eigentum« für jedermann bereitliegen. Dabei dürfe man sich allerdings nicht in dem bequemen, oft betretenen Kreise aufhalten. In diesem Zusammenhang erfolgt dann die berühmte Anspielung auf die Tätigkeit des *fidus interpres*, des gewissenhaften Dolmetschers/Übersetzers:

nec verbum verbo curabis reddere fidus
interpres ... (De arte poetica, 133f.).

Diese Stelle hat den späteren Interpreten, nicht nur was ihren »Sinn«, sondern auch was ihre rein sprachliche Bedeutung angeht, Schwierigkeiten bereitet. Ohne Beachtung des Kontexts ist nicht ganz klar, welches der Geltungsbereich (Skopus) der Negationspartikel ist: Ich gebe somit zunächst einmal nicht eine, sondern zwei widersprüchliche Übersetzungen mit unterschiedlichem Skopus der Negation:

Und du wirst nicht danach trachten, ein Wort durch ein anderes wiederzugeben wie ein gewissenhafter Übersetzer (= ein Übersetzer tut so etwas).

---

[24] Ähnlich äußern sich, wenn auch mit unterschiedlichen Zusatzargumenten: Ballard 1995, 40f.; Schneiders 1995, 37ff. und Dieter Woll: „Übersetzungstheorie bei Cicero?", in: Jörn Albrecht/Jens Lüdtke/Harald Thun (Hrsg.): *Energeia und Ergon*, Bd. III: *Das sprachtheoretische Denken Eugenio Coserius in der Diskussion* (2), eingeleitet und herausgegeben von Jens Lüdtke, Tübingen 1988, 341-350.

[25] Vgl. hierzu C.O. Brink: *Horace on Poetry*, Bd. 2: *The »Ars Poetica«*, Cambridge usw. 1985, 210f.

Und als gewissenhafter Übersetzer wirst du nicht danach trachten, ein Wort durch ein anderes wiederzugeben (= ein Übersetzer tut so etwas nicht).[26]

Die meisten Kommentatoren entscheiden sich für die erste Lesart, die auch durch den Kontext gestützt wird. Doch ist der Passus in der langen Rezeptionsgeschichte von vielen Kommentatoren im Sinne der zweiten Lesart (miß)verstanden worden und darüber hinaus noch zu einer Empfehlung für »freies« Übersetzen umgedeutet worden, obwohl sich Horaz – und diesbezüglich gibt es nicht die geringsten sprachlichen Unklarheiten – an den Dichter, nicht an den Übersetzer gewandt hatte.[27]

Paul Pelisson, Historiograph und kritischer Beobachter des Kulturbetriebs im Zeitalter der französischen Klassik, vermutet sogar, die Vertreter der sog. „belles infidèles", der extrem »einbürgernden« Übersetzungen, denen die zweite Lesart sehr gelegen kommen mußte, hätten die Horazschen Verse gar nicht falsch verstanden, sie hätten vielmehr die zweite Lesart absichtlich aus der „natürlichen" ersten abgeleitet, was unter gewissen Umständen durchaus zulässig sei. In Wirklichkeit müsse dieser Passus, der gewöhnlich zur Rechtfertigung eines freien Umgangs mit dem Original durch den Übersetzer angeführt werde, jedoch als Verpflichtung zur Treue aufgefaßt werden.[28] In seinem bereits erwähnten Traktat über die beste Art des Übersetzens, der in der Art der Sprachdialoge der Renaissance abgefaßt ist, läßt Pierre Daniel Huet sein »Sprachrohr« Casaubonus genau diese Meinung vertreten: Horazens Ansicht sei es ja gerade, daß der *fidus interpres* alles Wort für Wort gewissenhaft wiederzugeben habe.[29] Als ihm sein Gegner Fronto zu

---

[26] Vgl. hierzu Seele 1995, 24: „Für sich betrachtet können die Verse [...] nämlich sowohl (richtig) bedeuten: »Du sollst nicht Wort für Wort wiedergeben wie ein treuer Dolmetscher« als auch (falsch): »Du sollst als treuer Dolmetscher nicht Wort für Wort wiedergeben«".

[27] Vgl. Brink, op. cit. (Anm. 25), 488: „The literal versions of the *fidus interpres* (133-4) are arraigned not because of their diction but as a failure to deal with *publica materies* ..." Zum falschen und richtigen Verständnis der Verse bei den verschiedensten Autoren im Lauf der Jahrhunderte vgl. Seele 1995, 94ff.

[28] Die Vertreter der *belles infidèles*, so Pelisson, hätten sich für die zweite Lesart entschieden, „non par erreur, [...] mais à dessein, détournant un peu (comme il est quelquefois permis) ce passage de sa signification naturelle [...]. Ainsi ce passage, qu'on allègue pour établir la liberté du traducteurs, établit plutôt la contrainte et la servitude à laquelle ils sont obligés" (zit. nach Zuber 1968, 143).

[29] „Illud ergo, ex Horatii sententia, fidi interpretis munus est verbum verbo diligenter referre." Huet 1756 (= Nachdruck der 2. Aufl. von 1661), 54.

bedenken gibt, kein geringerer als Hieronymus habe die Stelle in seiner berühmten Epistel an Pammachius im gegenteiligen Sinne verstanden, erwidert Casaubonus, Hieronymus habe die Stelle aus dem Gedächtnis zitiert, wobei man leicht etwas mißverstehen könne. Nach seiner Bekehrung zum Christentum habe er der philologisch-kritischen Lektüre der vorchristlichen Klassiker abgeschworen, daher sei ihm dieser Fehler unterlaufen.[30]

Bevor wir uns diesem Brief des »Schutzpatrons der Übersetzer« Sophronius Eusebius Hieronymus an seinen Studienfreund Pammachius zuwenden, sind noch einige Bemerkungen zu Horaz nachzutragen. Es gehört zu den »Kunstgriffen« eines erfahrenen Übersetzers, im Zweifelsfall eine schwierige Stelle so wiederzugeben, daß man ihm kein falsches Textverständnis nachweisen kann. Nicht nur in der Epoche der *belles infidèles*, sondern auch später erweisen sich gerade französische Übersetzer als Meister auf diesem Gebiet. Dies zeigen etwa die beiden folgenden Übersetzungen der Horaz-Stelle:

si tu ne t'astreins pas dans ta traduction à un servile mot à mot
wenn du dich bei deiner Übertragung nicht sklavisch an den Wortlaut hältst
si vous ne vous appliquez pas à rendre, traducteur trop fidèle, le mot par le mot
wenn Sie sich nicht als allzu getreue Übersetzer darauf versteifen, ein Wort durch ein anderes wiederzugeben[31]

Eines bleibt am Schluß noch festzuhalten: Der eigentliche Mißgriff der Interpreten liegt nicht bei der Interpretation einer sprachlich schwierigen Stelle, sondern auf der Ebene des Sinns des gesamten Passus. Beide Parteien glaubten nämlich Übersetzungsempfehlungen daraus ableiten zu dürfen, die einem im Sinne des »treuen«, die anderen in dem des »freien« Übersetzens. Weder das eine noch das andere läßt sich rechtfertigen. Horaz bemerkt beiläufig – möglicherweise mit einem herablassenden Unterton –, daß ein gewissenhafter Übersetzer den ihm anvertrauten Text wortwörtlich wiederzugeben pflegt. Ob dies nun eine empfehlenswerte oder tadelnswerte Praxis sei, dazu äußert er sich nicht.

---

[30] Vgl. die weit ausführlichere Darstellung des Sachverhaltes bei Seele 1995, 96f. Die letzte falsche Übersetzung der Horaz-Stelle, die dort aufgeführt wird, stammt von dem bekannten Übersetzer Karl Dedecius.

[31] Die erste Übersetzung findet sich in *Horace*. Texte établi, traduit et annoté par François Richard, 1. Bd., Paris 1931, 271; die zweite bei Paul Horguelin, *Anthologie de la manière de traduire*. Domaine français, Montréal 1981, 20 (hier zit. nach Ballard 1995, 42).

Ein »intertextuelles Gefüge« entsteht aus den hier vorgestellten klassischen Texten zur Übersetzungsproblematik erst dann, wenn wir den dritten Text hinzuziehen; denn dort wird auf die beiden ersten ausdrücklich Bezug genommen. Es handelt sich nicht um den Text eines Rhetors oder eines Dichters, wie im Falle der beiden ersten, sondern um den eines Übersetzers, Hieronymus. Ihm verdanken wir die lateinische Fassung der biblischen Schriften, die im Jahre 1546 auf dem Konzil von Trient als für die römisch-katholische Kirche verbindlich erklärt wurde. Hieronymus war vorgeworfen worden, er habe einen Brief, den der Bischof Epiphanios von Salamis auf Zypern an den Bischof Johannes von Jerusalem gerichtet hatte, allzu »frei« und somit verfälschend aus dem Griechischen ins Lateinische übersetzt. Es bestehen also vielfältige Parallelen zu Luthers sog. „Sendbrief vom Dolmetschen" (vgl. w. u. 3.1). Hieronymus verteidigt sich in einem Brief an seinen Studienfreund gegen die Vorwürfe, die man ihm gegenüber erhoben hatte, und bedient sich dabei der unterschiedlichsten Argumente. Er zitiert die Stellen aus Cicero und Horaz und interpretiert sie unbefangen als Empfehlung, nicht »wörtlich«, sondern »frei« und »sinngemäß« zu übersetzen. Hier liegt also der Ursprung eines durch die Jahrhunderte tradierten Mißverständnisses. Es bleibe dahingestellt, ob es sich um ein produktives Mißverständnis handelt. An den von Hieronymus angeführten Beispielen läßt sich erkennen, daß hier ein erfahrener Übersetzer schreibt, der sein Handwerk beherrscht und seinen Kritikern zu Recht vorwirft, sie wüßten überhaupt nicht, wovon sie reden. Er nennt weniger gravierende und gravierende Fehler, die den Septuaginta, den siebzig bzw. zweiundsiebzig legendären Übersetzern des Alten Testaments unterlaufen sind, und er zeigt auch, daß die Evangelisten sich häufig irren, wenn sie sich auf Stellen im Alten Testament berufen. Fehler dieser Art müsse man heiligen Männern nachsehen. Wenn er aber Beispiele für »wörtliches« und »freies« Übersetzen vorbringt, so versteht er darunter eine Vielfalt von Erscheinungen, die hier nicht, wie er es getan hat, in einen Topf geworfen werden sollen: Hieronymus unterscheidet nicht zwischen *wörtlich* im Sinne von „korrekt, aber nicht sehr idiomatisch" und *wörtlich* im Sinne von „ungrammatisch, die grammatischen und lexikalischen Strukturen des Ausgangstextes nachbildend", und wenn er Beispiele für »freies« Übersetzen liefert, so meint er damit gelegentlich Vorgehensweisen, die hier als „einbürgernd" bezeichnet werden sollen (vgl. w. u. 2.3 und 2.4). In einem Punkt befand er sich jedoch in einer »Zwickmühle« (im folgenden wird dieser saloppe Ausdruck durch die einem wissenschaftlichen Werk angemessene Bezeichnung „aporetische Situation" zu ersetzen sein; vgl. 3.1): Er war mit der Revision der bis dahin vorliegenden lateinischen Fassungen der heiligen Schriften beauftragt worden und wußte, daß im Umgang mit solchen Texten besondere Vorsicht geboten ist. Und so fügte er an der Stelle, an der er sich unerschrocken zum „sinngemäßen" Übersetzen bekennt, eine vorsichtige Einschränkung hinzu:

Ich gebe nicht nur zu, sondern bekenne frei heraus, daß ich bei der Übersetzung griechischer Texte – außer in den heiligen Schriften, wo selbst die Wortfolge ein Mysterium ist – nicht ein Wort durch ein anderes, sondern eine Sinneinheit durch eine andere wiedergebe ...[32]

In zahlreichen Prüfungen, die ich abzunehmen hatte, wurde mir berichtet, Hieronymus habe sich bereits für eine »wirkungsäquivalente«, »zielsprachenorientierte« Methode bei der Bibelübersetzung ausgesprochen. Wenn ich das bezweifelte, wurde ich unter Protest auf den Text verwiesen, der in der verdienstvollen Anthologie von Hans Joachim Störig *Das Problem des Übersetzens* abgedruckt ist, die auch ich zur Prüfungsvorbereitung benutzt hatte. Ich hatte mir gleich bei ihrem Erscheinen im Jahre 1973 die dritte Auflage dieser Textsammlung gekauft und war somit nicht auf den Gedanken gekommen, in der ersten Auflage aus dem Jahre 1963 nachzulesen, die meine Studenten zur Prüfungsvorbereitung herangezogen hatten. Dort ist in einer anderen Übersetzung zu lesen:

Ich gebe nicht nur zu, sondern bekenne es mit lauter Stimme, daß ich bei der Übersetzung der Heiligen Schriften aus dem Griechischen, wo selbst die Wortstellung schon ein Mysterium ist, nicht Wort für Wort, sondern Sinn für Sinn ausgedrückt habe.[33]

Schon wenige Jahre später hatte Kloepfer in seinem bereits erwähnten Buch *Theorie der literarischen Übersetzung* auf diesen Fehler

---

[32] Ego enim non solum fateor, sed libera voce profiteor me in interpretatione Graecorum absque scripturis sanctis, ubi et verborum ordo mysterium est, non verbum e verbo, sed sensum exprimere de sensu. Text nach Marti 1974, 74; der Abschnitt D (61-93) bietet detailliertere Informationen zu dem hier nur angedeuteten Komplex. Ich folge mit kleinen Modifikationen der Übersetzung von Wolfgang Buchwald, abgedruckt bei Störig ³1973, 1.

[33] Störig 1. Aufl. 1963, 1.

aufmerksam gemacht und ausgerechnet Ernst Robert Curtius verdächtigt, einer ähnlichen Fehlinterpretation auf den Leim gegangen zu sein.[34] Dieser Verdacht ist sicherlich unbegründet. Sehr viel plausibler ist hingegen die Vermutung Ballards, Antoine Berman habe in *L'épreuve de l'étranger* (vgl. 2.1) Hieronymus' Strategie der Bibelübersetzung nur deshalb so unbedenklich in die Nähe der von Luther im *Sendbrief* vertretenen Auffassungen rücken können, weil er die falsche Übersetzung bei Störig gelesen hat. Vermeer, der im Gegensatz zu anderen, die sich gern auf ihn berufen, das philologische Handwerk beherrscht, bezieht die Texte, die er kommentiert, nicht aus dritter oder vierter Hand, er studiert sie in kritischen Ausgaben. So wundert er sich denn darüber, daß die Übersetzungswissenschaftlerin Mary Snell-Hornby den einschränkenden Zusatz bei Hieronymus „offenbar übersehen" und der bekannte Übersetzer lateinamerikanischer Literatur, Curt Meyer-Clason, den Sinn der Stelle „kurioserweise ... zu ambigem Unsinn" verkehrt habe. Der Passus von Meyer-Clason, den Vermeer „spaßeshalber" anführt, entspricht bis auf ein Detail der falschen Übersetzung in der ersten Auflage der Anthologie von Störig.

Heiligen Männern wie den Aposteln und den Evangelisten muß man sorglosen Umgang mit Texten nachsehen, nicht jedoch den Übersetzern literarischer Texte. Der unkritische Umgang mit der Textgrundlage ist eine der bedenklichsten Begleiterscheinungen der gegenwärtig zu beobachtenden „Entphilologisierung" der Übersetzungswissenschaft.[35]

2.3 So treu wie möglich, so frei wie nötig

Die Beschäftigung mit drei klassischen Stellen aus antiken bzw. spätantiken Autoren hat uns mit der ältesten Dichotomie der

---

[34] Vgl. Kloepfer 1967, 30 in bezug auf E.R. Curtius, *Europäische Literatur und lateinisches Mittelalter*, [4]1963, 82f. Der Vorwurf ist nicht nachvollziehbar. Die Anthologie von Störig kann in keinem Fall für eine Fehldeutung des glänzenden Latinisten verantwortlich gemacht werden, der wohl kaum auf Übersetzungen angewiesen war, denn der von Kloepfer inkriminierte Passus findet sich schon in der zweiten Auflage von 1954 auf derselben Seite.

[35] Diese Entwicklung zeigt sich bereits in dem amüsanten, an ein nicht-spezialisiertes Publikum gerichteten Buch *Zielsprache* von Fritz Güttinger, das trotz seiner Mängel auch heute noch zur Lektüre empfohlen werden kann. Dort werden kleine Bruchstücke der hier besprochenen Passus, teilweise in irreführender Interpunktion, als Forderung, „nicht Wörter, sondern den Sinn zu übersetzen", ausgegeben (vgl. Güttinger 1963, 64).

Übersetzungstheorie vertraut gemacht: dem Gegensatz zwischen »freiem« Übersetzen auf der einen und »wörtlichem« oder »treuem« Übersetzen auf der anderen Seite. Es sind auch schon *Invarianten* der Übersetzung in Erscheinung getreten, Elemente, die bei der Übersetzung »unverändert erhalten«, »bewahrt« werden sollen. Bei Cicero nimmt die Invariante keine klare Gestalt an. Auf der Grundlage meiner eigenen Übersetzung, die sich sicherlich kritisieren läßt, darf man behaupten, Cicero habe „Sinn, Stil und Wirkung" der griechischen Reden in seiner Übersetzung bewahren wollen – ein reichlich ehrgeiziges Ziel. Hieronymus spricht nur vom „Sinn". Es handelt sich dabei um eine der ältesten und von den meisten Theoretikern und Praktikern akzeptierten Invarianten der Übersetzung. Sie ist allerdings erklärungsbedürftig, allein schon hinsichtlich des bei der Erfassung des Sinns noch zulässigen Allgemeinheitsgrades. Ist der »Sinn« gewahrt, wenn ich frz. *vous n'êtes pas sans savoir que ...* durch „Sie wissen recht gut, daß ..." wiedergebe? Ist die doppelte Verneinung hier eine Eigentümlichkeit der französischen Sprache, die man gerade nicht wiedergeben sollte, weil ihr im Deutschen ein ganz anderer Stellenwert zukommt, oder gehört sie doch zum »Sinn« des Textes? Selbst auf eine scheinbar so einfache Frage wird man von den Fachleuten höchst unterschiedliche Antworten erhalten. Der Weise hat auf vorwitzige Fragen dieser Art immer eine Standardantwort parat: „Das läßt sich isoliert nicht entscheiden, es kommt auf den Kontext an." Zurück zum Gegensatzpaar „wörtlich versus frei". Ein alter deutscher Sinnspruch fordert vom Übersetzer, er habe bei seiner Tätigkeit „so treu wie möglich, so frei wie nötig" zu verfahren. Ähnlich wie die italienische Formel *traduttore traditore* (Übersetzer – Verräter) verdankt auch die deutsche Wendung ihre Suggestivität der sprachlichen Form. Wollte man *treu* durch *wörtlich* ersetzen, wie es zwei Übersetzungswissenschaftler in einem Lehrbuch zur Übersetzungstechnik getan haben,[36] so ginge mit der Parallelität des Rhythmus auch eine der beiden Assonanzen verloren; das Ganze würde längst nicht mehr so überzeugend klingen. Die Redensart ist weit besser als der Ruf, den sie unter Übersetzungswissenschaftlern genießt. Sie trifft genau, was sie treffen soll, aber sie ist dunkel und bedarf der Erläuterung – ein Musterbeispiel für jene *cognitio clara confusa*, von der bereits die Rede war (vgl. w. o. 1.1). Vergleichen wir diese alte, von vielen mitleidig belächelte Formel mit den Ansichten einer Vertreterin einer entschieden linguistisch ausgerichteten Form der

---

[36] Vgl. Hönig/Kußmaul 1982, 19.

Übersetzungswissenschaft, so erscheint sie uns plötzlich in neuem Glanz. In ihrem „Vademecum" zur Übersetzung, das ganz im Gegensatz zu den meisten Veröffentlichungen dieser Art auch in der Tagespresse besprochen wurde, schreibt Judith Macheiner alias Monika Doherty:

> Wir dürfen beim Übersetzen nicht einfach weglassen, was weglaßbar ist, sondern nur das, was weglaßbar ist und stört und was auf keine andere Weise in eine zielsprachlich angemessene Form zu bringen ist.[37]

Hier wird schon etwas genauer erfaßt, worum es in der volkstümlichen Maxime geht, aber es sind darüber hinaus noch weitere Erläuterungen erforderlich. Was heißt „treu", was heißt „frei"? Im Gegensatz zu einer weithin üblichen Praxis,[38] soll *treu* hier nicht als Synonym von *wörtlich* angesehen werden. In der Übersetzungsregel steht *treu* wohl nur „um des Reimes willen"; *wörtlich* trifft den gemeinten Sachverhalt besser. Nun werden unter „wörtlicher Übersetzung" gemeinhin zwei unterschiedliche Phänomene verstanden. Die Bezeichnung kann, wie man im linguistischen Fachjargon sagen würde, in syntagmatischer und in paradigmatischer Hinsicht verstanden werden. „Syntagmatisch" meint in diesem Zusammenhang „Wort für Wort", d. h. eine möglichst genaue Abbildung der Reihenfolge der Elemente des Originals in der Übersetzung:

Gustav von Aschenbach war etwas unter Mittelgröße, brünett, rasiert.
Gustave von Aschenbach was somewhat below middle height, dark and smooth-shaven.[39]

Obwohl der Übersetzer dieser englischen Version von Thomas Manns Erzählung *Tod in Venedig* sehr eigenwillig mit seiner Vorlage umgeht, ist er an dieser Stelle – mehr oder weniger zufällig – einer „wörtlichen"

---

[37] Macheiner 1995, 212. Vgl. u.a. die gründliche, informative Rezension von Hanns Zischler (*Süddeutsche Zeitung*, 2./3. September 1995) und die lobende, aber nichtssagende Besprechung von Gerhard Schulz (*Frankfurter Allgemeine Zeitung*, 12. September 1995).

[38] Vgl. z. B. Thome 1978, 302f.: In der berühmt gewordenen Diskussion um das rechte Übersetzen [...] ist wÜ [wörtliche Übersetzung, J.A.] Synonym zu „treuer" [...] und damit Antonym zu „freier" [...] Übersetzung.

[39] Thomas Mann, *Tod in Venedig*, 2. Kapitel. Die englische Übersetzung stammt von H.T. Lowe-Porter (Penguin Twentieth-Century Classics).

Übersetzung in syntagmatischer Hinsicht recht nahe gekommen. In anderen Fällen wäre dies nur unter großen Schwierigkeiten möglich:

bow and arrow	weights and measures	à feu et à sang
Pfeil und Bogen	Maße und Gewichte	a sangre y fuego
ein schwarzweißes Kleid	une table longue de deux mètres	
un abito bianco e nero	ein zwei Meter langer Tisch	

Der *fidus interpres* mußte hier „so frei wie nötig" verfahren und die Reihenfolge der Elemente umkehren, denn anderenfalls hätte er (auf verschiedenen Ebenen) die Regeln der Zielsprache verletzt. Innerhalb der sog. „Vergleichenden Stilistik", einer heute schon fast vergessenen Richtung der kontrastiven Sprachwissenschaft, die sich als Hilfswissenschaft der Übersetzungslehre verstand, ist eine ganze Typologie von Abweichungen dieser Art ausgearbeitet worden.[40] Eine immer noch einflußreiche Strömung innerhalb der modernen Linguistik, die sog. Generative Grammatik, erhebt den Anspruch, tiefere Gesetzmäßigkeiten einer Sprache aufzudecken, Strukturen, die sich nicht unmittelbar an der Textoberfläche ablesen lassen. Ansätze zu einer solchen Betrachtungsweise waren schon in der spätmittelalterlichen *grammatica universalis* vorhanden. Monika Doherty ist eine Vertreterin dieser Richtung, was allerdings nicht so leicht zu erkennen ist, wenn sie unter dem Namen Judith Macheiner für ein größeres Publikum schreibt. Die Ratschläge, die sie in bezug auf das Abweichen von der gegebenen Wortfolge beim Übersetzen erteilt, sind denn auch nicht für jedermann ohne weiteres nachzuvollziehen. Das Deutsche sei, so Macheiner, im Gegensatz zu fast allen benachbarten Sprachen „rechtsperipher", d. h. die ranghöheren syntaktischen Elemente stehen hinter den ihnen untergeordneten, wenn es sich um einen „unmarkierten", stilistisch neutralen Satz handelt. In einer linksperipheren Sprache wie dem Englischen verhält es sich umgekehrt. Hier besteht eine Tendenz, bei Aufzählungen zuerst das gewichtigere, auffälligere Element zu nennen, dann das weniger auffällige:

... interferons are not artificially synthesised or extracted from plants.
.... to cure diseases ranging from cancer to the common cold.

---

[40] Vgl. u.a. Wandruszka 1969, insb. Kap. 30; Bausch 1981.

Die Verfasserin empfiehlt, bei der Übersetzung in das rechtsperiphere Deutsche die historische Reihenfolge der Medikamentengewinnung wieder herzustellen und die schlimmere Krankheit nach der harmlosen zu nennen, weil die Leser, die eine solche Sprache sprechen, den Schwerpunkt der Information »rechts«, d. h. an letzter Stelle erwarten würden:

Interferone werden nicht aus *Pflanzen gewonnen* oder *künstlich hergestellt* ...
... mit denen die verschiedensten Krankheiten, vom *Schnupfen* bis zum *Krebs*, geheilt werden können.[41]

Eine ähnliche (wenn auch im engeren Sinne syntaktische) Erscheinung tritt bei der Übersetzung ins Italienische auf:

Anna ist gekommen, Katrin ist gegangen.
'E arrivata Anna; Caterina è partita.[42]

In unmarkierten Sätzen werden zwei so alltägliche Verben wie *arrivare* „(an)kommen" und *partire* „(weg)gehen" unterschiedlich konstruiert. Das Verb *arrivare* zieht hier einen Typ von Inversion nach sich, der weder im Deutschen noch im Englischen und nur selten im Französischen vorkommt. Die durchaus mögliche Verwendung von *arrivare* ohne die Inversion des Subjekts würde in diesem Fall bedeuten, daß Anna besonders hervorgehoben wird: „*Anna* ist gekommen, nicht ...". Wie immer man diese Beispiele aus rein sprachlicher Sicht beurteilen mag, sie haben eines gemeinsam: In all diesen Fällen ist der *fidus interpres* vom Prinzip der (syntagmatischen) Wörtlichkeit abgewichen; nicht aus einer Laune heraus, des besseren Klangs oder der eleganteren Konstruktion wegen, sondern weil es im Interesse der übersetzerischen »Treue« „nötig" war.

Sehen wir uns nun einige Beispiele für Wörtlichkeit im paradigmatischen Sinn an:

she gathered her daughter in her arms
sie schloß ihre Tochter in die Arme ...

---

[41] Vgl. Macheiner 1995, 216f. und 237.
[42] Vgl. Anna Laura Lepschy/Giulio Lepschy: *La lingua italiana*. Storia, varietà dell'uso, grammatica. Nuova edizione, Mailand 1993, 146.

j'adore les vieilles photos
ich schwärme für alte Fotos

In beiden Fällen würde sich ein Sprachenkundiger möglicherweise zu Kommentaren veranlaßt sehen wie »*gather* heißt wörtlich „versammeln, zusammentragen", *adorer* bedeutet eigentlich „anbeten"«; denn diese Äquivalente wird er im zweisprachigen Wörterbuch an der ersten Stelle finden. Der Übersetzer hingegen wird nachsichtig den Kopf schütteln und erwidern: »Hier bedeutet das „jemanden in die Arme schließen"; hier heißt das soviel wie „schwärmen für".« Die Vorstellungen von „paradigmatischer" Wörtlichkeit entspringen der naiven Annahme, Sprachen seien unterschiedliche Nomenklaturen für Gegenstände und Sachverhalte, die unabhängig von jeder Sprache objektiv und einheitlich, d. h. übereinzelsprachlich, gegeben wären und nur unglücklicherweise in den verschiedenen Sprachen unterschiedlich benannt werden. Schon vor den zünftigen Sprachwissenschaftlern wußten die Übersetzer intuitiv, daß dem nicht so ist. Selten entspricht ein bedeutungshaltiges Element einer Sprache genau demjenigen einer anderen,[43] es sei denn bei strenggenormten Fachterminologien. Ernsthafte Schwierigkeiten entstehen dem Übersetzer aus diesem Sachverhalt seltener, als allgemein angenommen wird. Es gibt jedoch einen Fall, in dem schwerwiegende, fast unüberwindliche Schwierigkeiten auftreten, dann nämlich, wenn im Original in den verschiedensten Zusammenhängen immer wieder dasselbe Wort erscheint, und wenn dies nicht zufällig geschieht, sondern wenn in dieser Wiederholung eine Ausdrucksabsicht zu erkennen ist. Nur dann wird sich der Übersetzer zur Einhaltung des Prinzips der paradigmatischen Wörtlichkeit im Interesse der übersetzerischen Treue aufgerufen fühlen. Es ist dies eine andere Art des *verbum de (e) verbo exprimere*, des *verbum verbo reddere*, die vermutlich in den drei soeben diskutierten Passus nicht gemeint war. Ein Beispiel für die Übersetzungsprobleme, die dabei entstehen können, wurde schon in der Einführung erwähnt: der Gebrauch des Wortes *noir* in Racines Tragödie *Phèdre*, der sich wie ein

---

[43] Schleiermacher, auf dessen berühmte Abhandlung zum Problem des Übersetzens ich noch öfter zurückkommen werde, spricht in diesem Zusammenhang von der „Irrationalität der Sprachen" (1838, 212). Das ist nicht selten mißverstanden worden. Irrational heißt hier nicht „dem menschlichen Verstand nicht zugänglich", sondern im mathematischen Sinn „nicht durch Brüche darstellbar". Gemeint ist also, daß es zwischen Wörtern und anderen zeichenhaften Elementen zweier Sprachen, wie z. B. Tempora, Modi usw., nicht nur keine Eins-zu-eins-, sondern auch keine Eins-zu-viele-Entsprechungen gibt.

»schwarzer Faden« durch das ganze Stück zieht: *flamme noire* (V. 310); *noirs pressentiments* (V. 995); *noires amours* (V. 1007); *mensonge noir* (V. 1087), *action noire* (V. 1645) bilden eine Art von „Isotopieebene". Der italienische Lyriker Giuseppe Ungaretti hat bei seiner Übersetzung des Stücks keine Schwierigkeit, an den entsprechenden Stellen das Wort *nero* zu verwenden. Seine Sprache gestattet ihm dies. Friedrich Schiller, Rudolf Alexander Schröder und Wilhelm Willige sehen sich in ihren Übersetzungen gezwungen zu variieren. Sie scheinen jedoch die Ausdrucksabsicht erkannt zu haben, denn sie bewegen sich in einem engen Synonymenkreis: *schwarz, dunkel, finster*. In der Übersetzung des amerikanischen Lyrikers Robert Lowell wird der »schwarze Faden« zerrissen – ob aus Unachtsamkeit oder aus sprachlichen Zwängen, bleibe dahingestellt.[44]

Ich möchte „treu" hier in einem viel allgemeineren Sinn verstehen als „wörtlich", nämlich im Sinn von „dem Ausgangstext verpflichtet"; darauf wird zurückzukommen sein (vgl. w. u. 7.2 und 7.3). Vorerst genügt der Hinweis darauf, daß „Treue" im hier gemeinten Sinn durchaus im Widerspruch zur „Wörtlichkeit" stehen kann. Schon Hieronymus stellte unmutig fest – denn er fühlte sich von seinen Kritikern in die Enge getrieben –, daß ein Übermaß an Wörtlichkeit zur Untreue führen muß: „*Si ad verbum interpretor, absurde resonat*", wenn ich Wort für Wort übersetze, klingt es absurd.[45] Betrachtet man den Bestandteil „so frei wie nötig" unserer alten Übersetzermaxime isoliert, so kann „frei" alles Mögliche bedeuten. Stellt man jedoch in Rechnung, daß *treu* nur „um des Reimes willen" für *wörtlich* steht, so erhält „frei" als gegensätzlicher Begriff zu „wörtlich" einen präziseren Sinn: Er bedeutet nun das Abweichen vom Prinzip der syntagmatischen und paradigmatischen Wörtlichkeit aus rein *sprachlichen* Gründen. Es gibt darüber hinaus ganz andere Arten von »Freiheiten«, die sich Übersetzer herausnehmen. So kann ein Übersetzer z. B. Jesus und seine Jünger Bier und Schinken verzehren lassen, genau wie der Steinmetz, der eine westfälische Kirche mit entsprechenden Skulpturen geschmückt hat,[46] oder er kann einen Diener, der in Molières *Précieuses ridicules* mit seinen Reiseabenteuern prahlt,

---

[44] Vgl. Albrecht 1995a, 37. Die erwähnten Racine-Übersetzungen finden sich im Literaturverzeichnis.

[45] Zit. nach Vermeer 1992, I, 297f.

[46] Vgl. Störig 1973, XXVII. Es handelt sich hier, wie gesagt, um einen Steinmetzen, aber Übersetzer sind noch zu ganz anderen Dingen fähig.

in der Übersetzung über deutsche romantische Literatur bramarbasieren lassen, weil das zeitgenössische Theaterpublikum damit »mehr anfangen« kann.[47] Freiheiten dieser Art möchte ich einer anderen Dichotomie zurechnen, die im nächsten Abschnitt zu behandeln sein wird. Abweichungen vom Wortlaut stellen in vielen Bereichen des modernen Übersetzungsbetriebs überhaupt kein Problem dar. Es wäre absurd, vom Übersetzer der Bedienungsanleitung für eine Schlagbohrmaschine zu verlangen, er habe sich streng an den Wortlaut seiner Vorlage zu halten. Seine Übersetzung darf als gelungen gelten, wenn der Käufer das Gerät mit ihrer Hilfe ohne Schwierigkeiten benutzen kann. Wenn der Übersetzer das Original hinsichtlich der Vollständigkeit der Information und der Lesbarkeit des Textes übertrifft, wird man ihm daraus keinen Vorwurf machen. Ganz im Gegenteil, man wird bei der Ausbildung von Fachübersetzern darauf dringen, daß die Vorlagen gegebenenfalls zu verbessern sind und daß die dazu notwendigen Informationen nicht in Fachwörterbüchern, sondern in der Fachliteratur und bei Fachleuten einzuholen sind. Bei literarischen Texten liegen die Dinge anders. Die Probleme beginnen schon vor den Toren des weitläufigen Lustgartens der Belletristik: Darf ich das (sehr empfehlenswerte) Kochrezept von Günter Grass – *Bohnen und Birnen. Ein spätsommerlich-frühherbstliches Gericht*[48] – nach den üblichen Textsortenkonventionen französischer Kochbücher umgestalten? Wird dabei nicht schon ein Stückchen Literatur beschädigt? Für Gebrauchstexte gilt nahezu uneingeschränkt das Bild von der Sprache als eines Behälters für zu transportierende Inhalte; Inhalte, die man auch einem anderen Behälter anvertrauen kann. Bei literarischen Texten, in denen „das Bedeutete nicht unmittelbar vorhanden ist, sondern in der spezifischen sprachlichen Form sich erst konstituiert"[49] lassen sich Behälter und Inhalt nicht so ohne weiteres voneinander trennen. Damit möchte ich keines-

---

[47] Vgl. Gatzke 1994, 202f.

[48] Vgl. Margot Schwarz: *11 kochlustige Leute – 77 Rezepte*, Zürich 1974, 59. Das Rezept kommt auch – in noch »literarischerer« Form – in dem Roman *Der Butt* vor.

[49] Apel 1983, 2. Man muß hier allerdings nicht gleich so weit gehen wie Jean Paul, der meinte: „ein Kunstwerk, das einer Übersetzung fähig ist, ist keiner wert. Gewisse kalte Allerweltschreiber geben uns musivische oder hölzerne Gemälde, welche man leicht kopiert [...] hingegen vaterländische Schriftsteller geben uns Alfreskobilder, welche nur mit der Mauer selber in andere Länder überzutragen sind. (*Vorschule der Ästhetik*, Dritte Abteilung, drittes Kapitel „Über die Franz-Deutschen oder Deutsch-Franzen".)

wegs nur auf besondere Formen kunstvoll gebundener Rede anspielen. Die technischen Probleme der Übersetzung formbetonter Lyrik werden meist im Vergleich zu den übrigen Problemen überbewertet. Was ich meine, gilt für alle literarischen Texte, bis hinunter in die Niederungen der sog. „Trivialliteratur". Die »Inhalte«, die uns Schriftsteller überreichen, haben immer etwas von dem Geruch und dem Geschmack des Behältnisses an sich, in dem sie dargeboten werden. Für den literarischen Übersetzer ist daher der Wortlaut des Textes, mit dem er sich auseinanderzusetzen hat, mehr als nur ein Mittel zum Erreichen eines Zwecks (vgl. w. u. 3.3).

2.4 Einbürgerung vs. Verfremdung

Das Nachdenken über das Problem des Übersetzens scheint der Entstehung von Maximen und Sentenzen förderlich zu sein, in denen die gewonnenen Einsichten knapp und bildhaft festgehalten werden: „Übersetzen heißt zwei Herren dienen." Der erste von beiden ist schnell ausgemacht: Du sollst deinem Ausgangstext dienen und keinen anderen Herren neben ihm haben. „*... aliud est enim [...] ornate scribere; aliud accurate interpretari*"[50], „schön und gefällig schreiben ist nicht dasselbe wie genau übersetzen", schrieb Pierre Daniel Huet den Übersetzern seiner Zeit ins Stammbuch, die sich mehrheitlich dem anderen Herren zugewandt hatten, dem übersetzten Text, ihrem eigenen Text. Im 17. Jahrhundert gehörte die Übersetzung – in erster Linie die Übersetzung aus den klassischen Sprachen – zu den anerkannten literarischen Gattungen. Ein Übersetzer wurde als Schriftsteller betrachtet. So ist es durchaus verständlich, daß der geforderte Dienst am Original, am zu übersetzenden Autor, nicht als freiwillig eingegangene Verpflichtung, sondern als sklavische Abhängigkeit empfunden wurde. Perrot d'Ablancourt, der als Stammvater der *belles infidèles*, der schönen, aber ungetreuen Übersetzungen gilt, klagte in der Vorrede zu seiner Tacitus-Übersetzung: „Ich bin ihm [meinem Autor] Schritt für Schritt gefolgt, eher wie ein Sklave denn wie ein Reisegefährte."[51] Die Übersetzer, die sich lieber in den Dienst ihres eigenen Textes, in den Dienst ihres schriftstellerischen Ruhms stellten, gaben dies allerdings selten unumwunden zu. Ihrer

---

[50] Huet 1756, 5

[51] „Je l'ay suivy pas à pas, et plustost en esclave qu'en compagnon". Zit. nach Zuber 1968, 84, Anm. 18.

Muttersprache (vgl. w. u. 4.3) und ihrem Publikum wollten sie einen Dienst erweisen. Wer dem Publikum dienen wollte, mußte den Dienst am Original vernachlässigen. Dieses Dilemma war im Zeitalter der französischen Klassik besonders stark ausgeprägt, es existierte und existiert jedoch weiterhin in allen Kulturen und Epochen. Aus rezeptionsgeschichtlicher Sicht schildert Iris Konopik das Vorgehen der dem Klassizismus verpflichteten französischen Übersetzer folgendermaßen:

Streichungen, Glättungen und Umbauten sorgen dafür, daß die übersetzten Texte weder den französischen Geschmack noch die französische Literatur verletzten: anpassen, was sich anpassen läßt, weglassen, was sich nicht anpassen läßt, und – womit ich auf die Sprache der klassizistischen Übersetzungen zu sprechen komme – verschönern, was übrig bleibt.[52]

Bevor wir uns in eine theoretische Erörterung der Frage vertiefen, welchem der beiden Herren der Vorrang einzuräumen sei, wollen wir uns erst einmal einige Beispiele ansehen:

Doch Antiphos, rasch in dem Panzer,
Sandt' ihm, Priamos Sohn, die spitzige Lanz' im Gewühl her,
Fehlend zwar, doch dem Leukos, Odysseus' edlem Genossen,
Flog das Geschoß in die Scham, da zurück den Toten er schleifte.[53]

Die krude, alle Einzelheiten genau benennende Ausdrucksweise Homers bedeutete nicht nur für das klassische Frankreich, sondern auch für das England des 18. Jahrhunderts eine Art von Kulturschock. Es gibt zahlreiche Zeugnisse dafür. Anne Le Fevre, besser bekannt unter dem Namen Madame Dacier, trat in ihrer Zeit als Vertreterin der »originalgetreuen« Übersetzung und somit als Gegnerin der *belles infidèles* auf. Aber auch sie ist bereit, ein gewisses Verständnis für das zeitgenössische Lesepublikum aufzubringen:

Homer spricht oft von Kesseln, Kochtöpfen, von Fett und Eingeweiden usw. Man sieht bei ihm, wie Fürsten eigenhändig Tiere ausweiden und braten. Die Leute von Welt finden so etwas abstoßend.[54]

---

[52] Konopik 1997, 29

[53] *Ilias*, Vierter Gesang, 489ff. in der Übersetzung von Johann Heinrich Voss.

[54] „Homere parle souvent de chaudrons, de marmites, de sang, de graisse, d'intestins & c. On y voit des Princes dépouiller eux-mêmes les bêtes & les faire rôtir. Les gens

Englische Übersetzer stehen ihren französischen Kollegen in der Ablehnung dieser Art von Realismus in nichts nach. So entschuldigt sich Joseph Warton in der Vorrede zu seiner Vergil-Übersetzung mit folgenden Worten bei seinem Publikum:

... the coarse and common words I was necessitated to use in the following translation, viz. *plough and sow, wheat, dung, ashes, horse and cow*, etc., will I fear, unconquerably disgust many a delicate reader, if he doth not make proper allowance for a modern compared with an ancient language.[55]

Johann Heinrich Voss, mit dessen Übersetzung der *Ilias* bereits die »Wende« in der europäischen Übersetzungsgeschichte eingeleitet wurde (vgl. w. u.), scheut sich nicht, solche Dinge klar auszusprechen. Alexander Pope hingegen, dessen Homer-Übersetzungen zu seiner Zeit hoch gerühmt und später heftig kritisiert wurden, mutet dergleichen seinen Lesern nicht zu. So genau wollte zu seiner Zeit offenbar niemand wissen, wohin die Lanze geflogen war. Dies läßt sich ausnahmsweise einmal nachvollziehen, ohne dabei das Original zu konsultieren. Die entsprechende Stelle bei Pope lautet:

At Ajax, Antiphous his Jav'lin threw;
The pointed Lance with erring Fury flew,
And Leucus, lov'd by wise Ulysses, slew.[56]

Allein schon die unterschiedliche metrische Form – „deutsche Hexameter" (ein Gegenstand nicht enden wollender Diskussionen) auf der einen, jambische Paarreime (*closed heroic couplets*) auf der anderen Seite – vermitteln einen höchst unterschiedlichen Eindruck. Da Pope aufgrund der von ihm gewählten Form sich weit weniger an die im Original vorgegebenen Sinneinheiten halten kann als Voss, bedarf es häufig detektivischen Spürsinns, um bei der parallelen Lektüre die korrespondierenden Stellen zu finden.

---

du monde trouvent cela choquant." Vorrede zur Übersetzung der *Ilias*, zitiert nach Konopik 1997, 23.
[55] Zit. nach Amos 1920, 170.
[56] Pope 1716/1967, Book IV, v. 562ff.

Voss mutet seinen Lesern Verse zu, die nicht nur die Grenze der Idiomatizität, sondern auch die der Grammatikalität (vgl. w. u. 4.1) überschreiten:

Mir nicht ist's anartend, zurückzubeben im Kampfe[57]

Die moderne deutsche Gemeinsprache bringt mit ihren zusammengesetzten Adjektiven wie *feuerfest, kugelsicher, farbenblind, hitzebeständig, weitblickend* usw. die Übersetzer in nicht geringe Verlegenheit, wenn sie den gemeinten Sachverhalt in einer romanischen Sprache ähnlich knapp wiedergeben wollen. Was jedoch Voss seinen Lesern an nach griechischem Muster gebildeten »schmückenden« Adjektiven vorsetzt – bei genauerem Hinsehen handelt es sich, genau wie im Original, eher um »Versfüller« –, geht weit über die deutschen Sprachgewohnheiten hinaus: *rossezähmend; hellumschient; meerdurchwandelnd; fischwimmelnd; erzumschient; nahrungssprossend; lanzenkundig; männerzehrend; hauptumlockt; schöngebordet* usw. usf.

Nicht nur die klassischen Literaturen waren Gegenstand des einbürgernden Übersetzens. Der Abstand, der die klassische französische Tragödie vom sog. »deutschen Geschmack« trennt, ist, wie wir seit Lessings polemischen Auslassungen wissen (vgl. w. o. Einführung), fast so groß wie der zum archaischen Griechentum. Das gilt nicht nur für Deutschland, auch in den romanischen Nachbarländern hat sich Racine nie wirklich durchgesetzt. So lassen sich gerade unter den Racine-Übersetzern Vertreter der beiden unterschiedlichen Richtungen ausmachen. Die einen stellen sich in den Dienst des »Fremden«; die anderen sind bemüht, die Fremdheit bis hin zur Vertrautheit zu mildern. Wenn Racine auch keineswegs dem Preziösentum zuzurechnen ist, so steht doch sein verhüllender Sprachgebrauch, der die Dinge des täglichen Lebens nie mit dem treffenden Wort benennt, dem Jargon der Preziösen noch ziemlich nahe. Wenn Hyppolyte die Ungeduld, die ihn zum Aufbruch drängt, mit folgenden Versen begründet:

Assez dans les forêts mon oisive jeunesse
Sur de vils ennemis a montré son adresse (v. 933f)

---

[57] Sechster Gesang, V. 253. Hans Rupé mildert später die Stelle in: „Niemals war es mein Brauch, zurückzubeben im Kampfe." In der Übersetzung von Roland Hampe findet sich der schon wieder »fremder« klingende Vers: „Denn mein ist nicht die Art, zurückzuweichen im Kampfe."

so dürfte auch manch ein französischer Theaterbesucher unserer Tage nicht auf Anhieb verstehen, was damit gemeint ist. Dem deutschen Übersetzer Wilhelm Willige gelingt es, den Inhalt dieser Verse ebenso »fremdartig« erscheinen zu lassen wie das Original, ohne dabei die Regeln der Zielsprache sonderlich zu strapazieren:

In den Wäldern erwies meine müßige Jugend
An niedrigen Feinden genug ihre Tugend (187).

So sehr Schiller sonst zur Sentenzenhaftigkeit neigt – wenn es um die Schilderung einfacher Sachverhalte geht, spricht er diese auch deutlich aus:

Zu lang schon hat meine müß'ge Jugend
Sich an dem scheuen Wild versucht (35).

Der Amerikaner Lowell malt das alles noch liebevoller aus:

I must test my skill
on monsters far more dangerous to kill
than any wolf or eagle in the wood.[58]

Das Dilemma, in dem sich der Übersetzer als Diener zweier Herren befindet, ist vor allem in der Zeit der deutschen Romantik eingehend reflektiert worden. In einer Ansprache, die er anläßlich des Todes von Christoph Martin Wieland im Jahre 1813 gehalten hat, kommt Goethe auf die Leistungen Wielands als Übersetzer zu sprechen und gerät dabei vom Anekdotischen ins Grundsätzliche:

Es gibt zwei Übersetzungsmaximen: die eine verlangt, daß der Autor einer fremden Nation zu uns herüber gebracht werde, dergestalt, daß wir ihn als den unsrigen ansehen können; die andere hingegen macht an uns die Forderung, daß wir uns zu dem Fremden hinüber begeben und uns in seine Zustände, seine Sprechweise, seine Eigenheiten finden sollen.[59]

---

[58] Vgl. Albrecht 1995a, 36. Die Belege für die zitierten Übersetzungen finden sich im Literaturverzeichnis.
[59] Goethe, „Zum brüderlichen Andenken Wielands", Artemis Gedenkausgabe, Bd. 12, *Biographische Einzelschriften*, 693-716; hier 705.

Wenige Monate später hielt der Theologieprofessor und Hofprediger Friedrich Daniel Ernst Schleiermacher vor der königlichen Akademie der Wissenschaften in Berlin, deren Sekretär er bald darauf werden sollte, einen Vortrag mit dem Titel „Ueber die verschiedenen Methoden des Uebersezens". Nachdem er das Dolmetschen als eine Art von nahezu mechanisch vorzunehmender Substitutionshandlung vom eigentlichen Übersetzen unterschieden hat, das in seinen Augen ein weit anspruchsvolleres Problemlösungsverfahren darstellt,[60] wirft er die Frage auf, welche Wege der „eigentliche Uebersezer" einschlagen kann, um seinem nicht sprachenkundigen Leser „zu einem möglichst richtigen und vollständigen Verständniß und Genuß" des Originals zu verhelfen. Er beantwortet sie in einer Weise, die, wie Michael Schneider vermutet, „wohl kaum in der Sache, aber doch in der Formulierung"[61] den Einfluß des Goetheschen Vorbilds erkennen läßt:

Meines Erachtens giebt es deren [der Wege] nur zwei: Entweder der Uebersezer läßt den Schriftsteller möglichst in Ruhe, und bewegt den Leser ihm entgegen; oder er läßt den Leser möglichst in Ruhe und bewegt den Schriftsteller ihm entgegen.[62]

Sollte sich Schleiermacher bei seiner Formulierung dieser Alternative wirklich von Goethes Trauerrede haben inspirieren lassen – meines Wissens ist dies bisher nur vermutet, aber nicht nachgewiesen worden –, so hat er dabei die Reihenfolge der beiden Möglichkeiten sicherlich nicht aus Versehen umgekehrt. Für Goethe war die Hinbewegung des Originals zum zielsprachlichen Leser, die »Einbürgerung«, das »natürlichere« Verfahren, das historisch der gegensätzlichen Methode

---

[60] Schleiermacher ist sich dabei der Tatsache bewußt, daß seine Unterscheidung nicht dem herkömmlichen Sprachgebrauch entspricht und liefert eine interessante Rechtfertigung für die von ihm vorgeschlagene terminologische Neuerung: „Wenn man diese Wortbestimmung willkürlich findet, da man gewöhnlich unter dem Dolmetschen mehr das mündliche, unter dem Uebersetzen das schriftliche versteht, so verzeihe man sie der Bequemlichkeit für das gegenwärtige Bedürfniß um so mehr, als doch beide Bestimmungen nicht gar weit entfernt sind. Dem Gebiete der Kunst und der Wissenschaft eignet die Schrift, durch welche allein ihre Werke beharrlich werden; [...] Den Geschäften dagegen ist die Schrift nur mechanisches Mittel; das mündliche Verhandeln ist darin das ursprüngliche, und jede schriftliche Dolmetschung ist eigentlich nur als Aufzeichnung einer mündlichen anzusehen." (Schleiermacher 1838, 209).

[61] Schneider 1985, 10, Anm. 17.

[62] Schleiermacher 1838, 218.

vorausgeht. Für Schleiermacher war die Hinbewegung des zielsprachlichen Lesers zum Original, die »Verfremdung«, die einzige Form der Übersetzung, die diesen Namen verdient. Er hat sie nicht nur gefordert, sondern mit seiner Übersetzung der Hauptwerke Platons auch praktiziert. Seit wann sich die bildhaften Ausdrücke *Einbürgerung* und *Verfremdung* zur Bezeichnung der beiden Übersetzungsstrategien terminologisch verfestigt haben, ist mir nicht bekannt. Auch Schneider gibt in seinem Aufsatz, der den beiden Methoden gewidmet ist (vgl. Anm. 61), keinen Hinweis darauf. Es sind noch eine Reihe anderer Termini zur Bezeichnung desselben Sachverhalts gebräuchlich. Am bekanntesten ist die von Jiři Levý geprägte Dichtomie „illusionistisch vs. antiillusionistisch". Hier wird der Gesichtspunkt der Wirkung auf den Leser in den Vordergrund gerückt: Die „antiillusionistische" Übersetzung gibt sich klar als solche zu erkennen, die „illusionistische" soll hingegen den Leser vergessen lassen, daß er eine Übersetzung in Händen hält.[63] Statt *einbürgern* wird nach lateinisch-romanischem Vorbild auch *adaptieren* und *imitieren* gesagt, wobei dann allerdings häufig die Grenze zur Bearbeitung überschritten wird (vgl. 7. Kapitel). Wie im vorhergehenden Abschnitt bereits angekündigt, soll die Dichotomie „einbürgernd vs. verfremdend" *nicht* als synonym mit dem älteren Begriffspaar „frei vs. wörtlich" betrachtet werden. Dies ist sicherlich ein etwas willkürlicher Vorschlag zur Terminologienormung, der in der Praxis nicht leicht durchzuführen ist; er scheint mir dennoch nützlich. Die Dichotomie „frei vs. wörtlich" soll sprachlichen Erscheinungen im engeren Sinn vorbehalten bleiben, Phänomenen, für die die »Systemlinguistik« zuständig ist. Die Dichotomie „einbürgernd vs. verfremdend" betrifft dagegen sprachliche Erscheinungen im weiteren Sinne wie Textgliederungsverfahren, Textsorten, Gattungen, den „Stil im übersetzungsrelevanten Sinn" (vgl. w. u. 2.5) und darüber hinaus den ganzen Bereich, den die moderne Übersetzungswissenschaft der „Kulturspezifik" zurechnet.[64]

In der neueren europäischen Übersetzungsgeschichte hat es zwei Epochen gegeben, in denen jeweils eine der beiden Übersetzungsstrategien im Vordergrund stand: In der Epoche der *belles infidèles*, die um die Mitte des 17. Jahrhunderts in Frankreich ihren ersten Höhepunkt hatte, herrschte das einbürgernde Übersetzen als eine kulturelle Norm

---

[63] Vgl. Levý 1969, 31f.

[64] In systematisch ausgearbeiteter Form findet man diesen Vorschlag zur terminologischen Normung bei Schreiber 1993, 66-81.

vor, der sich nur wenige zu entziehen wagten. In der Zeit der Romantik beurteilte man Kulturen nicht mehr nach einem scheinbar absoluten, in Wirklichkeit jedoch durch Verabsolutierung der eigenen Wertvorstellungen gewonnenen Maßstab. Man teilte die verschiedenen Völker und ihre Kulturen nicht mehr in »fortgeschrittene« und »zurückgebliebene« ein, sondern lernte, sie als historische Individuen zu sehen. In dieser Zeit begann man im verfremdenden Übersetzen eine hochwillkommene Möglichkeit zu sehen, dem Leser über die Sprachbarriere hinwegzuhelfen, ohne ihm dabei gleichzeitig das »Befremden« zu ersparen, das jede Begegnung mit einer andersartigen Kultur auszulösen pflegt. Beide Epochen sollen nun in Form kleiner Exkurse vorgestellt werden. Daraus sollte der Leser jedoch nicht ableiten, es habe in der Übersetzungsgeschichte eine zielgerichtete Entwicklung von der einbürgernden zur verfremdenden Übersetzung gegeben. Ansatzweise läßt sich eher ein „dialektischer Dreischritt" erkennen: Den Ausgangspunkt bildet die aus der Not geborene Interlinearversion in der Frühzeit einer Kultur. Darauf folgt eine Zeit immer unbekümmerteren Einbürgerns, eine Praxis, durch die das wachsende kulturelle Selbstbewußtsein zum Ausdruck kommt. Schließlich erfolgt eine Rückbesinnung auf die Eigentümlichkeiten des Originals – nicht aus Unvermögen, sondern aus besserem Wissen. Dies gilt allerdings nur idealiter. Je akribischer man die historische Wirklichkeit untersucht, desto uneinheitlicher wird das Bild, das man dabei erhält.

2.4.1 Les belles infidèles

Die Bezeichnung *belles infidèles* („schöne Ungetreue") wird allgemein auf ein Bonmot des französischen Juristen und Sprachforschers Gilles Ménage zurückgeführt. Er soll sie zur Charakterisierung einer Lukian-Übersetzung seines Duzfreundes Nicolas Perrot d'Ablancourt gebraucht haben. Duzfreundschaften waren damals selten, und so ist nicht anzunehmen, daß Ménage seinen Freund mit dieser Bezeichnung, die später zu einem Fachterminus werden sollte, kränken wollte. Immerhin galt Ménage als ein Mann, der „lieber einen Freund verloren, als auf ein Bonmot verzichtet hätte".[65] Die Nachwelt hat sich nicht mit den vergleichsweise nüchternen Fakten zufriedengegeben, die Roger Zuber in seiner gewissenhaften Studie zu dieser wichtigen Epoche der franzö-

---

[65] Vgl. Zuber 1968, 195.

sischen Übersetzungsgeschichte mitteilt. Sie hat den Sachverhalt zu einer Legende ausgeschmückt. Die bissige Charakterisierung wird in der einschlägigen Literatur meist auf eine andere Übersetzung Perrot d'Ablancourts bezogen, auf einen Passus in der bereits erwähnten Tacitus-Übersetzung, wo der Übersetzer einen eigenmächtigen Zusatz mit der Bemerkung gerechtfertigt hatte, er habe die Ausführungen des Tacitus etwas heiterer gestalten wollen („pour égayer un peu la pensée de l'auteur"). Diese Übersetzung, so soll Ménage gesagt haben, erinnere ihn an eine Frau in Tours, die er sehr geliebt habe. Sie sei sehr schön, aber untreu gewesen.[66] Die Übersetzungen des Perrot d'Ablancourt können auch heutigen Maßstäben durchaus standhalten. Sie waren entschieden einbürgernd, mildernd und glättend, dabei jedoch immer gewissenhaft und eindeutig dem Ausgangstext verpflichtet, was sich allein schon an der großen Zahl von Anmerkungen ablesen läßt. Die Auswüchse dieser Übersetzungstechnik, die dazu führten, daß die Grenzen der Übersetzung im engeren Sinn (vgl. Kap. 7) eindeutig überschritten wurden, waren erst während der zweiten Blütezeit der *belles infidèles* im 18. Jahrhundert zu beobachten.[67] Bemerkenswert sowohl in übersetzungsgeschichtlicher als in übersetzungstheoretischer Hinsicht sind die Korrekturen, die Perrot d'Ablancourt am Ausgangstext vorgenommen hat, etwa dort, wo Tacitus die Weser mit dem Rhein verwechselt.[68]

Die Geschichte der *belles infidèles* beginnt zu einer Zeit, als der Terminus noch nicht geprägt worden war. Als wichtigster Vorläufer dieser für die französische und europäische Übersetzungsgeschichte so wichtigen Richtung kann einer der bekanntesten Übersetzer des 16. Jahrhunderts angesehen werden: Jacques Amyot, ein Schützling von François Ier. Amyots Übersetzung der „vergleichenden Lebensbeschreibungen" (*vies parallèles*) des Plutarch war unter französischen Übersetzungshistorikern heftig umstritten. Die älteren unter ihnen sehen in ihm einen „treuen" Übersetzer und beziehen sich dabei auf seine „Wörtlichkeit". Justin Bellanger will in ihm dennoch keinen guten Übersetzer sehen, und zwar wegen der ungenierten Art, in der er die Welt der Antike an den

---

[66] Vgl. Cary 1956, 29.
[67] Vgl. Zuber 1968, 190.
[68] Vgl. Roger Zuber: *Nicolas Perrot d'Ablancourt - Lettres et préfaces critiques*, Paris 1972, 130 und Zuber 1968, 189.

"Erwartungshorizont" seiner Leser anpaßte.[69] Schon kurz nach der Gründung der Académie française durch Richelieu wurde die Übersetzung wichtiger Texte aus den klassischen Sprachen zu den offiziellen Aufgaben der Mitglieder dieser Institution erklärt. Die sowohl »freien« als auch »einbürgernden« Übersetzungen Perrot d'Ablancourts stiegen – obwohl es an heftiger Kritik aus den Kreisen der Gelehrten nicht fehlte – zu einem stilbildenden Muster auf. Eines der Gründungsmitglieder der Académie française, Gaspard Bachet de Méziriac, hatte in seiner Antrittsrede Amyots Plutarch-Übersetzung regelrecht zerpflückt. Ein Jahrhundert früher hätte er damit sicherlich allgemeine Zustimmung erworben, nun wurde er als Pedant gescholten. Auch Huets energische Opposition gegen die herrschende Richtung – sie ist schon kurz zur Sprache gekommen – blieb weitgehend wirkungslos. Anne Le Fevre (Mme Dacier), deren eigene Übersetzungen sich aus heutiger Sicht von denen Perrot d'Ablancourts gar nicht so stark unterscheiden, nahm in ihren theoretischen Äußerungen für die »Gelehrten« Partei, die um historische Genauigkeit bemüht waren. Trotz all dieser unübersehbaren entgegengesetzten Bestrebungen nahm das Phänomen im 18. Jahrhundert einen neuen Aufschwung. Das ist in der einschlägigen Literatur ausführlich dokumentiert worden. Die charakteristischen Merkmale einer kulturellen Erscheinung treten jedoch besonders plastisch hervor, wenn sie im »Gegenlicht« gezeigt werden. Herder, mit dem die »Wende« der Übersetzungsgeschichte in Deutschland eingleitet wurde, hat sich zu Beginn des letzten Drittels des 18. Jahrhunderts in allgemein historischem Rahmen über die einbürgernden Übersetzungen griechischer Autoren in Frankreich geäußert:

Die Franzosen, zu stolz auf ihren Nationalgeschmack, nähern demselben alles, statt sich dem Geschmack einer anderen Zeit zu bequemen. Homer muß als Besiegter nach Frankreich kommen, sich nach ihrer Mode kleiden, um ihr Auge nicht zu ärgern [...] Französische Sitten soll er an sich nehmen, und wo seine bäurische Hoheit noch hervorblickt, da verlacht man ihn als einen Barbaren. – Wir armen Deutschen hingegen, noch ohne Publikum beinahe und ohne Vaterland, noch ohne Tyrannen eines Nationalgeschmacks, wollen ihn sehen, wie er ist.[70]

---

[69] Vgl. u.a. Hennebert 1861, 49-68; Bellanger 1891, 262; Cary 1963, 17 und w. u. Anm. 72.

[70] J.G. Herder: "Von der Griechischen Litteratur in Deutschland", *Sämtliche Werke*, hrsg. von Bernhard Suphan, Bd. I, Nachdruck der Ausgabe Berlin 1877, Hildesheim 1967, 290.

Die »Freiheiten«, die sich diese einbürgernden Übersetzer herausnehmen, beschränken sich nicht auf die sprachliche Form im engeren Sinn. Ein Hauptcharakteristikum dieser Übersetzungskonzeption ist die Anpassung des historischen Umfelds der Texte an die Lebenswelt der Leser. Schon Amyot hatte aus Vestalinnen „Nonnen" (*religieuses*) und aus den Begleitern Alexanders des Großen auf seinen Feldzügen „Kammerherren" (*gentilshommes de la chambre*) gemacht.[71] Viel später, als die historistisch-verfremdende Übersetzungsideologie der Romantiker längst in eine vorwiegend an Universitäten und höheren Schulen betriebene philologisch-dokumentarische Übersetzungspraxis eingemündet war, kommentiert der französische Übersetzungshistoriker Justin Bellanger diese Form der »Requisitenverschiebung« in halb belustigtem, halb entrüsteten Ton:

> Er [der Übersetzer] geht von dem Grundsatz aus, daß seine einzige [...] Aufgabe darin besteht, der Masse zugänglich zu machen, was nur einem kleinen Kreis zugänglich war [...] Er wird somit, um es kurz zu sagen, vermeiden, seinen Leser zu befremden [dépayser]. Bei jeder Gelegenheit wird er ihn daran erinnern, daß er in Paris und nicht in Rom oder Athen wohnt, daß er als treuer Untertan des allerchristlichsten Königs und nicht als Bürger einer heidnischen Adelsrepublik geboren wurde und daß er zur Zeit von François Ier und Henri III und nicht im Jahrhundert von Augustus oder Perikles lebt.[72]

Darüber hinaus wurde unbekümmert in die Makrostruktur von Texten eingegriffen. Es wurde gestrichen, umgestellt, hinzugefügt, alles natürlich nicht aus einer Laune des Übersetzers heraus, sondern – wie immer wieder treuherzig versichert wird – in dem Bestreben, aus »interessanten«, aber leider »unlesbaren« spanischen und englischen (in ganz vereinzelten Fällen auch schon deutschen) Schriften »genießbare« französische Texte zu machen.[73] Jean Le Rond d'Alembert, zusammen mit Denis Diderot einer der hauptverantwortlichen Redakteure der großen französischen Enzyklopädie, empfiehlt sogar, gewisse Autoren nur in Auszügen zu übersetzen. Ein solches *readers digest* hat er aus seiner eigenen Tacitus-Übersetzung zusammengestellt.[74]

---

[71] Vgl. Stackelberg 1971, 584.
[72] Bellanger 1891, 251. Eigene, kürzende Übersetzung. Vgl. Anm. 69 und Albrecht, 1995b, 20f.
[73] Vgl. u.a. Stackelberg 1988f.; Konopik 1997, 19ff.
[74] Vgl. Krauss 1973, 388; D'Hulst 1990, 35-40.

Die *belles infidèles* waren kein rein französisches Phänomen. Alexander Popes Übersetzung der *Ilias*, von der wir ein winziges Stück kennengelernt haben, war in England keineswegs ein Ausnahmefall. Auch in Deutschland waren einbürgernde Übersetzungen gang und gäbe. Niclaus Ulenhart hatte im 17. Jahrhundert eine von Cervantes *Novelas ejemplares*, die Geschichte von *Rinconete und Cortadillo*, nach Prag verpflanzt (die Übersetzung ist nur wenige Jahre nach dem Original erschienen). Er hatte nur das Handlungsgerüst beibehalten und alles Übrige auf die Gegebenheiten des neuen Schauplatzes zugeschnitten. Da werden dann *tajadas de bacalao frito* (gebratene Dorschfilets); *queso de Flandes* (Käse aus Flandern); *una olla de famosas aceitunas* (eine Schüssel mit köstlichen Oliven); *un plato de camarones* (eine Platte mit Garnelen); *una gran cantidad de cangrejos* (eine große Menge von Flußkrebsen) milieugerecht in *Kelbernen Nierbraten, kaltes Mueß von ayrn, ein dutzet Bratwürst* und *Bratfisch mit Krametbeeren ausgefüllet* verwandelt.[75] Der Kulturhistoriker erfährt auf diese Art auch etwas über die zeitgenössischen Eßgewohnheiten im Gebiet der Zielsprache. Die unaufdringliche Eindeutschung der Namen der Titelhelden in *Winkelfelder* und *von der Schneidt* (*rincón* „Winkel"; *cortadilla* „kleiner Einschnitt") erweist den Verfasser als routinierten Übersetzer. Dennoch hätten zeitgenössische französische Kritiker eine solche Übersetzung, wenn sie Kenntnis von ihr erhalten hätten, allenfalls als „häßliche Ungetreue" akzeptiert. Im 18. Jahrhundert sind es vor allem Gottsched und der zu seinem Kreis gehörige Georg Venzky, die die Tradition der einbürgernden Übersetzung in gemäßigter Form weiterführen. Venzkys Schrift „Bild eines geschickten Übersetzers" aus dem Jahre 1734 darf, wenn man von Luthers berühmtem „Sendbrief" einmal absieht, als die erste ausführliche übersetzungstheoretische Abhandlung in deutscher Sprache gelten. Für die übersetzungstheoretische Position der Aufklärer – und nicht nur für die Aufklärer im engeren historischen Sinn – ist die Aufforderung Venzkys an die Übersetzer besonders typisch, »dunkle« und mehrdeutige Stellen ihres Originals aufzuhellen.[76] Gerade dies hatte Pierre Daniel Huet den Übersetzern verboten. Man müsse zweideutige Stellen auch zweideutig wiedergeben und dürfe dem Leser der

---

[75] Vgl. das Nachwort von G. Hoffmeister zu: Niclas Ulenhart: *Historia von Isaac Winckelfelder und Jobst von der Schneidt*, München 1983 und Kelletat 1987, 38f. Kelletat hat offenbar eine andere Ausgabe benutzt.
[76] Vgl. u.a. Kloepfer 1967, 25.

Übersetzung die Entscheidung für eine Lesart nicht abnehmen.[77] Die Erfüllung dieser Forderung Huets erweist sich sowohl in theoretischer, „hermeneutischer", als auch in praktischer, d. h. rein sprachlicher Hinsicht als außerordentlich schwierig. Zum einen tendiert der Akt des Verstehens selbst spontan zur Aufhebung von Ambiguitäten. Wie bei einem Vexierbild legt man sich gewöhnlich schnell auf eine der Interpretationsmöglichkeiten einer Textstelle fest und wird blind für die andere. Zum anderen gestattet die Zielsprache selten eine angemessene Lösung. Ein banales Beispiel muß an dieser Stelle genügen: Die alte lateinische Ambiguität von Genitivus obiectivus und subiectivus ist zum Teil auf die romanischen Sprachen übergegangen. *La peur du gendarme* kann „die Angst des Polizisten" oder „die Angst vor dem Polizisten" bedeuten. Der deutsche Übersetzer könnte sich hier allenfalls mit dem Kompositum *Polizistenangst* aus der Affäre ziehen. In jedem Fall ist es gar nicht so verdienstvoll, wie die Aufklärer aller Zeiten uns glauben machen wollen, Ambiguitäten zu beseitigen. Es ist viel schwerer, sie in der Übersetzung zu bewahren.

Wenn auch die Praxis des einbürgernden, glättenden Übersetzens keineswegs auf Frankreich beschränkt war, so haben die Kritiker aus anderen Nationen doch nicht ganz unrecht, wenn sie darin ein »typisch französisches« Phänomen sehen wollen. In Frankreich kann sich diese Übersetzungskonzeption nämlich auch in späteren Epochen behaupten, in denen, wie wir gleich sehen werden, in den höheren Etagen des französischen Kulturbetriebs längst die philologisch exakte, verfremdende Übersetzung propagiert wurde. Im Jahre 1889 verfertigte A. Lacaussade, ein Schüler Sainte-Beuves, eine Übersetzung von Giacomo Leopardis berühmtestem Gedicht: *L'infinito*. Er ging dabei nach einem auch heute noch von Theoretikern empfohlenen Verfahren vor und ersetzte den italienischen Nationalvers des Originals durch den französischen. So wurden aus ungereimten Elfsilbern (*endecasillabi sciolti*) kunstvoll gereimte Alexandriner. Als ich einem gebildeten italienischen Publikum anläßlich eines Vortrags, auf dessen schriftliche Fassung ich mich hier beziehe,[78] diese Übersetzung vortrug, brach es in

---

[77] Vgl. Huet 1756, 24: Es müsse, so Huet, „verbum anceps ancipiti verbo reddi, ipsaque sententiae ambiguitas repraesentari".

[78] Jörn Albrecht: „Il problema della rima nella traduzione poetica", in: Fausto Cercignani/Emilio Mariano (Hrsg.): *Vincenzo Errante. La traduzione di poesia ieri e oggi*, Mailand 1993, 105-124, hier 117.

schallendes Gelächter aus – ein Hinweis darauf, wie einbürgerndes Übersetzen auf diejenigen wirken muß, denen ein wohlvertrauter Text auf diese Weise »entfremdet« wird. Es lohnt sich, einige Verse des Gedichts mit der französischen Übersetzung zu vergleichen. Zum besseren Verständnis verknüpfe ich die beiden Texte durch eine »unlesbare« interlinearversionähnliche deutsche Übersetzung:

Ma sedendo e mirando, interminati
Spazi di là di quella, e sovrumani
Silenzi, e profondissima quiete
Io nel pensier mi fingo; ove per poco
Il cor non si spaura. E come il vento
Odo stormir tra queste piante, io quello
Infinito silenzio a questa voce
Vo comprando: e mi sovvien l'eterno.

Aber sitzend und schauend, unbegrenzte
Räume jenseits von ihr [der Hecke], und übermenschliche
Stillen, und tiefste Ruhe
Stell ich in Gedanken mir vor; wobei um ein Kleines („fast")
Mein Herz sich ängstigt. Und da ich den Wind
Höre rauschen in diesen Bäumen, jene
unendliche Stille mit dieser Stimme
vergleich' ich: und mich erinnert des Ewigen.

Dans l'herbe assis, j'évoque en rêve, j'imagine,
Derrière cette haie, où verdit le gazon,
Des espaces sans borne, un surhumain silence,
De l'absolu repos la morne somnolence.
Le silence infini de cette immensité
Verse en moi les stupeurs de sa sérénité;
Et percevant le bruit du vent dans les feuillages,
J'oppose à cette voix ce silence éternel.
O vide immesurable où roule en paix le ciel![79]

---

[79] *L'infinito nel mondo*, 2, Centro Nazionale di Studi Leopardiani in Recanati, Recanati 1988, 25. Die Stelle *ove per poco il cor non si spaura* ist von den bedeutendsten deutschen Übersetzern falsch wiedergegeben worden, da für das »logische« Deutsche im Gegensatz zum »unlogischen« Italienischen eine doppelte Verneinung immer eine Bestätigung bedeutet. Rilke hat die Stelle richtig verstanden. Vgl. Jörn Albrecht: „La traduzione de »L'infinito« in tedesco", in: Anna Dolfi/Adriana Mitescu (Hrsg.): *La corrispondenza imperfetta. Leopardi tradotto e traduttore*, Rom 1990, 181-195.

Auch in unserer Zeit behauptet sich die glättende Übersetzung als ein »gesunkenes Kulturgut« in den unteren Etagen des französischen Kulturbetriebs. Gerd Gaisers heute schon fast vergessener Kriegsroman *Die sterbende Jagd* zeichnet sich durch stilistische Manierismen aus, die von der Literaturkritik – teilweise im Rahmen einer *political correctness* ante litteram – als unangemessen heroisierend gebrandmarkt wurden.[80] Am Schluß dieses Abschnitts gebe ich zwei kurze Proben aus der französischen Übersetzung – zu Vergleichszwecken mit einer wörtlichen Rückübersetzung ins Deutsche:

Geräuschvolles Wiedersehen entstand.

Ils manifestaient bruyamment leur joie de se revoir.

Sie bezeugten lautstark ihre Freude über das Wiedersehen.

Wie in fast jeder Nacht fanden Überfliegungen statt, meist durch Minenflugzeuge, kommend und gehend.

Comme presque chaque nuit des avions ennemis survolaient le secteur, pour la plupart des poseurs de mines allant exécuter des missions ou regagnant leurs bases.

Wie in fast jeder Nacht überflogen feindliche Flugzeuge das Gebiet, meistens Minenflugzeuge, die zu Einsätzen aufbrachen oder zu ihren Stützpunkten zurückkehrten.[81]

Auch diejenigen unter meinen Lesern, die in der französischen Übersetzung eine hochwillkommene Anleitung zum Erwerb eines »flüssigen deutschen Stils« sehen, werden zugeben, daß diese Art des Übersetzens die stilistischen Eigentümlichkeiten des Originals bis zur Unkenntlichkeit verwischt. Der französische Leser hat keine Möglichkeit, nachzuvollziehen, wie »befremdlich« diese Ausdrucksweise auf den durchschnittlichen deutschen Leser wirken muß.

---

[80] „Von allen Kriegsbüchern der fünfziger Jahre ist dieses das befremdlichste, und sein merkwürdig selbstgenügsames Pathos weist weit hinter den Zweiten Weltkrieg zurück." Paul Ingenday, „Rede des sterbenden Soldaten über seinen Diktator. Aufzeichnungen aus dem Krieg: Zum Bild der Wehrmacht in der Literatur der Bundespepublik", *Frankfurter Allgemeine Zeitung*, 12. April 1997, 31.

[81] Beispiele aus: Jörn Albrecht: „Una testimonanianza pressoché dimenticata della seconda guerra mondiale: »La caccia morente« di Gerd Gaiser", *Agorà* 21-22-23 (1981), 71-82, hier 79.

2.4.2 Die »Wende« der europäischen Übersetzungsgeschichte im Zeichen der Romantik und des Historismus

In der zweiten Hälfte des 18. Jahrhunderts zeichnet sich eine Wende in der allgemeinen Auffassung der literarischen Übersetzung ab. Georges Mounin hat diesen Prozeß des Umdenkens in seinem Buch über die *belles infidèles*, aus dem so viele Übersetzungshistoriker nach ihm geschöpft haben, als einer der ersten mit einem Wandel des politischen und geistesgeschichtlichen Klimas in Verbindung gebracht: Auf den »ewigen« Menschen einer von der Kirche und der Monarchie geprägten Gesellschaft sei der »historische Mensch« gefolgt. Anstatt wie bisher die Unterschiede zwischen Achill und dem Lesepublikum zu mildern oder zu verschleiern, seien die Übersetzer des heraufkommenden bürgerlichen Zeitalters bemüht gewesen, sie in voller Schärfe hervortreten zu lassen.[82] Das betraf nicht nur die Übersetzung aus den klassischen Literaturen. Voltaire, der in seinen jüngeren Jahren eine rhetorisch-gefällige Übersetzung des berühmten Hamlet-Monologs vorgelegt hatte, überraschte sein Publikum in späteren Jahren mit einer »ungeschminkten« Version eben dieses Monologs und mit einer Übersetzung des Stücks *Julius Caesar*, in der er fast völlig auf die Technik des Einbürgerns verzichtete. Er tat dies möglicherweise um die inzwischen aufgekommene „Anglomanie" zu dämpfen, an deren Auslösung er einst selbst beteiligt gewesen war. Seine Landsleute sollten endlich sehen, was für ein Barbar Shakespeare in Wirklichkeit war, dieses gefeierte Genie, das der Übersetzer Pierre-Prime-Félicien Letourneur in Frankreich salonfähig gemacht hatte.[83] In der Vorrede zu seiner Übersetzung von Julius Caesar gibt er sich jedoch plötzlich als ein Befürworter historischer Treue und Gegner jeder Verschönerung aus. Es kann wohl nicht ausgeschlossen werden, daß er, der mit einem feinen Gespür für die Reaktionen des Publikums begabt war, sich rechtzeitig der neuen *communis opinio*

---

[82] Vgl. Mounin 1955, 98. Im Rückblick auf die *belles infidèles* der Römer und der Franzosen hat Nietzsche, in seiner masochistischen Bewunderung für alles Unreflektiert-Kraftvolle (d. h. für alles, was er nicht sein konnte), in diesem „höheren historischen Sinn" ein Zeichen von Mutlosigkeit erkennen wollen. Vgl. *Die fröhliche Wissenschaft*, § 83, abgedruckt bei Störig 1973, 136.

[83] Letourneur gehörte zu den großen Wegbereitern der englischen Literatur in Frankreich. Er übersetzte Youngs *Night Thoughts* und die Gesänge des keltischen Barden Ossian, die in Wirklichkeit von dem Schotten Macpherson stammten. Vgl. D'Hulst 1990, 113-117.

anschließen wollte.⁸⁴ In der nächsten Generation ging dann Chateaubriand bereits so weit, sich bei seiner Übersetzung von Miltons *Paradise Lost* hin und wieder über die Regeln seiner Muttersprache hinwegzusetzen. Wie so viele Übersetzer vor ihm erläutert und verteidigt er sein Vorgehen in der Vorrede. Dabei geht er kritisch mit der Übersetzungsgeschichte seines Landes ins Gericht: Unter den vielen Ungetreuen, die seit der Zeit Perrot d'Ablancourts an die Öffentlichkeit getreten seien, habe sich manch eine befunden, die alles andere als „schön" gewesen sei.⁸⁵

Die eigentliche Gegenbewegung zur einbürgernden Übersetzungskonzeption ging jedoch von Deutschland aus. Antoine Berman erklärt möglicherweise etwas zu apodiktisch: „Die deutsche Übersetzungstheorie entsteht in bewußtem Widerspruch gegen die Übersetzungen »à la française«."⁸⁶ Eine größere europäische Öffentlichkeit wurde auf diese deutsche Gegenbewegung zur herrschenden Übersetzungspraxis von Madame de Staël aufmerksam gemacht; nicht in ihrem berühmten Buch *De l'Allemagne*, sondern in einem Aufsatz, der zuerst in italienischer Übersetzung in der damals gerade von einem Freund Leopardis gegründeten *Biblioteca italiana* erschienen war.⁸⁷ Als einer der radikalsten Vertreter dieser neuen deutschen Richtung ist Schleiermacher mit seinem berühmten Akademievortrag „Ueber die verschiedenen Methoden des Uebersezens" aufgetreten, von dem schon die Rede war. Da diese Abhandlung oft zitiert, aber selten genau gelesen wird, scheint es angezeigt, einiges daraus nochmals in Erinnerung zu rufen. Es gibt eine Übersetzungsmaxime, die seit langer Zeit zu einer Art von »Stammtischweisheit« geworden ist: Man müsse, so heißt es, einen Autor so übersetzen, wie er sich ausgedrückt hätte, wenn er unsere Sprache gesprochen und unser Zeitgenosse gewesen wäre.⁸⁸ Schleiermacher, dem

---

⁸⁴ Vgl. Stackelberg 1988, 28.
⁸⁵ Vgl. Steiner 1975, 316f.; Stackelberg 1988, 27f.
⁸⁶ „La théorie allemande de la traduction se construit consciemment contre les traductions »à la française«"; Berman 1984, 62.
⁸⁷ Die Originalfassung ist mit „De l'esprit des traductions" überschrieben und findet sich in: *Œuvres complètes de Mme la Baronne de Staël*, publiées par son fils, tome 17, Paris 1821.
⁸⁸ Vgl. unter vielen anderen Beispielen Houdar La Motte in der Vorrede zu seiner Homer-Übersetzung aus dem Jahre 1714: „... il ne faut plus songer à son expression, mais se demander à soi-même, comment ce Poëte [...] exprimeroit un tel sens, s'il vivoit parmi nous [...]"; zitiert nach Konopik 1997, 41.

dieser Typ von Argumentation nur allzu vertraut gewesen sein dürfte, kritisiert die darin enthaltene Aufforderung zu kühner Spekulation mit beißendem Spott:

Ja was will man einwenden, wenn ein Uebersezer dem Leser sagt, Hier bringe ich dir das Buch, wie der Mann es würde geschrieben haben, wenn er es deutsch geschrieben hätte; und der Leser ihm antwortet, Ich bin dir eben so verbunden, als ob du mir des Mannes Bild gebracht hättest, wie er aussehen würde, wenn seine Mutter ihn mit einem anderen Vater erzeugt hätte?[89]

Schleiermacher erweist sich hier als ein Kritiker von leicht aufzustellenden, aber schwer zu überwachenden Forderungen, wie sie in der Übersetzungstheorie allgemein üblich sind. Da wird treuherzig versichert, bei diesem Text müsse vor allem die Wirkung auf den Leser gewahrt bleiben (*dynamic equivalence*, vgl. 3.1), aber niemand weiß zu sagen, wie man die Einlösung einer solchen Forderung mit Anspruch auf intersubjektive Gültigkeit überprüfen soll. Ähnlich verhält es sich mit der von Schleiermacher durch einen witzigen Vergleich verspotteten Maxime. Man kann ihr nur folgen, wenn man sich »mit dem Autor identifiziert«, allerdings nicht in dem Sinn, daß man versuchen würde, sich in ihn hineinzuversetzen, sondern nur, indem man ihn in sich selbst aufgehen läßt. Natürlich kann man sich gerade davor nie ernstlich bewahren, denn darin besteht letztlich alles »Verstehen«. Der vielgeschmähte »Wortlaut« bildet dabei jedoch – zumindest für den philologisch Geschulten – eine objektive, oder besser, eine intersubjektive Kontrollinstanz. Man kann nie behaupten, die endgültige und schlechterdings richtige Auslegung eines Textes gefunden zu haben, aber man kann sehr wohl, und mit guten Gründen, die Interpretation eines anderen als falsch zurückweisen.

Nach diesen hermeneutischen Überlegungen, die eigentlich nicht Gegenstand des vorliegenden Buches sind, wollen wir zu einem handfesten Argument Schleiermachers zurückkehren – man könnte es einer „Rezeptionsästhetik" ante litteram zuordnen: Verfremdendes Übersetzen ist nur dann sinnvoll, wenn es in größerem Umfang vorgenommen wird, denn nur dann kann ein Lesepublikum in Richtung auf das »Fremde« in Bewegung gesetzt werden. Die Voraussetzungen für die Aufnahme verfremdender Übersetzungen seien nicht gegeben, so Schleiermacher, „wenn in einer Sprache nur hie und da einzelne Werke der Meister in

---

[89] Schleiermacher 1838, 239.

einzelnen Gattungen übertragen werden". Die verfremdende Übersetzung erfordere:

durchaus ein Verfahren im großen, ein Verpflanzen ganzer Litteraturen in eine Sprache, [...] Einzelne Arbeiten dieser Art haben nur einen Werth als Vorläufer einer sich allgemeiner entwikkelnden und ausbildenden Lust an diesem Verfahren. Regen sie diese nicht auf, so haben sie auch im Geist der Sprache und des Zeitalters etwas gegen sich; sie können alsdann nur als verfehlte Versuche erscheinen, und auch für sich wenig oder keinen Erfolg haben.[90]

Schon während der Hochblüte der *belles infidèles* ist darauf aufmerksam gemacht worden, daß es in erster Linie die Gelehrten, die »Pedanten« gewesen sind, die sich der einbürgernden Methode verweigert haben.[91] Fritz Güttinger hat in unserem Jahrhundert mit ironischem Unterton an diesen Sachverhalt erinnert. Unter den Verfechtern der verfremdenden Methode nennt er außer Schleiermacher Francis W. Newman, einen der Kritiker Matthew Arnolds, der sich im 19. Jahrhundert für eine »leserfreundliche« Homer-Übersetzung ausgesprochen hatte, weiterhin den spanischen Philosophen Ortega y Gasset, den deutschen Altphilologen Wolfgang Schadewald und schließlich den russisch-amerikanischen Romancier Vladimir Nabokov. Er vergißt bei dieser Gelegenheit nicht, die Professuren anzugeben, die diese Männer innegehabt haben.[92] Wir werden später sehen, daß andere Übersetzungstheoretiker einen Ausweg aus dem hier geschilderten Dilemma vorgeschlagen haben: Die Entscheidung darüber, welchem der beiden Herren der Übersetzer vornehmlich zu dienen habe, wird vom Publikum abhängig gemacht, das angesprochen werden soll, und von der literarischen Gattung, von der „Textsorte", die dem Übersetzer anvertraut wird (vgl. w. u. 7.2).

Wenn ich am Ende des vorangegangenen Abschnitts behauptet habe, daß das einbürgernde Übersetzen einer »typisch französischen« Neigung entspricht, so gilt es nun, im Sinne einer ausgleichenden Gerechtigkeit, diese Ansicht zu relativieren. Was Jürgen von Stackelberg über einen der bedeutendsten Repräsentanten der französischen Kultur gesagt hat, gilt auch für die Nation, der er angehörte: Wie Voltaire so ist auch Frankreich

---

[90] Ebda, 231.
[91] Vgl. Stackelberg 1988, 25.
[92] Vgl. Güttinger 1963, 29.

„immer noch für eine Überraschung gut."[93] Das Mutterland der *belles infidèles* hat auch Übersetzungen hervorgebracht, die der verfremdenden Auffassung vom Übersetzen besonders radikal verpflichtet sind. Als Beleg sei ein kurzer Passus aus Heideggers *Unterwegs zur Sprache* in der Übersetzung von Jean Beaufret und seinen Mitarbeitern (*Acheminement vers la parole*) vorgestellt:

> Die Sprache spricht. Wie ist es mit ihrem Sprechen? Wo finden wir solches? Am ehesten doch im Gesprochenen. Darin nämlich hat das Sprechen sich vollendet. Im Gesprochenen hört das Sprechen nicht auf. Im Gesprochenen bleibt das Sprechen geborgen. Im Gesprochenen versammelt das Sprechen die Weise, wie es währt, und das, was aus ihm währt – sein Währen, sein Wesen. Aber zumeist und zu oft begegnet uns das Gesprochene nur als das Vergangene eines Sprechens.

> La parole est parlante. Qu'en est-il de son parler? Où trouver un tel parler? Ne sera-ce là où a été parlé? Là en effet parler s'est accompli. Où a été parlé, parler ne cesse pas. Où a été parlé, parler reste à l'abri. Où a été parlé, la parole rassemble la manière dont elle continue de se déployer, et cela qui continue de se déployer à partir d'elle – le perpétuel de son déploiement: son *être*. Mais ordinairement et trop souvent ce qui a été parlé ne nous rencontre que comme ce qu'il y a de *passé* (d'écoulé) dans une parole.[94]

Eine Rückübersetzung wäre in einem solchen Fall nur dann interessant, wenn sie von einem erfahrenen Übersetzer in Unkenntnis der Quelle vorgenommen würde. Ich hoffe, daß auch Leser mit geringen Französischkenntnissen anhand dieses Textes nachvollziehen können, daß sich der Übersetzer hier so weit wie möglich einer »vorwegnehmenden« Interpretation für seine Leser enthalten hat.

2.5 Von der Rhetorik zur Stilistik:
Der Stil als Invariante der Übersetzung

Trotz einer Wiederbelebung des Interesses an der Rhetorik in den letzten Jahren haben selbst die Gebildeten meist nur eine verschwommene und eingeengte Vorstellung von dieser Disziplin. In der antiken Rhetorik ging es um mehr als um die Verzierung der Rede mit Tropen und Figuren (die beiden Termini werden heute oft nicht einmal korrekt unterschieden). Die Rhetorik hatte zwar ihren Ursprung im Bereich des Rechts; sie hat

---

[93] Stackelberg 1988, 28.

[94] Martin Heidegger: *Unterwegs zur Sprache*, Pfullingen 1959, 16; ders.: *Acheminement vers la parole*. Traduit de l'allemand par Jean Beaufret, Wolfgang Brokmeier et François Fédier, 1976, 18.

sich später jedoch zu einer Art von „angewandter Sprachwissenschaft" entwickelt, die „linguistische Pragmatik", „Textlinguistik" und Stilistik unter einem Dach vereinte. Ich werde das Gebäude der antiken Rhetorik hier in seiner lateinischen Form skizzieren, wie sie u. a. von Cicero und vor allem von Quintilian ausgearbeitet worden ist. Es besteht aus fünf Grundschritten, die zur Ausarbeitung einer Rede notwendig sind:

1. die *inventio*, d. h. die „Erfindung" dessen, was man überhaupt sagen will und die Bereitstellung des noch ungegliederten Materials. Wir würden heute von grober Eingrenzung des Themas, Literaturrecherchen und Anlegen einer Materialsammlung sprechen.

2. die *dispositio*, die Gliederung des Vorzutragenden; in der Sprache der Textlinguistik die Makrostruktur.

3. die *elocutio*, die Ausarbeitung der sprachlichen Form, modern gesprochen die Redaktion oder Niederschrift. Ein zentraler Teil der *elocutio* ist die Lehre vom *ornatus*, vom „Schmuck" der Rede. Hier geht es in erster Linie um die Tropen und Figuren, die manchmal mit der Rhetorik schlechthin identifiziert werden. Auf eine weitere, für unsere Zwecke besonders wichtige Komponente soll etwas später eingegangen werden.

4. die *memoria*, die Technik des Auswendiglernens. Die Rhetorik entwickelte sich in einem Übergangsstadium zwischen Mündlichkeit und Schriftlichkeit; der Mnemotechnik kam noch eine weit größere Bedeutung als heute zu.

5. die *vox*, die Technik des mündlichen Vortrags, d. h. die Festlegung der Sprechgeschwindigkeit, das Einlegen wirkungsvoller Pausen, die Einübung spezifischer Intonationsmuster, wie sie in vielen Sprachen vor allem zur Kennzeichnung sog. „rhetorischer Fragen" (Suggestivfragen) üblich sind.

Nur die ersten drei Arbeitsschritte sind auch für die Ausarbeitung schriftlicher Texte von Bedeutung. Bei den zuletzt genannten geht es ausschließlich um den mündlichen Vortrag; sie sind daher nur für das Dolmetschen, nicht für das Übersetzen relevant. Von der Spätantike bis in die Neuzeit hinein hatte die Rhetorik ihren Platz im Schul- und Wissenschaftsbetrieb. Daraus ergaben sich Konsequenzen für die Kunst der Übersetzung. Als einer der wenigen unter den neueren Autoren hat Frederick Rener an diese Tatsache erinnert. Die beiden ersten Teile seines bereits mehrfach erwähnten Buchs *Interpretatio*, das im Gegensatz zu fast allen übrigen übersetzungswissenschaftlichen Arbeiten durchgängig die traditionelle lateinische Terminologie verwendet, behandeln zwei aufeinander aufbauende Stufen der Übersetzungslehre. Die Übersetzung, die im Rahmen der *grammatica*, der *ars recte loquendi*[95], gelehrt wurde, stand ganz im Dienst des Sprachunterrichts. Das gilt mit gewissen Einschränkungen noch heute für die Schul- und Universitätspraxis vor allem der romanischen Länder. Es ist die »prototypische« Form der wörtlichen Übersetzung. Die Übersetzung, die im Rahmen der *rhetorica*, der *ars bene dicendi*, betrieben wurde, konnte als Stilübung gelten. Die Freiheiten, die sich der Übersetzer dabei gegenüber dem Original herausnehmen durfte, waren auf den Bereich der *elocutio* beschränkt, die *dispositio* hatte unangetastet zu bleiben. Es handelte sich also um die »freie« Übersetzung im engeren Sinne (vgl. 2.3). Größere Eingriffe in die Makrostruktur des Originals waren im Rahmen der Poetik zu rechtfertigen. Damit wurde ein weiterer Grad an Unabhängigkeit vom Ausgangstext erreicht: die »einbürgernde« Übersetzung mit unscharfer Grenze zur *imitatio*, zur Bearbeitung (vgl. Kap. 7).

Von besonderer Bedeutung für die Übersetzung ist die Lehre von den *genera elocutionis* – eine Teilkomponente des dritten Arbeitsschritts, der *elocutio*. Es geht hier um »stilistische« Unterschiede in einem wohldefinierten Sinn. Dabei werden sprachliche Ausdrucksmittel bestimmten Gegenständen zugeordnet. So ist z. B. ein bestimmtes Thema für das *genus humile* geeignet und somit im *stilus humilis*, im schlichten Stil zu behandeln. Das wirkt sich in der Praxis vor allem auf die Wortwahl und auf Art und Dichte der zu verwendenden Tropen und Figuren aus. Andere Gegenstände gehören zum *genus medium* oder zum *genus sublime* und erfordern daher eine Behandlung im *stilus mediocris*, im mittleren Stil, oder im *stilus gravis*, im feierlichen, erhabenen Stil[96]. Dante hat sich z. B. sichtlich bemüht, diesen Vorschriften gerecht zu werden. Die drei Teile seiner *Divina Commedia* sind in drei unterschiedlichen Stillagen gehalten: das *Inferno* (die Hölle) im niederen, das *Purgatorio* (Fegefeuer) im mittleren, das *Paradiso* im hohen Stil. In allen drei Teilen ist von alten Männern die Rede, die unterschiedlich bezeichnet werden. Das übliche Wort *vecchio* erscheint im *Inferno*, die heute kaum mehr gebräuchliche Form *veglio* (vermutlich ein Provenzalismus) wird im *Purgatorio* verwendet und der noch seltener

---

[95] *Ars recte loquendi*: die Kunst, sich sprachlich korrekt auszudrücken; *ars bene dicendi*: die Kunst, sich stilistisch gewandt auszudrücken.

[96] Vgl. u.a. Lausberg 1963, 156f.

verwendete Latinismus *sene* (von lat. *senex*) bleibt dem *Paradiso* vorbehalten:

Un *vecchio*, bianco per antico pelo (*Inf.* III, 83)
Ein Greis mit den vom Alter weißen Haaren

Vidi presso di me un *veglio* solo (*Purg.* I, 31)
Da sah ich einsam einen Greis erscheinen

Credea veder Beatrice, e vidi un *sene* (*Parad.* XXXI, 59)
Statt Beatrice ist ein Greis erschienen.

In Dantes streng hierarchisch gegliederter Welt entspricht die stilistische Abstufung nicht nur alten rhetorischen Vorschriften, sondern auch heilsgeschichtlichen Rangunterschieden. Im ersten Fall ist von Charon die Rede, dem Fährmann, der die Seelen der Abgeschiedenen mit seinem Nachen über den Acheron setzt. Für ihn genügt das gewöhnliche Wort. Im zweiten Fall handelt es sich um Cato von Utica (den jüngeren Cato), der als Vorbild der römischen Tugend zwar von den Höllenqualen befreit ist, der jedoch, da er das Pech hatte, als Heide zu sterben, keine Aussicht auf Eingang ins Paradies hat. Er verdient eine gehobenere Bezeichnung. Im dritten Fall ist Bernhard von Clairvaux gemeint. Als Erneuerer und Reiniger der Kirche hat er Anspruch darauf, daß sein reiferes Lebensalter (er starb mit 61 Jahren) in würdiger Form zum Ausdruck gebracht wird. In der Übersetzung von Hermann Gmelin, die ich zitiert habe, weil sie derzeit im deutschen Sprachraum am weitesten verbreitet zu sein scheint, wird der stilistische Unterschied vollkommen eingeebnet. In allen drei Fällen ist von einem Greis die Rede. Dasselbe gilt für die ebenfalls ungereimte Versübersetzung des bekannten Romanisten Walther von Wartburg. Bei Karl Vossler, dem Begründer der „Idealistischen Philologie", lassen sich Spuren einer stilistischen Abstufung ausmachen. In den ersten beiden Fällen wird von einem *alten Mann*, nur im letzten von einem *Greis* gesprochen. Genauso sind Carlyle, Okey und Wicksteed in ihrer Prosaübersetzung verfahren. Charon und Cato werden unterschiedslos als *old man* bezeichnet, Bernhard von Clairvaux hat hingegen Anspruch auf eine etwas feierlichere Erwähnung: „I saw an *elder* clad like the folk in glory". In der gereimten Übersetzung von Otto Gildemeister, die von Paul Heyse mit höchstem Lob bedacht wurde, wird die Schwelle zwischen dem schlichten *Alten* und dem ehrwürdigen *Greis* schon beim Eintritt ins Fegefeuer überschritten.[97] Die Lehre von den *genera elocutionis* ist spätestens nach dem Ausscheiden der Rhetorik aus dem Bildungssystem mehr und mehr in Vergessenheit geraten. Von der Rhetorik insgesamt ist vieles in der „Stilistik" aufgegangen, einer Disziplin, die es nie zu einem ähnlich geschlossenen Aufbau gebracht hat wie ihr antikes Vorbild. Es wäre vermessen, an dieser Stelle den Begriff des „Stils" diskutieren zu wollen. Es gibt nahezu ebensoviel unterschiedliche Stilbegriffe wie Stilforscher. Ich muß mich daher auf einige Bemerkungen zum »Stil im übersetzungsrelevanten Sinn« beschränken.

Der Stil ist ein Variationsphänomen, das sich innerhalb zweier Grenzen bewegt: Auf der einen Seite befinden sich die Regeln der Sprache, die nur bis zu einem gewissen Grad verletzt werden dürfen, auf der anderen Seite steht die Ausdrucksabsicht, das Mitgeteilte. Man kann zwar in unterschiedlichen »Stilen« ganz unterschiedliche Dinge zum Ausdruck bringen, z. B. Anweisungen zur Inbetriebnahme einer Etagenheizung erteilen oder jemanden seiner heftigen Zuneigung versichern. Dabei ist jedoch der jeweilige Stil nicht unmittelbar identifizierbar. Methodisch vergleichen lassen sich Stile nur dann, wenn man sie »reduktionistisch« als ablösbare Formen eines mehr oder weniger gleichbleibenden Inhalts auffaßt. Das entspricht auch der populären Vorstellung vom Stil als einer Möglichkeit, ein und dasselbe auf verschiedene Weise zu sagen. Stutzt man das Phänomen des Stils aus methodischen Gründen in dieser Art zurecht – man muß es tun, wenn man damit arbeiten will –, so bewegt es sich innerhalb derselben »äußeren Grenzen« wie die Übersetzung. Der Stil als eine vom mitgeteilten Inhalt ablösbare Form ist nichts anderes als eine »Sprache«. Die Behandlung des rein formalen Aspekts der Problematik kann daher auf ein späteres Kapitel verschoben werden (vgl. w. u. 4.1). Für das Problem der Übersetzung relevant wird der »Stil« dann, wenn er in die Invarianzforderungen miteingebracht, wenn verlangt wird, nicht nur der »Inhalt« eines Textes, sondern auch der »Stil« müsse erhalten bleiben. Eine solche Forderung läßt sich, wie wir bereits gesehen haben,

---

[97] Bibliographische Angaben finden sich im Literaturverzeichnis. Es ist unmöglich, im Rahmen dieses Buches eine repräsentative Übersicht über die Dante-Übersetzungen zu liefern. Ihre Zahl ist nahezu unübersehbar. Ich stütze mich hier vor allem auf die Diplomarbeit von Yvonne Becker, Germersheim 1993.

sinngemäß schon bei Cicero finden. Ich werde hier nur ein modernes Beispiel aufführen:

Übersetzen heißt, in der Empfängersprache das beste natürlichste [sic!] Gegenstück zur Ausgangsbotschaft zu schaffen, erstens was den Sinn und zweitens was den Stil anbelangt.[98]

Wie läßt sich nun ein spezifischer Stil, den es bei der Übersetzung zu erhalten gilt, dingfest machen? Mit Hilfe zweier nach völlig unterschiedlichen Kriterien getroffener dichotomischer Unterscheidungen kann man eine gewisse Ordnung in die Vielfalt ad hoc vorgenommener Stildefinitionen bringen. Zunächst läßt sich nach einem statisch-deskriptiven Kriterium zwischen identifizierenden und charakterisierenden Stilbegriffen unterscheiden. Die ersten ähneln extensionalen Definitionen. Sie geben lediglich an, wo das gemeinte Phänomen anzutreffen ist, sie beschreiben es nicht: „Goethes Altersstil"; der „Stil der gepflegten französischen Umgangssprache" usw. usf. Letztere geben charakteristische Merkmale an: „bilderreicher Stil", „Nominalstil", „knapper Stil" usw. usf. Darüber hinaus wird nach einem dynamisch-kommunikativen Kriterium zwischen einer produzentenbezogenen und rezipientenbezogenen Stilauffassung unterschieden. Die produzentenbezogene Stilauffassung erfaßt die zu beschreibende Erscheinung unter dem Gesichtspunkt der Wahl, die ein Autor aus einem zur Verfügung stehenden Vorrat von Ausdrucksmitteln treffen kann bzw. bereits getroffen hat. Die rezipientenbezogene erfaßt sie umgekehrt von der Seite des Rezipienten her als »Auffälligkeit«, sei es in qualitativer, sei es in quantitativer Hinsicht. Der Hörer/Leser erfaßt und identifiziert einen Stil (identifizieren heißt in diesem Zusammenhang vor allem „zuverlässig wiedererkennen") aufgrund einer Reihe von Merkmalen, die seine Aufmerksamkeit erregen, entweder aufgrund ihrer »Besonderheit« oder aufgrund ihrer Häufigkeit bzw. Seltenheit. Maßstab ist dabei immer eine »Erwartungsnorm« des Rezipienten. „Auffälligkeit" darf daher nicht prinzipiell in dem banalen Sinn von „Abweichung gegenüber der »normalen« Alltagssprache" verstanden werden. Im Rahmen einer

---

[98] Nida/Taber 1969, 11. Diese in mancherlei Hinsicht unbefriedigende Definition wurde absichtlich in deutscher Übersetzung zitiert. Man hat manchmal den Eindruck, daß die Übersetzer von übersetzungswissenschaftlichen Werken durch die Qualität ihrer Übersetzungen indirekt die Existenzberechtigung der Disziplin unter Beweis stellen wollen, in deren Dienst sie stehen.

rezipientenbezogenen Stilauffassung kann – scheinbar paradoxerweise – Unauffälligkeit auffällig werden. So bemerkte Sainte-Beuve zum Stil des Abbé Prévost in seinem erfolgreichsten Roman *Manon Lescaut*: „Das Verdienst des Stils besteht darin, so leicht und flüssig zu sein, daß man in gewisser Hinsicht sagen kann, es gebe ihn nicht."[99]

Welche Relevanz besitzen diese Stilauffassungen für den Übersetzer und den Übersetzungsforscher? Mit identifizierenden Stilbegriffen können beide nicht viel anfangen, es sei denn, es handle sich um ein „Register" einer Sprache, also z. B. „gepflegte Umgangssprache" usw. In allen anderen Fällen muß versucht werden, den identifizierenden Stilbegriff in einen charakterisierenden zu überführen. Erst dann können Handlungsanweisungen für den Übersetzer oder Beschreibungskategorien für den Übersetzungsforscher abgeleitet werden. Was die produzentenbezogene und rezipientenbezogene Stilauffassung betrifft, so müssen Übersetzer und Übersetzungsforscher sich beide zu eigen machen. Als »privilegierte Leser« müssen beide versuchen, das, was ihnen im Ausgangstext unmittelbar auffällt, in die Form eines charakterisierenden, nicht-metaphorischen Stilbegriffs zu gießen – aus einem „nüchternen Stil" wird dabei z. B. ein „parataktischer Stil". Als Übersetzer oder Beurteiler von Übersetzungen haben sie sich zu fragen, welche Ausdrucksmittel der Zielsprache zur weitestgehenden Bewahrung dieses Stils zur Verfügung stehen bzw. zur Verfügung gestanden hätten. Das ist weit schwieriger, als man zunächst annehmen sollte. Bleibt der Stil einer Übersetzung gewahrt, wenn die Parataxe des Originals – kurze aneinandergereihte Hauptsätze – in der Übersetzung nachgebildet wird? Das Gegenteil könnte der Fall sein, wenn die Parataxe in der Ausgangssprache üblich, in der Zielsprache jedoch äußerst unüblich ist.

Die stilistische Äquivalenz und die mit ihr verbundenen Probleme lassen sich auf einer sehr abstrakten Ebene analysieren. In der Praxis wird sich der Übersetzer auf seine Intuition verlassen müssen; die theoretische Analyse kann unmöglich allen konkreten Begleitumständen Rechnung tragen, die die Texte für den Übersetzer bereithalten. Ich möchte daher die theoretische Diskussion an dieser Stelle abbrechen und anhand einiger praktischer Beispiele einen Eindruck von den Problemen

---

[99] „Le mérite du style lui-même est d'être si coulant, si facile, qu'on peut dire en quelque sorte qu'il n'existe pas." Sainte-Beuve zit. nach Léon Cellier: „Le mythe de Manon et les romantiques français", in: *L'Abbé Prévost* (Actes du Colloque d'Aix-en-Provence, 20 et 21 décembre 1963), Aix-en-Provence 1965, 255-268, hier 257.

vermitteln, die bei dem Bemühen auftreten können, den Stil eines Textes in der Übersetzung zu bewahren:

Rucke di guh, rucke di guh,
Blut ist im Schuh,
Der Schuh ist zu klein,
Die rechte Braut sitzt noch daheim.

Back again! back again! look to the shoe!
The shoe is too small, and not made for you!
Prince! Prince! look again for thy bride,
For she's not the true one that sits by thy side.

Tour nou touk, tour nou touk,
Sang dans la pantouk,
Le soulier est trop petit,
La vraie fiancée est encore au logis.

Die Schwierigkeiten, die die beiden Tauben aus dem Märchen *Aschenputtel* dem Übersetzer mit ihrem denunziatorischen Geraune bereiten, sind im Rahmen der Poetik schon in der Antike identifiziert und analysiert worden. Es geht um die »ikastische« Funktion der sprachlichen Zeichen, um Fälle, in denen die Form des Zeichens seinen Inhalt in gewisser Hinsicht »abbildet«. Dies kann in Form reiner Lautmalerei (Onomatopöie) geschehen, so z. B. wenn Hundegebell oder der Hund selbst mit *Wauwau* bezeichnet werden. Es gibt jedoch auch weniger eindeutige Formen der Beziehung zwischen Form und Inhalt des Zeichens, die man „Lautsymbolik" nennt. So lassen Verben wie *kribbeln* oder *flimmern* schwache, kurze Pulsationen fast schon erahnen, auch wenn man ihre Bedeutung nicht kennt. In unserem Beispiel aus *Aschenputtel* scheint der lange Vokal [u:] geeignet, Düsteres, Unheilvolles zu evozieren. Das reicht aber keineswegs aus, um uns beim Hören des Verses *Guter Mond, du gehst so stille* einen Schauer über den Rücken zu jagen. Die potentielle lautsymbolische Funktion wird erst wirksam, wenn sie mit der Wort- und der Textbedeutung korrespondiert: Der Ruf der Tauben *ruckediguh* ist „onomatopoetisch" im engeren Sinn. Der lange Vokal [u:] wird im Wort *Blut* wiederaufgenommen, seine potentielle symbolische Funktion wird durch die Bedeutung des Wortes gestützt. Deutsches *Blut* ist nun einmal ein unheilvollerer Saft als etwa spanisches *sangre*. *Schuh* dient hier lediglich als Lautverstärker an einer exponierten Stelle des Textes, nämlich im Reim. Es handelt sich um einen semantisch motivierten Reim, nicht um eine rein »ornamentale Zutat« zum Text. Bei der englischen Übersetzung, die fast zeitgleich mit der Niederschrift der *Kinder- und Hausmärchen* der Brüder Grimm entstanden ist, geht die unheimliche lautsymbolische Wirkung verloren. Nicht so in der Übersetzung der französischen Germanistin Marthe Robert. Sie hat sich erkennbar Mühe gegeben, eben diese Wirkung zu bewahren und dabei sogar in Anlehnung an *pantoufle* das Kunstwort *pantouk* gebildet. Es erlaubte ihr, sowohl den Reim als auch die Häufung der [u:] zu bewahren.

Ein weiteres Beispiel:

Und über uns im schönen Sommerhimmel
War eine Wolke, die ich lange sah
Sie war sehr weiß und *ungeheuer oben*
Und als ich aufsah, war sie nimmer da.

Il y avait là-haut un nuage,
Toute blancheur, ...

bianchissima nell'alto si perdeva ...

Diese Verse aus der ersten Strophe von Bertolt Brechts Gedicht *Erinnerung an die Marie A.* konfrontiert uns mit einem »stilistischen« Übersetzungsproblem ganz anderer Art, mit dem Sprachfehler, der absichtlich zur Erzielung einer bestimmten Wirkung begangen wird. In der antiken Rhetorik fiel dergleichen unter die *licentia*, die den Dichtern eingeräumt wurde. Diese alte Tradition lebt als gesunkenes Kulturgut in der volkstümlichen Bezeichnung „dichterische Freiheit" weiter. Brecht hat mit dem Vers *Sie war sehr weiß und ungeheuer oben* ganz bewußt gegen die Regeln der sprachlichen Wohlanständigkeit verstoßen. Der französische Übersetzer Maurice Regnaut und der Italiener Roberto Fertonani haben das nicht bemerkt. Sie geben diesen Vers durch völlig korrekte, gefällige Bilder wieder, so als hätte Brecht geschrieben: *Sie war sehr weiß und schwebte hoch im Himmel* oder etwas Ähnliches. Der naiv-ironische, aber bei aller Aufsässigkeit auch ein wenig sentimentale Ton wird dabei in konventionelle »Lyrik« verwandelt.

Schließlich noch ein Beispiel für einen Stilbegriff, der in praktischer Hinsicht besonders wichtig ist:

Et puis brusquement il se pencha, il visa le blessé dont les grands yeux semblaient le regarder.

- Tu vas le payer, salaud.
- T'es cinglé! dit Chasseriau. Je te dis de pas gaspiller les cartouches.
- Me fais pas chier, dit Mathieu.
Il ne se pressait pas de tirer.

Dann beugte er sich plötzlich vor, zielte auf den Verwundeten, dessen große Augen ihn anzusehen schienen.
»Das sollst du büßen, du Schwein.«
»Du bist verrückt«, sagte Chasseriau. »Ich sagte dir doch, du sollst nicht so mit den Patronen aasen«.
»Leck mich«, sagte Mathieu.
Er beeilte sich mit dem Schießen nicht ...

Diese kurze Passage aus Jean-Paul Sartres Roman *La mort dans l'âme* – es handelt sich um den dritten in der unvollendet gebliebenen Tetralogie *Les chemins de la liberté* – führt uns in ein Grenzgebiet zwischen der Stilistik im herkömmlichen Sinn und der Soziolinguistik. Das, was man gemeinhin eine Sprache nennt, erweist sich bei genauerem Hinsehen als ein Konglomerat aus den unterschiedlichsten sprachlichen Varietäten. Da gibt es Regiolekte, die nur in bestimmten Gegenden des gesamten Sprachgebiets gesprochen werden, Soziolekte, die für bestimmte soziale Schichten oder abgesonderte Gruppen innerhalb der Gesamtgesellschaft kennzeichnend sind und dazu Register oder „Sprachstile", die bestimmten Sprachverwendungssituationen wie „feierliche Ansprache", „amtliche Verlautbarung", „freundschaftliches Gespräch" usw. vorbehalten sind. Es ist weder möglich noch besonders sinnvoll, die Leser dieses Buchs mit der elaborierten Terminologie der Varietätenlinguistik, eines Teilgebiets der Soziolinguistik, vertraut zu machen. Für den literarischen Übersetzer stellte die soziostilistische Inhomogenität seiner Arbeitssprachen so lange kein ernsthaftes Problem dar, wie literarische Werke weitgehend in der als vorbildlich angesehenen Form der Gesamtsprache geschrieben wurden. Nicht umsonst spricht man in den frühen Entwicklungsphasen der europäischen Sprachen von „Literatursprache", wenn die »kanonische Form« der Sprache gemeint ist.[100] Es hat immer Ausnahmen von dieser Regel

---

[100] Etwas genauer habe ich dies ausgeführt in: Jörn Albrecht: „Literatursprache; Schriftsprache (Schreibsprache); Hochsprache; Gemeinsprache: Historische Stadien der Ausprägung der kanonischen Form von Einzelsprachen", in: Maria Lieber/Willi Hirdt (Hrsg.): *Kunst und Kommunikation. Betrachtungen zum Medium Sprache in der Romania. Festschrift zum 60. Geburtstag von Richard Baum*, Tübingen 1997, 3-12.

gegeben. Schon in der Antike hat Petronius in seinem *Gastmahl des Trimalchio* Vulgärsprache im engeren Sinn des Wortes zur Erzielung stilistischer Effekte eingesetzt.[101] François Villon hat ganze Balladen in der Gaunersprache seiner Zeit verfaßt, die er in seinem abenteuerlichen Leben erlernt hatte. Sogar im Zeitalter der französischen Klassik konnten es sich die Vertreter der sog. „burlesken Literatur" (*genre burlesque*) erlauben, ihre Ausdrucksmittel aus dem Fundus der unteren Sprachregister zu bereichern – und dies mit ausdrücklicher Billigung der Sprachnormierer. Aber diese Exkursionen in das Unterholz der Sprache kamen in der hohen Literatur nicht allzu häufig vor. Erst in der zweiten Hälfte des 19. Jahrhunderts dringt – vor allem bei den französischen Naturalisten, die schnell überall Nachahmer fanden – ein größerer Teil des soziostilistischen Spektrums der Gesamtsprache in die Literatur ein. Das geschieht am häufigsten in der schlichten »veristischen« Form, die wir in der oben wiedergegeben Stelle aus einem Roman von Sartre kennengelernt haben – Sartre erweist sich zumindest in dieser Hinsicht als konventioneller Autor: Der „auktoriale" Erzähler hält sich weitgehend an die kanonische Form der Sprache; seine Gestalten läßt er reden, wie ihnen der Schnabel gewachsen ist. Dabei darf nicht vergessen werden, daß er es ist, der ihnen den Schnabel wachsen ließ. Diese klassische Verteilung der Varietäten im Text ist für den Übersetzer verhältnismäßig leicht zu bewältigen. Hans Georg Brenner, der deutsche Übersetzer des Romans, hat seine Aufgabe im großen und ganzen recht achtbar gelöst. Allerdings deutet seine Übersetzung auf ein typisch deutsches Problem hin, das uns gleich noch beschäftigen wird: Das Verb *aasen* mit der Bedeutung „vergeuden" dürfte nur norddeutschen Lesern wirklich vertraut sein. Auf süddeutsche Leser wirkt es nicht salopp – wie es eigentlich sollte –, sondern eher dialektal.[102] Moderne Autoren geben sich selten mit einem so simplen sprachlichen Verteilungsmuster zufrieden. Da kann es vorkommen, wie etwa in Cesare Paveses Roman *Paesi tuoi*, daß eine Ich-Erzählung durchgehend in einem zugleich dialektal und volkstümlich gefärbten Stil gehalten ist. Der Autor situiert damit nicht eine seiner Gestalten, sondern »seinen Erzähler«, hinter dem er sich

---

[101] Wilhelm Heinse, heute allenfalls noch als Verfasser des Romans *Ardinghello und die glückseeligen Inseln* in Erinnerung, gelang es, mit der Übersetzung dieses Werks seinen Ruf als *enfant terrible*, der ihm schon anhing, endgültig zu festigen.

[102] Eine kleine Umfrage hat ergeben, daß den meisten Süddeutschen das Verb gar nicht bekannt zu sein scheint.

gleichsam versteckt. Ein Übersetzer hat in einem solchen Fall der Erzählperspektive unbedingt Rechnung zu tragen. Er muß vor allem der Versuchung widerstehen, sprachliche Unbeholfenheit und manifeste »Sprachfehler« stillschweigend zu verbessern. Die angemessene Wiedergabe von Regionalismen stellt dabei das größte Problem dar – das gilt im übrigen auch für anders geartete Fälle. Es ist nicht allzu schwer, einen Kraftausdruck des Originals durch ein angemessenes Äquivalent in der Übersetzung wiederzugeben. Der Ausdruck evoziert ein Milieu der im Ausgangstext dargestellten Gesellschaft, die der Leser der Übersetzung mit einem annähernd gleichen Milieu in seiner eigenen Gesellschaft in Verbindung bringen kann. Ganz anders verhält es sich hingegen mit Dialektelementen. Von wenigen Ausnahmen abgesehen beschwören diese nämlich kein Milieu herauf, für das es in der Kultur der Zielsprache ein Analogon gibt, sondern ein konkretes, an eine bestimmte Region gebundenes Umfeld. Wenn wir uns einmal damit abgefunden haben, daß wir wegen nicht hinreichender Sprachkenntnisse eine Übersetzung lesen, dann stört es uns auch nicht, wenn Emma Bovary unter dem Einfluß des Arsens, das sie eingenommen hat, ihre Todesqual auf deutsch artikuliert. Wir »vergessen« dann ganz einfach, daß sie Französin ist. Wenn jedoch eine Gestalt aus einem Roman von Giovanni Verga plötzlich bairisch daherredet, weil der Übersetzer es gut mit uns gemeint und eine sizilianische Wendung durch eine bairische ersetzt hat, so nehmen wir leicht daran Anstoß. Die »Durchsichtigkeit« der Standardsprache, die den Blick auf das Mitgeteilte ungehindert freigibt, trübt sich, sobald Dialekte mit im Spiel sind. Der Dialekt lenkt zuerst einmal die Aufmerksamkeit auf sich selbst, bevor er für die mitgeteilten Inhalte »durchsichtig« wird. Wir werden sofort daran erinnert, daß der Roman in Sizilien spielt und nicht in Bayern.

In weit größere Schwierigkeiten gerät der Übersetzer, wenn ein Autor mit der soziostilistischen Vielfältigkeit seiner Sprache ein mutwilliges Spiel treibt und die üblichen Regeln der Sprachverwendung gegen den Strich bürstet:

... et elle lui *foutit* un bon coup de pied contre la cheville
E gli allungò una buona pedata in uno stinco
... und trat ihm mit dem Fuß kräftig gegen den Enkel

Dieser kurze Passus aus Raymond Queneaus Roman *Zazie dans le métro* verstößt auf subtile Art und Weise gegen die soziostilistischen Regeln des Französischen. Das Verb *foutre*, das alles mögliche bedeuten kann, gehört der Vulgärsprache an. Das Tempus *passé simple* ist im modernen Französischen auf die korrekte Schriftsprache beschränkt. Der Gebrauch von *foutre* in diesem Tempus – *foutit* satt *a foutu* – stellt also so etwas wie ein »soziostilistisches Paradoxon« dar, das den gebildeten französischen Leser zum Schmunzeln bringt. Der bekannte deutsche Übersetzer Eugen Helmlé versucht zu kompensieren, indem er *cheville* nicht durch das standardsprachliche Äquivalent *Knöchel*, sondern durch das umgangssprachliche Wort *Enkel* wiedergibt, das allerdings nicht im gesamten deutschen Sprachgebiet verstanden wird. Damit wären wir beim letzten Punkt angelangt: Jüngere Nationalsprachen sind in ihren niedrigeren Registern meist noch stark horizontal gegliedert. Erst wenn eine Sprache viele Generationen hindurch in einem politisch und kulturell einheitlichen Gebiet gebraucht wird, findet eine Umgestaltung dieser horizontalen Gliederung in eine vertikale Schichtung statt. Unter dem Dach der einheitlichen Schriftsprache bildet sich nun auch eine einigermaßen einheitliche gesprochene Umgangssprache heraus. Deutschland und Italien weisen in dieser Hinsicht im Vergleich zu England und Frankreich immer noch einen historischen Rückstand auf. Wer aus dem Englischen und vor allem aus dem Französischen ins Deutsche übersetzt, hat sich oft mit diesem Sachverhalt auseinanderzusetzen. Die Schwierigkeiten beginnen schon bei den Bezeichnungen für Gegebenheiten des täglichen Lebens. Der deutsche Übersetzer hat sich ständig zwischen *Schornsteinfeger* und *Kaminkehrer*, *Flaschner* und *Spengler*, zwischen *Schnürsenkel* und *Schuhbendel*, *Rotkohl* und *Blaukraut* zu entscheiden. Seinem italienischen Kollegen ergeht es in dieser Hinsicht noch schlimmer. Kann er auf ein im gesamten Sprachgebiet verbreitetes schriftsprachliches Wort zurückgreifen, so ist der deutsche oder italienische Übersetzer schnell bereit, auf die stilistische Äquivalenz zu verzichten:

Et puis faut se *grouiller*: Charles attend.
E poi bisogna *sbrigarsi*: Charles ci aspetta.
Und außerdem müssen wir uns *sputen*: Charles wartet.[103]

---

[103] Die beiden Beispiele aus *Zazie dans le métro* finden sich bei Albrecht 1981, 315 und 320. In bezug auf das zweite Beispiel sei nur nebenbei erwähnt, daß der deutsche Übersetzer den Kalauer *Charles attend* = *charlatan* stillschweigend übergangen hat. Der italienische Übersetzer behilft sich mit einer Fußnote.

Se grouiller „sich beeilen", ein umgangssprachliches Wort, das in einem stilistisch neutralen Kontext schockieren würde, wird im Italienischen durch ein nicht markiertes Wort, im Deutschen durch das leicht archaische, eher im norddeutschen Raum gebräuchliche *sich sputen* wiedergegeben. Ein bayerischer Übersetzer hätte *sich schicken* wählen können, auf die Gefahr hin, von vielen Lesern überhaupt nicht verstanden zu werden. *Sich ranhalten* wäre wohl die akzeptabelste Lösung gewesen. In den vergangenen zwanzig Jahren hat die Vereinheitlichung der niedrigen Sprachregister unter dem Einfluß der Medien in Deutschland und in Italien große Fortschritte gemacht. Dennoch fällt es deutschen Übersetzern zuweilen auch heute noch schwer, den leichten Gesprächston englischer und französischer Unterhaltungsliteratur zu treffen – nicht aus Unvermögen, sondern weil die entsprechenden sprachlichen Mittel noch nicht im vollen Umfang zur Verfügung stehen. Was Hermann Bausinger vor fünfundzwanzig Jahren treffend ausgedrückt hat, ist auch heute noch nicht völlig überholt:

Ein eigentlicher Konversationston hat sich in ihrem Umkreis [scil. der deutschen Hochsprache] nicht herausgebildet; dies merkt jeder Übersetzer, der ein leichtes Konversationsstück ins Deutsche überträgt – er hat im allgemeinen nur die Wahl, die Dialoge stilistisch eine Nuance höher anzusetzen oder sie landschaftlich einzufärben (also beispielsweise eine *Berliner* Komödie zu formulieren).[104]

2.6 Alternde Übersetzungen und ewige junge Originale

Nicht nur die Übersetzungstheorie und die Übersetzungspraxis im allgemeinen, auch die Übersetzung eines Autors oder eines seiner wichtigsten Werke im besonderen haben ihre Geschichte. Wer in einer deutschen Universitäts- oder Landesbibliothek die Namen Dante, Cervantes oder Shakespeare nachschlägt, wird dabei auf eine große Anzahl unterschiedlicher Übersetzungen in immer neuen Auflagen stoßen. Bei anderen Autoren wird die Auswahl vergleichsweise bescheiden sein. Die Übersetzungsgeschichte eines Autors oder eines Werks ist einer der Indikatoren für literarischen Nachruhm – allerdings ein höchst interpretationsbedürftiger. Zunächst einmal muß man bei der Interpretation die verschiedenen Zielsprachen getrennt berücksichtigen. Man sollte auch nicht nur auf die Anzahl der Übersetzungen, sondern ebenso

---

[104] Hermann Bausinger: *Deutsch für Deutsche*. Dialekte, Sprachbarrieren, Sondersprachen, Frankfurt a. M. 1972, 29.

auf die zeitliche Reihenfolge ihres Erscheinens achten. Schließlich ist es wichtig, in Erfahrung zu bringen, welche Übersetzungen in bedeutenden, traditionsreichen Bibliotheken vorhanden sind. Läßt sich eine bibliographisch ermittelte ältere Übersetzung nur in einem Exemplar in der Stadtbibliothek einer altehrwürdigen Provinzstadt nachweisen, so darf man daraus schließen, daß sie nicht sehr erfolgreich gewesen sein kann. Ein solcher Schluß kann sich allerdings als falsch erweisen. Überlegungen dieser Art sollen im neunten und zehnten Kapitel angestellt werden. Hier wird uns ausschließlich die Frage nach dem geheimnisvollen »Altern« der Übersetzungen interessieren.

Eines der bedeutendsten Werke der deutschen Literatur, der *Parzival* des Wolfram von Eschenbach, ist mehrfach aus dem Mittelhochdeutschen ins Neuhochdeutsche übersetzt worden. Man nennt so etwas eine „intralinguale" Übersetzung, weil hier – im Gegensatz zur „interlingualen" Übersetzung – die Grenze der Einzelsprache nicht überschritten wird. Die Geschichte der intralingualen Übersetzungen eines Werks ist nicht nur ein Indikator für dessen Bedeutsamkeit, sondern auch ein Indiz für die Intensität und die Schnelligkeit des Sprachwandels in einer bestimmten Epoche:

Ist zwîvel herzen nâchgebûr
daz muoz der sêle werden sûr
gesmaehet unde gezieret
ist, swâ sich parrieret
unverzaget mannes muot,
als agelstern varwe tuot.

Wenn Unentschiedenheit beim Herzen wohnt,
hat die Seele darunter zu leiden.
Verächtlich und schätzenswert zugleich
ist derjenige, dessen standhafte Entschlossenheit
Flecken aufweist,
wie das Gefieder einer Elster.

Meine eigene Übersetzung der ersten Verse des *Parzival* kann in mancherlei Hinsicht kritisiert werden. Sie ist »frei« in einem ganz spezifischen Sinn. Sie folgt nämlich einer Übersetzungsvorschrift, die in meiner Studienzeit in germanistischen Proseminaren gelehrt wurde. Diese besagt, daß nur in den seltensten Fällen ein mittelhochdeutsches Wort durch das entsprechende neuhochdeutsche zu ersetzen ist. Was immer man davon halten mag – das Beispiel dürfte gezeigt haben, daß auch Originale »altern«, wenn auch viel langsamer als die Übersetzungen.

Ab einem gewissen Zeitpunkt – er liegt beim Italienischen deutlich früher als beim Französischen oder Deutschen – werden bedeutende Werke einer Nationalliteratur nur noch „interlingual", nicht mehr „intralingual" übersetzt. Dantes *Commedia*, die nur ein gutes Jahrhundert nach dem *Parzival* entstanden ist, wird bis heute im Originaltext gelesen, in der Regel allerdings nicht ohne Kommentar. (Daß Dante noch als mittelalterlicher Autor gilt, kann man schon daran erkennen, daß er im Gegensatz zu Petrarca oder Boccaccio mit seinem Vornamen zitiert wird.) Montaignes Essais sind vierundzwanzigmal ins Deutsche übersetzt worden. Obwohl die Sprache des 16. Jahrhunderts auch gebildeten Franzosen nicht ohne weiteres verständlich ist, wird Montaigne allenfalls behutsam sprachlich modernisiert, aber nur in Ausnahmefällen übersetzt. Angesichts dieses Befundes stellt sich die Frage, ob die ständigen Neuübersetzungen ein und desselben Werks wirklich notwendig sind. Muß diese Übersetzungsgeschichte im kleinen nicht früher oder später in einer rundum gelungenen, »endgültigen« Übersetzung zum Abschluß kommen? In rein praktischer Hinsicht wird diese Frage durch die erdrückende Beweislast der Fakten beantwortet. Die großen Werke der Weltliteratur – auch die älteren unter ihnen – üben eine ungebrochene Anziehungskraft auf Verlage und Übersetzer aus. Es erscheinen immer wieder, oft sogar in ganz kurzen Abständen, neue Übersetzungen von Werken, die schon häufig übersetzt worden sind. Die Göttinger Übersetzungsforscher nennen die „Gesamtheit der in einer Sprache vorliegenden Übersetzungen eines Werkes, einerlei ob erhalten oder nicht" einen „*Kometenschweif*" und die historisch-deskriptive Untersuchung einer solchen Gesamtheit eine „*Kometenschweifstudie*".[105] Ich selbst verwende in meiner weit weniger poetischen Sprechweise den Terminus „äußere Übersetzungsgeschichte eines Werks" und meine damit die Ermittlung der existierenden Übersetzungen und der wichtigsten sie betreffenden Fakten (Übersetzer, Erscheinungsjahr, Anzahl der Auflagen, Vorhandensein eines Vor- oder Nachworts des Übersetzers, evtl. auch Fundorte und Ähnliches mehr).

Auch in theoretischer Hinsicht ist die Frage nach der Notwendigkeit von Neuübersetzungen bedeutender Werke immer wieder mit

---

[105] Vgl. Frank (1989), Glossar, 266.

Entschiedenheit bejaht worden. Manche Stellungnahmen haben eher den Charakter eines Credos als den einer wissenschaftlichen Begründung:

> Übersetzung ist die Wiederherstellung der im Original ruhenden und niemals verlorenen kongruenten äußeren wie inneren Kunsterscheinung. Aber im Gegensatz zum Original behält solche Wiederherstellung den Charakter der Vorläufigkeit und der Annäherung; sie bleibt deshalb, anders als das Original, auch – wiederholbar.[106]

Andere Autoren geben handfeste sprachhistorische Gründe an, denen sich auch positivistisch orientierte Geister kaum verschließen können. So hat Fritz Nies darauf hingewiesen, daß die schnellere Entwicklung und das schnellere Altern der deutschen Literatursprache ein Grund dafür sind, „daß französische Texte des 17. oder 18 Jhdts. oft sprachlich viel gegenwartsnäher sind als ihre weit jüngere und doch altväterisch-verstaubt daherkommende Übersetzung."[107] Ein Vergleich eines kurzen Passus aus dem im 18. Jahrhundert entstandenen Roman *Manon Lescaut* mit der Übersetzung von Friedrich Heinrich Feuerbach aus dem Jahre 1834 mag dies verdeutlichen:

> En un mot, je me flattai d'obtenir de lui la liberté de l'épouser, ayant été désabusé de l'espérance de le pouvoir sans son consentement. (22)

> Kurz ich schmeichelte mich mit dem Gedanken, daß ich die Erlaubniß, sie heirathen zu dürfen, mir von ihm auswirken würde, nachdem ich von dem Irrthum, daß ich dasselbe auch ohne seine Einwilligung thun könne, zurückgekommen war. (31f.)[108]

Das Original dürfte in der Tat auf den gebildeten Franzosen »moderner« wirken als die Übersetzung auf den gebildeten Deutschen unserer Tage. Die generelle Berechtigung, ja Notwendigkeit der ständig neuen übersetzerischen Auseinandersetzung mit dem Original läßt sich jedoch nur hermeneutisch begründen. Das Verhältnis von Sprache und Text – von Sprechen und Gesprochenem in der Terminologie Martin Heideggers (vgl. w. o.) – ist bei der Übersetzung nicht dasselbe wie beim Original. Walter Benjamin hat in seiner Abhandlung „Die Aufgabe des Übersetzers" einigen Grundannahmen der linguistisch ausgerichteten Übersetzungswissenschaft widersprochen; so der Auffassung, daß jeder Text

---

[106] Wuthenow 1969, 18.

[107] Fritz Nies: „Ältere Literatur Frankreichs verdeutschen: Sinn und Ziel?", in: Nies/Glaap/Gössmann1989, 79-85, hier 79.

[108] Vgl. Diplomarbeit Hampel 1993, 119.

eine »Botschaft« sei, die an einen Empfänger gerichtet wird, und der Vorstellung, daß man in der sprachlichen Form des Textes ein Behältnis sehen könne, das einen Inhalt transportiert. Zur Veranschaulichung des unterschiedlichen Verhältnisses von Sprache und Gehalt beim Original und bei der Übersetzung hat er ein eindringliches Bild gefunden:

> Bilden nämlich diese [scil. Gehalt und Sprache] im ersten eine gewisse Einheit wie Frucht und Schale, so umgibt die Sprache der Übersetzung ihren Gehalt wie ein Königsmantel in weiten Falten.[109]

Man kann einer Frucht keine neue Schale verpassen, ohne nicht wiedergutzumachenden Schaden anzurichten; man kann einem „Gehalt" sehr wohl einen neuen „Königsmantel" umhängen – so möchte ein metaphorisch mäßig begabter Linguist dieses Bild weiter ausmalen. In weit nüchternerer Sprechweise lassen sich aus diesen Feststellungen einige Konsequenzen ableiten: Ein literarisches Kunstwerk enthält ein nicht vollständig ausschöpfbares Sinnpotential. Es kann immer wieder neu ausgelegt werden; vorangegangene Auslegungen gehen in diesen Prozeß ein, der Vorgang selbst kommt nie zu einem Ende. Jede Übersetzung ist nolens volens eine Auslegung, eine Auslegung mit anderen Mitteln. Konsequent einbürgernde Übersetzungen treffen eine sehr einseitige, zeitbedingte Auswahl aus dem Sinnpotential des Originals und sind somit einem besonders schnellen Alterungsprozeß unterworfen. So gesehen wird der Widerspruch, der zwischen den ewig jungen Originalen und den alternden Übersetzungen zu bestehen scheint, auch in praktischer Hinsicht aufgelöst oder doch wenigstens gemildert. Der gebildete Franzose wird, wenn er nicht gerade ein Spezialist für das 16. Jahrhundert ist, seinen Montaigne in einer modernen kommentierten Ausgabe lesen und dabei die Interpretationshilfe eines Kenners in Anspruch nehmen. Für den deutschen Leser leistet der Übersetzer – nolens volens, das kann nicht oft genug wiederholt werden – zumindest einen Teil der Arbeit des Kommentators in der Übersetzung selbst. Der von Benjamin konstatierte Unterschied des Verhältnisses von Gehalt und Sprache tritt in abgewandelter Form von neuem in Erscheinung: Die Übersetzung enthält – auch wenn sie ihrerseits mit einem Kommentar versehen ist – notwendigerweise mehr Kommentar im Text selbst als das

---

[109] Benjamin 1955, 48.

Original. Aus dieser Not sollte der Übersetzer jedoch keine Tugend machen. Dazu später.

Welche Hinweise kann der empirisch arbeitende Übersetzungshistoriker aus diesen reichlich abstrakten Überlegungen ableiten? Kann auch der Übersetzer, der bei der Sichtung des bereits Geleisteten etwas für seine Arbeit lernen möchte, irgendetwas damit anfangen? Ein kurzer Blick auf die „innere Übersetzungsgeschichte" einiger Werke könnte dazu beitragen, den erwünschten Praxisbezug herzustellen. Unter „innerer Übersetzungsgeschichte" verstehe ich die Art und Weise, wie ein bestimmtes Werk im Lauf der Zeit übersetzt wurde. Hat es zunächst einbürgernde Übersetzungen erfahren, die später durch verfremdende oder philologisch-dokumentarische abgelöst wurden? Was hat sich an der Behandlung der kulturspezifischen Elemente, der Eigennamen, der Titel und Anredeformen im Lauf der Zeit geändert? Läßt sich eine geradlinige Entwicklung erkennen oder kehren neuere Übersetzer zu den Techniken zurück, die bereits von der »Großvätergeneration« verwendet wurden? Fragen dieser Art lassen sich mit Hilfe eines Vergleichs der vorhandenen Übersetzungen beantworten. Die Vergleichbarkeit wird hergestellt durch die Verwendung eines einheitlichen sprach- und übersetzungswissenschaftlichen Rasters. Die Ergebnisse der auf diese Weise durchgeführten Untersuchungen sind zu spezifisch, um hier im einzelnen mitgeteilt werden zu können. Auf einige werden wir später noch zurückkommen. Hier geht es nur um einige miteinander zusammenhängende Fragen von praktischem Interesse. Die erste Frage lautet: In welchem Umfang greifen die Übersetzer auf die Arbeiten ihrer Vorgänger zurück? Levý hat einige Beweise dafür geliefert, daß sie es tun, auch wenn sie es nicht ausdrücklich zugeben (vgl. Anm. 110). Manchmal sind es kleine Einzelheiten, die den Übersetzungsforscher auf die richtige Spur bringen: Unter den französischen Übersetzungen eines der berühmtesten Romane der italienischen Literatur – Alessandro Manzonis *Promessi sposi* – gibt es zwei, die auf den ersten Blick scheinbar nichts miteinander zu tun zu haben. Die eine erschien kurz nach der ersten Auflage des Originals im Jahr 1828, die andere im Jahr 1960. Die beiden Übersetzungen sind nicht unmittelbar vergleichbar, da sie auf unterschiedlichen Fassungen des Romans beruhen. Um so mehr ist man überrascht, wenn an einer Stelle in beiden Übersetzungen *rompicollo*, wörtlich (im paradigmatischen Sinn!) „zügelloser Mensch" durch *mauvais sujet* „zweifelhaftes Individuum" und an einer anderen Stelle *una prova* durch *une preuve vivante* „ein lebender Beweis" wiedergegeben wird.[110] Die Erfahrung lehrt, daß so etwas selten rein zufällig vorkommt. Wenn einem mehrere Stellen dieser Art aufgefallen sind, darf man nahezu sicher sein, daß der spätere Übersetzer die Arbeit seines Vorgängers konsultiert hat. Damit komme ich zu einer zweiten Frage, die bereits am Anfang dieses Kapitels, in der von Savory zusammengestellten Liste mit Übersetzungsvorschriften, widersprüchlich beantwortet wurde: Darf die Übersetzung eines älteren Werks das jüngste Entwicklungsstadium der Zielsprache widerspiegeln, oder sollte sich der Übersetzer um eine gewisse sprachliche Patina bemühen? Katharina Reiß, die Mitbegründerin der Übersetzungswissenschaft im deutschsprachigen Raum, vertritt die zuletzt genannte Ansicht:

> Bei der Übersetzung älterer Texte sollte sich die Wahl der Worte, antikisierender morphologischer und syntaktischer Elemente, die Entscheidung für bestimmte stilistische Figuren usw. möglichst eng an den Sprachgebrauch des Ausgangstextes halten. [...] Ein Text aus dem 18. Jahrhundert darf grundsätzlich in der Übersetzung nicht so aussehen wie ein übersetzter Text aus dem 20. Jahrhundert, auch wenn der Übersetzer ein Mensch des 20. Jahrhunderts ist.[111]

Das klingt etwas apodiktisch; ich würde dem Grundgehalt dieser Aussage dennoch zustimmen. Damit meine ich, daß ich vor einer künstlichen, gewaltsam herbeigeführten Archaisierung warnen möchte. Und in diesem Zusammenhang stellt sich die letzte der hier zu diskutierenden Fragen: Trifft man nicht den Ton einer früheren Epoche am besten, wenn man das sprachliche Material einer älteren Übersetzung behutsam in die eigene aufnimmt, so wie ein Restaurator bei der Wiederherstellung eines unbewohnbar gewordenen Altbaus möglichst viele noch erhaltene Materialien verwendet? Darf man so etwas tun, darf man bei früheren Übersetzern abschreiben? Am Ende des 18. Jahrhunderts hat der schottische Schriftsteller und Übersetzungstheoretiker Alexander Fryser Tytler – ein Bewunderer Perrot d'Ablancourts und Übersetzer von Schillers *Räubern* – eine entschiedene Antwort auf diese Frage gegeben. Er vergleicht zwei englische Übersetzungen des *Don Quijote* und macht dabei eine überraschende Feststellung. Der spätere Übersetzer, den er als Stilisten und Humoristen höher einschätzt als den früheren, hat an vielen

---

[110] Vgl. Diplomarbeit Sihn 1993, 192f. Levý 1969, 79f. führt ein ähnliches Beispiel an, auf das er beim Vergleich von Shakespeareübersetzungen gestoßen ist.

[111] Reiß 1971, 74.

Stellen die weniger überzeugenden Lösungen gefunden. Tytler führt das darauf zurück, daß dieser Übersetzer aus Angst vor dem Vorwurf des Plagiats und aus dem Bedürfnis heraus, um jeden Preis originell zu sein, die glücklichsten Lösungen seines Vorgängers nicht übernommen hat. Dies zeige sich besonders im Bereich der Idiomatik:

> In the adoption of corresponding idioms he [scil. der erste Übersetzer] has been eminently fortunate, and, as in these there is no great latitude, he has in general preoccupied the appropriated phrases, so that a succeeding translator, who proceeded on the rule of invariably rejecting his phraseology, must have, in general, altered for worse.[112]

Die hier erwähnte Vorgehensweise, bei der alles verworfen wird, was der Vorgänger gefunden hat, führt, wie Tytler schön gezeigt hat, auf einen falschen Weg. Der Übersetzer darf und soll sich auf die Arbeit seiner Vorgänger stützen. Er muß dabei allerdings vorsichtig vorgehen. Der »pedantische« Übersetzungsvergleich, den einige meiner Studentinnen durchgeführt haben, zeigt immer wieder, daß nichts so häufig kopiert wird wie offenkundige Übersetzungsfehler. So wurde in den verschiedenen Übersetzungen des Romans *L'Assommoir* von Zola viermal die falsche Übersetzung *blouse* = *Bluse* aus der ersten Übersetzung von 1893 übernommen, erst die letzte Übersetzung aus dem Jahr 1975 weist das angemessene Äquivalent *Kittel* auf.[113] Es muß in diesem Zusammenhang betont werden, daß »Schnitzer« dieser Art, sofern sie nicht gehäuft auftreten, nichts über die Qualität der Übersetzung aussagen. Ganz anders verhält es sich allerdings mit Fehlern, die an entscheidenden Stellen des Textes begangen werden. Wer die doppelte Verneinung in Leopardis Gedicht *L'infinito* als Bejahung auffaßt, verändert – zerstört nach meiner persönlichen Meinung – den gesamten Text (vgl. Anm. 79).

Wenn mit der gebotenen Vorsicht vorgegangen wird, ist das »Abschreiben« bei früheren Übersetzern unbedingt zu empfehlen, unter der Bedingung, daß es offen eingestanden wird. Und so endet dieses Kapitel über die Geschichte der Übersetzungstheorie und Übersetzungspraxis, das uns hin und wieder in reichlich trockene und wenig fruchtbare Hochebenen geführt hat, mit einer nahrhaften Ration »Übersetzungs-

---

[112] Tytler 1813/1907, 154.

[113] Vgl. Diplomarbeit Sendrowski 1993, 230. Bei ihrer Vermutung, daß die Übersetzer voneinander abgeschrieben haben, stützt sich die Verf. keineswegs auf dieses einzige Beispiel.

moral« aus Omas Einmachglas: Es ist nicht nur nicht verwerflich, sich auf ältere Übersetzungen zu stützen, es zeugt im Gegenteil von schlampiger Arbeit, wenn man die früheren Übersetzungen nicht zur Kenntnis nimmt. Man sollte allerdings in geeigneter Form angeben, was man seinen Vorgängern schuldet. Ein Plagiat begeht nur der, der ungeniert abschreibt, ohne seine Quelle zu nennen (vgl. z. B. den in der Einführung erwähnten Fall der Balzac-Übersetzung von Grazia Deledda).[114] Wenn man sich damit zufriedengibt, eine ältere Übersetzung nur gründlich zu überarbeiten, so sollte dies auf dem Titelblatt zum Ausdruck gebracht werden. Anständige Übersetzer tun dies ohnehin. Als Beleg dafür möge ausnahmsweise eine vollständige Literaturangabe im Text dienen: Michel de Montaigne. *Essais*, herausgegeben und mit einem Nachwort versehen von Ralph-Rainer Wuthenow, *revidierte Fassung der Übersetzung von Johann Joachim Bode*, Frankfurt am Main 1976.[115]

---

[114] Vgl. Diplomarbeit Genet 1994, 41.
[115] Bode (1730-1793), ein Mitarbeiter Lessings, erscheint häufiger in ähnlicher Form auf Titelblättern von heute noch lieferbaren Übersetzungen.

3 Die Übersetzung der Bibel

Wer sich zur Bibelübersetzung äußern will, sollte nicht nur über Kenntnisse des Hebräischen und über ein solides theologisches Wissen verfügen, er sollte sich darüber hinaus auch einen tieferen Einblick in die äußerst komplizierte Überlieferung der Bibel verschafft haben. Der Verfasser dieser Zeilen erfüllt diese Voraussetzungen nicht und kann somit nichts Neues zu dem Thema beitragen, über das er berichtet. Diese einleitende Bemerkung ist nicht als Bescheidenheitstopos zu verstehen. Der Leser soll wissen, daß er den in den Fußnoten gegebenen Hinweisen folgen muß, wenn er wirklich in die gesamte Problematik eindringen will.[1] Hier können nur einige Aspekte behandelt werden, die geeignet sind, ein neues Licht auf die Geschichte und Theorie der literarischen Übersetzung zu werfen. Die Bibelübersetzung ist ein besonders wichtiger Teil davon. Der Bibeltext stellt für den Übersetzungsforscher eine Herausforderung dar, der er sich nicht ganz entziehen kann, auch wenn sein eigentliches Interesse der »weltlichen« Literatur gilt.

Zunächst einmal stellt sich die Frage, ob es sich bei der Bibel wirklich um *einen* Text handelt. Etymologisch gesehen ist das Wort *Bibel* ein »falscher« Singular. Es leitet sich von lat. *biblia*, griech. *ta biblia* „Bücher" her. In der Tat handelt es sich bei der Bibel eher um eine Textsammlung als um einen Text. In den romanischen Sprachen wird auch heute noch häufiger der Plural gebraucht: *Les Saintes Ecritures, i libri sacri, le Sacre Scritture* usw. Es steht noch nicht einmal eindeutig fest, welchen Umfang dieser »Text« hat, was zu ihm gehört und was als „apokryph" auszuscheiden ist. Auch über seine Makrostruktur, d. h. über die richtige oder zweckmäßige Reihenfolge seiner Bestandteile, besteht keine Einigkeit. Es läßt sich auch darüber streiten, in welcher Originalsprache der Text verfaßt wurde. Die Antwort auf diese Frage hängt davon ab, welche einzelnen Schriften zur Bibel gerechnet werden sollen und welche nicht. Vertritt man in dieser Frage einen maximalistischen Standpunkt, so hat man mit drei »Originalsprachen«, nämlich Hebräisch,

---

[1] Einen knappen, aber ziemlich vollständigen Überblick über die Geschichte der Bibelübersetzung in der westlichen Welt bietet Schwarz 1963; in dem von Joachim Gnilka und Hans Peter Rüger herausgegebenen Sammelband (Gnilka/Rüger 1985) werden vor allem methodische Probleme behandelt. Auf die zahlreichen Werke speziell zur Geschichte der deutschen Bibel kann hier nur am Rande eingegangen werden (vgl. u. a. Brügger 1983 und Vermeer 1996, II, 238ff., s. v. *Religiöse Epik* [!]).

Aramäisch und Griechisch zu rechnen. Vom Standpunkt der späteren Überlieferungsgeschichte aus betrachtet stellt sich die Lage noch weit komplizierter dar. Die griechische Fassung eines biblischen Texts kann sich unter Umständen im Lichte der wissenschaftlichen Exegese als ursprünglicher, vollständiger und zuverlässiger erweisen als der in einer anderen Traditionslinie überlieferte hebräisch-aramäische Text. Legt ein moderner Übersetzer diese Fassung seiner Arbeit zugrunde, so hätte man das Griechische als »faktische«, das Hebräische als »fiktive« Originalsprache anzusehen.² Die zahlreichen mittelalterlichen Übersetzungen – in der Regel handelt es sich um ziemlich kurze Fragmente – greifen fast alle auf eine verhältnismäßig spät entstandene lateinische Übersetzung zurück, auf die sog. *Vulgata*. Darunter versteht man den Text, den Hieronymus auf der Grundlage älterer lateinischer Übersetzungen (*Vetus Latina*) angefertigt hat, und zwar unter Benutzung der ihm zugänglichen griechischen und hebräischen »Urschriften«. Diese Version wurde im Jahre 1546 auf dem Konzil von Trient als maßgeblich für die römisch-katholische Kirche erklärt.

Aufgrund seiner komplizierten und langen Überlieferungsgeschichte enthält der Bibeltext eine Fülle von »intratextuellen« Verweisen. Ständig wird in den jüngeren Teilen der Bibel – so z. B. in den Evangelien und in den Briefen des Paulus – auf die älteren Teile verwiesen, und dies in einer Form, die den vergleichsweise bescheidenen philologischen Ansprüchen eines Hieronymus schon nicht mehr genügte. In seinem Brief an Pammachius (vgl. w. o. 2.2) weist er den Evangelisten ungenaue, gelegentlich sogar sinnwidrige Zitate aus dem Alten Testament nach.³

Bei der Bibel handelt es sich um einen Text, dessen Überlieferungsgeschichte Hinweise zu seiner korrekten Exegese bereits »mitliefert«.⁴ Die neutestamentlichen Verweise auf das Alte Testament, von denen so-

---

² Vgl. u. a. Koch et alii ⁵1992 s. v. *Bibelkritik; Bibelwissenschaft; Bibeltext (Geschichte und Erforschung); Bibelübersetzung(en)*; Rüger in Gnilka/Rüger 1985 und Schenker in Gnilka/Rüger 1985.

³ So soll Jesus nach dem Zeugnis des Matthäus (26, 31) gesagt haben: „Denn es steht geschrieben:»Ich werde den Hirten schlagen, und die Schafe der Herde werden sich zerstreuen«." An der Stelle, auf die sich Jesus bezog (Sacharja 13, 7), richtet jedoch der Prophet an den Herrn die Bitte: „Schlage den Hirten, daß sich die Herde zerstreue ..." (vgl. Hieronymus in Störig 1973, 5).

⁴ Etwas Vergleichbares findet man bei Dantes *Commedia*, deren Überlieferungsgeschichte frühzeitig an die Auslegung des Textes, die sog. *Lectura Dantis* gekoppelt war.

eben die Rede war, setzen gewisse Exegeseregeln voraus, die sich in spätisraelitischer Zeit herausgebildet hatten. Innerhalb des Christentums herrschte seit Origenes, spätestens jedoch seit der Entstehung von Augustinus' Schrift *De doctrina christiana* die „Lehre vom mehrfachen (oder vierfachen) Schriftsinn". Einzelne Textstellen konnten „buchstäblich" (d. h. historisch), „allegorisch" (d. h. im Hinblick auf die dogmatischen Lehrgehalte), „moralisch" (d. h. hinsichtlich des richtigen Verhaltens eines Christenmenschen) und „anagogisch" (d. h. in bezug auf heilsgeschichtliche Erwartungen) ausgelegt werden. Erst im Humanismus (und vor allem bei den Reformatoren) galt der *sensus literalis sive historicus* wieder als die einzige Instanz, auf die man sich berufen konnte. Spuren dieser exegetischen Tradition finden sich bereits im ältesten umfangreichen althochdeutschen Text, der überliefert ist: Das um das Jahr 870 im Elsaß entstandene *Evangelienbuch* des Otfried von Weißenburg enthält nicht nur, wie in der damals beliebten Textsorte „Evangelienharmonie" allgemein üblich, eine Zusammenfassung des Inhalts der vier Evangelien, sondern auch kürzere exegetische Kommentare, die mit Überschriften wie *moraliter, spiritualiter* oder *mystice* versehen sind. Auch diese „freie Bearbeitung" des Neuen Testaments liefert also bereits Hinweise auf die »richtige« Auslegung.

Die Geschichte der Bibelexegese geht mit zunehmend tieferen Einsichten in die Verschiedenheit der Sprachen und der Kulturen einher, die diese Sprachen hervorgebracht haben. Die Bibelübersetzer sind Pioniere auf dem Gebiet einer vergleichenden Sprachwissenschaft *ante litteram*. Am Anfang scheint ein naiver übersetzerischer Optimismus vorgeherrscht zu haben. Im sog. „Aristeasbrief", in dem die Legende von der Entstehung der Übersetzung des Pentateuch aus dem Hebräischen ins Griechische durch die sog. „Septuaginta"[5] mitgeteilt wird, erscheint die Übersetzung als schlichtes Problem der Umkodierung: Die Sprachen werden als unterschiedliche Nomenklaturen für eine einheitlich gestaltete Wirklichkeit dargestellt. Der Übersetzer muß die Benennungen nur sorgfältig austauschen – d. h. er muß »wörtlich« im paradigmatischen und im syntagmatischen Sinn übersetzen (vgl. w. o. 2.3) –, und die frohe Botschaft wird unverändert von den Empfängern des Zieltextes übernommen werden. Die Erfahrungen, die die Bibelübersetzer bei ihrer Arbeit mach-

---

[5] *Septuaginta* steht hier vermutlich für *duo et septuaginta*. An der Übersetzung sollen jeweils sechs jüdische Älteste aus den zwölf Stämmen gearbeitet haben. Zweiundsiebzig ist auch die mythische Zahl der „Hauptsprachen", die aus der babylonischen Sprachverwirrung hervorgegangen sein sollen.

ten, und die häretischen Bewegungen, die durch naive Bibellektüre ausgelöst wurden, führten zu einem immer stärker ausgeprägten Übersetzungsskeptizismus. Einerseits wurden sich die Verantwortlichen zunehmend der Tatsache bewußt, daß jede Übersetzung, wenn sie für den Sprachunkundigen auch nur ein wenig »verständlicher« sein soll als das Original, eine Art von Auslegung sein muß; andererseits barg jede Übersetzung in eine der neu entstehenden Volkssprachen die Gefahr in sich, daß Menschen die Bibel lasen, die – zumindest nach Ansicht der kirchlichen Autoritäten – nicht darauf vorbereitet waren. Wenn Übersetzungen in die Volkssprachen überhaupt zugelassen wurden, dann nur unter ganz besonderen Bedingungen: Der Wortlaut mußte von theologisch geschulten Zensoren auf seine Unbedenklichkeit hin geprüft worden sein[6] und er durfte nicht als Grundlage ernsthafter theologischer Erörterungen dienen. Vor allem die katholischen Übersetzungen der Gegenreformationszeit werden somit als nicht ganz ernstzunehmende Surrogate für den »Hausgebrauch« herabgestuft.

Manche Theologen haben der persönlichen Ergriffenheit des Exegeten einen höheren Stellenwert eingeräumt als dem philologisch-historisch korrekten, kunstgerechten Umgang mit den überlieferten Texten. Die göttliche „Inspiration" galt als unmittelbare Gewähr für die Glaubwürdigkeit der Mitteilung. In dieser Hinsicht bestehen große Unterschiede zwischen »Orthodoxen« wie Hieronymus oder Erasmus von Rotterdam und »Protestanten« wie Augustinus oder Luther[7]. Reformatoren aller Schattierungen haben die Übersetzung der Bibel in die Volkssprachen befördert. Nicht philologisch-hermeneutische Überlegungen, sondern ihre eigene Inspiration galt ihnen als Rechtfertigung für den Wortlaut ihrer Übersetzung (vgl. 3.2). Andere hingegen sahen in der göttlichen Offenbarung einen einmaligen, nicht wiederholbaren Akt, der nur durch Treue zum »heiligen Original« unverfälscht an spätere Generationen weitergegeben werden konnte (vgl. 3.1).

---

[6] So erklärt sich z. B. die gängige Benennung einer der wirkungsmächtigsten neueren Fassungen der Bibel, der sog. *Authorized Version* aus dem Jahr 1611 (in einer späteren überarbeiteten Fassung auch als *King James Version* bekannt). Die auch in neueren Ausgaben auf dem Titelblatt gedruckte Bestätigung „Appointed to be read in Churches" ist jedoch offenbar mit Skepsis zu beurteilen: „The Authorized Version was never authorized" (Schwarz 1963, 19).

[7] Analogien zu unterschiedlichen Positionen in der modernen Übersetzungstheorie sind unübersehbar.

Die Bibel kann als „heiliger Text", als Grundlage zweier Offenbarungsreligionen, der jüdischen und der christlichen, gelesen werden. Sie kann jedoch auch – darüber hinaus oder statt dessen – als literarisches Kunstwerk, als Zeugnis der hebräischen Literatur aufgefaßt werden. So erklärt sich, daß insb. jüdische Übersetzer, die mit den älteren Stadien ihrer Kultur vertraut sind, zu ganz anderen Übersetzungsstrategien greifen als christliche Missionare. In dieser Hinsicht gibt es nahezu unüberbrückbare Gegensätze zwischen Übersetzungstheoretikern wie Henri Meschonnic auf der einen und Eugene A. Nida auf der anderen Seite (vgl. 3.3).

Die Bibel ist zusammen mit einigen wenigen anderen Texten der Weltliteratur für das Phänomen der „Kanonisierung", auf das bereits hingewiesen wurde, besonders anfällig. Wem eine bestimmte Fassung eines Textes in ihrem Klang, ihren Metaphern oder altertümlichen Satzkonstruktionen – Ich hebe meine Augen auf zu den Bergen, von welchen mir Hilfe kommt[8] – von Kindheit an vertraut war, der steht textkritischen Verbesserungen ebenso ablehnend gegenüber wie der Kulturkonservative einer allgemeinen Orthographiereform. Texte sind eben mehr als die Botschaften, die sie angeblich enthalten:

it seems to be the fate of biblical versions which are read in churches that the community accepts them as final and rejects changes in the wording [...] The congregation is familiar with the wording, its ring and rhythm, and will oppose any change, especially in prayers to which they have been used from earliest childhood, even if the language is archaic and hardly understandable.[9]

Wer Übersetzungen kritisch miteinander vergleicht – sei es zu sprachwissenschaftlichen, sei es zu übersetzungswissenschaftlichen Zwecken –, muß immer in Rechnung stellen, daß er seine Argumentation auf Befunden aufbaut, die eher Zeitmangel oder Nachlässigkeit als charakteristischen Unterschieden in der Sprachstruktur oder eigenwilligen übersetzerischen Entscheidungen zuzuschreiben sind. Diese Gefahr ist bei Bibelübersetzungen ungleich geringer:

---

[8] Hier (Psalm 121) hat sich Luther an eine späte Fassung, an die Vulgata gehalten. Ebenso offenbar die Authorized Version: „from whence cometh my help". Die revidierte Fassung der Luther-Bibel von 1964 folgt einer älteren Überlieferung: Woher kommt mir Hilfe?" (vgl. *Bible de Jérusalem*: „D'où viendra mon secours?").

[9] Schwarz 1963, 20.

Es gibt keinen anderen Text, der so genau, so gewissenhaft, so gründlich, so scharfsinnig übersetzt worden ist durch die Jahrhunderte, wo es sich niemand leicht gemacht hat – wie das bei so vielen Übersetzungen der Fall ist –, wo kein Zeitdruck vorhanden war, wo nicht irgendwie schnell, ja ein bißchen gewissenlos, übersetzt worden ist, sondern da geht es tatsächlich um die Essenz der Übersetzung. Und da haben wir nun die allerbeste Möglichkeit, uns Gedanken zu machen darüber, was Übersetzung ist und was Sprachen sind.[10]

Die Bibel ist aber nicht nur für den Übersetzungshistoriker von Bedeutung, der gern mit bereits vorhandenen Übersetzungen arbeitet, mit solchen, die der Mühe eines vergleichenden Studiums wirklich wert sind. Sie ist auch für den prospektiv und präskriptiv argumentierenden Theoretiker von besonderem Interesse, der sich darüber äußert, wie eine künftige Übersetzung aussehen könnte oder sollte. Der Bibeltext kann den Übersetzer in eine »Zwickmühle« versetzen (vgl. w. o. 2.2): Er stellt den Übersetzer vor die schwierige Wahl zwischen zwei diametral entgegengesetzten Übersetzungsstrategien. Es gibt für den Bibelübersetzer gute Gründe, sich möglichst eng an den am besten abgesicherten Wortlaut zu halten; es gibt ebenso gute Gründe dafür, sich für eine »souveräne«, in erster Linie auf die Wirksamkeit des Textes bedachte Strategie zu entscheiden.

3.1 Die aporetische Situation der Bibelübersetzer

Im vorhergehenden Kapitel hatten wir Hieronymus, den inoffiziellen Schutzpatron der Übersetzer, in der »Zwickmühle« zurückgelassen, von der nun die Rede sein soll. Hieronymus hatte sich als erfahrener Übersetzer, der er war, verschiedentlich gegenüber seinen Kritikern für die freie, sinngemäße Übertragung ausgesprochen. Er wußte jedoch sehr wohl, daß im Umgang mit einem »heiligen Text« Vorsicht geboten war. Und so hatte er in seinem Brief an Pammachius den Zusatz „*absque scripturis sanctis, ubi et verborum ordo mysterium est*" (vgl. 2.2, Anm. 32) eingefügt, der sich im Kontext des gesamten Briefs fast wie eine Schutzbehauptung ausnimmt. Andererseits war er ein rhetorisch und philologisch geschulter Schriftsteller – der Herr selbst hatte ihm das vorgehalten, als er ihm im Traum erschienen war und ihn einen Anhänger Ciceros gescholten hatte[11] – und empfand als solcher das Bedürfnis, einen lesbaren,

---

[10] Wandruszka in Gnilka/Rüger 1985, 189.

[11] Vgl. Köpf 1978, 72.

sprachlich ansprechenden Text zu verfassen, der die Leser mitreißen und von den Heilswahrheiten des Christentums überzeugen sollte. In einer ähnlichen Situation befanden sich alle Übersetzer sakrosankter Texte, solange sie diese ausschließlich als religiöse Botschaft und nicht etwa als kulturgeschichtliches Dokument zu übertragen hatten. Mit dem Auftrag, einen heiligen Text zu übersetzen, ist im allgemeinen die Forderung verbunden, sehr vorsichtig und »treu« zu übersetzen, »dunkle« Stellen des Originals lieber behutsam nachzubilden als eigenmächtig exegetisch aufzuhellen. Zum anderen enthalten viele Offenbarungstexte einen Missionsauftrag. Bei Matthäus 28, 19f. heißt es: „Darum gehet hin und machet zu Jüngern alle Völker: taufet sie auf den Namen des Vaters und des Sohnes und des heiligen Geistes und lehret sie halten alles, was ich euch befohlen habe". Sehr viel weniger explizite Missionsaufträge finden sich im Koran.[12] Daraus kann nun wiederum die Forderung nach besonders freiem, einbürgerndem, »wirkungsäquivalentem« Übersetzen abgeleitet werden. Der Text soll von jedermann verstanden werden und er soll überzeugen. Die Geschichte der Bibelübersetzung von Hieronymus bis Eugene A. Nida liefert Beispiele für eine ständige Suche nach Auswegen aus diesem Dilemma.

Wie die meisten anderen Weltreligionen ist auch das Christentum eine Offenbarungsreligion. Religionen dieser Art gründen sich auf einen oder mehrere »heilige« Texte. Sie sind fast alle in einem frühen Stadium der Schriftkultur entstanden, zu einer Zeit, in der das Instrument der Schrift einer kleinen Elite vorbehalten war und nicht selten zur Tradierung von »Herrschaftswissen« im wahrsten Sinne des Wortes diente. Frühere Religionen, wie etwa die griechisch-römische und die germanische Mythologie, die auf gemeinsame Wurzeln zurückgehen, waren in oralen Kulturen entstanden und unterlagen somit dem Prinzip der „Homeostase". In einer solchen Kultur paßt sich der mythologische »Überbau« geschmeidig den gesellschaftlichen Bedingungen an:

... oral societies live very much in a present which keeps itself in equilibrium or homeostasis by sloughing off memories which no longer have present relevance. [...] Print cultures have invented dictionaries in which the various meanings of a word as it occurs

---

[12] Matthäusevangelium zit. nach der Luther-Bibel, revidierte Fassung von 1964. Im Koran ist verschiedentlich davon die Rede, das Gesagte sei als „eine Ermahnung für alle Welt" zu verstehen (Suren 68, 52 und 82, 27; Formulierung nach *Der Koran*, übersetzt von Max Henning; Einleitung von Ernst Werner und Kurt Rudolph; Textdurchsicht, Anmerkungen, Register von Kurt Rudolph, Wiesbaden o. J.).

in datable texts can be recorded in formal definitions. Words thus are known to have layers of meaning, many of them quite irrelevant to ordinary present meanings.[13]

Durch die Verschriftung werden also nicht nur religiöse Vorstellungen fixiert, die nicht mehr so recht zu der aktuellen gesellschaftlichen Wirklichkeit zu passen scheinen; es wird auch (allerdings nur bis zu einem gewissen Grad) die Erinnerung an ältere Sprachzustände in der Gesellschaft wachgehalten. Natürlich hatten auch orale Kulturen mnemotechnische Methoden, die der Fixierung von Botschaften dienten: Metrum, Reim, Alliteration, rhetorische Figuren, Techniken, die in modernen Schriftkulturen zum großen Teil auf das Niveau von Merkversen und »Eselsbrücken« abgesunken sind. Die berühmt-berüchtigten zusammengesetzen Adjektive bei Homer dienten dem vortragenden Sänger als Füllsel, die es ihm gestatteten, Zeit zu gewinnen, um sich auf das Folgende zu besinnen (vgl. w. o. 2.4). Mit der Entstehung der Schriftkultur wird die Aufmerksamkeit auf alle Einzelheiten des Textes gelenkt, und gleichzeitig beginnt man, den Sprachwandel als eine Beunruhigung zu empfinden. Die Fixierung der Texte, die für die Bewahrung der historischen Identität einer Gruppe bedeutsam waren, wurde zum kulturellen Anliegen. Zur Zeit des pharisäischen Judentums wurden die Torarollen, die den Text des Pentateuch enthielten, in Schreinen aufbewahrt. Später, wenn sie durch Abnutzung unlesbar geworden waren, wurden sie sogar (zur Freude der Archäologen) vergraben, um so der Entweihung zu entgehen. Selbst die bereits erwähnte griechische Übersetzung des Pentateuch, die sog. *Septuaginta*, die für die griechischsprachige Judengemeinde in Alexandria bestimmt war, erhielt durch die Legende um ihre Entstehung die Aura der Unantastbarkeit: Wenn siebzig Übersetzer (oder zweiundsiebzig; vgl. Anm. 5) unabhängig voneinander genau den gleichen Text abliefern, dann muß – das wird jedem, der etwas von diesem Handwerk versteht, einleuchten – der Herr seine Hand im Spiel gehabt haben. Augustinus hielt die Septuaginta für von Gott inspiriert und verteidigte den Wortlaut gegen die sprach- und textkritischen Einwände des Hieronymus, der die Entstehungslegende als eine Lüge bezeichnet hatte.[14]

Hiermit sind wir bei einem in übersetzungstheoretischer und -praktischer Hinsicht bedeutsamen Unterschied zwischen den großen Of-

---

[13] Ong 1982, 46.
[14] Vgl. Köpf 1978, 78.

fenbarungsreligionen angelangt. Das Judentum und seine jüngere Tochterreligion, der Islam, sind im wesentlichen »sprachrelativistisch« eingestellt. Ihre Verkünder mißtrauten der Möglichkeit, die heilige Botschaft von ihrer einzelsprachlichen Gestaltung abzulösen; eine Möglichkeit, die eine *conditio sine qua non* für jede Übersetzung darstellt. Im Bereich dieser Religionen hatten Übersetzungen – wenn sie denn überhaupt gestattet waren – eine sekundäre Funktion. Sie standen nicht an Stelle des Originals, sie sollten nur den Weg zu ihm ebnen. Wie bei diplomatischen Verträgen in neuerer Zeit blieb und bleibt in Zweifelsfällen allein das Original maßgebend.

Ganz anders das Christentum, zumindest in seiner früheren Zeit. Es war in einer mehrsprachigen Umgebung entstanden und hatte »sprachuniversalistische« Züge. Die Möglichkeit der Ablösung der „frohen Botschaft" von ihrer einzelsprachlichen Form wurde im Prinzip bejaht. Eugene A. Nida, ein moderner Vertreter dieser universalistischen Position, von dem etwas später noch die Rede sein wird, leugnet ausdrücklich den besonderen Status der beiden biblischen »Originalsprachen«: „They are neither the languages of heaven nor the speech of the Holy spirit."[15] Und sogar ein jüdischer Bibelforscher, der kürzlich verstorbene Pinchas Lapide, lehnt den strengen Offenbarungsgedanken in seiner sprachrelativistischen Form entschieden ab. Der Vorstellung, man habe in der Heiligen Schrift ein wörtliches Diktat Gottes zu sehen, tritt er mit dem fröhlichen Spott eines ungebrochenen Aufklärers entgegen:

Es bedurfte etlicher Jahrhunderte der Bibelerforschung, Aufklärung und kritischer Theologie, bis man darauf kam, daß solch eine Vorstellung nicht nur den menschlichen Anteil an der Entstehung der Schrift wesentlich unterschätzte, sondern auch die Propheten zu Schreibmaschinen Gottes und die Evangelisten zu einer Art von Tippfräulein des Heiligen Geistes entwürdigen mußte.[16]

Von dergleichen prometheischen Attitüden war man im frühen Mittelalter weit entfernt. Zu einer Zeit, als fromme Mönche sich anschickten, einzelne Stellen aus den heiligen Schriften in kaum verschriftete Volkssprachen zu übertragen, hatte das Lateinische eine derart dominierende Stellung, daß der Offenbarungsgedanke gelegentlich sprachrelativistische Züge annahm. Es fiel schwer, sich vorzustellen, daß man Gottes Wort in eines dieser Idiome übertragen könne, ohne sich eines Sakrilegs schuldig

---

[15] Nida/Taber 1969, 6.
[16] Pinchas Lapide: *Ist die Bibel richtig übersetzt?*, Gütersloh 1986, 13.

zu machen. Wenn man es dennoch versuchte, so tat man es, um die Missionsaufgabe zu erfüllen. Dabei war man – von wenigen Ausnahmen abgesehen –, ängstlich darum bemüht, den Eigentümlichkeiten des Ausgangstextes in allen Einzelheiten gerecht zu werden. Die dabei verwendeten Techniken lassen sich anhand der Anrede und der ersten Bitte des *Vaterunser* aufzeigen. Schon diese auch heute noch gebräuchliche Bezeichnung ist, wie sich anhand der im Deutschen unüblichen Wortstellung unschwer erkennen läßt, auf dem Wege einer »sklavischen« Nachbildung des lateinischen *pater noster* entstanden. In der Anrede und der ersten Bitte treten einige Strukturen auf, mit denen althochdeutsche und altsächsische Übersetzer ihre Schwierigkeiten hatten. In der längeren Fassung, die in der sog. „Bergpredigt" erscheint (Matth. 6, 9-15), lauten sie folgendermaßen (die beigegebenen Übersetzungen stammen aus verschiedenen süddeutschen Klöstern und sind in spätkarolingischer Zeit entstanden):

Pater noster, qui es in caelis:
sanctificetur nomen tuum.

Fater unseer, thû pist in himile
uuîhi namun dînan. („St. Galler Paternoster")

Fater unsêr, der ist in himilom,
kaeuuîhit uuerde dîn namo. („Altbairisches Paternoster")

Fater unsêr, thu in himilom bist,
giuuîhit sî namo thîn. (Weißenburger Katechismus)[17]

Nicht ohne weiteres genau im Deutschen nachzubilden sind: die Nachstellung der Possessivpronomina, der relativische Anschluß in der zweiten Person Singular „der du bist"; der Plural von Himmel, der der germanischen Mythologie möglicherweise fremd war,[18] und schließlich der Konjunktiv Passiv in iussiver Funktion „werde geheiligt". Ein genauer Vergleich der Texte zeigt, wie sehr sich die Übersetzer bemüht haben,

---

[17] Texte nach: Hans Eggers: *Deutsche Sprachgeschichte I*, Reinbek bei Hamburg 1963, 257f.
[18] Das biblische Muster hat sich zumindest bildungssprachlich durchgesetzt. Noch im 18. Jahrhundert formuliert Christian Fürchtegott Gellert in seiner Paraphrase des 19. Psalms, die durch Beethovens Vertonung berühmt wurde: „Die Himmel rühmen des Ewigen Ehre, ..."

sich möglichst eng an die Vorlage zu halten. Der Relativsatz wurde in keinem Fall genau nachgebildet; im ersten Fall haben wir es mit einer parataktischen Reihung zu tun; im zweiten mit einem »typisch deutschen« Relativsatz in der dritten Person; der dritte ist schwer zu beurteilen, da nicht auszuschließen ist, daß durch die Endstellung des Verbs eine Art von Abhängigkeit ausgedrückt werden soll. Im zweiten Beispiel ist die Stellung des Possessivums inkonsequent; das Passiv wird im bairischen Text wie im modernen Deutsch durch eine Periphrase mit *werden*, im nicht weit von der romanischen Sprachgrenze entstandenen Weißenburger Text hingegen mit *sein* gebildet. All diese Schwierigkeiten werden in der neuesten, konsequent zielsprachenorientierten sog. *Gute Nachricht Bibel*[19] souverän umgangen:

Unser Vater im Himmel!
Mach deinen Namen groß in der Welt.[20]

Hans Eggers, dessen *Deutsche[r] Sprachgeschichte* die kurzen Textfragmente entnommen wurden, hielt die aktivische Konstruktion im St. Galler Text „weihe/heilige deinen Namen" noch für einen „Übersetzungsfehler". Für eben diese Lösung haben sich die Übersetzer der *Gute Nachricht Bibel*, die ihr Vorgehen in einem ausführlichen Nachwort erläutern, mit Vorbedacht entschieden. Dabei stellt die neueste revidierte Fassung, aus der hier zitiert wird, im Hinblick auf die konsequente Ausrichtung am modernen Sprachgebrauch so etwas wie einen vorsichtigen Schritt zurück dar.

In der Romania bestanden im Mittelalter etwas andersartige Bedingungen. Wie im späten Judentum, als die Sprache des Kultus das Hebräische, die tägliche Umgangssprache jedoch das Aramäische war, gab es auch hier eine Art von „Diglossiesituation"[21]. Die noch relativ enge Symbiose zwischen dem Lateinischen als der Sprache der Liturgie und

---

[19] *Gute Nachricht Bibel*, revidierte Fassung, Stuttgart 1997.

[20] Immerhin wird die den meisten Gläubigen vertraute, sich stärker am Lutherschen Text orientierende Fassung der sog. *Einheitsübersetzung* (Stuttgart 1980) in einer Fußnote angeführt.

[21] *Diglossie*: Ein von dem amerikanischen Linguisten Charles A. Ferguson geprägter Begriff: Er bezeichnet den komplementären Gebrauch zweier mit einander verwandter Ausprägungen einer Sprache in unterschiedlichen Verwendungssituationen, z. B. Alemannisch im täglichen Leben und Schriftdeutsch bei offiziellen Anlässen in der deutschsprachigen Schweiz.

den romanischen Volkssprachen als den Kommunikationsmitteln des Alltags konnte dazu führen – diese Ansicht vertrat der französische Übersetzungshistoriker Abbé Labeuf bereits im 18. Jahrhundert –, daß der Bibeltext im Gottesdienst zunächst auf Latein vorgetragen und im Anschluß daran in der Volkssprache paraphrasiert und kommentiert wurde. Diese »Übersetzungen« konnten recht frei ausfallen, denn sie traten ja nicht mit dem Anspruch auf, das Original zu ersetzen. Der enge Kontakt zwischen der Sprache der Liturgie und der Sprache der Predigt hat sogar den Anstoß zu einer „Relatinisierung" der romanischen Volkssprachen gegeben,[22] eine Entwicklung, die in der Renaissance aus anderen Gründen ein weit größeres Ausmaß annahm.

Für den Übersetzer bringt die Relativierung des Offenbarungsgedankens, die mit einer »Säkularisierung« des Urtextes einhergeht, unübersehbare Vorteile mit sich: Er kann die übersetzerische Strategie der „Einbürgerung" in den Dienst des Missionsgedankens stellen, ohne befürchten zu müssen, ein Sakrileg zu begehen. Hieronymus war einer der ersten, der wenigstens den göttlichen Ursprung des Septuagintatextes in Frage stellte und somit den Weg für eine »menschliche«, d. h. historisch-kritische Auseinandersetzung mit den heiligen Texten bereitete. Nicht umsonst berief sich Luther auf ihn, als er in seinem Sendbrief gegen die Kritiker seiner eigenen Übersetzung zu Felde zog:

Also gie(n)g es S(ankt) Hieronymo auch/ da er die Biblia dolmetscht/ da war alle welt sein meister/ Er allein war es/ der nichts kunte/ Und urteileten dem guten sein werck/ die jhenige(n)/ so ym nicht gnug gewest weren/ das sie ym die schuch hetten solle(n) wischen.[23]

Luther gilt als einer der entschiedensten Vertreter eines zielsprachenorientierten, pragmatisch-kommunikativen Übersetzens. Seine Bedeutung für die Übersetzungstheorie ist so häufig gewürdigt worden, daß

---

[22] Dies läßt sich anhand einer kleinen Eigentümlichkeit zeigen: Wörter, die im Lateinischen mit s + Verschlußlaut anlauten, erhalten in großen Teilen der Romania in der volkstümlichen gesprochenen Sprache („Vulgärlatein") einen „Vorschlagvokal"; später verstummt im Französischen das s: *schola* > **iscola* > *école*; *spatha* > *ispatha* > *épée*; *stagnum* „Zinn" > *istagnu* > *étain*. Die ständige Erwähnung des Wortes *spiritus* in der Liturgie hat dazu geführt, daß das volkstümliche Pendant *esprit* zwar einen Vorschlagvokal erhalten, das *s* jedoch behalten hat. Man spricht in einem solchen Fall von einem „halbgelehrten Wort" (Semikultismus).

[23] Luther 1530/1983, 482.

man viele Seiten allein mit Literaturangaben füllen könnte.[24] Hier können nur einige allgemein bekannte Tatsachen in Erinnerung gerufen werden. Luther bekennt sich zum Primat der Zielsprache, und zwar nicht nur zur grammatisch-lexikalischen Korrektheit, sondern auch zur Idiomatizität (vgl. w. u. 4.1). Die Treue zum Ausgangstext hört dort auf, wo um ihretwillen die Norm der Zielsprache angetastet werden müßte. Angesichts der Kritik, die seine Übersetzung einer theologisch bedeutsamen Stelle im Römerbrief erfahren hat, poltert er los:

... den man mus nicht die buchstaben inn der lateinische(n) sprachen frage(n) / wie man sol Deutsch rede(n) / wie diese esel thun / sondern / man mus die mutter jhm hause / die kinder auff der gassen / den gemeinen ma(n) auff dem marckt drumb fragen / un(d) den selbige(n) auff das maul sehen / wie sie reden / und darnach dolmetzschen / so verstehen sie es den / un(d) mercken / das man Deutsch mit jn redet.[25]

Die Beispiele, die er zu seiner Rechtfertigung anführt, sind sehr ungleicher Natur. Im Falle von Matth. 12, 34 läßt sich seine Argumentation durchaus nachvollziehen. *Ex abundantia cordis os loquitur* heiße wörtlich „Auß dem uberflus des hertzen redet der mund". Dergleichen würde ein ordentlicher Deutscher nicht einmal verstehen, geschweige denn sagen. In geläufigem Deutsch müsse die Stelle lauten: „Wes das hertz vol ist / des gehet der mund uber".[26] Bei der berühmten Stelle aus Paulus' Brief an die Römer (3, 28) verhält es sich etwas anders. Den Passus *Arbitramur enim iustificari hominem per fidem sine operibus legis* gibt er wieder mit „So halten wir es nu / das der Mensch gerecht werde / on des Gesetzes Werck / alleine durch den Glauben".[27] Der Zusatz des Wortes *allein*, für das sich weder im lateinischen noch im griechischen Text ein unmittelbares Gegenstück findet, rechtfertigt er nicht etwa mit exegetischen Argumenten, sondern mit der Idiomatik des Deutschen. Wenn man zwei Sachverhalte einander gegenüberstelle, von denen einer als zutref-

---

[24] Hier kann nur eine äußerst knappe Auswahl aus neueren Veröffentlichungen angegeben werden: Sonderegger 1984; Gardt 1992; Delisle/Woodsworth 1995, chap. 6; speziell zur Geschichte der Revisionen der Lutherbibel: Sauer-Geppert 1982.

[25] Luther 1530/1983, 486.

[26] Vgl. ebda, 486f. Angesichts der Wirkungsmächtigkeit des Lutherschen Bibeltextes ist es häufig schwer zu entscheiden, ob eine bildhafte Wendung von Luther geprägt und erst später populär wurde oder ob er auf eine zu seiner Zeit bereits volkstümliche Wendung zurückgegriffen hat.

[27] Luther 1545/1972, Bd. II, 2274.

fend, der andere als nicht zutreffend hingestellt werden soll, so verstärke man den, der als gültig hingestellt werden soll, mit dem Wort *allein*. Das ist sicher nicht unrichtig. Auch im modernen Deutsch ist in solchen Fällen *allein*, häufiger *nur*, durchaus üblich: „Ich habe das Buch *nur* durchgeblättert, nicht wirklich gelesen." Es darf aber darüber nicht vergessen werden, daß die Verstärkung von *per fidem* seinem zentralen theologischen Anliegen entsprach, durch das er sich in Widerspruch zur römischen Kirche setzte, die er reformieren wollte.[28] Ein drittes Beispiel aus dem *Sendbrief* verdient es, hier erwähnt zu werden: Luther rühmt sich der Tatsache, daß er den „engelischen Gruß" in Lukas I, 28 *Ave gratia plena: Dominus tecum: Benedicta tu in mulieribus* nicht wörtlich mit „Gegru(e)sset seistu Maria vol gnade(n)" übersetzt habe, sondern idiomatisch mit „Du holdselige".[29] Es erscheint sonderbar, daß ein Mann, der sich so oft seiner zupackenden Sprache gerühmt hat, nicht auf den Gedanken gekommen ist, daß mit der Wendung *gratia plena* möglicherweise auf die bevorstehende Schwangerschaft, auf den Zustand des „gesegneten Leibes" angespielt wird.

Luther war jedoch nicht der konsequent zielsprachenorientiert und teilweise auch einbürgernd übersetzende Pragmatiker, als der er in manchen übersetzungsgeschichtlichen Arbeiten erscheint. Wo immer seiner Meinung nach „an einem ort [etwas] gelegenn" war, hat er die Buchstaben „nicht allzu frey [...] lassen fahren", sondern „hat es [scil. den Textinhalt] nach den Buchstaben behalten". Er gibt selbst Beispiele für Fälle, in denen er sich für eine wörtliche Übersetzung entschieden hat, obschon diese, wie er selbst einräumt, dem Leser reichlich unverständlich erscheinen mußte. Er tat dies in dem Bewußtsein, daß jede Übersetzung notwendigerweise Exegese ist, daß der exegetische Anteil jedoch in dem Maße geringer wird, in dem sich der Übersetzer hütet, die Dunkelheiten des Originals aufzuhellen und statt dessen diese Arbeit so weit wie möglich dem Leser überläßt.[30] Luther war – und das ist für die hier verfolgten Interessen besonders bedeutsam – nicht nur ein bedeutender Übersetzer, sondern auch ein Übersetzungstheoretiker. Er tadelt ausdrücklich diejenigen, „die auch der sprachen kündig / und doch des dolmetschens unge-

---

[28] Vgl. Sauer-Geppert 1982, 197.
[29] Vgl. Luther 1550/1983, 487f.
[30] Vgl. u. a. Gardt 1992, 101f. (Zitate); Sauer-Geppert 1982, 196f.; Sonderegger 1984, 146a.

übt" seien.[31] Er zieht die beiden »Ursprachen«, das Hebräische und das Griechische, dem Lateinischen nicht deshalb als Quelle vor, weil er der These anhinge, daß es Sprachen unterschiedlicher Dignität gebe, sondern weil er als erfahrener Übersetzer weiß, daß sich bei indirekten Übersetzungen, die über eine oder mehrere Zwischenstufen verlaufen – dergleichen war im Mittelalter und in der Frührenaissance gang und gäbe – notwendigerweise Fehler einschleichen müssen. Er hat der Überzeugung Ausdruck verliehen – und darin gleicht er einem modernene Fachübersetzer –, man müsse zunächst einmal etwas von der *Sache* verstehen, über die man (auch als Übersetzer) reden wolle.[32] Auf die Nachwirkungen der Lutherschen Bibelübersetzung wird im folgenden Abschnitt zurückzukommen sein.

Weit konsequenter als Luther hat sich in unserer Zeit ein bedeutender Theoretiker der Bibelübersetzung in den Dienst der Mission gestellt und Bedenken gegenüber den »Abweichungen« vom heiligen Text im Interesse eines wirkungsäquivalenten Übersetzens energisch zurückgewiesen: Die Rede ist von dem amerikanischen Missionar Eugene A. Nida, der zum Linguisten und Übersetzungstheoretiker wurde, um seiner eigentlichen Berufung besser folgen zu können. Für Nida hat die Wirkung des Textes auf den Leser Priorität gegenüber allen anderen Faktoren; sie nimmt den höchsten Rang in der „Hierarchie der Invarianzforderungen" (vgl. w. u. 7.3) ein. Er hat dafür den Begriff „dynamic equivalence" (vgl. w. o. 3.1) geprägt:

Dynamic equivalence is therefore to be defined in terms of degree to which the receptors of the message in the receptor language respond to it in substantially the same manner as the receptors in the source language.[33]

Es handelt sich um eine Forderung, die plausibel klingt, deren Einlösung sich jedoch schlecht überprüfen läßt. Nidas Zugriff auf das Problem der Übersetzung muß vor dem Hintergrund einer Linguistik gesehen werden, die aus ganz anderen wissenschaftstheoretischen Rahmenbedingungen hervorgegangen ist als die europäische Sprachwissenschaft. Diese entstammt einer langen philologischen Tradition, in der vornehmlich gut

---

[31] Summarien über die Psalmen, zit. nach Sonderegger 1984, 145b.
[32] Vgl. Gardt 1992, 103. Allerdings ist bei der Beurteilung dieser Äußerung Vorsicht angebracht. Es könnte sich auch um den Reflex eines alten rhetorischen Topos handeln: Rem tene, verba sequentur.
[33] Nida/Taber 1969, 24

bekannte Sprachen mit reicher historischer Tradition beschrieben worden waren. Die amerikanische Sprachwissenschaft ist stark empirisch ausgerichtet; sie beginnt als eine Art von Hilfswissenschaft der Ethnologie. Ein amerikanischer Linguist studierte keine alten Urkunden, sondern war gewohnt, sich auf dem Wege von „Informantenbefragungen" Informationen über Sprachen zu verschaffen, über die man noch fast überhaupt nichts wußte. Die europäischen und auch die vorderasiatischen Kulturen haben jahrtausendelang in einer Symbiose gelebt. Selbst die gewaltige historische und kulturelle Kluft zwischen den halbnomadischen Semiten, denen wir den Pentateuch verdanken, und unserer modernen europäischen Welt wird dadurch gemildert, daß Kenntnisse über diese vergangene Welt in einer langen, freilich zeitweise brüchigen Traditionslinie übermittelt wurden. Wir verstehen mühelos, was mit „unser täglich Brot" »eigentlich« gemeint ist, auch wenn wir uns vorwiegend von Steaks ernähren sollten. Nida geht es nicht um die Übersetzung der Bibel in europäische Sprachen, zumindest nicht in erster Linie. Er möchte die frohe Botschaft möglichst überzeugend in die Sprachen von Völkern übertragen, die noch keinen tiefen und langandauernden Kontakt mit der europäischen Zivilisation hatten. Diese konnte somit auch nicht als Brücke zur wenigstens räumlich noch ferner liegenden biblischen Welt dienen. Die Eingriffe, die Nida bei der Übersetzung in diese sog. »primitiven« Sprachen für nötig hält, liegen fast alle auf dem Gebiet der sog. „Realia" oder „Kulturspezifika". Es geht um Naturgegenstände, die in einer bestimmten Region unbekannt sind, um Artefakte, von denen man in der Zielkultur nichts weiß, oder um soziale Institutionen, die an bestimmte Gesellschaften gebunden sind. Die »Einbürgerungsvorschläge«, die Nida im Sinne seiner Forderung nach Wirkungsäquivalenz unterbreitet, sind somit fast immer in theologischer Hinsicht unbedenklich. Wer in der Bibel weniger eine religiöse Botschaft als ein literarisches Kunstwerk sieht, wird ihnen keineswegs ohne Bedenken zustimmen. Es können hier nur einige wenige Beispiele angeführt werden: Bei Markus 13, 28 heißt es in der Fassung der Lutherbibel von 1964: „An dem Feigenbaum aber lernet ein Gleichnis: Wenn sein Zweig jetzt treibt und die Blätter kommen, so wißt ihr, daß der Sommer nahe ist." Wie soll man das den Bewohnern der Halbinsel Yucatan vermitteln, die keine Jahreszeiten in unserem Sinne kennen, und bei denen ein Gehölz, das dem Feigenbaum am ehesten entspricht, in der heißen Trockenzeit alle Blätter verliert? Wenn das Bild einigermaßen stimmig sein soll, darf man – auch wenn man in das mexikanische Spanisch übersetzt – das Wort *verano* „Sommer" nicht verwenden, sondern man sollte besser den Monat einsetzen, in dem die Regenzeit beginnt und manche Gewächse neue Blätter kriegen. Im Johannesevangelium (15, 1-8) kommt das berühmte Gleichnis vom Weinstock vor, in dem Jesus sich als den Stock und seine Jünger als die (fruchttreibenden) Reben bezeichnet. Bei der Übersetzung dieses Gleichnisses in die Sprache einer Kultur, die keinen Weinbau, aber sehr wohl wilden Wein kennt, ist die größtmögliche botanische Ähnlichkeit ein denkbar schlechtes Äquivalenzkriterium. Der Sinn des Gleichnisses beruht auf dem Verhältnis zwischen einer fruchttragenden Pflanze und ihren Früchten und einem, der diese Pflanze pflegt und unfruchtbare Triebe entfernt, und an diesem Verhältnis hat man sich bei der Suche nach einem geeigneten Äquivalent zu orientieren. Bei Markus 13, 27 ist davon die Rede, daß Gott seine Auserwählten aus allen Himmelsrichtungen und (wiederum nach dem revidierten Luthertext) „vom Ende der Erde bis zum Ende des Himmels" zusammenrufen werde. Dies würde, so gibt Nida zu bedenken, bei den Totonaken an der Golfküste Mexikos nur Gelächter auslösen. In ihrer Kosmogonie ist der Himmel eine Schale, die über die flache Erde gestülpt ist; das Ende des Himmels und das Ende der Erde fallen somit in einem Punkt zusammen.[34] So unbedenklich die meisten dieser von Nida als unumgänglich erachteten übersetzerischen Eingriffe in theologischer Hinsicht sein mögen, denjenigen, der in der Ehrfurcht vor den heiligen Texten aufgewachsen ist – und sei es nur im Rahmen einer sentimentalen Anhänglichkeit –, werden sie nicht selten vor den Kopf stoßen. Im zuletzt geschilderten Fall verzichtet auch die *Gute Nachricht* auf das möglicherweise uns Mitteleuropäern nicht unmittelbar einleuchtende Bild. Statt „vom Ende der Erde bis zum Ende des Himmels" heißt es schlicht „von überall her". Darin werden manche zumindest eine »Verflachung« erkennen, auch wenn es mit der Festigkeit ihres Glaubens nicht zum besten steht (vgl. w. u. 3.3).

Die aporetische Situation der Bibelübersetzer läßt sich auf zweierlei Weise mildern. Man kann versuchen, in ein und demselben Text einen übersetzerischen Kompromiß zu finden, wie er Buber und Rosenzweig vorschwebte (vgl. w. u. 3.3). Man kann aber auch einen Weg gehen, den ein genialer Übersetzer und Übersetzungstheoretiker schon im 18. Jahrhundert gewiesen hat. Vor die Aufgabe gestellt, die *Ilias* zu übersetzen, sagte sich der italienische Literat Melchiorre Cesarotti, daß mit einer einheitlichen Übersetzung dieses Textes immer nur *einer* Gruppe

---

[34] Alle Beispiele nach Nida 1945.

von Rezipienten gedient sein könne: „Zwei Ziele habe ich mit meiner Übersetzung verfolgt: Zum einen wollte ich, daß man an Homer Gefallen finde, zum anderen, daß man ihn kennen lernen sollte. [...] Eine Übersetzung, die Gefallen finden soll, muß frei sein, eine Übersetzung, die eine genaue Kenntnis des Originals vermitteln will, muß sich streng an den Wortlaut halten. Nun macht jedoch die Treue zum Wortlaut jede Anmut zunichte, der freie Umgang mit dem Original schließt wiederum die Genauigkeit aus".[35] Cesarotti, der übrigens auch eine bemerkenswerte Ossian-Übersetzung vorgelegt hatte, entschloß sich angesichts dieses Dilemmas, gleich zwei *Ilias*-Übersetzungen anzufertigen: eine in Versen für die Liebhaber, eine in Prosa für die Kenner. Ähnlich kann man natürlich auch bei der Übersetzung der Bibel vorgehen. Je nachdem, ob die Übersetzung für unbefangene Leser bestimmt ist, die man für die christliche Religion wenn nicht gleich gewinnen, so doch zunächst einmal interessieren will, oder ob sie für einen Personenkreis bestimmt ist, der sich rational und kritisch mit dem Text auseinandersetzen will, ohne die dafür notwendigen sprachlichen und historischen Kenntnisse mitzubringen, wird man zu völlig unterschiedlichen Übersetzungsstrategien greifen. Allein das Wissen darum, daß es für ein und denselben Text verschiedene »zweckgebundene« Übersetzungen gibt, wird beim Leser das gesunde naive Vertrauen zerstören, die Übersetzung, die er da in Händen hält, könne das Original ersetzen.

3.2 Die Reformation als »Motor« der Übersetzungsgeschichte

Es soll hier nicht der Eindruck vermittelt werden, die Kirche habe sich zu allen Zeiten einer Übersetzung der Bibel in die Volkssprachen widersetzt. Im Mittelalter wurden Teile der Bibel häufiger übersetzt, vor allem in die Sprachen, die dem Lateinischen verhältnismäßig fern standen. So ist es auch nicht weiter verwunderlich, daß innerhalb der Romania besonders frühzeitig religiöse Texte ins Französische und dann erst später aus dem Französischen in die südromanischen Sprachen übersetzt wur-

---

[35] „Due sono gli oggetti ch'io mi son proposto con essa: l'uno di far gustare Omero, l'altro di farlo conoscere. Per far gustare un originale straniero la Traduzione dee esser libera, per farlo conoscere con precisione è necessario ch'ella sia scrupolosamente fedele. Ora la fedeltà esclude la grazia, la libertà l'esattezza". Melchiorre Cesarotti zit. nach Emilio Mattioli: „Storia della traduzione e poetiche del tradurre", in: *Processi traduttivi: Teorie ed Applicazioni*. Atti del Seminario su „La traduzione", Brescia, 19-20 novembre 1981, Brescia 1982, 39-58, hier 49.

den.³⁶ Übersetzt wurden in erster Linie die für die Heilsgeschichte bedeutsamen Episoden aus dem Neuen Testament; darüber hinaus aus dem Alten Testament vor allem die Psalmen und das Hohe Lied. Es gab aber schon im Hochmittelalter vollständige Bibelübersetzungen. Die erste gedruckte deutsche Bibel war bereits lange vor Luthers Geburt im Jahre 1466 in Straßburg erschienen. Vor dem erstmaligen Erscheinen von Luthers *Die gantze Heilige Schrifft Deudsch* im Jahre 1534 waren bereits siebzehn hoch- und niederdeutsche Bibeln gedruckt worden. Während die Verfasser der großen reformatorischen Übersetzungen Frankreichs, Lefèvre d'Etaples und Olivétan (vgl. w. u.), bis zu einem gewissen Grad auf mittelalterlichen Übersetzungen aufbauen, scheint dies in Deutschland und Großbritannien nicht der Fall gewesen zu sein.

Der Umfang der vorreformatorischen Tätigkeit auf dem Gebiet der Bibelübersetzung sollte nicht unterschätzt werden. Dennoch wird niemand bestreiten wollen, daß zwei zeitlich nicht allzu weit auseinanderliegende Ereignisse die Übersetzung der Bibel außerordentlich gefördert haben: die Erfindung des Buchdrucks und die Reformation. Wenn eine Offenbarungsreligion lange Zeit hindurch im Rahmen einer hierarchisch organisierten Amtskirche praktiziert wird, so entstehen fast zwangsläufig früher oder später häretisch-populistische Bewegungen, die unter anderem auch das Exegesemonopol in Frage stellen, das die Würdenträger hinsichtlich der heiligen Texte für sich beanspruchen. Diese Texte sind für den gewöhnlichen Gläubigen zu diesem Zeitpunkt bereits unverständlich geworden. Man muß sie übersetzen, wenn man sie der Allgemeinheit zugänglich machen will. Dagegen sträuben sich die Vertreter der Orthodoxie, da sie nur zu gut wissen, daß jede Übersetzung notwendigerweise ein gewisses Maß an Exegese einschließt und daß übersetzte Texte neue, aus dem Original nicht ableitbare Möglichkeiten der Exegese eröffnen. Als Prototyp einer solchen Situation kann die Reformation in Europa angesehen werden. Die Bedeutung der Reformation für die Übersetzungstätigkeit in Teilen Europas, insbesondere in Deutschland, ist so häufig dargestellt, kommentiert und analysiert worden, daß es hier keiner neuerlichen Behandlung dieses Gegenstandes bedarf. Ganz im Gegenteil; was die Situation im deutschen Sprachraum betrifft, so gilt es eher, den Topos von Luther als dem „Schöpfer der deutschen Sprache" ins richtige

---

³⁶ So einer der besten Kenner der mittelalterlichen Bibelübersetzungen in die romanischen Sprachen; vgl. Samuel Berger: „La Bible italienne au Moyen Age", *Romania* 23 (1894), 358-431, hier 359. Vgl. ebenfalls Berger 1884/1967.

Licht zu rücken.[37] Was Luther mit seiner Übersetzung für die deutsche Sprache erreicht hat, verdient unsere Bewunderung, geht aber, was die Gestalt der Schriftsprache selbst betrifft, nicht über die Leistungen anderer großer Übersetzer hinaus. Die historischen Auswirkungen, die seine Übersetzung später gehabt hat, sind verschiedenen äußeren Umständen zuzuschreiben (vgl. w. u.). Es erging Luther wie dem erfolgreichen Staatsmann bei Machiavelli. Seiner unbestreitbaren *virtù*, seinem intrinsischen Wert, mußte sich erst die *occasione*, die Gunst der Umstände, hinzugesellen, um ihm die historische Bedeutung zu verleihen, die ihm später zufallen sollte.

Die frühen, vorreformatorischen Bibelübersetzungen hatten vor allem der Ausbildung des Klerus gedient und waren von der Kirche gefördert worden. Mit dem Aufkommen der ersten häretischen Bewegungen wurde das Vorhandensein volkssprachlicher Bibeltexte als Gefahrenquelle erkannt. Die extrem wörtliche Übersetzung des englischen Frühreformators John Wycliffe (um 1320-1384)[38], die noch ausschließlich auf der Vulgata beruht, wurde auf den Index gesetzt. Der tschechische Reformator Jan Hus, der von Wycliffes Ideen zur Prädestination stark beeinflußt war, wurde exkommuniziert und schließlich auf dem Konzil von Konstanz im Jahre 1415 verbrannt. Schon früher scheint Böhmen ein Herd religiöser Unruhe gewesen zu sein. Die Auflehnung gegen die Autorität der römischen Kirche und der Kampf gegen die innerhalb des Reiches drohende »Germanisierung« des Landes, insbesondere der Stadt Prag, schufen ein besonders aggressives Klima. Schon im Jahre 1369 hatte Kaiser Karl IV. die Übersetzung der Bibel in die Volkssprachen vorsorglich verbieten lassen. Auch in Italien und Spanien waren einige Übersetzungen biblischer Texte erschienen. Sie wurden zusammen mit allen ungeprüften Übersetzungen in andere Volkssprachen von Pius IV. 1559 auf den Index gesetzt; dieses Verbot wurde 1564 ausdrücklich wiederholt. Ähnlich verhielt es sich in Spanien, wo die spanische Inquisition nicht nur die kastilischen, sondern auch die flämischen und französischen Versionen 1551 mit ihrem Bann belegte.[39]

---

[37] Dies tut u. a. Sonderegger 1984; vgl. ebenfalls Berger 1884/1967.

[38] Es sind verschiedene Schreibungen seines Namens überliefert: Wycliffe, Wycliff, Wiclif. Im übrigen ist nicht sicher, ob die mit seinem Namen verbundene Übersetzung tatsächlich von ihm stammt (vgl. Schwarz 1963, 9).

[39] Vgl. Greenslade 1978, 112 und 125.

Die eigentliche Reformation war eng mit den humanistischen Bestrebungen der Zeit verbunden. Daraus erwuchs für die Bibelübersetzung eine wichtige Konsequenz: Die großen Bibelübersetzer der Reformationszeit, Martin Luther und der von ihm beeinflußte William Tyndale (um 1490-1536) ebenso wie Jacques Lefèvre d'Etaples (um 1450-1537) und Pierre Robert Olivétan (1506-1538), der Vetter Calvins, legten ihren Übersetzungen den hebräischen und den griechischen Text zugrunde, der nun zunehmend in philologisch angemessen bearbeiteten Fassungen zugänglich war. Die *Vulgata* wurde nur zu Vergleichszwecken herangezogen. Obwohl in religiöser Hinsicht konservative Gelehrte wie Erasmus von Rotterdam (1469-1536) und Thomas Morus (1478-1535) in ähnlicher Weise verfuhren, gerieten die humanistischen Philologen generell in den Verdacht, mit ihren textkritischen Methoden häretischen Bewegungen Vorschub zu leisten. Die am 8. April 1546 ergangene Entscheidung des Konzils von Trient, durch die der Vulgatatext für verbindlich erklärt wurde, ist auch in diesem Kontext zu sehen.

Die sprach- und übersetzungsgeschichtlichen Auswirkungen der großen Bibelübersetzungen der Reformationszeit können hier nur oberflächlich gestreift werden. Zunächst gilt es, zwischen katholisch gebliebenen und protestantisch gewordenen Ländern zu unterscheiden. In den katholischen Ländern konnte die Bibelübersetzung keine bedeutenden Auswirkungen haben, weil die Lektüre der Bibel für den gemeinen Mann dort keine große Rolle spielte. Ganz anders in den protestantischen Ländern, wo viele Kinder anhand von biblischen Texten lesen lernten und elementaren Grammatikunterricht erhielten. Im heiligen römischen Reich deutscher Nation war eine ganz besondere Situation gegeben. Es fehlte ein beherrschendes Macht- und Kulturzentrum, von dem eine wirkungsvolle Ausbreitung einer einheitlichen Standardsprache hätte ausgehen können. Diese Funktion fiel zum Teil der Lutherbibel zu. Trotz zahlreicher kurz nach Luthers Text entstandener niederdeutscher Übersetzungen fand sie vor allem im protestantisch gewordenen Norden großen Anklang und trug – unterstützt durch den Niedergang der Hanse und der von ihr benutzten niederdeutschen Verkehrssprache – zur schnellen Verbreitung des Hochdeutschen in Norddeutschland bei. Die sog. „gegenreformatorischen" Übersetzungen konnten diesen Prozeß nicht aufhalten, da sie in sprachlicher Hinsicht dem Luthertext sehr nahe standen.[40] Der Preis, der

---

[40] Luther selbst hatte seinen »Verbesserer« Hieronymus Emser des Plagiats bezichtigt. Auch die Übersetzungen von Johann Dietenberger und Johann Eck stützen sich, bei starken Abweichungen in einigen Einzelheiten, stark auf den Lutherischen Text.

für diesen Anstoß zu einer Neuentwicklung einer weiträumigen deutschen Literatur- und Hochsprache zu entrichten war, bestand in dem endgültigen Bruch mit der glanzvollen mittelhochdeutschen Tradition. Der Zürcher Sprach- und Literaturtheoretiker Johann Jacob Bodmer, der Widerpart Gottscheds in der Diskussion um die Gestalt der deutschen Literatursprache, hat dies ausdrücklich beklagt.[41]

Hinzuweisen bleibt noch auf eine »Nebenwirkung« der reformatorischen Bibelübersetzungen, die für den Literaturbetrieb und damit auch für die literarische Übersetzung nicht ohne Bedeutung war: Sie haben das Interesse bedeutender Dichter an biblischen Stoffen erweckt, oder besser, wiedererweckt. Der Exponent der klassischen französischen Tragödie, Jean Racine, der sich lange Zeit hindurch nur mit Stoffen aus der griechisch-römischen Antike abgegeben hatte, schrieb am Ende seines Lebens zwei biblische Dramen, *Esther* und *Athalie*, die sich allerdings erst nach seinem Tod, im 18. Jahrhundert auf der französischen Bühne durchsetzten. John Milton schuf mit seinem religiösen Epos *Paradise Lost* (1667, überarbeitete Auflage 1674) eine ganz neue Gattung. Die Übersetzung dieses Werks durch den soeben erwähnten Johann Jacob Bodmer hat Klopstock zu seinem *Messias* angeregt. Die Verwertung biblischer Stoffe in der Literatur des 17. und 18. Jahrhunderts mag zu einem guten Teil einem wirklichen religiösen Bedürfnis entsprochen haben; dennoch wurde sie zum Wegbereiter einer »Säkularisierung« des biblischen Textes. Die Bibel wurde nun nicht mehr nur als religiöse Botschaft, sondern auch als literarisches Kunstwerk gelesen.

3.3 Die Bibel als heiliger Text und literarisches Kunstwerk

Im letzten Abschnitt dieses Kapitels wird die Übersetzung der Bibel als ein besonderer Fall der literarischen Übersetzung dargestellt. Das kann nicht in systematischer Form geschehen. Es können nur einige Facetten beleuchtet werden in der Hoffnung, sie mögen auffunkeln und dem Leser Hinweise zur Zusammensetzung eines vollständigen Bildes geben. Ich beginne mit einer scheinbar nebensächlichen Frage: Was hat mit den »dunklen« Stellen zu geschehen, die in theologischer Hinsicht keinerlei Probleme aufzuwerfen scheinen? In der sog. „Offenbarung des Johannes"

Dies wurde bereits im 18. Jahrhundert im einzelnen nachgewiesen (vgl. Panzer 1781/1971 und Sonderegger 1984, 171f.).

[41] Vgl. Sonderegger 1984, 141b.

(12, 7ff.) findet sich eine Stelle, die in frommeren Zeiten berühmte Maler zu Holzschnitten, bedeutende Komponisten zu Motetten angeregt hat:

Et factum est proelium [magnum] in Caelo; Michael et angeli eius, ut proeliarentur [et angeli eius praeliabantur] cum dragone. Et draco pugnavit [pugnabat] et angeli eius, et non valuit [valuerunt], neque locus inventus est eorum amplius in caelo.[42]

In der Lutherbibel von 1545 lautet dieser Passus folgendermaßen:

Und es erhub sich ein streit im Himel / Michael und seine Engel stritten mit dem Drachen / Und der Drach streit und seine Engel / und siegeten nicht / Auch ward ire Stete nicht mehr funden im Himel.

Ähnlich »zurückhaltend« wurde dieser Passus in der sog. „Authorized Version" (vgl. w. o.) wiedergegeben:

And there was war in heaven: Michael and his angels fought against the dragon; and the dragon fought and his angels. And prevailed not; neither was their place found any more in heaven.

Von dieser Stelle geht etwas Unheimliches aus, ein Eindruck, der vom unbekannten Verfasser dieser Schrift, die als einzige aus der reichen Überlieferung der sog. „apokalyptischen Schriften" Eingang in den Kanon der biblischen Bücher gefunden hat, überhaupt nicht beabsichtigt war. Zahlreiche Kommentatoren sind sich darin einig, daß der griechische Text bis an die Grenze der Verständlichkeit den Eigentümlichkeiten der hebräischen bzw. aramäischen Syntax folgt. Unterschiedliche Auffassungen bestehen allerdings im Hinblick auf die Frage, ob der Verfasser, der sich Johannes nennt und deshalb bis ins 18. Jahrhundert hinein mit dem Evangelisten identifiziert wurde, schrieb, so gut er eben konnte, oder ob er mit seiner vom Hebräischen geprägten Syntax bewußt an die Sprache des Alten Testaments anknüpfen wollte.[43]

Der möglicherweise unbeholfenen Formulierung, die im Lateinischen nachgebildet wurde, kann der Leser lediglich entnehmen, daß der

---

[42] Vulgatatext nach Nestle-Aland: Novum Testamentum Graece et Latine, Stuttgart 1994; Varianten nach Eberhard Nestle: Novum Testamentum Latine, Stuttgart ^{9}1952.

[43] Ich folge hier der Diplomarbeit von Cornelia Gennrich (Heidelberg 1994), die von Klaus Berger mitbetreut wurde. In dieser Arbeit wurde ein großer Teil der einschlägigen Fachliteratur verarbeitet, die hier nicht aufgeführt werden kann.

Drache und sein Engel nicht die Oberhand gewonnen haben. Von einem Sieg Michaels ist direkt nicht die Rede. Daß Michael gesiegt hat, läßt sich nur aus folgenden Sätzen ableiten (revidierter Luthertext, 12, 9):

> Und es ward gestürzt der große Drache, die alte Schlange, die da heißt Teufel und Satan, der die ganze Welt verführt. Er ward geworfen auf die Erde, und seine Engel wurden mit ihm dahin geworfen.

Erst jetzt wird alles klar. Die dunkle Wendung „Auch ward ihre Stätte nicht mehr gefunden am Himmel" evoziert einen Augenblick lang, bevor man weiterliest, das Bild eines rätselhaften Verschwindens, eines endgültigen Verlorengehens.[44] Moderne Übersetzungen lassen das Gefühl des Unheimlichen, von dem oben die Rede war, erst gar nicht aufkommen. Nach Michaels Sieg ist fortan kein Platz mehr im Himmel für den Drachen und seine Engel. Das hört sich ganz vernünftig an und läßt sich leicht nachvollziehen:

„und sie vermochten nicht standzuhalten, und eine Stätte für sie war im Himmel nicht mehr zu finden"
„aber sie konnten sich nicht halten, und verloren ihren Platz im Himmel"
„but the dragon was defeated, and he and his angels were not allowed to stay in heaven any longer."[45]

In dieser Form werden die Ereignisse auch in der *Bible de Jérusalem* dargestellt:

Et le Dragon riposta, appuyé par ses Anges, mais ils eurent le dessous et furent chassés du ciel.[46]

Henri Meschonnic, der, wie wir gleich sehen werden, diese Art des »überhellenden« Übersetzens perhorresziert, hält unter den französischen

---

[44] Das tut auch der hier wiedergegebene Passus der *Authorized Version* und die an den Luthertext angelehnte dänische Bibel (Dänische Bibelgesellschaft, revidierter Text von 1871): „ei heller blev deres Sted ydermere fundet i Himmelen."

[45] Zitate in der Reihenfolge ihrer Anführung aus: *Zürcher Bibel*, revidierter Text 1931; *Einheitsübersetzung*; *Good News Bible*, Today's English Version 1966.

[46] Und der Drache, unterstützt von seinen Engeln, hielt dagegen, aber sie unterlagen und wurden aus dem Himmel verjagt.

Bibelübersetzungen die *Bible de Jérusalem* für die „auf hinterhältige Art schlechteste", *la plus insidieusement mauvaise*[47].

Damit sind wir unserem Gegenstand, der Verwandlung der Bibel von einem heiligen Text in ein literarisches Kunstwerk, ein gutes Stück näher gekommen. Eine Reihe von Übersetzern und Übersetzungstheoretikern nähern sich den biblischen Texten, insbesondere denen des Alten Testaments, auf eine Weise, die der gewöhnliche Konsument von Übersetzungen nur bei hochliterarischen Texten gelten lassen will. Sie leugnen – auch im Falle der Bibel – die Ablösbarkeit der Botschaft von der Form, in der sie urprünglich verkündet wurde. Dies tut zum Beispiel Martin Buber in seinem Aufsatz „Zu einer neuen Verdeutschung der Schrift", in dem er die Prinzipien erklärt, die Franz Rosenzweig und er bei ihrer Übersetzung des Pentateuch befolgt haben:[48]

... es hieße, die Art der Bibel gründlich verkennen, wenn man annähme, daß sie die Botschaft jeweils anhaftete, wie schlechten Fabeln eine »Moral« anhaftet. Nirgendwo sonst ja ist aus den biblischen Ergüssen ein »Inhalt« auszuschmelzen, sondern ein jeder besteht in seiner einheitlichen, unauflösbaren Gestalt – unauflösbarer noch als die des echten Gedichts –; nirgends kann hier auf ein ursprüngliches Was zurückgegangen werden, das dieses Wie empfangen habe, aber auch ein andres vertrüge; alles in der Schrift ist echte Gesprochenheit, dergegenüber »Inhalt« und »Form« als die Ergebnisse einer Pseudoanalyse erscheinen, ...[49]

Buber bestreitet zwar ausdrücklich, daß er die Bibel als Übersetzer wie ein literarischen Kunstwerk behandeln wolle – er habe sich zum Ziel gesetzt „nicht biblische Nationalliteratur, sondern die Bibel zu verdeutschen"[50]; was er jedoch im einzelnen vorschlägt und was er an anderen Bibelübersetzungen kritisiert, läßt ihn dennoch als einen literarischen Übersetzer erscheinen. Seine Wertschätzung des „Wie" der Botschaft darf nicht mit der Ehrfurcht verwechselt werden, die frühe Bibelübersetzer gegenüber dem heiligen Text empfanden. Buber möchte keine Interlinearversion im herkömmlichen Sinn liefern, keine sowohl in syntagmatischer als auch in paradigmatischer Hinsicht »wörtliche« Übersetzung

---

[47] Meschonnic 1973, 418.

[48] Dieser Aufsatz wurde dem ersten Band von *Die fünf Bücher der Weisung* (= Buber ¹¹1987) nicht etwa vorangestellt, sondern als gesondertes Heftchen beigegeben. Auch in späteren Auflagen wurde auf diese Weise verfahren. Ich zitiere hier nach dem Nachdruck in Störig 1973, 322-362.

[49] Buber in Störig 1973, 330.

[50] Ebda, 332.

(vgl. w. o. 2.3). Sein Ziel ist weit ehrgeiziger; er möchte die Korrespondenz von Form und Inhalt nachbilden (und dies läßt sich durch eine Interlinearversion nur hin und wieder, bei engverwandten Sprachen, erreichen):

> Wir kennen keinen »Inhalt«, der von dieser Form, in der er uns übergeben ist, abzulösen und einer anderen einzutun wäre. Diese Form selber gilt es in der artverschiedenen Sprache so seßhaft zu machen, als es deren Grenzen (die Grenzen, nicht die Gewohnheiten) gewähren.[51]

So schenkt er bei der Bibelübersetzung einer Reihe von Eigentümlichkeiten größte Aufmerksamkeit, die Nida und andere pragmatische Bibelübersetzer im Interesse der Herauslösung des »eigentlichen Kerns« der Botschaft nicht etwa übersehen, sondern ganz bewußt vernachlässigt haben: Dem Rhythmus, der Gliederung des Textes in »sprechbare« Abschnitte, der regelmäßigen Wiederkehr von Lautgefügen (d. h. dem Reim, der Alliteration und Ähnlichem), den *figurae etymologicae*, d. h. der Verwendung von Wörtern derselben Wortfamilie in einem Sinnzusammenhang[52] und nicht zuletzt einem der schwierigsten technischen Probleme des Übersetzens, der absichtlichen Wiederholung von Wörtern in einem Text (vgl. w. o. 2.3).[53]

---

[51] Ebda, 355.

[52] Etwa wie im folgenden von mir konstruierten (nicht besonders glücklichen) Beispiel: „An*schein*end glaubst du, dieser *Schein* sei nur *schein*bar ein *Schein*dokument. In *Wirk*lichkeit *wirkt* er nicht nur so, er ist es." Wie man unmittelbar erkennt, ist es außerordentlich schwer, bei einer Übersetzung in eine beliebige Sprache eine Lösung zu finden, bei der jedes Vorkommen von *schein-* und *wirk-* in der Zielsprache durch denselben Wortstamm wiedergegeben wird.

[53] Nochmals ein konstruiertes Beispiel: „Die Dreieinigkeit wird immer ein *Geheimnis* für mich bleiben. Damit ist auch gewährleistet, daß ich dieses *Geheimnis* niemandem verraten werde." Wer diese beiden Sätze ins Englische übersetzen will, wird spontan daran denken, *Geheimnis* im ersten Fall mit *mystery*, im zweiten mit *secret* wiederzugeben. Dagegen spricht die Tatsache, daß zwischen den beiden Vorkommen des Wortes ein anaphorischer Bezug besteht. In der Geschichte der Bibelübersetzung ist immer einmal wieder die Forderung aufgestellt worden, der Text müsse „konkordant" übersetzt, d. h. jeder Wortstamm, jedes Wort dürfe durch den ganzen Text hindurch nur durch einen einzigen Wortstamm, durch ein einziges Wort der Zielsprache wiedergegeben werden. Ein solches Verfahren ist allenfalls bei zwei engverwandten Sprachen durchführbar. Bubers Vorstellungen kommen der Forderung nach einer „konkordanten" Übersetzung recht nahe.

An Stelle einer weitergehenden tiefschürfenden theoretischen Erörterung soll hier ein praktisches Beispiel angeführt werden. Der Unterschied zwischen „ausgangstextorientiertem" und „wirkungsäquivalentem" Übersetzen sei dem Leser hier anhand des zweiten aus den sog. „zehn Geboten" (2. Mose 20, 7) in der Übersetzung von Buber und in der Version der *Gute Nachricht Bibel* vor Augen geführt:

Trage nicht/ Seinen deines Gottes Namen/ auf das Wahnhafte,/ denn nicht straffrei läßt ER ihn,/ der seinen Namen auf das Wahnhafte trägt.

Du sollst den Namen des HERRN, deines Gottes nicht mißbrauchen, denn der HERR wird jeden bestrafen, der das tut.[54]

Der französische Schriftsteller, Sprach- und Literaturwissenschaftler Henri Meschonnic teilt mit Buber und Rosenzweig die Überzeugung, daß Form und Inhalt des biblischen Textes eine unauflösbare Einheit bilden, daß man in der »Form« keine ornamentale Zutat zu einem vorgegebenen Inhalt sehen dürfe: „Ein Text ist ebenso durch die Bedeutung seiner Form wie durch die Bedeutung seiner Wörter gegeben".[55] Viel entschiedener als die beiden Deutschen, auf die er sich hin und wieder beruft, neigt er dazu, die Bibel als literarisches Kunstwerk anzusehen und sie damit in gewisser Hinsicht zu »säkularisieren«. Man habe die Bibel viel zu lange nur im Hinblick auf ihren ideologischen Gehalt wahrgenommen und darüber vergessen, daß sie in Form von Texten, in einer spezifischen poetischen Sprache überliefert sei. Die weit verbreiteten Bibelübersetzungen hätten sich damit begnügt, die Ideen, den »Geist« zu bewahren und die »Form« als unübersetzbar verlorenzugeben. Damit sei eine poetische Sprache in eine Art von „Subliteratur" verwandelt worden.[56] Vehement wendet er sich dagegen, bei der Übersetzung der Bibel auf eine andere

---

[54] Besonders bemerkenswert bei Buber ist die Tatsache, daß er »Namen« für Gott bewußt vermeidet und nur Personalpronomina verwendet. Vgl. Buber in Störig 1973, 348. In der den meisten Lesern besser vertrauten Lutherbibel lautet der Text (Fassung von 1964): „Du sollst den Namen des HERRN, deines Gottes, nicht mißbrauchen; denn der Herr wird nicht ungestraft lassen, der seinen Namen mißbraucht."

[55] „Un texte est le sens de ses formes autant que le sens de ces mots", Meschonnic 1973, 420.

[56] „Les traductions courantes de la Bible se sont toutes résignées à ne garder que les idées (»l'esprit«) et ont abandonné sa »forme« à l'original, comme intraduisible. Elles transforment un langage poétique en sous-littérature où subsiste seul le »sens«, ..." ebda, 411.

Version als den hebräischen Urtext zurückzugreifen (damit verurteilt er implizit alle vorreformatorischen Übersetzungen): „Wenn Sie kein Hebräisch können, übersetzen Sie besser etwas anderes."[57] Für Nidas Prinzip der *dynamic equivalence* hat er nur Spott übrig. Schließlich fordert er dazu auf – und das ist für unser Thema, die literarische Übersetzung, von besonderer Bedeutung –, einer Versuchung zu widerstehen, der nur allzu viele Übersetzer erlegen sind: der Versuchung, die eigene Übersetzung zu „poetisieren". Damit meint er, wenn ich ihn richtig verstanden habe, die Zerlegung des Textes in einen zu bewahrenden Inhalt und eine »ästhetisch ansprechende« Form durch den Übersetzer: Zunächst wird der »Gehalt« des Textes herauspräpariert und »hinübergebracht«, anschließend wird die Übersetzung »verschönert«, d. h. mit allerlei sprachlichem Zierrat versehen.[58]

Die letzte der Facetten, die hier beleuchtet werden soll, liegt ganz am Rande des hier behandelten Gegenstands. In vorwiegend protestantischen Ländern, in denen es gleichsam »kanonisierte« Übersetzungen wie die Luther-Bibel oder die *Authorized Version* gibt, liefert die Bibel einen nahezu unerschöpflichen Fundus für intertextuelle Verweise. Diese Übersetzungen, wie immer man ihre intrinsischen Qualitäten beurteilen mag, werden somit zu einem literarischen Gegenstand zweiter Ordnung:

Macht hoch die Tür, die Tor macht weit

singen wir im Advent:

Die Himmel rühmen des Ewigen Ehre,
Ihr Schall pflanzt seinen Namen fort

verkündet uns der Schulchor in Beethovenscher Vertonung anläßlich der Einweihung des neuen Gemeindesaals. Die Verfasser dieser Verse setzten beim Leser oder Hörer die Kenntnis der Lutherischen Psalmenübersetzungen voraus:

---

[57] „Si vous ne savez pas l'hébreu, traduisez autre chose"; ebda, 417.
[58] Vgl. ebda, 421: Prendre la Bible comme langage poétique n'est pas la restreindre. Ni la *poétiser*. C'est prendre ces textes à leur point de départ, dans leur fonctionnement complexe où les valeurs de sens ne sont pas séparables des valeurs des formes, chaque fois dans un texte-système. Cela n'était intraduisible que selon une visée tout idéologique qui n'a jamais cherché à prendre ces textes ainsi. Ou elle poétisait.

Machet die Tore weit und die Türen in der Welt hoch (Psalm 24)
Die Himmel erzählen die Ehre Gottes, [...]
Ihr Schall geht aus in alle Lande [...] (Psalm 19).

Intertextuelle Verweise dieser Art funktionieren heute nicht selten in umgekehrter Richtung, da in einer säkularisierten Gesellschaft die Sekundärtexte meist bekannter sind als die Primärtexte. Wer auf Reisen in der Nachttischschublade seines Hotels eine Luther-Bibel vorfindet und ein wenig in den Psalmen liest, dem werden die hier angeführten Stellen »irgendwie bekannt« vorkommen.

Werfen wir zum Schluß noch einen Blick in die *Gute Nachricht Bibel* – sie stehe stellvertretend für eine Reihe von pragmatischen Übersetzungen in verschiedene europäische Sprachen. Die beiden Passus aus dem 24. und dem 19. Psalm lauten dort folgendermaßen:

Öffnet euch weit, ihr ehrwürdigen Tore

Der Himmel verkündet es: Gott ist groß [...]
... und doch geht ihr Ruf weit über die Erde ...

Dieser Wortlaut erinnert kaum mehr an die alten Psalmenparaphrasen. Das intertextuelle Gewebe ist zerrissen.

4 Übersetzen und Sprachwandel:
Die Beeinflussung der Zielsprache durch die Übersetzertätigkeit

Seit der Entstehung einer eigenständigen Übersetzungsforschung, die mit dem Anspruch auftritt, eine eigene wissenschaftliche Disziplin, „Übersetzungswissenschaft" zu sein, sind immer wieder neue Modelle des Übersetzungsprozesses aufgestellt worden. Diese zum Teil recht komplexen Modelle sollen hier nicht in allen Einzelheiten diskutiert werden. Nur ein scheinbar triviales Merkmal, das sie alle gemein haben, hat uns zu interessieren: Die beiden am Übersetzungsvorgang beteiligten Sprachen, die Ausgangssprache (AS) und die Zielsprache (ZS), erscheinen immer als feste Größen, die durch die Übersetzung nicht verändert werden. Ein in der Ausgangssprache abgefaßter Text, der Ausgangstext (AT), enthält eine »Mitteilung«, die möglichst unverändert in den Zieltext (ZT) übertragen werden soll. Wie wir in den vorhergehenden Kapiteln gesehen haben, hatten kritische Geister zu allen Zeiten Zweifel an der Adäquatheit dieser Modellvorstellung. Sie wollten nicht glauben, daß sich der »Inhalt« einer sprachlichen Aussage sauber von deren »Form« trennen und unverändert von einem Medium in ein anderes verbringen läßt. In der Praxis haben Übersetzer manchmal in einer Weise auf diese Schwierigkeit reagiert, die in den Modellen des Übersetzungsprozesses nicht vorgesehen ist. Um den zu übertragenden Inhalt so gut wie möglich zu »bewahren«, betrachten sie die Sprache, in die sie übersetzen (in vielen Fällen ihre Muttersprache), als veränderliche Größe, als ein Gefäß, das sich bis zu einem gewissen Grad dem ihm anvertrauten Inhalt anzupassen hat. In der Frühzeit der sich eben erst formenden Sprachen, in die Texte aus historisch reiferen, reicher entwickelten Kultursprachen übersetzt wurden, geschah dies aus Hilflosigkeit und war so nur ein Notbehelf: Das Gefäß, das für die Aufnahme eines gewichtigen Inhalts vorgesehen war, mußte erst für diese Aufgabe vorbereitet werden. Die Übersetzung wurde somit zu einem Mittel der Bereicherung der Zielsprache. In späteren Zeiten, in denen große Mengen von Texten unter Zeitdruck übersetzt werden müssen, geschieht so etwas eher aus Zeitmangel und Gedankenlosigkeit. Man könnte den englischen Satz „What you say makes no sense" ohne weiteres durch „Was Sie da sagen, ergibt keinen Sinn" wiedergeben. Man schreibt „macht keinen Sinn", nicht weil man das Deutsche um eine Ausdrucksmöglichkeit bereichern möchte, sondern weil man aus Unachtsamkeit am englischen

Wortlaut klebt. Und wenn viele diesem Beispiel folgen, dann wird der Anglizismus *keinen Sinn machen* nach einiger Zeit zu einer ganz normalen deutschen Wendung. Auf diese Weise kann die Tätigkeit der Übersetzer – zumindest nach Ansicht der Puristen – der Zielsprache zum Schaden gereichen. Ob dann später einmal eine solche eher zufällig entstandene Neuerung als Bereicherung empfunden wird, kann heute niemand vorhersagen.

Wie steht es nun aber mit der Ausgangssprache? Bleibt diese nicht notwendigerweise vom Übersetzungsvorgang unberührt? Strenggenommen gilt dies nur für den Ausgangstext, nicht für die Ausgangssprache. Während sich im Zieltext unmittelbar Neuerungen nachweisen lassen, die auf dem Wege der Übersetzung aus der Ausgangssprache übernommen wurden und später in der Zielsprache als Muster weitergewirkt haben, bleibt die Ausgangssprache, so wie sie sich im Ausgangstext manifestiert, vom Übersetzungsvorgang unberührt. Dennoch stellt die generelle Behauptung, die Ausgangssprache werde durch die Übersetzung nicht tangiert, einen »falschen Truismus« dar. Die Veränderungen, die auf dem Wege der Übersetzung nach dem Vorbild der Ausgangssprache in der Zielsprache ausgelöst werden, können in vielfacher Form auf die Ausgangssprache zurückwirken, vor allem dann, wenn die Übersetzungstätigkeit zwischen den beiden Sprachen in einer vorgegebenen Richtung einen großen Umfang annimmt. Es gibt ganz banale Fälle dieser Art. Ein Wort der Ausgangssprache kann nach längerer Zeit in veränderter Form und Bedeutung aus der Zielsprache zurückkehren: So altfranzösisch *de(s)port* „Unterhaltung, Vergnügen", das früh ins Englische entlehnt wurde und sehr viel später in der Form *sport* mit der wohlbekannten Bedeutung ins Französische zurückkehrte. In welchem Umfang der Übersetzungsbetrieb sensu stricto für Erscheinungen dieser Art verantwortlich zu machen ist, bleibt von Fall zu Fall festzustellen. In der traditionellen historischen Sprachwissenschaft, die volkstümelnd und damit schriftfeindlich ausgerichtet war, wurde der Faktor „Übersetzung" bei Entlehnungsvorgängen eher unterschätzt als überbewertet. Vor allem wurde ein Aspekt übersehen, der sich nicht mit philologischen, sondern nur mit historisch-soziolinguistischen Methoden darstellen läßt. Durch die Übersetzungstätigkeit kann sich auf längere Sicht der Geltungsbereich und damit die Lebensfähigkeit sowohl der Ziel- als auch der Ausgangssprache verändern. Im Falle des Lateinischen ist dies auf ganz simple und einseitige Weise geschehen. Je mehr aus dem Lateinischen in die europäischen Volkssprachen übersetzt wurde, je stärker diese

Sprachen – zum Teil nach dem Muster des Lateinischen – entwickelt und ausgebaut wurden, desto stärker mußte der kulturelle Geltungsbereich des Lateinischen schrumpfen. „Es ist eine alte Geschichte, doch bleibt sie immer neu": Der Lehrer stellt die Vorzüglichkeit seiner Bemühungen dadurch unter Beweis, daß er seine Schüler in die Lage versetzt, ihn selbst überflüssig zu machen. Bei genauerem Hinsehen erweist sich allerdings ein schlichtes Ursache-Wirkung-Schema als unzulänglich, wenn der Zusammenhang zwischen dem Geltungsbereich von Sprachen und der Richtung und Mächtigkeit von »Übersetzungsströmen« (vgl. w. u. 10.1) analysiert werden soll. Die Übersetzung ist nur eine unter mehreren Ursachen für die Verschiebung der »Machtverhältnisse« unter den Sprachen. In der Regel sind andere historisch-kulturelle Faktoren als weit bedeutsamer in diesem Kräftespiel anzusehen, und die Übersetzung übernimmt lediglich die Rolle eines Indikators für die eingetretenen Verhältnisse. Doch hängt es oft vom Geschick und von der Aufopferungsfähigkeit einiger weniger Übersetzer ab, ob ein einsetzender Trend verstärkt oder eine sich bietende Möglichkeit verschenkt wird.

4.1 Die »äußeren Grenzen« der Übersetzung

Ähnlich wie das Phänomen „Stil" bewegt sich auch das Phänomen „Übersetzung" in einem Raum, dessen Grenzen einerseits von den Erfordernissen der Zielsprache, andererseits von den zu bewahrenden Komponenten der zu übermittelnden Botschaft gebildet werden (vgl. w. o. 2.5). Der Stil im methodisch eingeschränkten, übersetzungsrelevanten Sinn stellt nämlich nichts anderes als eine »Sprache« dar, d. h. eine von mehreren Möglichkeiten, »dasselbe auf unterschiedliche Art und Weise zu sagen«. Im folgenden Schema wird nachgeholt, was bei der Diskussion des Phänomens „Stil" zurückgestellt worden war: Die äußeren Grenzen des zu behandelnden Phänomens werden skizziert. Es geht also nicht darum zu erläutern, was eine Übersetzung ihrem Wesen nach ist oder sein sollte, sondern darum zu zeigen, was eine Übersetzung *nicht* ist, wo sie beginnt und wo sie aufhört:

zu »wörtlich«				zu »frei«
Zielsprache	| | |	Übersetzung	| | |	zu bewahrende Komponenten des Ausgangstextes
	↑ Unbestimmtheitszonen ↑			
				(nach Albrecht 1995b, 2)

Die rechte Seite des Schemas braucht uns vorerst nicht zu interessieren. Wird die Grenze „nach rechts" überschritten, d. h. werden zu wenige Komponenten des Originals bewahrt und gegebenenfalls gleichzeitig zu viele andere Komponenten »eigenmächtig« hinzugefügt, so gerät man in den Bereich der Bearbeitung, der *imitation* oder *adaptation*, zu den freieren Formen des Übersetzens, die uns im siebten Kapitel beschäftigen werden. Die Übergänge sind fließend; darauf deutet der Terminus *Unbestimmtheitszonen* im obenstehenden Schema hin. Ganz anders verhält es sich mit der linken Seite des Schemas, wo die Zielsprache als »äußere Grenze« der Übersetzung erscheint. Auch hier befindet sich zwischen Übersetzung und Nicht-Übersetzung eine Übergangszone. Die erste Schwelle und damit das strengste Kriterium für die Eingrenzung des Phänomens „Übersetzung" auf der linken Seite des Schemas ist das der Idiomatizität. Wenn wir es anwenden, so gelten nur zielsprachlich »idiomatische« Texte als Übersetzungen. Luther hat sich in seinem *Sendbrief* ziemlich eindeutig für diese Art der Übersetzung ausgesprochen (vgl. w. o. 3.1). Das zweite, weniger strenge Kriterium ist das der grammatischen und lexikalischen Korrektheit. Wird es angewendet, dann haben auch »unidiomatische« Zieltexte als Übersetzung zu gelten, Texte, die sich sogleich als Übersetzungen zu erkennen geben. Das am wenigsten strenge Kriterium ist das der bloßen Verständlichkeit. Findet es Anwendung, so können auch verschiedene Typen von Interlinearversionen als „Übersetzung" anerkannt werden. Texte dieser Art verraten nicht nur, daß es sich um Übersetzungen handelt, sie zeigen dem Kenner meist auch, aus welcher Sprache sie übersetzt wurden. Geht die Nachbildung der ausgangssprachlichen Strukturen noch einen Schritt weiter, so daß keine unmittelbare Verständlichkeit mehr gewährleistet ist, so wird die Grenze zwischen „Übersetzung" und „Nicht-Übersetzung" endgültig überschritten.

Wir haben bereits gesehen und wir werden im folgenden noch sehen, daß die Unbestimmtheitszone auf der linken Seite unseres Schemas von den Übersetzern sowohl in praktischer als auch in theoretischer Hinsicht, d. h. durch das, was sie tun, und durch das, was sie für richtig halten, voll ausgeschöpft wird. In diesem Kapitel gilt unser Interesse den extrem wörtlichen und gleichzeitig meist auch verfremdenden Übersetzungen, die manchmal die Grenze zur Nicht-Übersetzung überschreiten und dadurch unter gewissen Umständen die Zielsprache beeinflussen können. Was zunächst wie ein störender Fremdkörper wirkt, kann, wenn sich die Sprachgemeinschaft erst einmal daran gewöhnt oder gar Gefallen daran gefunden hat, so tief in das Gefüge der Zielsprache eingeschmolzen werden, daß nach wenigen Generationen nur die Sprachhistoriker in der Lage sind, den fremden Ursprung des betreffenden Elements zu erkennen.

4.2 »Vertikales« und »horizontales« Übersetzen

Als im frühen Mittelalter die ersten Versuche unternommen wurden, aus dem Lateinischen und später auch aus dem Griechischen – letzteres meist über eine lateinische Zwischenstufe – in die erst ansatzweise verschrifteten europäischen Volkssprachen (*vulgaria*; *volgari, langues vulgaires*) zu übersetzen, da sah man den zu überbrückenden sprachlichen und kulturellen Unterschied als so gewaltig an, daß man sich bemüßigt fühlte, das Übersetzen zwischen ungleichwertigen vom Übersetzen zwischen gleichwertigen Sprachen zu unterscheiden. Der 1992 verstorbene italienische Philologe Gianfranco Folena, der einen gewichtigen Beitrag zur Erforschung der Geschichte der literarischen Übersetzung geleistet hat, schildert die Situation folgendermaßen:

... im Rahmen der ahistorischen Sicht, die im Mittelalter hinsichtlich des Verhältnisses von Latein und Volkssprachen besteht, im Rahmen einer Situation, die man als Nebeneinander zweier Sprachen und zweier Kulturen zur selben Zeit definieren könnte, hat man zwischen »vertikalem« Übersetzen, bei dem die Ausgangssprache, in der Regel das Lateinische, ein Ansehen besitzt, das jenes der Zielsprache übersteigt [...] und »horizontalem« [...] Übersetzen zu unterscheiden, das zwischen Sprachen ähnlicher Struktur und enger kultureller Zusammengehörigkeit wie den romanischen oft eher den Charakter einer wörtlichen Umsetzung als den einer Übersetzung annimmt.[1]

Das horizontale Übersetzen genießt ein geringes Ansehen. Noch Cervantes mokiert sich, in einer häufig angeführten Stelle des *Don Quijote* (2. Teil, Kap. 6; vgl. Einführung), über eine so geistlose Tätigkeit: „Das Übersetzen aus leichten Sprachen [i.e. aus Volkssprachen] ist weder ein Beweis für Geist noch für Beredsamkeit", läßt er seinen

---

[1] ... nella visione sincronica che il Medioevo ha dei rapporti fra latino e volgare, in quello che portrebbe definirsi un bilinguismo e biculturalismo in senso sincronico, si deve distinguere un tradurre »verticale«, dove la lingua di partenza, di massima il latino, ha un prestigio e un valore trascendente rispetto a quella d'arrivo [...] e un tradurre »orizzontale« [...], che fra lingue di struttura simile e di forte affinità culturale come le romanze assume spesso il carattere, più che di traduzione, di trasposizione verbale ... (Folena 1991, 13).

Helden versichern und schließlich großmütig hinzufügen: „Daraus möchte ich nicht ableiten, daß das Übersetzen keine lobenswerte Tätigkeit sei, denn der Mensch könnte sich mit schlimmeren Dingen abgeben, die ihm geringeren Nutzen eintragen".[2] Ganz anders hingegen das »vertikale« Übersetzen. Im Gegensatz zum »horizontalen« Übersetzen ist hier die Übersetzungsrichtung nicht gleichgültig. Man hat zwischen dem Abstieg (*descensus*), der Übersetzung in die Volkssprachen, und dem Aufstieg (*ascensus*), der Übersetzung ins Lateinische zu unterscheiden.[3] Für den ersten Untertyp haben die romanischen Sprachen spezifische Termini wie *volgarizzamento, vulgarisation* oder *romanceamiento*[4] entwickelt. Mit diesen Termini ist nicht nur ein rein sprachlicher Abstieg gemeint; sie beinhalten auch die Komponente „Vulgarisierung" im modernen Sinn, d. h. „Aufbereitung des Inhalts für ein größeres Publikum". Im Rahmen des *descensus* wird zunächst aus Not entlehnt, vor allem im Bereich des Wortschatzes. Insbesondere französische, in etwas geringerem Umfang auch italienische und spanische Übersetzer beklagen in den Vorreden zu ihren Übersetzungen die geringen Ausdrucksmöglichkeiten, die ihnen ihre Sprachen zur Verfügung stellen, und gelegentlich führen sie sogar Listen von Wörtern an, die sie aus dem Lateinischen entlehnt haben.[5] Im Englischen und vor allem im Deutschen liegen die Verhältnisse etwas anders:

Während die deutschen Schriftsteller sich notgedrungen dem mühevollen Experiment der Lehnbildungen unterzogen [...], konnten die Romanen den einfachen Weg des Lehnwortes gehen.[6]

---

[2] ... el traducir de lenguas fáciles, ni arguye ingenio ni elocución [...] Y no por esto quiero inferir que no sea loable este ejercicio del traducir; porque en otras cosas peores se podría ocupar el hombre, y que menos provecho le trujesen.

[3] Speziell in Deutschland wurde die Lehre von den *genera elocutionis*, von der sozialen Schichtung der Literaturgattungen, auf das Nebeneinander von Latein und Deutsch übertragen. Dem Deutschen blieb die Rolle des *genus humile* vorbehalten (vgl. w. o. 2.5); mit dem Sprachwechsel war automatisch ein Gattungswechsel verbunden; »vertikale« Übersetzungen waren somit immer »Bearbeitungen«, „Transpositionen"; zumindest was die sog. „schöne Literatur" im engeren Sinne betrifft (vgl. Alewyn 1926, 11f.; Hess 1971, 56f. und 375-384).

[4] Vgl. u. a. Guthmüller 1989, 201ff.; Folena 1991, 14ff.

[5] Vgl. u. a. Van Hoof 1991, 26f.; Albrecht 1995b; dort weiterführende Literatur.

[6] Helmut Lüdtke: *Geschichte des romanischen Wortschatzes*. 2. Band: *Ausstrahlungsphänomene und Interferenzen*, Freiburg 1968, 102.

Aus dem Lateinischen zu entlehnen, hieß für die romanischen „Schriftsteller" (damit sind z. T. Übersetzer sensu stricto, zum größeren jedoch „Bearbeiter" zu verstehen; vgl. w. u. 7.1), zu den Ursprüngen ihrer Sprachen zurückzukehren. Dabei wurden sprachliche Bereiche für die romanischen Sprachen erschlossen, die zuvor niemals volkstümlich gewesen waren. So sind z. B. lat. *equus* „Pferd", *loqui* „sprechen" oder *vir* „Mann" klassisch lateinische Wörter, die keiner der gesprochenen Formen des Lateinischen angehört haben, aus denen die romanischen Sprachen hervorgegangen sind. Dennoch sind die entsprechenden Wortstämme – nicht zuletzt dank der Tätigkeit der Übersetzer – in fast allen romanischen Sprachen vertreten. So findet sich im Französischen *équitation* „Reitsport" neben *aller à cheval, chevaucher* „reiten"; *locuteur* „Sprecher" neben *parler* „sprechen"; *viril* „männlich" neben *homme* „Mann" usw. usf. Im Deutschen war ein weit tieferer Graben zu überwinden. Zwar gibt es auch hier unzählige Entlehnungen aus dem Lateinischen, aber diese verraten allein schon aufgrund der Tatsache, daß sie einen Teil der germanischen Lautveränderungen mitgemacht haben (*tegula* >*Ziegel*; *tunica* > *Tünche*; *crux* > *Kreuz* usw.), ihre Herkunft aus mündlichen Sprachkontakten. Die Übersetzer haben mit diesen Entlehnungen, die sich sehr langsam eingebürgert haben, nichts zu tun. Sie mußten – zumindest was den Wortschatz betrifft – andere Wege gehen. Bloße Entlehnungen hätten ihre Arbeit ad absurdum geführt, die Übersetzungen wären nicht viel verständlicher gewesen als die Originale. So griffen sie zum Mittel der Lehnübersetzung (vgl. w. u. 4.3). Die slavische Welt ist in dieser Hinsicht gespalten. Während die ostslavischen Russen, die bis ins 18. Jahrhundert hinein an ein Nebeneinander von Altkirchenslavisch und volkstümlichem, in erster Linie gesprochenem Russisch gewohnt waren, unbekümmert entlehnten, zogen die westslavischen Tschechen Lehnübersetzungen vor:

Es läßt sich ganz allgemein sagen, daß Lehnübersetzungen undurchsichtiger Termini im Russischen ungleich seltener sind als etwa im Tschechischen, wo wir bis heute *rovník* „Äquator", *obratník* „Wendekreis", *rovnoběžka* „Breitenkreis" vorfinden, während das Russische die Fremdwörter *ekvátor, trópik, parallel'* einbürgerte.[7]

Das Englische nimmt eine Mittelposition ein zwischen den romanischen und ostslavischen Sprachen auf der einen und den kontinentalgermanischen und westslavischen Sprachen auf der anderen Seite. Durch

---

[7] Issatschenko 1983, 547; Transliterationen von mir.

die normannische Eroberung war das spätmittelalterliche Englisch in wenigen Jahrhunderten so weit romanisiert worden, daß die Übersetzer in der Zeit des Humanismus unbekümmerter zum Mittel der Entlehnung greifen konnten als ihre deutschen Zeitgenossen. Schon früher, in der bereits erwähnten Bibelübersetzung von John Wycliffe, lassen sich eine Vielzahl von Entlehnungen aus dem Lateinischen nachweisen, die später in die englische Schriftsprache übergegangen sind.[8]

Die entgegengesetzte Übersetzungsrichtung, der *ascensus*, nimmt mittelbar in Form einer Kontrolle und »Gegenprobe«, Einfluß auf die Entwicklung der Volkssprachen. Natürlich färbte dabei – zumindest in der Zeit vor der Renaissance, als die strengen neoklassischen Normen des Humanistenlateins noch nicht galten – auch einiges aus den Volkssprachen auf das Lateinische ab; das hat uns hier nicht zu interessieren. Mit der Übersetzung ins Lateinische wurde die »Literaturfähigkeit« eines volkssprachlichen Werks (und damit indirekt auch des Idioms, in dem es verfaßt war) geprüft. Diese Ehre wurde bereits der mittelalterlichen Heldenepik zuteil: Vom altfranzösischen *Rolandslied* exisitiert eine stark kürzende, freie Übersetzung ins Lateinische: *Carmen de proditione [prodicione] Guennonis*.[9] Petrarca übersetzte eine Novelle aus Boccaccios *Decamerone* ins Lateinische, und das satirische Gedicht *Das Narrenschiff* des Straßburgers Sebastian Brant fand den Weg ins Französische über eine lateinische Version.[10] Besonders aufschlußreich im Hinblick auf die Kontrollfunktion, die die Übersetzung ins Lateinische bei der Entwicklung einer neueren Literatursprache ausübte, ist das Geständnis des englischen Dichters John Dryden in der Vorrede zu *Troilus and Cressida*, einer freien Bearbeitung des Shakespeareschen Stücks:

[I] have no other way to clear my doubts, but by translating my English into Latin and thereby trying what sense the words will bear in a more stable language.[11]

Schließlich darf in diesem Zusammenhang ein häufig zitierter Passus aus Goethes Gesprächen mit Eckermann nicht fehlen, aus dem hervorgeht,

---

[8] Vgl. Baugh [2]1957, 222f.

[9] Wörtlich: *Lied vom Verrat des Ganelon*. Vgl. den Aufsatz von Ernst Robert Curtius, *ZrPh 62* (1942), 492-509.

[10] Vgl. Guthmüller 1989, 254; Van Hoof 1991, 28; Ballard [2]1995, 98f.

[11] Zitat nach Bolton 1967, 44.

daß noch im 19. Jahrhundert die Übersetzung eines Werks ins Lateinische als ein Akt der Nobilitierung empfunden werden konnte:

„Hermann und Dorothea", sagte er [i.e. Goethe] unter anderm, „ist fast das einzige meiner größeren Gedichte, das mir noch Freude macht [...]. Besonders lieb ist es mir in der lateinischen Übersetzung; es kommt mir da vornehmer vor, als wäre es, der Form nach, zu seinem Ursprunge zurückgekehrt."[12]

4.3 Vom Nutzen und Nachteil der Übersetzung für die Sprache

Hat man in der Beeinflussung der Zielsprache durch die Übersetzer eine Bereicherung oder eine Verunstaltung zu sehen? Diese Frage ist von kritischen Beobachtern zu verschiedenen Zeiten sehr unterschiedlich beantwortet worden. Eine »endgültig richtige« Antwort kann es nicht geben. In den frühen Entwicklungsstadien unserer Kultursprachen überwiegt die positive Beurteilung. Die Übersetzung wird geradezu als notwendiges Instrument zur Bereicherung der Zielsprache angesehen. Zahlreiche Schriftsteller und Sprachpfleger in den verschiedensten Ländern Europas haben sich in diesem Sinn ausgesprochen. Es soll hier nur an einige wenige, bekannte und weniger bekannte, Äußerungen dieser Art erinnert werden.

Schon die Römer betrachteten das Übersetzen aus dem Griechischen als nützliche Stilübung. Dabei steht nicht so sehr der Gedanke an die Bereicherung der eigenen Sprache als vielmehr die Bemühung um die Erweiterung der eigenen Sprachfertigkeit im Vordergrund. In Quintilians *Instituto oratoria* findet sich ein Passus, in dem die vorhergegangenen Empfehlungen, die Übersetzung aus dem Griechischen als lateinische Stilübung zu nutzen, zustimmend zusammengefaßt werden:

Das Übersetzen aus dem Griechischen ins Lateinische hielten unsere alten Redner für die beste Übung. [...] Der Zweck einer solchen Übung liegt klar auf der Hand. Bei den griechischen Autoren ist nämlich der Inhalt ungemein vielseitig, ferner haben sie die Beredsamkeit mit sehr viel Kunst bereichert, und wenn wir sie übersetzen, steht es uns frei, die besten Ausdrücke zu wählen. [...] Vor allem aber sind wir geradezu gezwungen, viele verschiedene Figuren, die den besonderen Schmuck einer Rede darstellen, zu erfinden, weil hier das römische Sprachgefühl meist vom griechischen abweicht.[13]

---

[12] *Goethes Gespräche mit J.P. Eckermann.* Neu herausgegeben und eingeleitet von Franz Deibel, Leipzig 1908, Erster Band, 182 (= 18. Januar 1825).

[13] Vertere Graeca in Latinum veteres nostri oratores optimum indicabant. [...] Et manifesta est exercitationis huiusce ratio. Nam et rerum copia Graeci auctores abundant et plurimum artis in eloquentiam intulerunt et hos transferentibus verbis uti optimis

In den großen Sprachdialogen, sprachtheoretischen Traktaten und Poetiken der Renaissance und des Barock, die einerseits von antiken Autoren abhängig sind und andererseits gegenseitig so stark aufeinander Bezug nehmen, daß sie ein schwer zu entwirrendes intertextuelles Gespinst darstellen, finden sich zahlreiche Stellen, in denen das Übersetzen aus den klassischen Sprachen (teilweise auch schon aus den als »höherrangig« empfundenen neueren Literatursprachen) als eine nützliche Übung bezeichnet wird – teils zur Bereicherung der eigenen Sprache, teils zur Erweiterung der eigenen Ausdrucksmöglichkeiten:

Bis hinein ins 18. Jahrhundert waren spracherzieherische Bestrebungen, das Anliegen, die Muttersprache zu bereichern und zu vervollkommnen, sie in den Rang einer Dichtersprache zu erheben, ja ihren Gebrauch erst einmal zu verteidigen und zu rechtfertigen, spürbar als Antrieb und Zielstellung mit der Übersetzungstätigkeit verknüpft.[14]

Im England Heinrichs VIII. und Elizabeth I. sind Selbstverpflichtungen dieser Art besonders häufig. So versichert Sir Thomas Elyot (um 1490-1546), dem wir auch ein lateinisch-englisches Wörterbuch verdanken, in der Vorrede zu einem seiner zahlreichen Traktate, er habe versucht:

to augment the English tongue, whereby men should [...] interpret out of Greek, Latin or any other tongue into English.[15]

In der französischen Renaissance war das Bemühen, die eigene Sprache durch Übersetzungen aus den klassischen Sprachen zu bereichern und zu verfeinern, besonders stark ausgeprägt; galt es doch auch den allgemein anerkannten und als beschämend empfundenen Vorsprung Italiens aufzuholen. In seiner Heidelberger Dissertation, die der Theorie und Praxis der Übersetzung im Frankreich des 16. Jahrhunderts gewidmet ist, stellt Friedrich Wolff die Bereicherung der eigenen Kultur und Sprache als das entscheidende Movens dar, das die französischen Übersetzer zur Arbeit angetrieben habe:

---

licet [...] Figuras vero, quibus maxime ornatur oratio, multas ac varias excogitandi etiam necessitas quaedam est, quia plerumque a Graecis Romana dissentiunt. M. Fabius Quintilianus, *Instituto oratoria X, 5, 2f.* zitiert nach der zweisprachigen Ausgabe von Franz Loreto, Stuttgart 1974.

[14] Pohling 1971, 141.
[15] Zitat nach Amos 1920, 95.

Mit der gleichen nationalen Einstellung wollen sie mit den Übersetzungen auch ihrer Muttersprache zu neuem Aufstieg verhelfen; Sie [sic!] wollen sie mit dem Geist der antiken Sprachen durchtränken und ausschmücken, ihr die Anmut und Eleganz, die die alten Klassiker auszeichnet, gewissermaßen einimpfen. Sie glaubten eine nationale Pflicht zu erfüllen und durch die Verbesserung und Verschönerung der Sprache das Französische zur schönsten Sprache der Welt zu machen.[16]

Theoretiker wie Thomas Sébillet und Barthélemy Aneau sehen im Übersetzen nicht nur eine unerläßliche Stilübung für den künftigen Schriftsteller, sondern auch einen hocherwünschten Dienst an der eigenen Sprache. Besonders entschieden hat sich Jacques Peletier du Mans in seiner 1555 erschienenen Poetik in dieser Richtung geäußert und sich damit, wie wir gleich sehen werden, in einen gewissen Gegensatz zu seinem Freund und Mitstreiter innerhalb des Dichterkreises *La Pléiade*, Joachim du Bellay, gesetzt:

... die Übersetzungen können, wenn sie gut gemacht sind, eine Sprache sehr bereichern. Denn der Übersetzer kann aus einer schönen lateinischen oder griechischen Redewendung eine französische machen und seinem Heimatland zugleich mit dem Gewicht der Gedanken die Erhabenheit der Formulierungen und die Feinheiten der fremden Sprache verschaffen.[17]

Der wegen seiner extrem wörtlichen Übersetzungstechnik bekannte Humanist Niklas [Nikolaus] von Wyle (um 1410-1478), dessen übersetzerisches Werk zu Beginn unseres Jahrhunderts in einer umfangreichen, auch heute noch lesenswerten Arbeit kritisch gewürdigt worden

---

[16] Friedrich Wolff: *Zur Theorie und Praxis der Übersetzung aus dem klassischen Altertum im 16. Jahrhundert in Frankreich*. Nach den Vorreden der Übersetzungen. Dissertation Heidelberg (maschinenschriftlich). Zitiert nach dem Exemplar der Universitätsbibliothek Heidelberg, 5f.

[17] „... les Traductions quand elles sont bien faites, peuvent beaucoup enrichir une Langue. Car le Traducteur pourra faire Française une belle locution Latine ou Grecque: et apporter en sa Cité, avec le poids des sentences, la majesté des clauses et élégances de la langue étrangère ..." André Boulanger: *L'Art Poëtique de Jacques Peletier du Mans (1555)*. Publié d'après l'édition unique, Straßburg 1930, 106f. Ich habe die berühmt-berüchtigte phonetische Orthographie Peletiers der üblichen französischen Rechtschreibung angepaßt.

ist,[18] hielt nichts von zielsprachenorientiertem, idiomatischem Übersetzen. Er vertrat vielmehr die Auffassung,

> daz ein yetklich tütsch, daz usz gutem zierlichen und wol gesatzten latine gezogen und recht und wol getranferyeret wer, ouch gut zierlich tütsche und lobes wirdig, haissen und sin müste ...[19]

Der Schlesier Martin Opitz (1597-1639) hatte sich durch die Entdeckung des Prinzips des akzentuierenden Verses für die deutsche Metrik den Beinamen „Vater der deutschen Poesie" erworben.[20] Darüber hinaus ist er eine Zitierautorität für Übersetzungshistoriker. In seinem *Buch von der deutschen Poeterey* (1624) findet sich ein Passus, der in keiner Übersetzungsgeschichte fehlen darf. Dort bekennt er sich zur Verwendung der Übersetzung als eines Instruments zur Verfeinerung der eigenen sprachlichen Ausdrucksmittel:

> Eine guete art der vbung aber ist / das wir vns zueweilen auß den Griechischen vnd Lateinischen Poeten etwas zue vbersetzen vornemen: dadurch denn die eigenschafft vnd glantz der wörter / die menge der figuren / vnd das vermögen auch dergleichen zu erfinden zue wege gebracht wird.[21]

Bei Georg Philipp Harsdörffer, dem Erfinder des »Poetischen Trichters«, einer mechanisch anzuwendenden Poetik, die nach dem Wirkungsort ihres Schöpfers spöttisch »Nürnberger Trichter« genannt wurde (vgl. w. o. 1.2), ist der in vielfältiger Variation wiederkehrende Topos vom

---

[18] Vgl. Strauß 1912. Das Buch stellt einen frühen beispielhaften Beitrag zur historisch-deskriptiven Übersetzungsforschung dar.

[19] Dabei berief er sich auf den fränkische Rechtsgelehrten Gregor Heimburg (um 1400-1472); vgl. ebda, 3; vgl. auch Pohling 1971, 138 und Koller 1984, 121.

[20] Im Grunde handelte es sich um eine Wiederentdeckung, denn den mittelhochdeutschen Dichtern war dieses Prinzip zumindest intuitiv sehr wohl vertraut gewesen. Da jedoch die romanischen Sprachen mit ihren schwächeren Wortakzenten inzwischen alle zum numerischen Prinzip übergegangen waren, bei dem ausschließlich die Anzahl der Silben maßgebend ist, war es wichtig, die deutsche Metrik wieder auf ein sprachgerechtes Fundament zu stellen, auf das Prinzip des Wechsels von Hebungen und Senkungen, das dem starken Wortakzent des Deutschen gerecht wird.

[21] Martin Opitz: *Gesammelte Werke*. Kritische Ausgabe. Herausgegeben von George Schulz-Behrend. Band II: *Die Werke von 1621 bis 1626*, Stuttgart 1978, 409f.

Übersetzen als einem Mittel zur Bereicherung der eigenen Sprache zu einem wirklichen »Gemeinplatz« abgesunken:

> Wir haben denen, welche gute Bücher in Teutsch übersetzen, so viel Dank zu sagen, als welche Wege, Brucken, Stege bauen, oder nutzbare Brunnen graben, und sie gemein machen.[22]

Bei Wilhelm von Humboldt gewinnt dieser Topos im Lichte einer mit einem völlig neuartigen begrifflich-methodischen Instrumentarium vorgenommenen historisch-vergleichenden Sprachbetrachtung wieder an Eindringlichkeit und Überzeugungskraft. In der Vorrede zu seiner 1816 zuerst im Druck erschienenen Übersetzung des *Agamemnon* von Aischylos schrieb er:

> Das Uebersetzen und gerade der Dichter ist vielmehr eine der nothwendigsten Arbeiten in einer Literatur, theils um den nicht Sprachkundigen ihnen sonst ganz unbekannt bleibende Formen der Kunst und der Menschheit, wodurch jede Nation immer bedeutend gewinnt, zuzuführen, theils aber und vorzüglich, zur Erweiterung der Bedeutsamkeit und der Ausdrucksfähigkeit der eigenen Sprache. Denn es ist die wunderbare Eigenschaft der Sprachen, dass alle erst zu dem gewöhnlichen Gebrauche des Lebens hinreichen, dann aber durch den Geist der Nation, die sie bearbeitet, bis ins Unendliche hin zu einem höheren, und immer mannigfaltigeren gesteigert werden können.[23]

Jedes Argument pflegt Gegenargumente auf den Plan zu rufen, jedoch halten sich die Stimmen, die die Übersetzung als Mittel der Bereicherung und Verfeinerung der Zielsprache befürworten, und jene, die eher eine Gefahr für die eigene Sprache darin sehen, nicht die Waage. Die positiven Stimmen überwiegen bei weitem. Überall da, wo eine selbstbewußt in sich ruhende Kultur geneigt ist, den eigenen Geschmack zur allgemeinen Richtschnur zu erheben, wird die Übernahme fremder Muster als anstößig empfunden. Dabei richtet sich die Kritik jedoch nicht so sehr gegen jene, die dies absichtlich tun, um ihrer Sprache neue Ausdrucksmöglichkeiten zu erschließen, als gegen diejenigen, die sich aus Unfähigkeit oder Bequemlichkeit nicht von ihrer Vorlage zu lösen vermögen. Der Schimpf, den Justus Georg Schottel in seiner *Ausführlichen Arbeit Von der Teutschen HaubtSprache* (1665) über die hilflos

---

[22] Georg Philipp Harsdörffer: Gesprächspiele so bey Teutschliebenden Gesellschaften an und auszuführen. Dritter Theil, Nürnberg 1643, 60.

[23] Zit. nach dem Wiederabdruck in Störig 1973, 81f.

am Ausgangstext klebenden Übersetzer ausgießt, erinnert unmittelbar an den Ton von Luthers *Sendbrief*:

> Man hat solcher Leute viel gehabt und sind annoch / die / als Teutsche Teutsch reden und verstehen können / und sich unterfangen / aus Lateinischer / Italienischer / Frantzösischer / Spanischer oder anderen frömden Sprachen Bücher in die Teutsche Sprache zubringen; Nun sind solche frömde Bücher in ihrer Sprache gemeiniglich mit fleiß verfertiget / und die Wörter und Redarten nach eigenschaft solcher Sprache darin befindlich; Wan dan ein solcher Teutscher Dolmetscher die Phrases und locutiones in dem Buche / so er verteutschen wil / antrift [...] und seine nur gemeine Pobelkundigkeit im Teutschen / zugleich deutenden guten Teutschen Reden ihm gar nicht Handreichig seyn kan / alsdan behelt er sein bekantes Teutsches und gibt von Wort zu Wort die frömden Wörter mit Teutschen Wörteren / und setzet die also aneinander / und das sol dan einen Teutschen Verstand haben / und in Teutscher Sprache was wollautendes seyn /...[24]

Aus späterer Zeit ließen sich unzählige Stellungnahmen ähnlicher Art anführen; die Literaturkritiken, die in unseren Tages- und Wochenzeitungen erscheinen, sind voll davon (vgl. w. u. 6.3). Ein besonders gewichtiges – und möglicherweise nicht immer angemessen bewertetes – Zeugnis für »Übersetzungsskeptizismus« findet sich in dem berühmten Manifest *Deffence et illustration de la langue françoyse* (1549). Der Verfasser, Joachim du Bellay, der hier nur als eine Art von »Sprachrohr« seiner Freunde aus dem Kreis der *Pléiade*, des Siebengestirns, auftrat, befand sich in der zwiespältigen Lage aller humanistisch gebildeten Befürworter des Gebrauchs der Volkssprachen: Einerseits fühlte er sich zur *défense*, zur Verteidigung des Französischen gegenüber seinen Verächtern aus dem Lager der Latinisten aufgerufen, andererseits war es ihm um die *illustration*, um die Erhebung dieser Sprache zu Glanz und Ansehen zu tun, und das konnte nur in Anlehnung an eben jenes Latein geschehen, dessen Universalitätsanspruch er zurückweisen wollte. Das fünfte Kapitel des ersten Buchs der *Deffence* ist überschrieben mit: „Daß die Übersetzungen nicht hinreichen, um der französischen Sprache

---

[24] Justus Georg Schottelius: *Ausführliche Arbeit Von der Teutschen HaubtSprache* (1663). Herausgegeben von Wolfgang Hecht, Tübingen 1967. Die zitierte Stelle steht in Band II, Liber V, Tractatus 5 „Wie man recht verteutschen soll", 1221. Die im Zitat angegebenen Sprachen spiegeln in ihrer Reihenfolge die Bedeutsamkeit wider, die sie im damaligen Übersetzungsbetrieb als Ausgangssprachen hatten.

Vollkommenheit zu verleihen."[25] Du Bellay wendet sich hier eher gegen die Überschätzung der Übersetzung als eines Mittels der Bereicherung der Zielsprache. Ähnlich wie Horaz in seiner *Ars poetica* spricht er sich für die *imitation*, die freie Nachschöpfung aus. Eine allzu genaue Nachahmung der *elocutio*, der genauen sprachlichen Ausgestaltung des Ausgangstexts, könne nur zu unerfreulichen Ergebnissen führen. Aber dies hatte ein Befürworter der Übersetzung wie Peletier du Mans vermutlich nicht gemeint; im Anschluß an den weiter oben zitierten Passus empfiehlt er, gewissermaßen in einem Atemzug, ebenfalls die freie Nachdichtung. Ob er sich mit seinem Bekenntnis zur Übersetzung wirklich von der sechs Jahre früher erschienenen *Deffence* absetzen wollte, ist ungewiß. Die meisten Stellungnahmen der Renaissancetheoretiker zu dieser Frage sind so allgemein gehalten, daß sich kaum rekonstruieren läßt, welche Art der Übernahme ausgangssprachlicher Muster in den Zieltext sie dem Übersetzer gestatten wollten und welche nicht.

In der Zeit der Hochromantik hatte sich in Deutschland, nicht zuletzt unter dem Einfluß Schleiermachers, in den höheren Etagen des Literaturbetriebs eine verfremdende Übersetzungspraxis herausgebildet, die auch im Ausland Aufmerksamkeit erregte. Wie bereits erwähnt, hatte Mme de Staël versucht, ihren Landsleuten diese neuartige Übersetzungskonzeption nahezubringen und ihnen die eigene, unbekümmert einbürgernde Übersetzungspraxis auszureden. Die Lektüre dieses zunächst in Italien erschienenen Artikels löste bei dem italienischen Dichter Giacomo Leopardi eine ungewöhnlich heftige Reaktion aus. In seinem *Zibaldone* („Sudelbuch") notierte er, der, soviel wir wissen, kaum ein Wort Deutsch konnte:

Die Art von Übersetzungen, deren sich die Deutschen rühmen, verdienen wenig Lob. Sie zeigen nur, daß die deutsche Sprache, ähnlich wie ein Klumpen Wachs oder ein unförmiger, weicher Teig, bereit ist, alle Formen und Eindrücke, die man ihr aufprägt, in sich aufzunehmen. Man drücke ihr die Formen irgendeiner fremden Sprache, irgendeines Autors auf, die deutsche Sprache übernimmt sie, und fertig ist die Übersetzung.[26]

---

[25] Que les Traductions ne sont suffisantes pour donner perfection à la Langue Françoyse. Zit. nach: *La Deffence et Illustration de la Langue Françoyse* par Ioachim du Bellay, kommentierter Nachdruck besorgt von E. Person, Paris ²1892.

[26] „... Le traduzioni di quel genere che i tedeschi vantano, meritano poca lode. Esse dimostrano che la lingua tedesca, come una cera o una pasta informe e tenera, è disposta a riceve tutte le figure e tutte le impronte che se le vogliono dare.

Leopardi spricht also dem Deutschen einen ausreichend ausgeprägten Eigencharakter ab; in eine solche »breiförmige« Sprache könne man alles übersetzen. Ähnlich mißmutig und verächtlich äußerte sich der aus dem Baltikum stammende Spätaufklärer Karl Gustav Jochmann:

> Von Moses bis Walter Scott giebt es in aller Welt keine Form und Weise, die nicht bei uns ihren Wiederhall [sic] fände oder ihren Wiederschein, und wir haben Uebersetzungen, die der Sprache ihrer Vorbilder so nahe kommen, daß man dieser mächtig seyn muß, um jene zu verstehn, ... Eine Sprache, mit solcher Hingebung jedem fremden zu Diensten stehend, könnte schwerlich zu einem recht eigenen und werthgehaltenen Gute ihrer Besitzer werden ...[27]

Sollte das »treue«, dokumentarische Übersetzen, das möglicherweise – über alle zeitbedingten Änderungen der Auffassung vom Übersetzen hinweg – im deutschen Sprachraum beständiger gepflegt wurde als anderswo[28] – der deutschen Sprache am Ende doch zum Nachteil gereicht haben? In diesem Sinne hat sich Nietzsche ausgesprochen, an dessen zweite „Unzeitgemässe Betrachtung" – meine Leser werden es längst festgestellt haben – sich der Titel dieses Abschnitts anlehnt. Das einbürgernde Übersetzen gilt ihm als „Eroberung", das verfremdende – wie überhaupt der gesamte aus der Romantik hervorgegangene Historismus – als ein Zeichen von fehlendem Mut. So spricht jemand, der nach eigenem Bekunden frühzeitig beschlossen hatte „ingrimmig Partei *gegen* [sich] und Partei *für* alles, was [einem] weh tut" zu ergreifen.[29]

4.3.1 Einige ausgewählte Beispiele

Bevor ich nun zum Schluß dieses Kapitels einige Beispiele für die Beeinflussung der Zielsprache durch die Übersetzung aufführen werde, muß ich meine Leser mit einigen sprachwissenschaftlichen Fachtermini

---

Applicatele le forme di una lingua straniera qualunque, e di un autore qualunque. La lingua tedesca le riceve, e la traduzione è fatta." Vgl. Albrecht 1995b, 3.

[27] Karl Gustav Jochmann: *Über die Sprache*, Heidelberg 1828, 210f.

[28] Diese Ansicht vertrat zumindest Richard Alewyn: „Es ist etwas echt und eigentümlich Deutsches, dieses Halten am Wort, halb Pedanterie und halb Treue. »Das Wort sie sollen lassen stahn!«, – das ist deutsche Philologie!" Alewyn 1926, 20.

[29] Vgl. w. o. 2. Kap., Anm. 82 und Jörn Albrecht: „Friedrich Nietzsche und das »Sprachliche Relativitätsprinzip«", *Nietzsche Studien 8* (1979), 225-244, hier 235.

behelligen. Da sich der Vorgang des Übersetzens – abgesehen von einigen modernen hybriden Formen, auf die hier nicht eingegangen werden kann – im Medium der Schrift vollzieht, werden Kernbereiche des Sprachsystems, die einer Beeinflussung durch mündliche Sprachkontakte durchaus offenstehen, durch die Tätigkeit der Übersetzer nicht oder nur in geringem Maß berührt. Die Phoneme und Betonungsmuster, die grammatischen Formen, den Bau des einfachen Satzes und den Kernbereich des Wortschatzes einer Sprache wird auch der innovationsfreudigste Übersetzer auf die Dauer nicht beeinflussen können. Was immer er in diesem Bereich an Kühnheiten hervorbringen mag – die Chancen, daß diese von anderen nachgeahmt werden und sich schließlich »von oben«, d. h. durch die Lektüre, in der Sprachgemeinschaft ausbreiten, stehen denkbar schlecht. Daneben gibt es jedoch Bereiche, die sich leichter durch schriftlich vorgegebene Modelle und somit auch auf dem Wege der Übersetzung beeinflussen lassen – ob dies ausschließlich durch Übersetzung im engeren Sinne geschehen ist, wird sich im Einzelfall wohl nie mit Sicherheit nachweisen lassen. Die Möglichkeit einer Beeinflussung beginnt, wie wir bereits gesehen haben,[30] bei der phonologischen Distribution, d. h. bei den in einer Sprache zulässigen Lautkombinationen: Während im ältesten Französischen Kombinationen sie *sk, st, sp* am Wortanfang nicht auftraten (im Spanischen tun sie es, von ganz wenigen Ausnahmen abgesehen, bis heute nicht), sind Kombinationen dieser Art im neueren Französischen wieder völlig üblich, da im Rahmen der sog. „Relatinisierung" der romanischen Sprachen eine große Anzahl von Wörtern, die diese Lautverbindung enthalten, entlehnt wurden: *scalaire* „gradweise" zu *échelle*; *scandale*; *scander* „skandieren"; *spacieux* „geräumig"; *spatial* „räumlich" zu *espace*; *spécial*; *spectacle*; *stellaire* „die Sterne betreffend" zu *étoile*; *standard*; *station* usw. usf. Im späten Althochdeutschen war der Nexus *sk* zum einfachen Laut *sch* geworden, der durch eine recht umständliche Buchstabenkombination wiedergegeben werden mußte, weil das lateinische Alphabet kein eigenes Zeichen für ihn bereitstellte: *skeidan > scheiden*; *fisk > fisch*; *waskan > waschen*. Durch lebhafte Entlehnungstätigkeit ist diese Lautverbindung zumindest im Anlaut wieder völlig üblich geworden: *Skala, Skat, Sklave, Skrupel* usw. usf. Auch die Wortbildungsmittel einer Sprache können durch die Übersetzer prinzipiell erweitert, wenn auch nicht gründlich umgestaltet werden. So geht das

---

[30] Vgl. w. o. 3. Kap. Anm. 22.

Suffix *-ieren* in Verben wie *logieren, galoppieren, parlieren* wahrscheinlich auf altfranzösische Verben zurück, die zu dieser Zeit auf *-ier* endeten oder enden konnten: *changier, chargier, chastier* „züchtigen"; *liier* „fesseln"; *parlier* (neben *parler*).[31] Wie leicht die komplexe Syntax, die Satzperioden des Ausgangstextes beim Übersetzen absichtlich oder unabsichtlich nachgebildet werden können – nicht selten bis hart an die Grenze der Verständlichkeit und damit der „Nicht-Übersetzung" (vgl. w. o. 4.1), wissen wir alle aus unserer Schulzeit. Die nachhaltigsten Auswirkungen in diesem Bereich hat der lateinische *ablativus absolutus* auf viele europäische Sprachen gehabt. Bei dieser Konstruktion steht – im Gegensatz zum sog. *participium coniunctum* – ein Partizip zusammen mit einem Nomen oder Pronomen im Ablativ, das nicht mit dem Subjekt des Hauptsatzes verbunden, *coniunctum*, sondern von ihm abgelöst, *absolutum*, ist: „Xerxes *interfectis sacerdotibus* Athenas incendio delevit" – „Die Priester umgebracht [von anderen], zerstörte Xerxes Athen durch Feuer" (bzw. „ließ zerstören", vgl. w. o. 1.1). So wie ich diesen typischen Grammatiksatz in stiller Freude darüber, daß mich kein Lateinlehrer dafür tadeln kann, hier übersetzt habe, konnte man in Deutschland in der Zeit des Humanismus durchaus übersetzen. Man kann es heute noch – zumindest in ähnlichen Fällen – in allen romanischen Sprachen[32] und bis zu einem gewissen Grad sogar im Englischen. Konstruktionen dieser Art galten und gelten in verschiedenen Sprachen wegen ihrer Knappheit als »elegant«. Im Deutschen wird dergleichen ab dem 18. Jahrhundert nicht mehr geschätzt, sondern als „Sprachdummheit" empfunden.[33]

---

[31] Aus gutem Grund habe ich diese Beispiele nicht einem beliebigen afrz. Wörterbuch, sondern Wendelin Foersters *Wörterbuch zu Kristian von Troyes' sämtlichen Werken*, Tübingen ³1973 entnommen; denn Chrétien de Troyes spielt als Quelle für den mittelhochdeutschen höfischen Roman eine herausragende Rolle. Mit Ausnahme von *châtier* (lat. *castigare*) gehen alle angeführten Verben im modernen Französischen auf *-er* aus. Vgl. w. u. Anm. 35.

[32] Als Beleg sei lediglich ein vergleichbares spanisches Beispiel angeführt: „*Declarada la guerra*, las comunicaciones eran inseguras" – „*Nachdem der Krieg erklärt worden war*, waren die Nachrichtenverbindungen nicht mehr sicher".

[33] So in dem seinerzeit gefürchteten Buch eines streitbaren Puristen: G. Wustmann: *Allerhand Sprachdummheiten. Kleine deutsche Grammatik des Zweifelhaften, des Falschen und des Häßlichen*, Straßburg ⁵1911. Ich führe eines von Wustmanns Negativbeispielen an; es ist von der Art, wie man sie bis heute in Zeitungsartikeln ziemlich häufig findet: „Kaum heimgekehrt, wandte sich die engherzigste Philisterei gegen ihn" (ebda, 171).

Besonders anfällig für die absichtlich oder unabsichtlich herbeigeführten Innovationen der Übersetzer ist der Wortschatz einer Sprache – sofern es sich nicht um dessen Kernbereich handelt. Diese Tatsache ist so häufig angesprochen und so eingehend dokumentiert worden, daß hier keine weiteren ausführlichen Belege für sie vorgelegt werden müssen. Jedes entlehnte oder durch Lehnübersetzung im engeren und weiteren Sinn gebildete Wort, das ein Übersetzer zur Auffüllung einer Ausdruckslücke einsetzt – sei sie nun objektiv gegeben („Bedürfnislehnwort") oder vom Übersetzer individuell als eine solche empfunden („Luxuslehnwort") –, kann potentiell zu einem Wort der Zielsprache werden. Das gilt besonders für die Lehnübersetzungen. Was die Mönche in althochdeutscher Zeit taten, wenn sie zur Wiedergabe von Wörtern wie *contradictio* oder *redemptio* aus dem Material ihrer Sprache die Neubildungen *widersprâcha* oder *erlôsunga* schufen, tun wir heute noch, wenn wir *wheelchair accessible washroom* mit *rollstuhlzugängliche Toilette* übersetzen, ohne uns vorher zu vergewissern, ob es das zusammengesetzte Adjektiv »überhaupt gibt«. Bildungen dieser Art verbreiten sich sehr leicht. Wie bei allen zuvor angeführten Beispielen stellt sich allerdings in diesem Zusammenhang die Frage, ob für eine beobachtete sprachliche Neuerung tatsächlich eine Übersetzung oder eine Bearbeitung verantwortlich gemacht werden kann.[34] Diese Frage hat sich auch Emil Öhmann in einem materialreichen Artikel gestellt, der in einem umfangreichen Standardwerk erschienen ist. Konkret glaubt er bei den mittelhochdeutschen Nachdichtungen altfranzösischer höfischer Romane nur einen Fall nachweisen zu können: An einer Stelle seines *Iwein* habe Hartmann von Aue das an der korrespondierenden Stelle in Chrestiens *Ivain* erscheinende Verb *rider* „fälteln" mit *ridieren* wiedergegeben.[35] Die generelle Antwort, die er auf die Frage „mündlich oder literarisch?" erteilt, scheint mir sehr plausibel. Sie darf *mutatis mutandis* auch auf andere Epochen und Sprachenpaare übertragen werden:

---

[34] Technischer, als es mir hier notwendig scheint, habe ich mich zu diesem Problem geäußert in Albrecht 1995b, 28f. Vgl. ebenfalls Koller 1984, 114f.

[35] Emil Öhmann: „Der romanische Einfluß auf das Deutsche bis zum Ausgang des Mittelalters. [1.] Der französische Einfluß", in: Friedrich Maurer/Friedrich Stroh (Hrsg.): *Deutsche Wortgeschichte*, Bd. I, Berlin ²1959, 269-298, hier 284 (= *Grundriss der Germanischen Philologie* 17/1). Das Beispiel zeigt, daß das Suffix *-ieren* den Status eines »Entlehnungsmerkmals« hat; es tritt auch bei Verben ein, die im Altfrz. nicht auf *-ier* ausgingen, ebenso bei Lehnübersetzungen: vgl. *cortoiier* „höfischen Dienst tun" > *hovieren*.

Gewöhnlich werden wir uns die Aufnahme der literarischen Fremdwörter so vorgestellt haben, daß die mittelhochdeutschen Bearbeiter und Übersetzer, die in der altfranzösischen höfischen Dichtung mehr oder weniger belesen waren, ihre Fremdwörter aus dem zentralen Wortschatz dieser Dichtung schöpften. [...] Das französische Fremdwortgut bestand nur zum geringsten Teil aus Bedürfnislehnwörtern, sie waren meistens Luxuslehnwörter [...], deren sich die Dichter bedienten, um das höfische Lokalkolorit zu schaffen und ihrer Sprache modische Eleganz zu verleihen.

Im Unterschied zu dem Wortgut, das auf dem Wege mündlicher Sprachkontakte übernommen wurde, lasse sich bei diesen Entlehnungen auch keine plausible geographische Verteilung erkennen:

Es kann auf den ersten Blick befremdend erscheinen, daß eine bedeutende Anzahl französischer Wörter zuerst im deutschen Südosten auftauchen und erst später oder überhaupt gar nicht in anderen Teilen des Sprachgebietes. Die Erklärung ist im literarischen Charakter dieser Ausdrücke zu finden. Der Schwabe Hartmann von Aue und Gottfried von Straßburg bieten zwar viele Erstbelege französischer Wörter, aber viel zahlreicher der – freilich weitgereiste – Ostfranke Wolfram von Eschenbach, der die größte Anzahl französischer Wörter unter den mittelhochdeutschen Dichtern aufweist; von seinem Fremdwortgut zeigt ein großer Teil eindeutig literarischen Charakter.[36]

Die Beeinflussung der Zielsprache durch die Übersetzer findet »von oben« statt; die geschaffenen Neuerungen verbreiten sich mit der Welle des literarischen Erfolgs.

Es gibt zwei weitere Gebiete, die für den an sprachlichen Fragen interessierten Übersetzungshistoriker aussagekräftiges Material liefern: die Phraseologie und die usuelle Tropik, d. h. die lexikalisch erstarrten Metaphern, Metonymien, Synekdochen usw. im Wortschatz einer Sprache. Beide Gebiete gelten in neuerer Zeit gewöhnlich als unantastbar auch für Übersetzer, die aus Überzeugung oder reiner Bequemlichkeit dazu neigen, sich eng an ihre Vorlage zu halten. Schon in den ersten Übersetzungsübungen lernen wir, daß man feste Redewendungen als solche erkennen muß; daß man sie nur in ganz besonderen Fällen wörtlich übersetzen darf und daß man, wenn immer möglich, eine sinnähnliche zielsprachliche Wendung für sie suchen sollte. In der Regel wird man also frz. *mettre qc. sur le dos de qn.* nicht durch **jmdm etwas auf den Rücken bürden*, sondern mit *jmdm etwas in die Schuhe schieben* wiedergeben. Wenn man sich die folgende Serie ansieht:

---

[36] Ebda, 284f.

jmdm den Hof machen; faire la cour à qn.; fare la corte a qlcno; hacer la corte a algien; fer la cort a alg; iemand het hof maken und, mit kleiner Variation, pay court to sb.

so gewinnt man den Eindruck, daß sich die Übersetzer früherer Zeiten nicht an diese Regel gehalten haben; anders lassen sich die auffälligen Parallelismen nicht erklären. Auch für Wendungen wie *sein Wort brechen, sein Wort halten, jmdm das Wort aus dem Mund nehmen* halten die meisten europäischen Sprachen analoge Fügungen bereit. Sentenzen oder „geflügelte Worte" haben, vor allem wenn sie auf die Bibel oder antike Autoren zurückgehen, ein sehr ähnliches Aussehen in den verschiedenen Sprachen:

Reden ist Silber, Schweigen ist Gold; Spreken is zilver, zwijgen is goud; la parole est d'argent et le silence est d'or; la parola è d'argento, il silenzio è d'oro.

Ganz ähnlich verhält es sich mit der usuellen Tropik. Auch hier werden die angehenden Übersetzer darauf hingewiesen, daß die erstarrten Bilder von Sprache zu Sprache verschieden sind: dem deutschen *Tischbein* entspricht ein französischer *Tischfuß* (*pied de table*) und der englischen und deutschen *Schneedecke* (*carpet of snow*) entspricht der italienische *Schneemantel* (*manto di neve*). Andererseits läßt sich eine so ausgefallene Metapher wie *Haus* im astrologischen Sinn von „Himmelsabschnitt" in fast allen europäischen Sprachen nachweisen. Im Lateinischen ist diese astrologische Sonderbedeutung von *domus* u. a. bei Vergil und Ovid belegt.[37] In einem im vorigen Jahrhundert viel benutzten Werk, dem *Antibarbarus* des Gymnasialrektors Johann Philipp Krebs, wird ausdrücklich auf Abweichungen und Übereinstimmungen der usuellen Tropik im Lateinischen und Deutschen aufmerksam gemacht. So kann man unter dem Eintrag *manus* lesen, daß „es liegt in deiner Hand, dies zu tun", aus syntaktischen Gründen nicht durch *in tua mano* wiedergegeben werden kann. Darüber hinaus gebe es jedoch viele Übereinstimmungen:

Sonst stimmt die deutsche und die lat. Sprache in den von dem Worte *manus* entlehnten Ausdrücken im eigentlichen oder tropischen Gebrauche meist zusammen, z. B. *in Händen, unter den Händen haben* (*ein Buch, den Sieg, die Hoffnung*), *in manibus*

---

[37] Vgl. Albrecht 1995b, 15.

habere [...] *die letzte Hand* = Vollendung ist *extrema manus* [...] *summa manus* [...] *ultimam manum imponere* ...[38]

Es liegt nahe anzunehmen, daß wir einen Parallelismus wie *ultimam manum imponere* – *letzte Hand anlegen* (in anderen europäischen Sprachen finden sich ähnliche Übereinstimmungen) den frühen Übersetzern oder literarischen »Weiterverwertern« verdanken.

Zum Schluß sei noch auf eine Erscheinung hingewiesen, die im Mittelalter und in der frühen Neuzeit geradezu als Erkennungsmerkmal für die Textsorte „Übersetzung" gelten konnte, die sog. „Synonymendopplung". Der Übersetzer führte einen Latinismus oder eine sonstige Entlehnung in den Text ein und erklärte sie anschließend zur Sicherheit durch ein volkssprachliches Synonym. Besonders bei französischen und italienischen Übersetzern ist diese Technik häufig nachzuweisen.[39] Die Reihenfolge der Lexeme konnte später auch umgekehrt werden; die Technik hat sich über die Übersetzungstexte hinaus als Stilmittel verselbständigt. So findet man im *Kudrunepos* (Mitte des 13. Jahrhunderts) den Vers *swaz man guoter decke und kuvertiure vant*; Niklas von Wyle wendet in seinen „Translatzen" das Verfahren nahezu mechanisch an: *suspendieret und ufgehalten* für *suspenditur* oder *grosz reverentze und eere* für *reverentia*.[40]

Eine ironische Widerspiegelung dieses typischen Merkmals früher Übersetzerprosa, das auf manchen Leser abschreckend gewirkt haben dürfte, finden wir in der ersten Szene des fünften Aktes von Shakespeares Komödie *As You Like It*:

Therefore, you clown, abandon, – which is in the vulgar leave, – the society, – which in the boorish is company, – of this female, – which in the common is woman; which together is, abandon the society of this female ...

---

[38] Johann Philipp Krebs: *Antibarbarus der lateinischen Sprache*. Reprographischer Nachdruck der von J.H. Schmalz besorgten 7. Aufl. Basel 1905, Basel/Stuttgart 1984, s. v. *manus*. Das Werk war ursprünglich als Anhang zu einem Lateinlehrbuch konzipiert worden und erschien 1837 erstmals als unabhängige Publikation.

[39] Vgl. Albrecht 1995b, 21; dort wird weiterführende Literatur angegeben. Einiges von dieser Technik ist in die Phraseologie des Französischen übergegangen: *sain et sauf, sûr et certain* usw.

[40] Vgl. Strauß 1912, 158f.

II Literatur aus zweiter Hand:
Literarischer Austausch im Spiegel der Übersetzungen

5 Nationalliteratur und »Weltliteratur«

Aus welcher Sprache übersetzen Sie und in welche Sprache? So lautet die Frage, die gemeinhin zuallererst gestellt wird – und man glaubt, damit sei alles gesagt. Was übersetzen Sie? Wann, wo, für wen? Das sind die eigentlichen Fragen, um die es beim Übersetzen literarischer Texte geht. Alles was mit der Sprache zusammenhängt, ist nur Rohmaterial bei dieser Tätigkeit; erst das weit komplexere Umfeld, das durch das Verhältnis zweier Kulturen, zweier Gedanken- und Gefühlswelten gebildet wird, kennzeichnet die Übersetzung wirklich. Um sie knapp zu definieren, wollen wie eine verkürzte Formulierung wählen: Sie besteht in einer literarischen Tätigkeit.[1]

Was der einst für die Unesco tätige Dolmetscher Cyrille Znosko-Borovski, den wir bereits unter seinem *nom de guerre* Edmond Cary kennengelernt haben, einige Jahre vor seinem frühzeitigen Tod in einem Radiovortrag versicherte, ist von vielen literarischen Übersetzern und Literaturtheoretikern bekräftigt worden. Die Ansicht, daß die literarische Übersetzung so gut wie nichts mit Linguistik, dafür um so mehr mit Literatur zu tun habe, wird in vielfältiger Variation vertreten. Dabei reicht der Ton von milder Herablassung bis zu kalter Verachtung. Die von linguistischer Seite dagegen vorgebrachten Einwände nehmen selten den Charakter von Gegenattacken an. Sie haben eher etwas Beschwichtigendes:

Der Gegenstand einer Wissenschaft vom Übersetzen [...] läßt sich zwar nicht auf den Gegenstand Sprache reduzieren, aber daß er immer auch etwas mit Sprache zu tun hat, und keinesfalls nur so nebenher, läßt sich nun einmal nicht bestreiten.[2]

Nun kann es selbst dem dickhäutigsten Elefanten aus den etwas eintönigen Savannen der Sprachwissenschaft nicht verborgen bleiben, daß literarische Übersetzung immer auch etwas mit Literatur zu tun hat, und keinesfalls nur so nebenbei. Bevor er sich also anschickt, den Porzellanladen der Literatur und ihrer Hüter zu betreten, fühlt er sich bemüßigt, das Versprechen abzugeben, sich dort mit der gebotenen Vorsicht zu bewegen. Am besten bleibt er in den vorderen Räumen, wo die *earthenware*, das

---

[1] Edmond Cary: *Comment faut-il traduire?* Introduction, bibliographie et index de Michel Ballard, Lille 1985, 35. Eigene, »freie« Übersetzung.

[2] Macheiner 1995, 345.

gewöhnliche Steingutgeschirr ausgestellt ist, und überläßt die *chinaware* den Spezialisten.

Dies ist kein Beitrag zur Literaturtheorie. Vieles von dem, was uns in der Folge beschäftigen wird, bewegt sich auf der Stufe eines unschuldigen Positivismus, der nicht mit dem Anspruch auftritt, einzig zulässige und endgültige Deutung der angesprochenen Sachverhalte zu sein, sondern der lediglich Material sichten und bereitstellen will – und dies bewußt »vortheoretisch«, d.h. im Rahmen des Alltagswissens, des *common sense* in der engeren Bedeutung dieses Ausdrucks. Zunächst eine Bemerkung zur Benennung *Literatur*: Sie ist von ihrer Etymologie her so fest an das Medium der Schrift gebunden, daß in unserem Jahrhundert, als man sich verstärkt für die mündlich tradierten Zeugnisse menschlicher Einbildungskraft zu interessieren begann, terminologische Schwierigkeiten auftraten. Man zögerte, die strenggenommen widersinnige Benennung *mündliche Literatur* zu verwenden.[3] *Litteratura* bedeutete im Lateinischen einfach „Schrift, das Geschriebene" und darüber hinaus metonymisch „Unterweisung im Umgang mit dem Schreiben und dem Geschriebenen". So erklärt sich die ältere Bedeutung in den europäischen Volkssprachen: „Belesenheit, literarische Bildung". Noch Marmontel, der Weggenosse Diderots, definiert in der großen französischen Enzyklopädie: „La littérature est la connaissance des belles-lettres ..."[4] Eine wörtliche Übersetzung ins moderne Deutsche würde als tautologisch empfunden: „Unter Literatur versteht man die Kenntnis der schönen Literatur." Bis heute wird die Disziplin, die wir im Deutschen expliziter *Vergleichende Literaturwissenschaft* nennen, im Französischen mit *littérature comparée*, im Englischen mit *comparative literature* bezeichnet. Dies widerspricht auch dem modernen Gebrauch dieser Sprachen, denn wie schon früher im Deutschen versteht man heute auch unter *littérature* bzw. *literature* nicht mehr Kenntnis des Geschriebenen", sondern das Geschriebene selbst, das „Schrifttum". Seit dem 18. Jahrhundert läßt sich in allen europäischen Sprachen eine

---

[3] „Littératures orales" lautet der Beitrag, den der bekannte Religionshistoriker Mircea Eliade zum ersten Band der in der *Encyclopédie de la Pléiade* erschienenen Weltliteraturgeschichte geliefert hat *(Histoire des littératures*, Paris 1955, 3-26; vgl. auch w. o. 3.1) Andere Autoren ziehen die weniger widersprüchliche Bezeichnung *mündliche Poesie* vor. Hier nur zwei Standardwerke: Ruth Finnegan: *Oral Poetry. Its Nature, Significance and Social Context*, Cambridge University Press 1977; Paul Zumthor: *Introduction à la poésie orale*, Paris 1983.

[4] Zitat nach Wellek 1967, 235.

Spezialisierung des Terminus auf die Bedeutung „schöne Literatur" feststellen, die jedoch durch einen geeigneten sprachlichen Kontext jederzeit aufgehoben werden kann. Sätze wie „Zur biologischen Schädlingsbekämpfung gibt es eine reichhaltige Literatur" sind in allen europäischen Sprachen weiterhin möglich.

Literatur hat, insofern sie an Sprache gebunden ist, ein Merkmal mit dieser gemeinsam, das dem allgemeinen Wissenschaftsbetrieb organisatorische Schwierigkeiten bereitet: Sie läßt sich, ebenso wie die Sprache, als allgemeines Phänomen begreifen, kommt jedoch historisch-konkret nur in der Mehrzahl vor, in einer Vielfalt von an einzelne Sprachen und Kulturen gebundenen Literatur*en*. Geht man als Wissenschaftler von diesen aus und versucht, auf dem Wege der induktiven Generalisierung zum Allgemeingültigen vorzustoßen, so treibt man „Vergleichende Sprachwissenschaft" oder „Vergleichende Literaturwissenschaft" im Sinne der „französischen Schule". Geht man von einer Theorie des Phänomens im allgemeinen aus und versucht, dessen empirischen Manifestationen ihren von dieser Theorie zugedachten Platz anzuweisen, sie zu »verorten«, wie es im Jargon der Anhänger dieser Art des Vorgehens heißt, dann treibt man „Allgemeine Sprachwissenschaft" oder „Allgemeine Literaturwissenschaft" im Sinne der „amerikanischen Schule" (vgl. w. u. 5.1). Selbstverständlich handelt es sich hier um idealtypische Vorgehensweisen, die in der Forschungspraxis nicht in reiner Form befolgt werden.

Wenn Literaturwissenschaftler sich zum Unterschied zwischen „Nationalliteratur" und „Weltliteratur" (was immer man darunter verstehen mag) äußern, findet häufig zumindest implizit eine Gleichsetzung von Sprache und Nation statt. Aus der modernen Soziolinguistik wissen wir, daß das Verhältnis von Ethnie, Nation, Sprache und Staat in Wirklichkeit äußerst verwickelt ist. Fast jede vorgeschlagene terminologisch-begriffliche Regelung kollidiert mit Einzelfällen, an die »niemand gedacht hatte« und die somit die mühsam aufgestellten Gleichungen hinfällig machen.[5] Ähnlich verhält es sich mit dem Begriff

---

[5] In der Literatur zur Vergleichenden Literaturwissenschaft, die ich einsehen konnte, wird diese Frage explizit nur bei Brunel/Pichois/Rousseau 1983, 61 wenn nicht behandelt, so doch wenigstens gestellt: „Was hat man unter »Nationalliteratur« zu verstehen? Ist sie eine Frage der Sprache, der politischen Zugehörigkeit, der kulturellen Überlieferung? Was soll man, in bezug auf das Französische, mit der Literatur der französischen Schweiz, der wallonischen Provinzen Belgiens, des französischspra-

der „Kultur", der in der modernen Übersetzungswissenschaft eine besondere Rolle spielt. Es sei in diesem Zusammenhang lediglich daran erinnert, daß »Kulturgrenzen« – in einem durchaus »vortheoretischen« Verständnis – nicht einfach mit Sprachgrenzen gleichzusetzen sind. Sie verlaufen daher auch nicht parallel zu den scheinbar so unproblematischen Grenzen zwischen den Nationalliteraturen. Der Übersetzer, der Hermann Hesses Jugendwerk *Hermann Lauscher* zu übertragen hat, benötigt ein ganz anderes kulturelles Hintergrundwissen als derjenige, dem ein Verlag die zwei Jahre später entstandene Novelle *Tonio Kröger* anvertraut hat. Andererseits ist man als Linguist geneigt, die Sprachgrenzen ernster zu nehmen, als dies viele Literaten und Literaturwissenschaftler zu tun scheinen. Als allgemeines Phänomen betrachtet ist die Sprache Manifestation der kognitiven und emotiven Anlagen der Menschen; sie ist darüber hinaus, in ihrer konkreten historischen Form, d.h. als Einzelsprache, Kristallisation der Erfahrungen einer menschlichen Gemeinschaft. Sie bietet daher einen schnellen und jederzeit überprüfbaren Zugang zu allen jenen Informationen, die von der modernen Übersetzungswissenschaft – voreilig würde ich sagen – außerhalb der Sprache gesucht werden. Eine einheitliche Literatursprache, an deren Ausbau – um nur an das Beispiel des Deutschen zu erinnern – neben den Sachsen Gottsched und Lessing, den Norddeutschen Klopstock und Voß auch der Schwabe Wieland und die Zürcher Bodmer und Breitinger ihren Anteil hatten,[6] »übertüncht« bis zu einem gewissen Grade die regionalen Kulturunterschiede. Aufgrund ihrer in der Überlieferung verankerten intersubjektiven Dimension transportiert die Sprache in ihrer konkreten historischen Form viele Inhalte, die für ihre Sprecher längst bedeutungslos geworden sind. Was ist schon weiblich an einer Mauer, was ist männlich an einem Tisch? Sehen die Franzosen dies wirklich genau umgekehrt (*le mur, la table*)? Wie dem auch sei, Deutsche und Franzosen können das grammatische Genus in dergleichen Fällen nicht einfach »abschaffen«, auch wenn sie es als unmotiviert und überflüssig empfinden. Warum muß eine Französin ihre Geschlechtszugehörigkeit preisgeben, wenn sie einfach nur ihre Zufriedenheit zum Ausdruck bringen will (*je suis contente*), eine

---

chigen Teils Kanadas, der Antillen, der französischsprachigen Regionen Afrikas anstellen?" (eigene, explizierende Übersetzung).

[6] Ich nenne hier nur einige der Namen aus der vorklassischen Zeit, die in den literaturgeschichtlichen Exkursen von *Dichtung und Wahrheit* erscheinen.

Deutsche jedoch nicht (*ich bin zufrieden*)? Warum werden elementare Beeinträchtigungen des Lebensgefühls in der einen Sprache als »subjektiver« Mangel, in der anderen als »objektive« Beeinträchtigung aufgefaßt? Man vergleiche *j'ai faim, j'ai soif, j'ai froid* mit *mich hungert, mich dürstet, mich friert*. Hat man in der Tatsache, daß die deutsche Standardsprache in den ersten beiden Fällen längst zu »subjektiven« Konstruktionen wie *Ich habe Hunger, ich habe Durst* übergegangen ist, einen Wechsel der Sichtweise zu sehen? Wieso verharrt die Standardsprache im dritten Fall hartnäckig bei »objektiven« Konstruktionen vom Typ *mich friert, mir ist kalt*, während sich in südwestdeutschen Dialekten die analogische Fortsetzung der »modernen« Konstruktionen längst durchgesetzt hat (*ich habe kalt*)? In literarischen Texten können dergleichen Eigentümlichkeiten des Ausdrucks, die mechanisch-analogisch umgestaltet und überliefert werden, remotiviert, mit neuem Inhalt versehen werden. Dadurch wird der Übersetzer in große Verlegenheit versetzt, der gelernt hat, man müsse Form und Inhalt trennen, man dürfe nicht die »Sprache«, sondern man habe den »Sinn« zu übertragen.

Dies alles kann im vorliegenden Buch nicht näher ausgeführt werden. Ich möchte mit diesen Bemerkungen nur in einer vorläufigen Form, die eigentlich einer gründlicheren Erörterung bedürfte, davor warnen, die Bedeutung auch der banalsten sprachlichen Fakten bei der literarischen Übersetzung zu unterschätzen. Es wird also in den folgenden Abschnitten an die Vertreter der Vergleichenden Literaturwissenschaft die Frage zu richten sein: Wie haltet ihr es mit der Sprache? Darüber hinaus muß jedoch an die Übersetzer literarischer Texte eine weitere Frage gerichtet werden. Sie lautet: Nehmt ihr gelegentlich zur Kenntnis, was die Literaturwissenschaft zu den Texten zu sagen hat, die man euch anvertraut hat, oder übersetzt ihr einfach drauf los?

5.1 Zur Genese des Begriffs »Weltliteratur«

Seit ihrem Bestehen wird Literaturgeschichtsschreibung – wenn man von unsystematischen Frühformen absieht – im Rahmen der Nationalliteraturen betrieben.[7] Dabei hatte es im Mittelalter und in der frühen Neuzeit durchaus so etwas wie eine »übernationale« Literatur gegeben, zumindest

---

[7] Vgl. u. a. Krauss 1968, 105.

in den höheren Etagen des Literaturbetriebs: die mittellateinische und im Anschluß daran die neulateinische Literatur. Die Strophe

Lacrimosa dies illa,
Qua resurget ex favilla
Iudicandus homo reus;

die dem Franziskanermönch Tomaso da Celano (um 1190 – etwa 1260) zugeschrieben wird, gehört insofern zur »Weltliteratur«, als sie in die Totenmesse aufgenommen wurde und somit den meisten Katholiken und darüber hinaus aus zahlreichen Vertonungen vielen Musikliebhabern im Original bekannt ist. Den ungefähr zur selben Zeit und im Rahmen derselben Gattung entstandenen Versen des Arnulf von Löwen (um 1200-1250)

Salve, caput cruentatum,
Totum spinis coronatum,
Conquassatum, vulneratum ...

blieb diese *fortuna* versagt. Sie sind heute nur Spezialisten bekannt. Im 17. Jahrhundert hat sich ihrer ein einflußreicher „Nachdichter" (vgl. w. u. 7.1) angenommen:

O Haupt voll Blut und Wunden, voll Schmerz und voller Hohn,
O Haupt, zum Spott gebunden, mit einer Dornenkron ...

In dieser Form, die ihnen Paul Gerhard gegeben hat, haben diese Verse Eingang in das Evangelische Kirchengesangbuch gefunden und waren bis in die jüngste Vergangenheit hinein den meisten deutschen Protestanten vertraut. Der Romanist Erich Auerbach, Vertreter einer neuphilologischen Disziplin, die im Gegensatz etwa zur Germanistik immer eine „komparatistische" Ausrichtung hatte, erinnert in einem der »Weltliteratur« gewidmeten Aufsatz ausdrücklich an die Epoche der mittellateinischen Literatur:

Wir müssen, unter veränderten Umständen, zurückkehren zu dem, was die vornationale mittelalterliche Bildung schon besaß: zu der Erkenntnis, daß der Geist nicht national ist.[8]

Sehr ähnlich hat sich auch der Altmeister der „französischen Schule" der Vergleichenden Literaturwissenschaft, Paul Van Tieghem geäußerst, wenn er dabei auch eine historisch spätere Epoche im Auge hatte, den europäischen Humanismus des 15.und 16. Jahrhunderts, von dem die Vergleichende Literaturwissenschaft auszugehen habe, um ihn zu erweitern und zu vollenden.[9] Beiden Gelehrten ist bewußt, daß man den Weg der Geschichte nicht zurückgehen kann. Der Terminus *Weltliteratur*, der unlösbar mit Goethe verbunden ist, entsteht „unter veränderten Umständen", d.h. vor dem Hintergrund und im Gegensatz zur fest etablierten, »dilettantischen« (im ursprünglichen positiven Sinn) und wissenschaftlichen Beschäftigung mit den Nationalliteraturen. Die deutsche Bezeichnung hat mehrere, miteinander zusammenhängende Bedeutungen, denen zum Teil unterschiedliche Ausdrücke in den Nachbarsprachen entsprechen. Die erste, die sich einem beim Hören der Bezeichnung Weltliteratur aufdrängt, ist die von „Summe von Meisterwerken mit Weltgeltung". Ihr entspricht am ehesten die englische Bezeichnung *world literature* und – cum grano salis – die französische *littérature universelle*. Diese Bedeutung meint René Wellek, wenn er die Bezeichnung anhand von für uns Deutsche höchst aufschlußreichen Beispielen erklärt und damit nebenbei ein Werturteil abgibt: „Swift gehört zur Weltliteratur, Hopkins oder Hardy nicht; Heine gehört zur Weltliteratur, Stifter oder Mörike nicht."[10] Die Zugehörigkeit zur Weltliteratur in diesem Sinn wird immer umstritten bleiben. Immer wieder wird es Kenner von Nationalliteraturen geben, die den »Weltmarktpreis«, zu dem ein von ihnen geschätzter Autor gehandelt wird, als unangemessen empfinden. So klagt der Wahlschweizer Fritz Strich im Jahre 1946, zu einem für sein Anliegen sicherlich nicht sonderlich günstigen Zeitpunkt:

Es ist ein geradezu erschütternder Gedanke, daß Dichter wie Hölderlin und Kleist es bis heute nicht vermocht haben, sich einen ihrer wirklich würdigen Platz in der Weltlitera-

---

[8] Auerbach 1967, 310. Der hier aus den *Gesammelte[n] Aufsätze[n] zur Romanischen Philologie* zitierte Artikel ist ursprünglich in der Festschrift für Fritz Stich erschienen.

[9] Vgl. Brunel/Pichois/Rousseau 1985, 67.

[10] Wellek 1967, 235.

tur zu erobern, während französische Dichter von unermeßlich geringerem Grade dem europäischen Bewußtsein ganz geläufig sind.[11]

Weltliteratur in diesem Sinn, verstanden als »literarische Rangliste«, anhand derer sich der »literarische Wechselkurs« ermitteln läßt (vgl. w. u. 6.4), ist für den kühl kalkulierenden Literatursoziologen von höchstem Interesse, dem Literaturliebhaber wird sie dagegen verdächtig bleiben. Voller Verachtung blickt Werner Kraus auf „ein Pandämonium, in dem sich Goethe und Homer, Cervantes und Rabelais begegnen, in dem sich Dante und Voltaire zunicken."[12]

In einem etwas anderen Sinn wird die Bezeichnung *Weltliteratur* in den Titeln jener zahlreichen Werke gebraucht, die über die Geschichte, die Werke, die Autoren zahlreicher Literaturen auf der gesamten Welt Auskunft geben. Zünftige Komparatisten sprechen in diesem Zusammenhang in leicht herablassendem Ton von „der mechanischen Summe aller Literaturen" oder – in diesem Fall konkret in bezug auf die monumentale *Storia universale della letteratura* von Giacomo Prampolini – von „bloßen Nebeneinanderstellungen von Nationalliteraturen".[13] In dem bewährten *Handbuch der Weltliteratur* von Hanns W. Eppelsheimer, in *Cassell's Encyclopaedia of World Literature*, aber auch im *Dizionario delle opere e dei personaggi di tutti i tempi e di tutte le letterature* von Valentino Bompiani (heute bekannter in der bearbeiteten französischen Übersetzung von R. Laffont und V. Bompiani), in *Kindlers neue[m] Literaturlexikon* und in der bereits erwähnten, unter Leitung von Raymond Queneau kompilierten *Histoire des littératures* (*Encyclopédie de la Pléiade*) wird die Bezeichnung *Weltliteratur* ungefähr in diesem Sinn verstanden.[14] Man sollte hier im Deutschen lieber von „Literatur der Welt" oder „Literaturen der Welt" sprechen; das Kompositum neigt immer stärker zur Bedeutungs-

---

[11] Strich 1946, 76. Die hier verwendete Welthandelsmetaphorik mag manchem Leser reichlich salopp erscheinen. Ich folge hier jedoch nur einer ehrwürdigen Tradition. Fritz Strich macht immer wieder darauf aufmerksam, „... wie häufig Goethe den geistigen Güteraustausch zwischen den Nationen mit dem materiellen verglich, dem Handelsverkehr, dem Weltmarkt, auf dem die Völker ihre Waren zum Austausch bringen ...". Ebda, 44.

[12] Krauss 1968, 109.

[13] Kaiser 1980, 20; Brunel/Pichois/Rousseau 1983, 76: „simples juxtapositions de littératures nationales".

[14] Genauere bibliographische Angaben finden sich im Literaturverzeichnis.

spezialisierung als die entsprechende analytische Fügung. Im Französischen stehen sich *littérature universelle* in der zuerst erläuterten und *littérature générale* oder *internationale* in der hier gemeinten gegenüber. Was immer die Literaturtheoretiker von großen Übersichtsdarstellungen halten mögen, die hier stellvertretend für eine ganze Gattung von Werken genannten Titel benennen wertvolle, im besten Sinne des Wortes „positivistisch" ausgerichtete Informationsquellen. Sie sind für den Übersetzungshistoriker besonders wertvoll, weil sie meist die wichtigsten Übersetzungen der behandelten Werke nennen. Darüber hinaus gibt es auch geschichtliche Darstellungen oder Anthologien, in denen der Versuch unternommen wird, die Literatur der Welt entweder in einem organisch-genetischen, oder aber in einem begrifflich-systematischen Zusammenhang vorzustellen. Dies versucht unter anderem Erwin Laaths unter ausdrücklicher Berufung auf Goethe. In seiner *Geschichte der Weltliteratur* „werden ... die Nationalliteraturen nicht von einander geschieden, sondern in den übergeordneten Epochen jeweils teilhaft behandelt".[15] Es ist schwer, Gliederungsprinzipien zu entwickeln, die auf ungeteilte Zustimmung stoßen. Besonders Darstellungen, die im engeren oder weiteren Sinn der Hegelschen Geschichtsphilosophie verpflichtet sind (dazu rechne ich unbekümmert auch deren „vom Kopf auf die Füße gestellte" »materialistische« Pendants), befremden den Leser durch erzwungene Parallelen und Entwicklungslinien. Als Beispiel sei die Anthologie der Weltlyrik erwähnt, die der italienische Literaturkritiker, Schriftsteller und Übersetzer Vincenzo Errante (1890-1951), ein bedeutender Vermittler zwischen der deutschen und der italienischen Literatur, und sein Schüler, der Übersetzer Emilio Mariano, unter dem Titel *Orfeo* zusammengestellt haben. Die Texte – es handelt sich ausschließlich um Übersetzungen ins Italienische – wurden primär nach chronologischen und nur sekundär nach sprachlich-geographischen Gesichtspunkten geordnet. Hinter der chronologischen Ordnung steht ein in Form von kurzen Kommentaren zu den einzelnen Abschnitten zum Ausdruck gebrachtes teleologisches Geschichtsverständnis im Hegelschen Sinn. Der Versuch, einen gemeinsamen Nenner für dieses Geschichtsbild und die in den verschiedenen Nationalliteraturen üblichen Epocheneinteilungen zu

---

[15] Laaths 1953, 14. Der Ausstrahlung eines Werkes oder eines Autors auf andere Literaturen wird von Laaths besondere Aufmerksamkeit geschenkt, ganz im Sinne der „französischen Schule" der Vergleichenden Literaturwissenschaft.

finden, führt zu überraschenden Ergebnissen: Daß Goethe insgesamt als „Romantiker" vorgestellt wird, überrascht aus romanischer Sicht nicht sonderlich – eher schon die Zuordnung Ossians alias Macphersons zur „neoklassischen Periode", wozu die Charakterisierung „nordische Inkarnation Homers" in einem seltsamen Kontrast steht. Insgesamt betrachtet ist das Gliederungsprinzip stark eurozentrisch, ohne daß dies ausdrücklich eingeräumt würde. Die außereuropäischen Literaturen werden ziemlich gewaltsam in das Gliederungsschema gepreßt.[16]

„Die Weltgeschichte der Literatur ist keine Geschichte der Weltliteratur"[17], schon gar nicht der Weltliteratur im Goetheschen Sinn. Wenn man Fritz Strich Glauben schenken will, der sich wohl am gründlichsten mit diesem Gegenstand befaßt hat, so hatte Goethe mit seiner „Weltliteratur" weniger und mehr im Sinn, als die Kompilatoren von Nachschlagewerken zur „Literatur der Welt". Weniger insofern, als es ihm dabei vorläufig nicht nur de facto, sondern auch de iure um eine auf Europa beschränkte Literatur zu gehen schien. Wenn eine „europäische Weltliteratur" nicht als Paradoxon aufgefaßt werden soll, so muß die Komponente *Welt-* bei Goethe mehr beinhalten als den Geltungsbereich im rein geographischen Sinn. Dafür gibt es Anhaltspunkte. In Goethes Schriften, Tagebüchern, Briefen und Gesprächsnotizen erscheint das Wort zum ersten Mal 1827 und dann gleich mehrfach in kurzen Abständen.[18] Am bekanntesten dürfte die Äußerung sein, die Eckermann am 31. Januar 1827 aufgezeichnet hat: „Nationalliteratur will jetzt nicht viel sagen, die Epoche der Weltliteratur ist an der Zeit, und jeder muß jetzt dazu wirken, diese Epoche zu beschleunigen."[19] Gestützt auf eine Analyse der Äußerungen, in denen der Terminus erscheint, kommt Strich zu dem Schluß, daß damit weder eine „Gesamtschau aller Nationalliteraturen", noch die „Gesamtheit der Werke, die über das Gebiet der Originalsprache hinaus Geltung erlangt haben", gemeint sein könne. Schließlich werde ja gerade Trivialliteratur der schlimmsten Sorte in viele Sprachen übersetzt. Weltliteratur sei für

---

[16] Vgl. Albrecht 1995c.

[17] „... l'histoire universelle de la littérature n'est pas l'histoire de la littérature universelle", Brunel/Pichois/Rousseau 1983, 76.

[18] Im Anhang des Buches von Strich findet sich eine chronologische Auflistung der zwanzig Stellen aus Goethes Werken und Lebenszeugnissen, an denen er sich des Wortes *Weltliteratur* bedient; Strich 1946, 397-400.

[19] Gespräche mit Eckermann, op. cit. (vgl. 4. Kap. Anm. 12), 329.

Goethe vielmehr „die zwischen den Nationalliteraturen und damit zwischen den Nationen überhaupt vermittelnde und ihre ideellen Güter austauschende Literatur", und dazu gehöre sowohl die „Übersetzungsliteratur" als auch „die das fremde Gut dem eigenen Volk verständlich machende, interpretierende und kritisch beurteilende Literatur" kurz, die „Weltliteraturwissenschaft". Durch diesen Terminus möchte Strich die seines Erachtens irreführende Bezeichnung *Vergleichende Literaturwissenschaft* ersetzt wissen. Entscheidend sei dabei das Moment der Gleichzeitigkeit, eines Austauschs, der sich unter Zeitgenossen abspielt. Hier liege der wichtigste Unterschied zu den Romantikern, die alles mögliche übersetzt hätten nur eben keine zeitgenössischen romantischen Dichter anderer Nationen.[20] Dem wechselseitigen Geben und Nehmen zwischen den einzelnen Literaturen komme dabei besondere Bedeutung zu.[21]

In dieser Interpretation weist der schillernde Begriff der Weltliteratur weit voraus in eine dem Phänomen „Übersetzung" aufgeschlossene Literaturbetrachtung. Wenn Strich dies alles richtig gesehen hat, so würde es sich für den Übersetzungshistoriker durchaus lohnen, auf Goethes Begriff der „Weltliteratur" zurückzugreifen. Es wäre mehr als die Erfüllung einer kulturellen Pietätspflicht. Diejenigen unter meinen Lesern, die sich die Mühe machen, die von Strich zusammengetragenen Goethe-Stellen in ihrem Kontext nachzulesen, werden möglicherweise meine Zweifel an der Haltbarkeit seiner Interpretation teilen. Eines scheint mir jedoch ziemlich sicher. Mit seinem ständigen Zurückkommen auf den Begriff der Weltliteratur – fast eine Obsession in den letzten Lebensjahren – reagierte Goethe abwehrend auf die aus der Romantik hervorgegangene Idee der Nationalliteratur als des höchsten Ausdrucks der als Individuum aufgefaßten Nation. Diese Idee sollte in der späteren Literaturgeschichtsschreibung die wunderlichsten Blüten hervorbringen (vgl. 5.3). Die Verhältnisse, die Marx eine halbe Generation später, im *Manifest der kommunistischen Partei,* als durch die Bourgeoisie fast schon überwunden darstellte:

---

[20] Der von Friedrich Schlegel schon um die Wende zum 19. Jahrhundert geprägte Terminus „progressive Universalpoesie" („Athenäums-Fragmente", Nr. 16), der von einigen Übersetzungshistorikern in die Nähe des Begriffs „Weltliteratur" gerückt wurde (vgl. z. B. Huyssen 1969, insb. 6. Kapitel), wird von Strich nicht berücksichtigt.
[21] Vgl. Strich 1946, 13-27.

Die geistigen Erzeugnisse der einzelnen Nationen werden Gemeingut. Die nationale Einseitigkeit und Beschränktheit wird mehr und mehr unmöglich, und aus den vielen nationalen und lokalen Literaturen bildet sich eine Weltliteratur[22]

waren erst dabei, sich wirklich zu festigen. Die großen nationalen (und immer auch ein wenig nationalistischen) Literaturgeschichten waren erst im Entstehen begriffen.[23] Die praktischen Schwierigkeiten bei der Überwindung der Sprachgrenzen wurden und werden von den Urhebern kühner theoretischer Entwürfe unterschätzt.

5.2 Literaturgeschichte, Literaturwissenschaft, vergleichende Literaturwissenschaft: Der Beitrag dieser Disziplinen zur Übersetzungstheorie und -praxis

Was will das Proletariat?
Daß keiner mehr dien als Soldat.
Ewigen Frieden wollen wir
Und die Kugel dem Offizier.
Will leben. Bin Mensch. Kein Hundetier.

Nein, diese Strophe stammt nicht von Brecht oder einem seiner Epigonen; ich habe sie einer Literaturgeschichte entnommen. Man findet sie in der heute fast vergessenen »Weltliteraturgeschichte« des Literaturhistorikers, Lyrikers, Romanciers und Kabarettisten Alfred Henschke (1890-1928), der sich Klabund nannte.[24] Wie Brecht hatte er eine Schwäche für aggressive politische und sozialkritische Balladen und nicht zuletzt für François Villon (vgl. w. u. 7.1). Das hier wiedergegebene Zitat kann uns – nicht so sehr an und für sich, sondern im Kontext seines Fundorts betrachtet – erste Aufschlüsse über das Thema „Literaturwissenschaft und Übersetzung" geben. Es handelt sich um die freie Nachdichtung eines

---

[22] Zit. nach: Karl Marx: *Die Frühschriften*. Herausgegeben von Siegfried Landshut, Stuttgart 1953, 529.

[23] Hier nur eine kleine, nicht unbedingt repräsentative Auswahl: Georg Gottfried Gervinus (einer der „Göttinger Sieben"): *Geschichte der Deutschen Dichtung*, Leipzig ⁴1853; Wilhelm Scherer (von Hause aus Sprachwissenschaftler): *Geschichte der deutschen Literatur*, Berlin 1883; Gustave Lanson: *Histoire de la littérature française*, Paris 1894; Francesco de Sanctis : *Storia della letteratura italiana*, Neapel 1870/71.

[24] Klabund: *Literaturgeschichte. Die deutsche und die fremde Dichtung von den Anfängen bis zur Gegenwart*. Herausgegeben von Ludwig Goldscheider, Wien 1929, 147.

bekannten französischen Revolutionslieds, *La Carmagnole*, das um 1792 entstanden sein dürfte. Manche Autoren nennen einen gewissen Birard als Verfasser. Auch die ausführlicheren für Franzosen geschriebenen französischen Literaturgeschichten verschwenden keine Zeile an dieses Lied. Die einflußreiche Anthologie von Lagarde und Michard erwähnt es nicht einmal beiläufig. Wer sich den Originaltext beschaffen will, wird am schnellsten in Liedersammlungen fündig. Es handelt sich um ein volkstümliches Lied im engeren Sinn, es liegt in »zersungener« Form vor, immer wieder wurden Strophen abgeändert und neue Strophen, oft in parodistischer Absicht, hinzugedichtet. Wer in einer Geschichte der Weltliteratur, die knapp 400 Seiten umfaßt, eine ganze Seite für eine freie Nachdichtung der Carmagnole bereitstellt, spricht indirekt eine Wertung aus, verändert den Kanon der Literatur, über die er berichtet, bei seinen Lesern, die wenig Möglichkeiten haben, das ihnen gebotene Bild im wahrsten Sinne des Wortes »zurechtzurücken«. Der deutsche Bildungsbürger – Klabunds Literaturgeschichte wendet sich nicht an Philologen – wird auf stark zwei Seiten, die mit „Polterabend der Revolution" überschrieben sind, über das ausgehende 18. Jahrhundert in Frankreich informiert. Zwei Drittel einer Seite sind Beaumarchais, Choderlos de Laclos, dem Marquis de Sade[25], Rétif de la Bretonne, Lesage, dem Abbé Prévost, Crébillon dem Jüngeren, dem Grafen Mirabeau und einigen weniger bekannten Autoren gewidmet, dann kommt eine gute Seite Carmagnole und schließlich wird in den verbleibenden Zeilen der Lyriker André Chénier behandelt. Die erste Strophe seines bekanntesten Gedichts, der *Iambes*, die in kaum einer französischen Anthologie fehlen, wird in einer ziemlich »treuen«, gereimten Übersetzung zitiert. Ein unverbildeter Leser einer Literaturgeschichte liest, schlägt nach und zählt dabei nicht die Zeilen, die unterschiedlichen Komponenten des Stoffes gewidmet sind, der ihm geboten wird. Er läßt sich beeindrucken. Und so wird ihm ein längerer Text, den er für einen Stellvertreter des Originals nehmen muß, sehr viel tiefer im Gedächtnis haften bleiben als eine flapsige Bemerkung über Choderlos de Laclos und den Marquis de Sade (vgl. Anm. 25). Sein Geschichtsbild wird vom begabten und versierten Übersetzer Klabund dabei ganz nebenbei »auf den neuesten Stand« gebracht, und dies geschieht auf eine um so wirksamere Weise, als dieser sich in seiner Literaturgeschichte nicht als Übersetzer zu erkennen gibt. Alle Klabund-

---

[25] Stilprobe: Choderlos de Laclos gab Unterricht in der Verführung junger Mädchen („Gefährliche Liebschaften"), der Marquis de Sade pervertierte ihn.

schen Strophen beginnen mit dem Vers: „Was will das Proletariat?" Die mir vorliegende französische Fassung lautet: *Que demande un républicain?* Klabund stellt ein spätes Beispiel für jene „Vereinigung von Übersetzer und Literaturwissenschaftler, von nachschaffendem Künstler und universell gebildetem Gelehrten"[26] dar, die im 18. und in der ersten Hälfte des 19. Jahrhunderts, als die »Arbeitsteilung« zwischen Kunst und Wissenschaft noch nicht so weit fortgeschritten war, viel häufiger auftrat als heute. Für den deutschen Sprachraum wären hier unter vielen anderen Lessing und Friedrich Schlegel zu nennen.

Inzwischen ist aus der biederen *Literaturgeschichte* längst eine *Literaturwissenschaft* geworden. Letztere ist allerdings – ähnlich wie die *Übersetzungswissenschaft* – ein „typisch deutscher Gegenstand" geblieben. Es widerstrebt der romanischen und der angelsächsischen Wissenschaftssystematik, den Terminus *science* außerhalb der sog. „exakten Wissenschaften" zu verwenden. Man spricht lieber von *Theory of Literature*[27] bzw. *théorie littéraire* oder *littérature générale*. Auf eine eingehende begriffsgeschichtliche und methodenkritische Diskussion, insbesondere auf die Beantwortung der Frage, ob die Literaturgeschichte tatsächlich als Provokation der Literaturwissenschaft[28] anzusehen ist, kann ich mich an dieser Stelle nicht einlassen. Mir geht es hier um alle Formen der Beschäftigung mit Literatur, die sich mit der Übersetzungsforschung berühren oder überlappen, wie immer sie sich nennen mögen. Dies geschieht bereits bei der altehrwürdigen nationalen Literaturgeschichtsschreibung. Selbst wer sich darauf beschränken

---

[26] Huyssen 1969, 120.

[27] So zwei amerikanische Literaturwissenschaftler, denen wir eines der auch heute noch unverzichtbaren Standardwerke auf diesem Gebiet verdanken: René Wellek/Austin Warren: *Theory of Literature*, New York ¹1942, ⁵1969.

[28] Die Konstanzer Antrittsvorlesung von Hans Robert Jauß, die dieser 1967 unter dem Titel „Was heißt und zu welchem Ende studiert man Literaturgeschichte?" gehalten hatte, wurde später unter dem Titel „Literaturgeschichte als Provokation der Literaturwissenschaft" veröffentlicht. Dort wird der Versuch unternommen, „die Kluft zwischen Literatur und Geschichte, historischer und ästhetischer Erkenntnis zu überbrücken", und zwar dadurch, daß die Aufnahme des literarischen Werkes durch das Publikum als aktiver Anteil des geschichtlichen Lebens eben dieses Werkes aufgefaßt wird. Jauß selbst hat für diesen Ansatz bekanntlich den Terminus *Rezeptionsästhetik* geprägt, den ich für nicht sehr glücklich halte. Rezeptionsgeschichte als integrierender Bestandteil der Literaturgeschichte trifft den gemeinten Sachverhalt besser (vgl. Hans Robert Jauß: *Literaturgeschichte als Provokation*, Frankfurt a. M. 1970, 144-207, insb. 168f. und Albrecht 1990, 41).

wollte, Autorennamen, Inhaltsangaben und Kurzcharakterisierungen von Werken in chronologischer Reihenfolge aneinanderzureihen, würde nicht darum herumkommen, gelegentlich fremdsprachige „Quellen" zu erwähnen und zu bewerten. In dieser Situation befand sich schon der Nestor der deutschen Literaturgeschichtsschreibung Georg Gottfried Gervinus, der mehr im Sinne hatte als eine chronologische Aneinanderreihung von Fakten. Wie sollte er über Johann Fischarts *Geschichtsklitterung* sprechen, ohne in diesem Zusammenhang auf Rabelais einzugehen? Seine Schilderung der Fischartschen Bearbeitung von Rabelais' *Gargantua* ist ein Zeugnis dafür, daß bereits zu Beginn der deutschen Literaturgeschichtsschreibung dem Phänomen „Übersetzung" und der Einbettung der deutschen Literatur in die europäische erstaunlich viel Beachtung geschenkt wird (das gilt auch für andere Fälle, so z. B. die Abhängigkeit des Martin Opitz von den Dichtern der Pléiade):

Fischart hat von diesem Werke [scil. *Gargantua*] nur das erste Buch übersetzt und dieß so sehr zu seinem Eigenthum gemacht, daß man es eine Uebersetzung nicht mehr nennen kann. Er erklärt selbst, daß sie „nur obenhin sei, wie man den Grindigen lauset", daß er nicht den Rabelais wie den Donat exponiren wolle [...] In der That scheinen ihn auch eigentlich selbst nur die Stellen vorzugsweise zu fesseln, wo er seine immer zeitgemäßen Erweiterungen mit Glück anbringen kann. [29]

In viel höherem Maße muß das Phänomen „Übersetzung" berücksichtigt werden, wenn man Nationalliteraturen im Zusammenhang behandelt – sei es bescheiden in Form einer „Vergleichenden Literaturgeschichte", sei es in Form einer stärker mit Theorie befrachteten „Vergleichenden Literaturwissenschaft". Schon das klassische Begriffsinventar dieser Disziplin weist auf diese Notwendigkeit hin: Schicksal, Erfolg, Einflüsse, Quellen, Wirkung, (übernationale) Epochen und Gattungen; Stoffe und Motive.[30] Die Notwendigkeit besteht unabhängig davon, ob man die Komponente „Vergleich" bei der übereinzelsprachlichen Literaturbetrachtung stärker oder schwächer gewichten will;[31] ob man – um eine naheliegende Analogie aus dem Gebiet der Sprachwissenschaft heranzuzie-

---

[29] Gervinus ⁴1853, Bd. III, 129.

[30] Vgl. u. a. Brunel/Pichois/Rousseau 1983, 51ff.

[31] Schon in der klassischen Komparatistik wurde vor einer Überschätzung des methodischen Werts des Vergleichs gewarnt. „Comparaison n'est pas raison" (Ein Vergleich beweist gar nichts) hatte René Etiemble in den sechziger Jahren eine Streitschrift betitelt. Vgl. auch Strich 1946, 19; Wellek 1967, 237).

hen – vorzugsweise „historisch-vergleichend" oder „ahistorisch-kontrastiv" vorgehen, d.h. Erscheinungen miteinander konfrontieren will, zwischen denen kein wie immer gearteter historischer Zusammenhang besteht. Die neuere Vergleichende Literaturwissenschaft distanziert sich zunehmend vom »Stoffe-und-Motive-Paradigma«, das als positivistisches Residuum angesehen wird. Unter dem Einfluß des europäischen Strukturalismus möchte sie die *valeur* eines literarischen Textes, seinen Stellenwert in einem umfassenderen Gefüge ermitteln. Wer die Bedeutung des französischen Wortes *noir* mit derjenigen von lateinisch *niger* vergleichen will, darf sich nicht mit der Feststellung zufriedengeben, beide Wörter hätten dieselbe Bedeutung, nämlich „schwarz". Im Lateinischen standen sich die Wörter *niger* „glänzend schwarz" und *ater* „matt schwarz" gegenüber. Die Bedeutung des französischen Worts *noir* hat sich also gegenüber derjenigen seines lateinischen Etymons *niger* um den Bereich erweitert, der *ater* vorbehalten war. Dergleichen läßt sich leichter erkennen, wenn man nicht einzelne Wörter, sondern Bezirke des Wortschatzes miteinander vergleicht.[32] Genau das haben sich die vom Strukturalismus beeinflußten Vertreter der Vergleichenden Literaturwissenschaft vorgenommen, nämlich „die Eigenheit eines Textes aus einer Relation zu anderen Texten zu bestimmen."[33] Auf diesem Wege gelangt man ganz selbstverständlich dazu, die gesamte Literatur als ein „Polysystem" zu begreifen (vgl. w. u. 5.4). Dazu muß aber zunächst der positivistische Ballast der Quellen-Einfluß-Forschung, der Stoff- und Motivgeschichte abgeworfen werden. Aus ähnlichen Gründen war auch Julia Kristeva geradezu krampfhaft darum bemüht, den Verdacht zu entkräften, bei dem von ihr in der Auseinandersetzung mit dem russischen Literaturtheoretiker Michail M. Bachtin entwickelten Begriff der „Intertextualität" könne es sich um eine neue Bezeichnung für etwas Altvertrautes handeln. Sie sieht sich genötigt, den Terminus durch einen neuen zu ersetzen:

Der Terminus Inter-Textualität bezeichnet die Umsetzung (*transposition*) eines oder mehrerer Zeichensysteme in ein anderes; da aber dieser Terminus oft im banalen Sinn

---

[32] Vgl. Albrecht 1988, 108f. Das angeführte Beispiel stammt von E. Coseriu.
[33] Ulrich Schulz-Buschhaus: „Die Unvermeidlichkeit der Komparatistik. Zum Verhältnis von einzelsprachlichen Literaturen und Vergleichender Literaturwissenschaft", *Arcadia* (1979), 223-236, hier 224.

von „kritische Untersuchung der Quellen eines Textes" verstanden worden ist, ziehen wir ihm den Terminus Umsetzung (*transposition*) vor ...[34]

Ich werde etwas später auf den weiterhin fest etablierten Begriff der „Intertextualtiät" zurückkommen. Zunächst gilt es, ein weit banaleres Problem wieder aufzugreifen, die »Sprachenfrage«. Sie wurde bis in die jüngere Vergangenheit hinein von vielen Literaturwissenschaftlern auf die leichte Schulter genommen. Als man sich im Anschluß an die Studentenbewegung der späten sechziger Jahre an manchen Universitäten anschickte, die klassischen Einzelphilologien aufzulösen und Fachbereiche für Sprachwissenschaft und Literaturwissenschaft einzurichten, wurde von namhaften Literaturwissenschaftlern erklärt, man könne den Studierenden die Lektüre der Originalwerke in mehreren Sprachen nicht zumuten; der Erwerb von Textkenntnissen müsse auf der Grundlage von Übersetzungen erfolgen. Ähnlich wie ein Vertreter der Allgemeinen Sprachwissenschaft nicht alle Sprachen wirklich beherrschen kann, mit denen er sich unter ganz spezifischen Gesichtspunkten beschäftigt, so kann auch ein Vertreter der Vergleichenden oder Allgemeinen Literaturwissenschaft nicht alle Texte im Original lesen, mit denen er sich auseinanderzusetzen hat. Sollte ihm die Originalsprache wirklich völlig unzugänglich sein, so darf er unter keinen Umständen eine verfügbare Übersetzung aufs Geratewohl zur Verfolgung seiner Zwecke heranziehen. Er muß sich unbedingt von einem Kenner bei der Wahl der heranzuziehenden Übersetzung beraten lassen, oder er muß ihn gegebenenfalls um eine kritische Charakterisierung der einzigen zur Verfügung stehenden Übersetzung bitten. Rolf Kloepfer hatte schon im Jahre 1967, anläßlich der fehlerhaften Hieronymusübersetzung in der ersten Auflage der Anthologie von Störig darauf hingewiesen, „wie wichtig die Übersetzung als Grundlage der Literaturwissenschaft ist" und zu welchen Fehldeutungen manche Übersetzungen Anlaß geben können.[35] In älteren Standardwerken der Vergleichenden Literaturwissenschaft wird das Problem der Übersetzung recht kursorisch behandelt.[36] Bei Gerhard Kaiser wird – versteckt in einer Fußnote, die viele Leser nicht zur Kenntnis genommen haben dürf-

---

[34] Julia Kristeva: *La révolution du langage poétique*, Paris 1974, 59f., zitiert in eigener Übersetzung nach Broich/Pfister 1985, 10.

[35] Vgl. Kloepfer 1967, 30. Grundsätzlich stimme ich ihm hierin zu, nicht jedoch in dem von ihm in diesem Zuammenhang geäußerten Verdacht (vgl. w. o. 2. Kap., Anm. 34).

[36] Vgl. z. B. Krauss 1968, 131ff. und auch noch Brunel/Pichois/Rousseau 1983, 43ff.

ten – auf einen wichtigen Faktor verwiesen, der die Rezeption eines Werkes über die Sprachgrenzen hinweg beeinflussen kann, auf den „Wandel der Übersetzungsnormen".[37] Erst in der Einführung von Peter V. Zima werden – sicherlich unter dem Einfluß der literaturwissenschaftlich ausgerichteten Übersetzungsforscher, von denen im Abschnitt 5.4 die Rede sein wird – der Faktor „Übersetzung" und die „Übersetzungsliteratur" wirklich ernst genommen. Die übersetzten Texte werden nicht als mehr oder weniger »treue« Widerspiegelungen der Originale vorgestellt, sondern als Manifestationen einer „inneren und äußeren „Intertextualität", die der Ausgangs- und der Zielliteratur zugleich angehören.[38] So viel vorläufig zum aktiven Beitrag der verschiedenen literaturwissenschaftlichen Teildisziplinen zur Übersetzungstheorie und -praxis. Darüber hinaus ist jedoch auch deren passiver Beitrag zu berücksichtigen, das, was Übersetzer aus freien Stücken aus der Arbeit der Literaturforscher zur Kenntnis nehmen und für die eigene Arbeit heranzuziehen. Wie wir gesehen haben, ist es im Bereich der Bibelübersetzung selbstverständlich, daß die Übersetzer Kontakt zur Bibelforschung halten. Unter literarischen Übersetzern scheint ein Kontakt zur Literaturwissenschaft nicht unbedingt die Regel zu sein. Am ehesten wird ein Übersetzer bei Literaturwissenschaftlern Rat holen, wenn er den Auftrag erhält, ein Werk der „Weltliteratur", das schon oft in seine eigene Sprache übersetzt wurde, neuerlich zu übersetzen; so z. B. im Fall des *Don Quijote* – mit über 2200 Ausgaben in über 50 Sprachen nach der Bibel das am häufigsten übersetzte Buch.[39] Nachdem dieser Roman in ganz Europa lange Zeit hindurch als Satire auf die spätmittelalterlichen Ritterromane gelesen worden war, setzte sich unter dem Einfluß der deutschen Romantiker eine tragische Sicht des Helden durch. Es wurde die Wende vom „Don Quichotte gai" zum „Don Quichotte triste" vollzogen, wie es der französische Literaturwissenschaftler Paul Hazard formuliert hat.[40] Der Übersetzer Louis Viardot, dem Frankreich die »Standardübersetzung« des Romans verdankt, die „französische Vulgata"[41] (auf die erste Auflage

---

[37] Kaiser 1980, 182 (= Anm. 36 zum 2. Kap.). Immerhin wird in diesem Werk ein großer Teil der zum damaligen Zeitpunkt relevanten übersetzungswissenschaftlichen Literatur zitiert.

[38] Vgl. Zima 1992, 199-238, insb. 199ff.

[39] Vgl. Anton Dieterich: *Cervantes*, Reinbek bei Hamburg 1990, 7.

[40] Paul Hazard: *Don Quichotte de Cervantes*. Etude et analyse, Paris 1930, 348.

[41] „La vulgate française"; vgl. ebda, 354.

von 1836/37 folgten im 19. Jahrhundert in kürzeren Abständen vierzehn weitere Auflagen), geht im Vorwort zu seiner Übersetzung ausführlich auf die verschiedenen Interpretationen des Romans im Laufe der Rezeptionsgeschichte ein und gibt sogar so etwas wie eine Übersetzungsgeschichte, wobei er verschiedene europäische Sprachen berücksichtigt. Von der Arbeit seiner Vorgänger hielt er nicht viel:

> Der *Don Quijote* muß wohl mit einem ziemlich mächtigen Lebensprinzip begabt oder gar mit dem Siegel der Unsterblichkeit versehen sein, sonst hätte er den zwanghaften Verstümmelungen, die ihm die Übersetzer zugefügt haben, nicht so glorreich widerstanden.[42]

Louis Viardot ist ein gutes Beispiel für einen belesenen, philologisch gebildeten Übersetzer. Das zeigt sich nicht zuletzt in der Art und Weise, wie er sich auf seine Aufgabe vorbereitet hat. Er habe, so versichert er kokett, dazu nichts weiter tun müssen, als einen berühmten Zeitgenossen aus seiner eigenen Literatur aus dem Bücherregal hervorzuholen: „j'ai relu Montaigne".

Übersetzer wie Viardot verkörpern zwar keineswegs die Regel, sie sind aber auch keine Ausnahmen. Der Schweizer Walter Widmer mag, einem boshaften Bonmot von Jürgen von Stackelberg zufolge, ein „marktbeherrschender Schulmeister" sein,[43] in seinen Flaubert-Übersetzungen zeigt sich, daß er die Forschungsliteratur zu seinem Autor zur Kenntnis genommen hat. Vielleicht liegt gerade hierin der Grund für seinen von Stackelberg gerügten Hang, dem Leser selbst bescheidene exegetische Anstrengungen abzunehmen. In jüngster Vergangenheit hat sich ein Übersetzer als mit detektivischem Scharfsinn begabter Übersetzungshistoriker hervorgetan. Die Schilderung dieser Episode ist einen kleinen Exkurs wert: Im Jahre 1753 – 173 Jahre nach der ersten Ausgabe des Originals – erschien die erste Übersetzung der *Essais* von Montaigne. Sie stammte von dem Westpreußen Johann Daniel Tietz (Titius). Lessing hat diese Übersetzung freundlich besprochen und auf

---

[42] *L'ingénieux hidalgo Don Quichotte de la Manche*, par Miguel de Cervantes Saavedra, traduit et annoté par Louis Viardot ..., Paris 1836/37, *Préface*. Die Angaben zu den französischen Übersetzungen des *Don Quijote* verdanke ich zum größten Teil der Diplomarbeit von Isabel Lienenkämper, Heidelberg 1994.

[43] Vgl. Stackelberg in Kortländer/Nies 1986, 43-52: „Ein marktbeherrschender Schulmeister – der Übersetzer Walter Widmer". Viele Informationen zu den deutschen Flaubert-Übersetzungen verdanke ich der Diplomarbeit von Ingrid Lau, Heidelberg 1993.

den großen Abstand aufmerksam gemacht, der zwischen dem allen Gebildeten vertrauten Französischen des 18. Jahrhunderts, der *langue universelle*, und dem mit lateinischen Zitaten gespickten Renaissance-Französischen des Stadtoberhaupts von Bordeaux besteht:

> Die Versuche des Montaigne sind eines von den ältesten und schönsten Werken der Franzosen. Noch bis jetzt hat sich keiner von unseren Übersetzern daran machen wollen, vielleicht weil man eine zweite französische Sprache lernen muß, sie zu verstehen.[44]

Den Übersetzer nennt Lessing nicht. Diese Übersetzung wurde offenbar bald durch eine zweite vom deutschen Buchmarkt verdrängt, die der aus dem Braunschweigischen stammende Bauernsohn Johann Joachim Christoph Bode, der vor allem als Übersetzer aus dem Englischen bekannt ist, unter dem Titel *Michael Montaignes Gedanken und Meinungen über allerley Gegenstände* in den Jahren 1793-1797 veröffentlicht hat. Diese Übersetzung ist öfter neu aufgelegt worden, zum letzten Mal im Jahre 1976 in einer nur geringfügig revidierten Version von Ralph-Rainer Wuthenow. Die frühere Übersetzung von Tietz, von der nur einige Übersetzungshistoriker Kenntnis hatten, galt lange Zeit als unauffindbar.[45] Der Übersetzer Mathias Greffrath, der sich bei seiner eigenen Auswahlübersetzung aus Gründen, die schon zur Sprache gekommen sind (vgl. w. o. 2.6), auf ältere Übersetzungen stützen wollte, ist an einer etwas ungewöhnlichen Stelle fündig geworden: Die Übersetzung von Tietz (Titius) wurde in dem in regelmäßigen Abständen erscheinenden *Handbuch der Auktionspreise* aufgeführt. Der Diogenes Verlag kaufte das Exemplar und brachte die Tietz-Übersetzung zum vierhundertsten Todesjahr Montaignes im Jahre 1992 neu heraus.[46]

Die meisten Übersetzer literarischer Werke nehmen die Arbeit der Literaturwissenschaftler zur Kenntnis, wenn auch mit höchst unterschiedlicher Intensität. Auch die Absolventen von akademischen Ausbildungsstätten für Übersetzer und Dolmetscher werden – entgegen einer in der Öffentlichkeit weit verbreiteten Annahme – in

---

[44] Rezension: *Berlinische Privilegierte Staats- und Gelehrte Zeitung* 1753, 60. Stück, 19. Mai, zit. nach der Ausgabe der Werke Lessings von H. G. Göpfert, Bd. III, München 1976, 166.

[45] Vgl. Stackelberg 1978, 55f.

[46] Viele Informationen zu den deutschen Montaigne-Übersetzungen verdanke ich der Diplomarbeit von Julia Diehl, Heidelberg 1997.

literaturwissenschaftlichen Lehrveranstaltungen dazu angehalten. Es hat bisher jedoch meines Wissens noch niemand überzeugend dargelegt, wie sich der Einfluß literaturwissenschaftlicher »Vordeutung« konkret sprachlich im Text einer Übersetzung niederschlägt – von einigen Marginalien einmal abgesehen. Es ist leicht, aus einem allgemeinen Leseeindruck heraus zu behaupten, eine neue Sicht des Autors X habe in dieser oder jener Übersetzung ihre Spuren hinterlassen – auch ich habe dies weiter oben getan. Behauptungen dieser Art sind in der Regel keineswegs »falsch«, sie sind oft intuitiv nachvollziehbar, aber es ist schwer, sie mit Anspruch auf intersubjektive Gültigkeit zu belegen.

Die wichtigste Disziplin für Übersetzer und Übersetzungsforscher, die auf dem Gebiet älterer Literatur arbeiten, wird nicht nur in Übersetzer- und Dolmetscherinstituten, sondern auch in den neuphilologischen Seminaren sträflich vernachlässigt: die philologische Textkritik und die Editionswissenschaft. Im größten einsprachigen Wörterbuch des Französischen, über das wir derzeit verfügen, dem sechzehnbändigen *Trésor de la langue française* findet sich das seltsame Syntagma *cuivrer une abeille* (wörtlich „eine Biene kupfern"). Ein deutscher Lexikograph, der sich keinen Reim darauf machen konnte, überprüfte die Fundstelle, die Tagebücher des französischen Schriftstellers Barbey d'Aurévilly. In der Pléiadeausgabe stieß er an der entsprechenden Stelle auf die weit weniger esoterische Lesart *enivrer une abeille* „eine Biene trunken machen". Aus dem Kontext ergibt sich, daß damit „eine verschwindend geringe Menge Alkohol verabreichen" gemeint ist. Die Kompilatoren des *Trésor* hatten eine schlechte Ausgabe verwendet. Wenn so etwas einem riesigen Stab von erfahrenen Lexikographen unterläuft, die dazu noch einen beachtlichen Kontrollapparat hinter sich haben, so läßt sich ausmalen, was Übersetzern und Übersetzungsforschern, die oft ganz auf sich gestellt sind, so alles widerfahren kann. Armin Paul Frank, einer der Stützpfeiler des Göttinger Sonderforschungsbereichs, hat mich der Mühe enthoben, das alles selbst auszumalen. Vieles von dem, was der Übersetzungsforscher beherrschen muß, stehe nicht im „Lehrbuch des Übersetzungswissenschaftlers", weil es beim Dolmetschen und Fachtextübersetzen nicht nötig sei:

Dazu gehört beispielsweise das textkritische Ermitteln derjenigen Fassung eines ursprachlichen Werks, die einem Übersetzer bei seiner Arbeit vorgelegen hat; denn will man die Prägung einer Übersetzung als Leistung ihres Übersetzers bestimmen, dann hat es keinen Sinn, sich den Kopf über geheime Gründe etwaiger Auslassungen, Hinzufügungen, Umstellungen und ausgefallenen Übersetzungslösungen zu zerbrechen, wenn diese Auffälligkeiten daher rühren, daß der Übersetzer eine andere Fassung des Werks benutzt hat als diejenige, die dem Übersetzungsforscher oder -kritiker gerade vorliegen mag. [...] Sogar bei zweisprachigen Ausgaben kann man sich nicht darauf verlassen, daß der Text auf der linken Seite diejenige Werkfassung ist, die der Übersetzer in den Text auf der rechten Seite umgewandelt hat.[47]

5.3 »Übersetzungsliteratur«

Bevor ich im letzten Abschnitt dieses Kapitels auf einige Gruppen von Literaturwissenschaftlern und Literaturtheoretikern eingehen werde, die das Übersetzen und die übersetzte Literatur zu ihrem Hauptarbeitsgebiet gemacht haben, möchte ich den Begriff „Übersetzungsliteratur" aus einem vortheoretischen Blickwinkel beleuchten; es geht zunächst um Bestandsaufnahme und Sichtung, nicht um Standort- oder Funktionsbestimmung. Lange bevor es so etwas wie eine literaturwissenschaftlich orientierte Übersetzungsforschung gab, wurde der konkreten Manifestation der Übersetzungstätigkeit, den übersetzten Texten in ihrer Gesamtheit, von Literaten Beachtung geschenkt. Im Deutschland des 18. Jahrhunderts kam es zu ersten Äußerungen des Unmuts über die immer stärker anschwellende Übersetzungsproduktion. Um die Mitte des Jahrhunderts wurde das Übersetzerhonorar zu einer üblichen Einrichtung. Die alte Literaten- und Gelehrtenkaste, die im Übersetzen ein *nobile officium* gesehen hatte, sieht mit Beunruhigung, daß diese Tätigkeit zunehmend zur Bestreitung des Lebensunterhalts betrieben wird und daß es folglich immer seltener die Übersetzer selbst sind, die entscheiden, *was* sie übersetzen. Johann Jacob Hottinger, ein Gelehrter alten Schlags, weist frühzeitig darauf hin, daß die Entstehung eines Übersetzermarktes, der von konkurrierenden, unter Zeitdruck arbeitenden Anbietern beliefert wird, verheerende Auswirkungen auf die Qualität der Übersetzungen haben muß.[48] Das böse Wort von den „Übersetzungsfabriken" macht die Runde. Es wurde möglicherweise von Friedrich Nicolai geprägt, der es in seinem Roman *Das Leben und die Meinungen des Herrn Magister Sebaldus Nothanker* (1773-1776) verwendet. Ein alter Magister, der es trotz ausgedehnter Kenntnisse auf den verschiedensten Gebieten und bester geistiger Anlagen nicht weiter als zum Korrektor bei verschiedenen Druckereien gebracht hat, klärt Sebaldus in einem längeren Gespräch über die Hintergründe des literarischen Marktes auf.

---

[47] Armin Paul Frank in Kittel (Hrsg.) 1988, 201.
[48] Vgl. Fränzel 1914, 103; Bachleitner 1989, 10f.

Deutschland werde „vermittelst unserer Übersetzungsfabriken" mit (zum größeren Teil unnötigen) Büchern überschwemmt. Ja, ja, Sebaldus habe richtig gehört, Übersetzungen würden derzeit unter ähnlichen Bedingungen produziert und geliefert wie Strümpfe und Hemden für die Armee. Die Übersetzer aus dem Französischen stünden dabei unter dem härtesten Konkurrenzdruck, denn sie lieferten die „gangbarste Waare":

> Ein Uebersetzer aus dem engländischen ist vornehmer, als ein Uebersetzer aus dem französischen, weil er seltener ist. Ein Uebersetzer aus dem italiänischen läßt sich schon bitten, ehe er zu arbeiten anfängt, und läßt sich nicht allemahl den Tag vorschreiben, an dem er abliefern soll. Einen Uebersetzer aus dem spanischen aber, findet man fast gar nicht, daher kömmt es auch, daß zuweilen Leute aus dieser Sprache übersetzen, wenn sie sie gleich nicht verstehen.[49]

Übersetzer aus den klassischen Sprachen gebe es zuhauf, diese böten sich daher selbst an. Gelegentlich würden auch Übersetzungen aus weniger geläufigen Sprachen wie dem Englischen kurzerhand für eigene Werke ausgegeben, und wenn die Auftragslage es gestatte, würden Übersetzungen aus geläufigen Sprachen von erfolgreichen Übersetzungsunternehmern an »Unterübersetzer« aufgeteilt. Beinahe die Hälfte der „neuen deutschen Bücher" seien Übersetzungen, und zwei Drittel davon reine Fabrikware. Das ist sicherlich stark übertrieben. Nach all dem, was wir heute wissen, dürfte der Anteil der Übersetzungen aus den neueren Sprachen an der gesamten Buchproduktion im Jahre 1775 unter 10 Prozent gelegen haben.[50] In dem abschätzigen Urteil, das Nicolai über die zur Kritik unfähigen Konsumenten von Übersetzungen in Deutschland fällt, schwingt ein fremdenfeindlicher Ton mit, der später schriller werden sollte:

> Kein deutscher Leser wird das Unglück einer neuen Übersetzung machen, so wenig als noch ein deutsches Parterre jemals eine neue übersetzte Komödie ausgepfiffen hat.[51]

Im 19. Jahrhundert scheinen die deutschen „Übersetzungsfabriken" erst so richtig in Schwung gekommen zu sein. Die historischen Romane von

---

[49] Nachdruck der ersten Auflage Berlin und Stettin 1773, Hildesheim /Zürich/New York 1988, 99. Man vergleiche die Sprachenreihenfolge mit derjenigen bei Schottel, ein gutes Jahrhundert früher (4. Kap., Anm. 24).
[50] Vgl. z. B. die im Jahre 1909 vorgenommene Auswertung der Ostermeßkataloge, abgedruckt bei Bachleitner 1989, 1.
[51] Nicolai, *Sebaldus Nothanker*, op.cit., 106.

Walter Scott haben offenbar eine wahre Lesewut ausgelöst, an der die Verleger verständlicherweise ihren Anteil haben wollten. Ebenso verständlich ist es, daß sich deutsche Schriftsteller gegen die ausländische Konkurrenz zur Wehr setzten. In einer liebevoll ausgeschmückten Satire schildert der Märchendichter Wilhelm Hauff die Übersetzungsproduktion bei einem angesehenen Verlag in Zwickau: Während im Erdgeschoß die Papierproduktion laufe, säßen im ersten Stock fünfzehn Menschen in der „Übersetzungsanstalt", von denen jeder innerhalb von sieben Stunden einen halben Bogen Walter Scott zu übersetzen habe. Man nenne dies „aus dem Groben arbeiten". In anderen Sälen desselben Gebäudes säßen die „Stilisten" mit ihren Sekretären, die „aus dem Groben ins Feine arbeiten". Papierherstellung, Buchbinderei und Übersetzerbetrieb liefen Hand in Hand.[52] Bei der Bezeichnung „Übersetzungsfabriken" scheint es sich um ein geflügeltes Wort gehandelt zu haben. Karl Gutzkow nimmt es 1839 in seinem polemischen Zeitschriftenartikel wieder auf, der mit „Die Deutschen Übersetzungsfabriken" betitelt ist. Seine gereizten Ausführungen sind ein Zeugnis dafür, daß es mit dem »Weltbürgertum« der deutschen Linken nicht weit her war. Als Berufsschriftsteller sah er seine Verdienstmöglichkeiten durch die „Sündfluth fremder Belletristik" eingeschränkt, die seiner Ansicht nach über das deutsche Lesepublikum hereingebrochen war. In den Buchhändlern glaubt er die eigentlichen Verantwortlichen für diese Entwicklung ausfindig gemacht zu haben. Sie seien „vom Spekulationsteufel besessen" und würden

das Lesebedürfniß der Masse und die Interessen der Literatur in den unnützesten Übersetzungen aus dem Französischen und Englischen verschwenden. Die Buchhändler [seien es], welche den Markt mit Waaren überfüllen, die die eigenen heimischen Artikel in ihrem Werthe herabdrücken; die Buchhändler [seien es], die uns vor dem Auslande den Ruf einer lächerlich äffischen Nation machen ...[53]

Die von Gutzkow verwendete Metaphorik verrät, daß es bereits einen Buchmarkt gab, der das Zerstreuungsbedürfnis des Lesepublikums, dessen Flucht in eine »bessere Welt« durch die Lektüre zu befriedigen hatte. Es entwickelte sich eine Situation, die bis heute nicht überwunden ist. Schon der schlecht gebildete und irreführende Terminus *Trivialliteratur* zeigt, daß die unterhaltende Funktion der Literatur mit einem Tabu belegt zu sein scheint. Zwischen der sog. „hohen Literatur" – was immer das

---

[52] Vgl. Bachleitner 1989, 1.

[53] Zitiert nach dem Wiederabdruck in Bachleitner 1990, 12.

sein mag – und der schlecht gemachten Kolportage klaffte in Deutschland – und in noch weit höherem Maß in Italien – eine Lücke, die zu einem beträchtlichen Teil mit „Übersetzungsliteratur" gefüllt wurde und wird. Im Wilhelminischen Deutschland wurde aus nationalistisch gefärbtem Unmut Herablassung und Überheblichkeit. In der Zeitschrift *Das litterarische Echo*, einer *Halbmonatsschrift für Litteraturfreunde* liest man in einem der „Uebersetzungslitteratur" gewidmeten Leitartikel:

Es scheint mir, daß augenblicklich ein bißchen zu viel übersetzt wird – und wie wir Deutschen nun einmal sind: das Fremde steht leicht höher im Kurs als das Eigene. Da sind wir geradezu kritiklos. Und wo einmal die Kritik schärfer in dieser Beziehung zufaßt, da meint man schon für die großen Gewinne der »Weltlitteratur« bangen zu müssen.[54]

Es folgt ein Rundumschlag, in dem der Autor so unterschiedlichen Schriftstellern wie Zola, Ibsen, Jens Peter Jacobsen, Gabriele d'Annunzio, Maurice Maeterlinck und einigen anderen bescheinigt, sie seien wohl für ihre eigenen Literaturen nicht ohne Wert, würden jedoch dem deutschen Lesepublikum von einigen – in diesem Zusammenhang namentlich genannten und kritisierten – Verlegern allzu eilfertig angeboten. Der deutsche Leser verliere dadurch den Maßstab und gehe am Heimischen achtlos vorüber. Den eigentlichen Anlaß zu dieser väterlichen Mahnung dürfte wohl der außergewöhnliche Erfolg Emile Zolas geliefert haben. Daß ein Repräsentant des soeben zum „Erbfeind" promovierten, besiegten Frankreichs mit Themen wie „Geld, Maschine, Warenhaus, Kneipe"[55] einen so nachhaltigen Erfolg haben konnte – nur drei Jahre nach dem Original war die erste deutsche Übersetzung von *L'Assommoir* unter dem Titel *Das Assommoir* erschienen – mußte die bildungsbürgerlichen Wächter bei ihrer unermüdlichen Ausschau nach »bleibenden Werten« zutiefst beunruhigen.

Nach dem ersten Weltkrieg sind die Voraussetzungen für eine nüchternere Betrachtungsweise des Phänomens „Übersetzungsliteratur" gegeben. Dies geht u. a. aus dem Artikel „Übersetzungsliteratur" hervor, den R. Leppla für die erste Auflage des von Paul Merker und Wolfgang

---

[54] Wilhelm Holzamer: „Uebersetzungslitteratur", *Das litterarische Echo 15* (Mai 1902), 1f.

[55] So die lakonische Charakterisierung bei Eppelsheimer ³1960, 561. Viele Informationen zur Zola-Rezeption in Deutschland verdanke ich der Diplomarbeit von Claudia Sendrowski, Heidelberg 1993.

Stammler herausgegebenen *Reallexikon der deutschen Literaturgeschichte* (1928/29) verfaßt hat.[56] Viele Ideen, die von den Vertretern der historisch-deskriptiven Übersetzungsforschung als neu ausgegeben werden, klingen hier bereits an oder werden sogar schon erstaunlich weit entwickelt: Die Übersetzungsliteratur wird als ein „funktionell und biologisch fast der originalen gleichwertiger, durchaus organischer Bestandteil der Nationalliteratur" betrachtet. Ein halbes Jahrhundert später wird man in diesem Zusammenhang von einem „target-oriented approach" sprechen. Die Übersetzungsliteratur müsse jedoch weiterhin im Zusammenhang mit der Ursprungsliteratur gesehen werden und sei somit in einer „internationalisierten Zwischenzone" anzusiedeln. Interessanterweise werden auch Werke, die im Ursprungsland einer Nationalliteratur in einer fremden Sprache verfaßt werden, dazu gerechnet, also z. B. das möglicherweise in St. Gallen verfaßte lateinische Hexameterepos *Waltharius* (9. oder 10. Jahrhundert) oder die literaturkritische Abhandlung *De la littérature allemande* (1780) Friedrichs II. von Preußen. Die von der „linguistisch orientierten Übersetzungswissenschaft" angeblich als „Fehler" oder „Verluste" verzeichneten »Abweichungen« vom Original sind nach Leppla einerseits „durch die Begrenztheit der zur Reproduktion zur Verfügung stehenden Ausdrucksmittel", andererseits „mit Rücksicht auf die Rezeptionsmöglichkeiten, auf das Publikum, für das die Übersetzung bestimmt ist", zu erklären. Der Grad der »Treue« sei nämlich nur zu einem Teil vom Willen des Übersetzers abhängig, denn dieser bewege sich innerhalb der Ausdrucksmöglichkeiten seiner Zeit. Schließlich wird betont – und dies ist im Zusammenhang mit dem Anliegen des vorliegenden Buches besonders wichtig –, daß die »literarische Handelsbilanz« selten ausgeglichen sei; der Grundsatz *do ut des* gelte nicht im literarischen Verkehr der Nationen.[57] Dies alles wird man später in irisierenden, »postmodernen« Formulierungen neuerlich lesen. In der ersten Auflage des „Merker-Stammler" werden diese Gedanken noch in einem beruhigend »logozentrischen« Stil vorgetragen. Nur der Ausdruck *Rezeptionsmöglichkeiten* weist auch in terminologischer Hinsicht in die Zukunft.

---

[56] Der entsprechende Artikel in der 2. Auflage von 1979 stammt von Rolf Kloepfer und trägt den Titel „Übersetzungen". Die Akzente sind dementsprechend verschoben: Es steht die Übersetzung als Prozeß, nicht als Produkt im Vordergrund. Von der dritten Auflage des „Merker-Stammler" ist eben erst der erste Band erschienen.

[57] Vgl. Leppla 1928/29, insb. 394f.; 397f.

Einige Sonderformen der „Übersetzungsliteratur" wären hier noch nachzutragen. Da sind zunächst die »Umwegübersetzungen« oder „Übersetzungen aus zweiter Hand", von denen schon verschiedentlich die Rede war. Sie treten zunächst im Spätmittelalter und in der Renaissance auf, einer Zeit, in der das Interesse für die griechischen Autoren geweckt, die Kenntnis des Griechischen jedoch noch nicht sehr verbreitet war. So erschien die französische Übersetzung von Xenophons *Anabasis* im Jahre 1529, als der Übersetzer, Claude de Seyssel, bereits gestorben war, unter einem Titel, der es verdient, hier aufgeführt zu werden:

Geschichte des Zuges, den Kyros gegen den König von Persien, Artaxerxes, seinen Bruder, unternahm, enthalten in sieben von Xenophon, einem griechischen Autor, verfaßten Büchern, zunächst ins Lateinische übersetzt von Jean Lascaris, einem gelehrten Manne, der im Griechischen beschlagen sich um die Wiederherstellung dieser Sprache verdient gemacht, und vom Lateinischen in die französische Volkssprache von Cl. de Seyssel.[58]

Jürgen von Stackelberg hat den „Übersetzungen aus zweiter Hand" eine eigene Monographie mit Fallstudien aus der europäischen Literatur vom 14. bis zum 18. Jahrhundert gewidmet. Man erfährt dort u. a., wie eine der einflußreichsten Übersetzungen des *Don Quijote*, diejenige von Filleau de Saint-Martin (1677/78), zur „Verwässerung" dieses Romans in deutschen Umwegübersetzungen beigetragen hat oder welchen Anteil der Genfer Pastor Clément de Genève am Erfolg des Stücks *The London Merchant* von George Lillo auf den deutschen Bühnen hatte.[59]

Vor allem im 18. Jahrhundert wurde in ganz Europa, insbesondere jedoch in Deutschland, die englische Literatur auf dem Wege über das Französische übersetzt. Mit den Romanen, die als Repräsentanten des *genus humile*, der niedrigen Gattung, als nicht sonderlich schutzwürdig galten, sind die französischen Übersetzer besonders freizügig verfahren. Es gehört zu den beliebten Streitfragen der literarischen Übersetzungsforschung, ob der Umweg über die nivellierenden

---

[58] Histoire du voyage que feit Cyrus à l'encontre du roi de Perse, Artaxerse, son frère, contenue en sept livres écrits par Xénophon, auteur grec, traduit premièrement en latin par Jean Lascaris, homme docte consommé en la langue grecque et le restaurateur d'icelle, et de latin en vulgaire français par Cl. de Seyssel, zit. nach der vermutlich nicht ganz korrekten Wiedergabe bei Van Hoof 1991, 31 (eigene Übersetzung).
[59] Vgl. Stackelberg 1984, insb. Kap. III und VI.

französischen Übersetzungen die Rezeption der englischen Literatur in Europa befördert oder aber behindert habe.[60] Weitere Sonderfälle der „Übersetzungsliteratur" stellen die zweisprachigen Ausgaben und die Rückübersetzungen dar. Bei zweisprachigen Ausgaben erhebt der übersetzte Text in der Regel keinen Anspruch auf Autonomie. Er möchte lediglich den Zugang zum Original erleichtern. Diese Ausgaben sind – von für den Gebrauch an Schulen vorgesehenen Texten einmal abgesehen – für die klassischen Sprachen und bei Lyrikübersetzungen am weitesten verbreitet (vgl. den Einband des vorliegenden Buches). Die Rückübersetzungen sind für den linguistisch orientierten Übersetzungsforscher ein aussagekräftiges Mittel, um den Einfluß der Eigentümlichkeiten der beteiligten Sprachen auf die Übersetzung selbst zu dokumentieren. Ich habe an verschiedenen Universitäten immer wieder einmal französische oder italienische Übersetzungen aus dem Deutschen oder deutsche Übersetzungen aus dem Italienischen in die jeweilige Originalsprache zurückübersetzen lassen. Es ist mir dabei nie gelungen, das Original in einer Art von »*patch-work*-Technik« aus diesen Übersetzungen zu rekonstruieren, auch wenn mir gut dreißig unterschiedliche Versionen zur Verfügung standen. Vom übersetzten Text führt kein Weg zum Original zurück. Dafür zeigt der Vergleich einer größeren Zahl solcher Rückübersetzungen mit dem Original – ein „Übersetzungsvergleich" sui generis – gehäuft auftretende »Abweichungen«, die mit an Sicherheit grenzender Wahrscheinlichkeit nicht auf die Entscheidungen der Übersetzer, sondern auf die Unterschiede der Sprachstruktur zurückzuführen sind. Auch im Bereich des Literaturbetriebs sind Fälle von Rückübersetzungen aufgetreten. Besonderes Aufsehen hat Goethes Übersetzung der Satire *Le neveu de Rameau*[61] von Denis Diderot erregt. Eine Rückübersetzung dieser Übersetzung wurde früher als das sog. »Original« in Frankreich veröffentlicht. Goethes deutscher Text wurde gelegentlich sogar von französischen Herausgebern bei der Herstellung ihrer Fassungen des französischen Textes zu Rate gezogen. Die meisten Vergleiche, die seither (auch im Hinblick auf Goethes Übersetzungskunst) angestellt

---

[60] Viele Informationen zu diesem Komplex verdanke ich der Diplomarbeit von Ruth Simons, Heidelberg 1993.

[61] *Rameaus Neffe*. Goethe verwendet nach älterem Sprachgebrauch das Wort *Vetter* (ursprünglich wohl „Vatersbruder", also „Onkel", dann „Bruderssohn"; erst später „Sohn eines der Geschwister des eigenen Vaters oder der eigenen Mutter").

wurden, stehen auf tönernen Füßen, da sie die äußerst verwickelte Textgeschichte nicht ausreichend berücksichtigen. Ernst Gamillscheg, ein Romanist alter Schule, der, obschon von Haus aus Sprachwissenschaftler, gelegentlich kompetent zu literarischen Fragen Stellung genommen hat, vermutet, daß die Fassung, die Goethe vorgelegen hat, keiner der später aus dem Nachlaß Diderots veröffentlichten Fassungen entspricht. Das Manuskript, das er von seinem Jugendgefährten Friedrich Maximilian Klinger (dem Autor des programmatischen Stückes *Sturm und Drang*) erhalten hatte, geht nach Gamillscheg indirekt auf die früheste Fassung von Diderots Satire zurück. Aus einigen Einzelheiten schließt er, daß es einem Nicht-Franzosen diktiert worden sein müsse (vermutlich dem Sekretär des »Literaturagenten« Friedrich Melchior Baron von Grimm), da sich einige Besonderheiten in Goethes Übersetzung am leichtesten aus Hörfehlern erklären lassen, die einem Ausländer bei der Niederschrift der Vorlage unterlaufen sein könnten. Diderot hat sein eigenes Manuskript nach der Rückkehr aus Rußland mindestens zweimal überarbeitet. Dabei hat er es, nach Ansicht Gamillschegs, durch unnötige Zusätze verunstaltet, da er sich nicht mehr in die Stimmung habe zurückversetzen können, in der ihm die Satire einst in einem Zug in die Feder geflossen sei.[62] Die zweisprachige Ausgabe der Satire, die Horst Günther im Insel-Verlag herausgegeben hat, bekräftigt die Behauptung Armin Paul Franks, man könne nicht sicher sein, daß bei Ausgaben dieser Art die Übersetzung auf der rechten der Textgrundlage auf der linken Seite entspreche (vgl. w. o. 5.2). Das läßt sich anhand einer Stelle zeigen, die auch Gamillscheg analysiert hat: In bezug auf einen Heuchler und Betrüger, der bei seinen Machenschaften das rechte Maß überschritten hat – denn auch der Niederträchtige hat sich an gewisse Kunstregeln zu halten – heißt es (aus drucktechnischen Gründen werden die Texte nicht nebeneinander, sondern hintereinander wiedergegeben):

MOI: Non certes. Mais cet infâme renégat ...
LUI: Est faux; mais c'est une fausseté bien adroite

ICH: Freilich nicht. Aber der infame Renegat?

---

[62] Vgl. Ernst Gamillscheg: „Diderots Neveu de Rameau und die Goethesche Übersetzung der Satire, in: ders.: *Gesammelte Aufsätze*, Bd. II, Tübingen 1962, 299-333.

ER: Ist falsch; aber seine Falschheit scheint sehr künstlich.[63]

Goethe erweist sich gewöhnlich als ein Übersetzer, der sich ziemlich eng an seine Vorlage hält. Es ist kaum anzunehmen, daß er das Adjektiv *künstlich* gewählt hätte, wenn er in seinem Text wirklich *fausseté adroite* „geschickte Falschheit" vorgefunden hätte. Der Text auf der linken Seite der Ausgabe geht mit Sicherheit auf eine andere Fassung zurück als die Übersetzung auf der rechten, was immer man gegen Gamillschegs Vermutungen einwenden mag.[64]

Die Rückübersetzung der Goetheschen Übersetzung wurde durch ein aktuelles Bedürfnis veranlaßt. Ein Originaltext – in welcher Fassung auch immer – stand zu diesem Zeitpunkt in Frankreich nicht zur Verfügung. Es wurden jedoch auch Rückübersetzungen in der Absicht angefertigt, das Ursprungsland mit einem »verbesserten« Original zu beglücken. So soll die *Don Quijote*-Übersetzung des Franzosen Jean-Pierre Claris de Florian – eine typische *belle infidèle* (1799) – ins Spanische übersetzt worden sein, um als Vorlage für eine Modernisierung des Originals zu dienen.[65] Ein amerikanischer Kritiker soll den englischen Edgar Allan Poe für einen mittelmäßigen, den von Baudelaire und Mallarmé »veredelten« Poe für einen genialen Schriftsteller gehalten zu haben.[66] Von Rückübersetzungen ins Englische hat man wohl dennoch Abstand genommen.

Über die Übersetzungsliteratur wird viel geschrieben; sie ist meist sehr schwer zu beschaffen. Der Aufbau einer zentralen Bibliothek für literarische Übersetzungen im weitesten Sinn in möglichst vielen Sprachen wäre ein dringendes Desiderat. Rarissima könnten dort auch in Form von gebundenen Kopien stehen. Natürlich wäre zunächst an eine Konzentration auf die Sprache des Landes zu denken, in dem die Bibliothek eingerichtet wird; bei einer deutschen Bibliothek (im

---

[63] *Rameaus Neffe*. Ein Dialog von Diderot. *Le Neveu de Rameau*. Übersetzt von Goethe. Zweisprachige Ausgabe [...] Herausgegeben und mit einem Nachwort versehen von Horst Günther, Frankfurt a. M. 1984, 148/149. Die Artemisausgabe, Bd. XV, 992 verzeichnet denselben Text.

[64] Vgl. die diesbezügliche Anmerkung in der Ausgabe von Günther, ebda, 291. Vgl. ebenfalls Stackelberg 1978, 132-145.

[65] Vgl. Maurice Bardon: *»Don Quichotte« en France au XVIIe et au XVIIIe siècle (1605-1815)*, Nachdruck der Ausgabe von 1931, New York 1971, 775.

[66] So wird zumindest bei Brunel/Pichois/Rousseau 1983, 43 behauptet; einen Beleg bleiben die Autoren schuldig.

Europäischen Übersetzerkolleg(ium) von Straelen?) sollte der Schwerpunkt auf den Übersetzungen ins Deutsche und vor allem aus dem Deutschen liegen. Später könnten auch weitere Sprachenpaare hinzukommen. In einer solchen Bibliothek wären Entdeckungen zu machen, wären Texte zu finden, wie die beiden folgenden, auf die man in deutschen Bücherregalen selten stößt, es sei denn, man ist bei einem Übersetzungsforscher zu Gast:

- Espejito, espejito que me ves,
la más hermosa de todo el reino,
dime, ¿quién es?
- ¡Oh, reina, que la más hermosa sin duda era!,
ahora Blancanieves mil veces os supera.

Alas, where can I find, when
winter arrives, the flowers? Where
the light of the sun
and the shadows of the earth?
The walls arise
speechless and cold: in the wind
clatter the banners.[67]

5.4 Die Stellung der Übersetzungsliteratur im »literarischen Polysystem«

Die Beschäftigung mit Geschichte, Theorie und Wirkung der literarischen Übersetzung hat einen unschätzbaren Vorteil: Wenn man sich erst einmal durch den mächtigen Wall aus gelehrten, nicht immer wohlbekömmlichen Schriften hindurchgegessen hat, gelangt man früher oder später in jenen inneren Bezirk, wo einem die saftigsten Bissen aus den Werken der Weltliteratur roh – d.h. in der Originalsprache – oder auch gebraten – d.h. in die eigene Muttersprache übersetzt – ins Maul fliegen. Den folgenden Bissen aus den *Essais* von Montaigne habe ich meinen Lesern selbst zubereitet; meine Zubereitung ähnelt in erstaunlichem Maße der Übersetzung von Bode, die ich erst eingesehen habe, nachdem ich meine eigene bereits angefertigt hatte:

Es gibt mehr Anlässe, Interpretationen zu interpretieren als die Dinge selbst, und mehr Bücher über Bücher als über andere Gegenstände: Wir tun nichts anderes, als uns ge-

---

[67] Aus didaktischen Gründen muß es ausnahmsweise den Lesern überlassen bleiben, die Originaltexte ausfindig zu machen.

genseitig zu glossieren. Alles wimmelt nur so von Kommentaren; an Originalschriften herrscht großer Mangel. Besteht nicht das hauptsächlich und am meisten Ansehen einbringende Wissen in unserer Zeit darin zu wissen, wie man Wissenschaftler versteht? Ist dies nicht das allen gemeinsame eigentliche Ziel aller Studien? Wir pfropfen unsere Ansichten denen der anderen auf, die zweite auf das Reis der ersten, die dritte auf das Reis der zweiten – so hangeln wir uns von Sprosse zu Sprosse hoch ...[68]

Dieser gegen Ende des 16. Jahrhunderts ausgestoßene Seufzer gilt den schwer zu entwirrenden Beziehungen, die zwischen Texten aller Art bestehen. Auf der Ebene der Originalschriften, der *aucteurs,* spricht man heutzutage in diesem Zusammenhang von „Intertextualität"; auf der höheren Ebene der Anmerkungen und Kommentare spricht man, wie wir gleich sehen werden, von „literarischen Polysystemen" oder „Makro-Polysystemen". Das tun zumindest einige Literaturwissenschaftler, die ein immer einmal wieder abgegebenes Versprechen einlösen wollen, man werde die Übersetzungsliteratur als Teil der Empfänger- oder Zielliteratur betrachten und man werde die Nationalliteraturen nicht isoliert, sondern als Komponenten eines komplexen Phänomens untersuchen. Nur gelegentlich ist dabei noch von „Weltliteratur" die Rede. Es geht dieser Gruppe von Übersetzungsforschern weniger darum zu entscheiden, wie man unter gewissen *anzunehmenden* Umständen übersetzen sollte, sondern vielmehr darum zu dokumentieren, wie in der Vergangenheit unter historisch *gegebenen* Umständen übersetzt wurde. Einige Namen, Orte und Ziele wurden in der Einführung bereits genannt. Daß einige Vertreter dieser Richtung sich völlig unnötigerweise in einem etwas gereizten Ton von der „linguistisch orientierten" Übersetzungswissenschaft – oder dem, was sie dafür halten – zu distanzieren suchen, wurde ebenfalls schon erwähnt. Kein aufgeklärter Linguist wird die Notwendigkeit und Fruchtbarkeit des historisch-deskriptiven Ansatzes bestreiten wollen oder gar

---

[68] Il y a plus affaire à interpréter les interprétations, qu'interpréter les choses; et plus livres sur les livres, que sur aultre subiect: nous ne faisons que nous entregloser. Tout formille de commentaires: d'aucteurs, il en est grand'cherté. Le principal et plus fameux sçavoir de nos siecles, est ce pas sçavoir entendre les sçavants? est ce pas la fin commune et derniere de touts estudes? Nos opinions s'entent les unes sur les aultres; la premiere sert de tige à la seconde, la seconde à la tierce: nous eschellons ainsi de degré en degré ... Montaigne, *Essais,* Buch III, Kap. 13, zit. nach der Ausgabe von Emile Faguet, Paris 1935, Bd. III, 407f. Die Übersetzung von Bode in leicht revidierter Form findet man in: *Montaigne Essais.* Herausgegeben von Ralph-Rainer Wuthenow, Frankfurt a. M. 1976, 216.

behaupten, die Übersetzung sei eine Art von Umkodierung.[69] Gemeinsamer Ausgangspunkt der Gruppe ist die Erkenntnis, daß die Literaturwissenschaft, nicht nur die nationale Literaturgeschichtsschreibung, sondern auch die Vergleichende Literaturwissenschaft, das Phänomen „Übersetzung" bisher viel zu wenig ernst genommen habe und daß man dies ändern müsse: So beginnt schon die Einführung des von Theo Hermans herausgegebenen Sammelbandes *The Manipulation of Literature*, nach dessen Titel die ganze »Schule« benannt wurde (vgl. w. u.), mit einer kaum verhüllten Anklage:

It is nothing new to say that the position occupied by Translation Studies in the study of literature generally today is, at best, marginal. Handbooks on literary theory and works of literary criticism almost universally ignore the phenomenon of literary translation; literary histories, even those that cover more than one national literature, rarely make more than a passing refererence to the existence of translated texts.[70]

Mit Ausnahme des 1986 verstorbenen Amerikaners und Wahlholländers James S. Holmes, der eher ein Eklektiker war, sind die meisten Anhänger des historisch-deskriptiven Forschungsparadigmas dem Strukturalismus im weiteren Sinne verpflichtet. Die Israelis unter ihnen schöpfen direkt aus der Quelle, bei den russischen Formalisten, die übrigen sind vor allem über Jiři Levýs Buch *Die literarische Übersetzung*, von dem sie alle beeinflußt sind, mit der Prager Schule verbunden. Der Untertitel der deutschen Fassung dieses Werks kündigt ein Programm an: *Theorie einer Kunstgattung*. Die übersetzten Texte sollen als eigenständige sprachliche Kunstwerke, nicht als Abbilder oder Stellvertreter der Originale betrachtet werden. In der Zeit der *belles infidèles* hätte dies niemand zu fordern brauchen.

Diese Neuorientierung der literarischen Übersetzungsforschung begann in den siebziger Jahren. Die alte Universität Löwen, die im Zuge der sprachlichen Neuorganisation Belgiens zu einer flämischen Institution wurde, Amsterdam, Antwerpen, Tel Aviv und London sind einige besonders wichtige Zentren. José Lambert, der einem größeren Publikum durch eine Arbeit über die Rezeption Ludwig Tiecks in Frankreich bekannt wurde, Hendrik van Gorp, der kürzlich verstorbene André Lefevere, der in Antwerpen und in Austin (Texas) gelehrt hat,

---

[69] Armin Paul Frank, der dies dem Vertreter des britischen Kontextualismus, J.C Catford, unterstellt, ist hier einem Mißverständnis aufgesessen; vgl. Frank 1987, XIV.
[70] Hermans, Einführung zu Hermans 1985, 7.

Itamar Even Zohar und Gideon Toury sind neben dem bereits genannten James S. Holmes besonders produktive Vertreter dieser Richtung.[71] Nicht rein zufällig ist der Anteil von Wissenschaftlern aus »kleinen« Sprachgemeinschaften besonders hoch. Im Jahre 1985 hat Theo Hermans von der Universität London einen schmalen Sammelband herausgegeben, dem wohl vor allem wegen seines plakativen Titels, *The Manipulation of Literature*, allgemeine Aufmerksamkeit zuteil wurde. Man spricht seither von der „Manipulation School". Der Herausgeber scheint dies vorhergesehen zu haben. Er ist bemüht, der Legendenbildung vorzubeugen:

> The group is not a school, but a geographically scattered collection of individuals with widely varying interests, who are, however, broadly in agreement on some basic assumptions [...] What they have in common is, briefly, a view of literature as a complex and dynamic system; a conviction that there should be a continual interplay between theoretical models and practical case studies; an approach to literary translation which is descriptive, target-oriented, functional and systemic; and an interest in the norms and constraints that govern the production and reception of translations, in the relation between translation and other types of text processing, and in the place and role of translation both within a given literature and in the interaction between literatures.[72]

Die Wiedergabe eines so außergewöhnlichen langen Zitats läßt sich nur dadurch rechtfertigen, daß hier auf engstem Raum Forschungsanliegen zur Sprache kommen, die geeignet sind, das gesamte »Paradigma« zu charakterisieren. Einige von ihnen werden auch für die folgenden Kapitel des vorliegenden Buchs von Bedeutung sein. Da ist zunächst die Konzeption des „literarischen Polysystems" („in view of literature as a complex and dynamic system"). Sie wird in erster Linie von Even-Zohar vertreten. Die Gattungen innerhalb einer Literatur und ganze Literaturen werden als interagierende Gefüge aufgefaßt („Makro-Polysysteme"), die Transformationsprozessen unterliegen. Bei diesem hochspekulativen Konstrukt scheint der mathematische Begriff der „Gruppe" Pate gestanden zu haben. Die „Systeme" wandeln sich nach bestimmten Regeln, ohne dabei ihre Selbstidentität zu verlieren. Das Ausmaß, in dem die Übersetzer ihre Texte den Normen der Zielliteratur unterwerfen, hängt vom Prestige, von der Stabilität und von der Reife, bzw. der »Überreife«

---

[71] Vgl. u. a. ebda, 7-15; José Lambert: „Twenty Years of Research on Literary Translation at the katholieke Universiteit Leuven", in Kittel 1988, 122-138.

[72] Hermans, Einführung zu Hermans 1985, 10f.

der an den Tauschvorgängen beteiligten Literaturen ab.[73] Als nächstes wäre das Bekenntnis zu einem ausgewogenen Verhältnis zwischen Theorie und Empirie hervorzuheben („there should be a continual interplay between theoretical models and practical case studies"). Gemeint ist damit wohl ein idealtypisches *trial-and-error*-Verfahren: Jedes „Modell" dient als Arbeitshypothese, die durch empirische Erhebungen zu modifizieren ist. Das auf diesem Wege veränderte Modell beeinflußt im »nächsten Durchgang« natürlich auch den Typ der zu erhebenden Daten. Wenn ich richtig sehe, so scheinen sich die „Polysystemtheoretiker" nicht allzu eng an ihr methodisches Versprechen gebunden zu fühlen. Konnte man der Vergleichenden Literaturwissenschaft alten Stils den Vorwurf machen, sie könne der in unzähligen Fallstudien erhobenen Daten kaum mehr Herr werden, so erhält man bei der Lektüre der Schriften der Systemtheoretiker den Eindruck, die dort entwickelten Modelle seien so liebevoll ausgearbeitet, daß sich ihre Architekten davor scheuen, sie dem harten Kontakt mit empirischen Daten auszusetzen. Der nächste Passus des langen Zitats enthält vier Schlagwörter, die inzwischen allgemein zur Kurzcharakteristik der gesamten Gruppe herangezogen werden: Man habe das Phänomen der literarischen Übersetzung deskriptiv, d.h. beschreibend, nicht vorschreibend, zielorientiert („target-oriented"), funktional und systemisch anzugehen. Über die Komponenten „deskriptiv" und „systemisch" ist schon genügend gesagt worden; über den schillernden Begriff der „Funktion" in den Geisteswissenschaften möchte ich mich hier nicht auslassen, ich habe es an anderer Stelle getan.[74] Von der einseitigen Ausrichtung auf die Zielliteratur, durch die die banale Frage nach dem Verhältnis von Original und Übersetzung fast völlig aus dem Blickfeld gerät, wird gleich bei der Vorstellung des Göttinger Sonderforschungsbereichs die Rede sein. Die Normen und Zwänge, die die Produktion und Rezeption von Übersetzungen steuern, sind eigentlich nur ein Korollar des »systemischen Ansatzes«. Dasselbe gilt für das letzte Versatzstück des Zitats, d.h. für die Position, die die Übersetzungen in den Geber- und Nehmerliteraturen einnehmen, und für die Rolle, die sie bei der wechselseitigen Beeinflussung von Literaturen spielen. Am ein-

---

[73] Vgl. u. a. Itamar Even-Zohar: „The position of translated literature within the literary polysystem", in: Holmes/Lambert/van den Broek 1978, 117-127.

[74] Vgl. Albrecht 1988, 189ff., insb. „Funktion eines Elements des Systems in bezug auf etwas außerhalb des Systems selbst Liegendes" (= f_1) vs. „Funktionen, die zwischen den Elementen des Systems bestehen" (= f_2).

prägsamsten lassen sich diese Korollare des „systemischen" Ansatzes ex negativo resümieren: Es sei naiv, meinen die Systemtheoretiker, eine bestimmte Übersetzung auf Übereinstimmungen mit und Abweichungen vom Original zu vergleichen, ohne dabei das literarische Umfeld und die Entstehungs- und Verstehensbedingungen des Textes zu berücksichtigen. Es bleibt der vorletzte Passus des Zitats, der einen wirklich neuen Gedanken enthält: Literarische Übersetzungen müssen unbedingt im Zusammenhang mit anderen Formen der Neuvertextung („other types of text processing") gesehen werden, also mit Bearbeitungen, Nachdichtungen, Parodien und ähnlichem mehr (vgl. w. u. 7.1 und 7.3).

Die meisten Angehörigen der sog. „Manipulation School" vermeiden szientistische Bezeichnungen wie *Übersetzungswissenschaft* und geben sich mit angenehm unprätentiösen Termini wie *translation studies* oder *descriptive translation studies* zufrieden. Ähnlich halten es auch die Mitglieder des Göttinger Sonderforschungsbereichs „Die literarische Übersetzung". Sie sprechen von *Übersetzungsforschung*. Natürlich hat die Göttinger Schule in mancherlei Hinsicht von den Arbeiten der Vertreter des systemtheoretischen Ansatzes profitiert, jedoch haben sich ihre Mitglieder – von wenigen Ausnahmen abgesehen – in theoretischer Hinsicht stärker zurückgehalten. Der einseitig an der Zielliteratur ausgerichtete Ansatz wird zugunsten einer Kompromißlösung aufgegeben, des sog. „transferorientierten Ansatzes", bei dem Ziel- und Ausgangsliteratur in gleichem Maße gewichtet werden sollen. Im „target-oriented approach" sieht Frank eine Überreaktion auf die Praxis der traditionellen Übersetzungsforschung, die Übersetzungen ausschließlich an ihren Vorlagen zu messen.[75] Viele Diplomarbeiten, auf die ich mich hier stütze, folgen in zwei wesentlichen Merkmalen dem Göttinger Modell: Sie enthalten „Kometenschweifstudien"[76] und unterscheiden konsequent zwischen „äußerer" und „innerer" Übersetzungsgeschichte. Es werden also nicht nur die Umstände untersucht und dokumentiert, unter denen die verschiedenen Übersetzungen eines Werks zustande gekommen sind, sondern es werden darüber hinaus auch diese Übersetzungen auf der Grundlage eines mehr oder weniger einheitlichen

---

[75] Vgl. Frank 1987, XIII.

[76] Darunter verstehen die Göttinger eine „Historisch-deskriptive Untersuchung idealerweise aller Übersetzungen eines einzigen Werkes in eine bestimmte Sprache; Darstellung der INNEREN UND ÄUSSEREN ÜBERSETZUNGSGESCHICHTE sowie des Verhältnisses zwischen kritischer und übersetzerischer Rezeption." Vgl. Frank 1989, Glossar, 266 und w. o. 2.6.

Katalogs von Kriterien miteinander verglichen. Der aufwendigen Leitvorstellung eines „literarischen Polysystems" – auch in dem von Horst Turk modifizierten Sinn: kein „Textsystem der Literatur", sondern ein „Sozialsystem der literarischen Kommunikation"[77] – stehe ich reserviert gegenüber. Schon die völlig geläufige Metapher „Sprachsystem" erweist sich bei genauerem Hinsehen als höchst problematisch; in einem weit komplexeren und schwächer organisierten Bereich wie dem der Literatur(en) ist sie entweder irreführend oder nichtssagend – je nachdem, wie ernst man sie nimmt.

Kehren wir zum Schluß noch einmal zu Montaigne zurück. Sein Stoßseufzer galt weniger der Beschreibungsebene als den beschriebenen Texten selbst, weniger dem „Literarischen Polysystem" als der Erscheinung, die man heute „Intertextualität" zu nennen pflegt. In seiner allgemeinsten Lesart stand dieser Terminus für die Gesamtheit der Elemente, die in Texten auf andere Texte, literarische Gattungen oder komplexere semiotische Systeme (Theater, Film etc.) verweisen, kurz für das, „was sich zwischen Texten abspielt."[78] Inzwischen hat er eine derartige Bedeutungserweiterung erfahren, daß nur noch wenige Eingeweihte in der Lage sein dürften, das weite Feld seiner Anwendungsmöglichkeiten zu überblicken.[79] Wenn allgemein über die Ausweitung dieses Begriffes geklagt wird, so muß es auch gestattet sein, ihn für die eigenen Bedürfnisse wieder einzuschränken. Genau das möchte ich hier tun. Ich werde den Terminus *Intertextualität* vorwiegend rezipienten- und textorientiert verwenden. Das heißt, ein Fall von Intertextualtiät liegt für mich dann vor, wenn ein Text für den Leser erkennbar auf einen anderen Text verweist – unabhängig von der Tatsache, ob das vom Autor beabsichtigt ist – und wenn sich diese Anspielung an sprachlichen Formulierungen festmachen läßt. Die Übernahme eines „Motivs" erfüllt die Bedingungen für diese eingeschränkte Verwendungsweise nicht. Ich werde also nicht die Übersetzung schlechthin als einen Fall von Intertextualität betrachten, sondern mich auf die Fälle beschränken, in denen ein Übersetzer bewußt, d.h. gegebenenfalls durch aufwendige Recherchen, auf intertextuelle Verweise reagieren muß, wenn er seiner Aufgabe gerecht werden will.

---

[77] Vgl. Horst Turk: „Geschiche und System: Zwei Schlüsselbegriffe der Übersetzungsforschung", in: Kittel 1992, IX.
[78] Broich/Pfister 1985, IX.
[79] Einen knappen, klaren Überblick findet man bei Holthuis 1993, 1-28.

So sollte der Übersetzer einer Psalmenparaphrase vom Typ „Macht hoch die Tür, die Tor macht weit" es dem zielsprachlichen Leser ermöglichen, die Anspielung innerhalb seiner eigenen Literatur nachzuvollziehen. Ein gutes Beispiel für Intertextualität in diesem handfesten Sinn bieten die Titel des Feuilletons der *Frankfurter Allgemeine[n]*, einer *Zeitung für Deutschland*. Hier muß zweifellos ein für diesen Bereich zuständiger Redakteur seine Hand im Spiel haben; es ist höchst unwahrscheinlich, daß die Autoren der betreffenden Artikel von sich aus auf Formulierungen dieser Art verfallen. Ich gebe einige ausgewählte Beispiele aus der jüngsten Vergangenheit. Meine Leser sind aufgefordert, sich selbst einen Reim darauf zu machen: „Fremd wird sie ausgezogen" (Besprechung eines feministischen Buchs); „Emile und das Deduktive" (Besprechung eines Buches über den französischen Soziologen Emile Durkheim); „Ton, Steine, Scherben" (Besprechung eines archäologischen Sachbuchs); „Nathan der Leise" (Bericht über eine Lessing-Inszenierung in Südfrankreich); „Seine Zeit" (Besprechung einer Heidegger-Biographie). Wie man sieht, reichen diese Beispiele von eher subtilen Anspielungen, wie dem antonymischen Verweis auf Wilhelm Müllers Gedicht *Gute Nacht*, mit dem Schuberts Liederzyklus *Winterreise* beginnt, bis zu immer handfesteren Kalauern. Am Schluß eines Kapitels, das der retrospektiv-deskriptiven Übersetzungsbetrachtung gewidmet ist, sei eine Forderung der präskriptiv-prospektiven Art gestattet: Ein guter Übersetzer muß Verweise dieses Typs erkennen und sollte, wenn er nicht von den Gewaltigen des Kulturbetriebs für inkompetent gehalten werden soll, zumindest zu erkennen geben, daß sie ihm nicht entgangen sind.

6 Vom literarischen Kanon zum literarischen Markt

Was muß man gelesen haben? Wozu soll man lesen, was man gelesen haben muß? Wer soll darüber befinden? Die antike und die romanische Welt – letztere mit gewissen Abstrichen – übertrug diese Aufgabe vertrauensvoll angesehenen »Vor-Lesern«, die Maßstäbe setzten. Diese Maßstäbe wurden weitgehend von den Bildungsinstitutionen aufgegriffen und weitergegeben. Auf einige Beispiele wird gleich zurückzukommen sein. Natürlich übten die, die den Kanon festsetzten, ihre Rolle als *arbitri elegantiae* nicht nach Gutdünken aus. Sie bezogen die Meinungen einiger weniger Gleichgesinnter und Geichgeschulter bei der Urteilsfindung ein. Der Handelswert von Autoren und Werken wurde von einer kleinen Elite festgesetzt. In Deutschland, das bis weit ins 19. Jahrhundert hinein nur ein „Aggregat [...] von Duodezfürstentümer[n]" darstellte,[1] fehlten dazu die Voraussetzungen. Der alte Goethe stellte dies mit Verdrossenheit fest, suchte die Gründe dafür jedoch in der fernen Vergangenheit. Die Germanen hätten Europa die Idee der persönlichen Freiheit gebracht, hatte er im *Cours d'histoire générale* von François Guizot (1787-1874) gelesen. Er beeilt sich, seinem ständig aufnahmebereiten Gesprächspartner Eckermann diese Lesefrucht mitzuteilen, und spart dabei nicht mit bissigen Kommentaren. Aus dieser Idee sei sowohl „Gescheites wie Dummes" hervorgegangen: die „Sucht unserer Poeten nach Originalität [...] sowie die Absonderung und Verisolierung unserer Gelehrten":

Franzosen und Engländer dagegen halten weit mehr zusammen und richten sich nacheinander. [...] Sie fürchten, voneinander abzuweichen, um sich nicht auffallend oder gar lächerlich zu machen. Die Deutschen aber gehen jeder seinem Kopfe nach, jeder sucht sich selber genug zu tun, er fragt nicht nach dem andern ...[2]

Dieses Urteil mag auf einer groben Verallgemeinerung beruhen; es ist jedoch zweifellos »etwas Wahres dran«. Genau zwanzig Jahre früher hatte Wilhelm von Humboldt in Königsberg, dem damaligen provisorischen Sitz der preußischen Regierung, in seiner Eigenschaft als Direktor der

---

[1] Vgl. Walter Jens: *Nationalliteratur und Weltliteratur – von Goethe aus gesehen*, München 1988, 14. Ich zitiere aus der selbständigenden Veröffentlichung dieses Essais, der als Einleitung für *Kindlers Neues Literatur Lexikon* geschrieben wurde. Den Terminus *Aggregat* hat Jens von Christoph Martin Wieland übernommen.

[2] *Gespräche mit J.P. Eckermann*, op. cit., 123 (= 6. April 1829).

Sektion für Kultus und Unterricht im Ministerium des Inneren Ideen für eine Neuorganisation des Bildungswesens entwickelt, die die deutsche Universität nachhaltig geprägt haben. Auf der dritten und höchsten Stufe des Unterrichtswesens hatte er den Studierenden nicht mehr die Rolle von passiv Lernenden zugedacht, die einen festgesetzten Lehrstoff zu bewältigen hatten. Sie sollten vielmehr aus eigenem Antrieb als „geleitete Forschende" mit den Professoren, den „selbständigen Forschenden", zusammenarbeiten.[3] Gerade im Bereich der Philologien erweist sich das mit dieser Konzeption verbundene Maß an Selbstverantwortung für Studierende aus romanischen Ländern als ungewohnte Bürde. Daß in den Lehrveranstaltungen nur exemplarisch geübt wird, wie man sich einen umfangreichen Stoff, der fast nie in Form einer verbindlichen Leseliste festgelegt ist, in eigener Verantwortung anzueignen hat, stößt auf Unverständnis. Studierende aus romanischen Ländern sind gewohnt, schon am Beginn ihres Studiums zu erfahren, was sie am Ende desselben gelesen haben müssen. Dies gilt für die Nationalliteraturen wie für die Weltliteratur. Die großen französischen Schulanthologien beruhen auf dem Prinzip der „ausgewählten Stücke" (*morceaux choisis*). Dieses solide Gerüst sieht hin und wieder ein wenig Freiraum für die Lektüre vor, die unter Umständen aus eigenem Antrieb erfolgen könnte, die sogenannten *lectures personnelles*. Wie die völlig andersartige deutsche Bildungswelt bis in die jüngere Vergangenheit hinein aussah, läßt sich besonders gut mit den Worten eines Schriftstellers verdeutlichen, dem es als einem der wenigen gelungen ist, »deutsche Innerlichkeit« zu einem gut gehenden Exportartikel zu machen – allerdings erst einige Jahre nach seinem Tod. In seinem ursprünglich für den Reclam-Verlag verfaßten Aufsatz „Eine Bibliothek der Weltliteratur" weist Hermann Hesse mit Entschiedenheit den Gedanken von sich, man solle sich bei der Auswahl seiner Lektüre von gesellschaftlichen Normen leiten lassen:

Wichtig für ein lebendiges Verhältnis des Lesers zur Weltliteratur ist vor allem, daß er sich selbst und damit die Werke, die auf ihn besonders wirken, kennenlerne und nicht irgendeinem Schema oder Bildungsprogramm folge! Er muß den Weg der Liebe gehen, nicht den der Pflicht. Sich zum Lesen irgendeines Meisterwerkes zu zwingen, nur weil

---

[3] "Über die mit dem Königsbergischen Schulwesen vorzunehmenden Reformen", zitiert nach: Peter Berglar: *Wilhelm von Humboldt*, Reinbek bei Hamburg 1970, 87.

es so berühmt ist und weil man sich schämt, es noch nicht zu kennen, wäre sehr verkehrt.[4]

Für manchen deutschen Bildungsbürger hört sich das auch heute noch ganz überzeugend an. Ohne einer »poststrukturalistischen Dekonstruktion des Subjektbegriffs« oder Schlimmerem das Wort reden zu wollen, muß man gegenüber so viel treuherzigem Individualismus doch einige skeptische Einwände machen. Wie gerät man denn eigentlich auf den „Weg der Liebe"? Entdeckt man Eça de Queiróz' Roman *A Cidade e as Serras*, Thomas Hardys *Jude the Obscure* oder Robert Schneiders postmodernen Heimatroman *Schlafes Bruder* (über dessen Zugehörigkeit zur »Weltliteratur« zwar noch keine Entscheidung gefallen, der jedoch in viele Sprachen übersetzt worden ist) – entdeckt man Werke dieser Art spontan aufgrund einer geheimen Seelenverwandtschaft, oder haben nicht viele andere dabei mitgeholfen, die Begegnung mit ihnen zu arrangieren und die eigene Empfänglichkeit für sie vorzubereiten? Verfasser von Literaturgeschichten, Kompilatoren von Anthologien, Literaturkritiker in den Medien, Verleger mit geschickten Marketingstrategien, die Buchhändler dazu bewegen, Neuerscheinungen und Neuauflagen wiederentdeckter Werke, im Original oder gegebenenfalls in alter oder neuer Übersetzung, möglichst auffällig-unauffällig auf den Lesetisch auszulegen? Greifen wir nicht aus reiner Neugier zu den Werken, deren Exemplare in besonders hohen Stapeln ausliegen? Werden wir durch die Mechanismen des literarischen Markts nicht ebenso in unseren Vorlieben beeinflußt wie durch einen literarischen Kanon, wenn auch in weit weniger leicht durchschaubarer Weise? Diesen Fragen möchte ich in den folgenden Teilkapiteln nachgehen. Ich werde keine endgültigen Antworten geben können, sondern nur Anregungen zu gründlicheren Untersuchungen. Im Hintergrund wird ständig die Frage nach dem Zusammenhang zwischen der Herausbildung von Kanones und dem Übersetzungsbetrieb stehen, insbesondere die Verschiebungen in der Wertschätzung und im Bekanntheitsgrad, die Autoren – nicht zuletzt bedingt durch die Zufälle eben dieses Betriebs – außerhalb ihres Ursprungslandes erfahren.[5] Es sind immer wieder Versuche gemacht worden, einen umfassenden Kanon der Weltliteratur aufzustellen. Einen „archimedischen Punkt" außerhalb der Nationalliteraturen hat dabei noch niemand eingenommen.

---

[4] Hermann Hesse: *Eine Bibliothek der Weltliteratur*. Mit den Aufsätzen "Magie des Buches" und "Lieblingslektüre", Zürich ²1946, 15.

[5] Vgl. Albrecht 1990, 39.

6.1 Der Begriff des „Kanons". Einige historische Beispiele

Wie so viele andere griechische Wörter, die im Bildungswortschatz der modernen europäischen Sprachen überlebt haben und dort höchst geheimnisvolle Dinge bedeuten, ist auch das Wort *Kanon* von einfacher Herkunft. (Von seinem fernen semitischen Ursprung soll hier einmal abgesehen werden.) Es bedeutet im Griechischen „Rohr, Stab, Meßlatte", darüber hinaus auch schon metaphorisch „Regel, Vorschrift". Unsere *Kanone* oder auch frz. *canon d'un fusil, canon d'une fontaine* „Gewehrlauf, Brunnenrohr" erinnern an diese bescheidenen Ursprünge. In seiner latinisierten Form *canon* hat das Wort eine glänzende Laufbahn eingeschlagen: In der bildenden Kunst versteht man darunter die als vorbildlich angesehenen Proportionen; in der Musik eine besonders strenge Form des mehrstimmigen Musizierens; in der Bibelkunde die Gesamtheit der als echt anerkannten heiligen Schriften. Uns interessiert hier allein die literarische Bedeutung: In der Literatur versteht man unter „Kanon" die Gesamtheit der für verschiedene Gattungen als mustergültig angesehenen Autoren und Werke. „Mustergültig" beinhaltet dabei nicht notwendigerweise „berühmt". Eines der frühesten Beispiele für einen ausdrücklich festgelegten literarischen Kanon ist die Liste von Autoren, die um 200 vor Christus in Alexandria von griechischen Philologen aufgestellt wurde. Sie enthielt unter anderen: Homer, Hesiod, Archilochos, Alkaios, Sappho, Pindar, Anakreon, Kallimachos, Aischylos, Sophokles, Euripides, Aristophanes, Herodot, Thukydides, Xenophon, Isokrates, Demosthenes, Platon, Aristoteles und Theophrast. Etwa dreihundert Jahre später reproduziert Quintilian, was die griechischen Autoren betrifft, eben diese Liste mit kleineren Modifikationen. Von seinen eigenen Landsleuten nennt er unter anderen: Vergil, Ovid (mit Vorbehalten), Tibull, Horaz, Terenz, Sallust, Livius, Cicero, Cäsar und Seneca (wiederum mit Vorbehalten).[6] Ennius, den Vater der römischen Literatur, will er nur als Monument, nicht als Vorbild gelten lassen,[7] und Catull, den Herder viel später sogar in seine Sammlung von »Volksliedern« aufnehmen sollte,[8] fehlt bezeichnenderweise in dieser Liste. Den bescheidenen An-

---

[6] Vgl. *Institutio oratoria*, Buch X, 1, 46-131.

[7] Ennium sicut sacros vetustate lucos adoremus ...; „Ennius wollen wir verehren wie Haine, die das Alter geheiligt hat ..."; ebda, X, 1, 89.

[8] Vgl. *Volkslieder* (="Stimmen der Völker in Liedern"), II. Teil, 3. Buch, Nr. 13. Herders antiklassizistisches, der Idee eines „Kanons" im ursprünglichen Sinne entgegengesetzte Auswahlprinzip geht indirekt aus seinem Kommentar hervor: „Aus Katull:

satz eines Kanons findet man sogar in der mittelhochdeutschen Literatur, in einer Epoche, die man früher als „staufische Klassik" bezeichnete: Mitten in seiner Schilderung von Tristans Schwertleite kommt Gottfried von Straßburg in seinem Tristanroman auf einige Dichter seiner Zeit zu sprechen: Hartmann von Aue, Bligger von Steinach, Heinrich von Veldeke, Reinmar von Hagenau, Walter von der Vogelweide werden als »kanonische Autoren«, als Vorbilder in den von ihnen gepflegten Gattungen ausgewiesen; ein anderer, nicht namentlich genannter, der jedoch möglicherweise einigen literarischen Erfolg schon zur damaligen Zeit hatte, wird als negatives Beispiel hingestellt, als *vindaere wilder maere*, „Dichter unglaubwürdiger Geschichten", dessen Sprache nicht eben und glatt ist.[9] Man kann in diesem Ungenannten unschwer den am wenigsten »klassischen« Dichter der staufischen Zeit erkennen, Wolfram von Eschenbach.

Ein Kanon der volkssprachlichen Literatur ist im Mittelalter durchaus ungewöhnlich. Zu seiner Rechtfertigung bedurfte es einer ideologischen Hilfskonstruktion, der Idee der *translatio studii* oder *litterarum*. Diese stellt nur den „Überbau" zu einer teleologischen Geschichtsspekulation dar, durch die die „Basis", nämlich die politische Macht, erfaßt wird, die Idee der *translatio imperii*. Die beiden eng miteinander verknüpften geschichtsphilosophischen Vorstellungen waren im Mittelalter weit verbreitet. Man war überzeugt, der göttliche Heilsplan sehe vor, daß die »Weltherrschaft« von einem Volk auf das nächste übergeht. Die Erneuerung des Imperiums durch Karl den Großen hatte das Modell dafür geliefert. Die Übertragung der politischen Herrschaft mußte naturgemäß den Primat in der Welt des Geistes nach sich ziehen. In nachkarolingischer Zeit konnten sich die Angehörigen der im Entstehen begriffenen europäischen Nationen begreiflicherweise nicht schnell darauf einigen, wem denn nun die neue Würde gebühre. Chrétien de Troyes hegt keinen Zweifel daran, daß *chevalerie et clergie*, „Rittertum und Wissen" – d.h. eine mustergültige Organisation des militärischen, gesellschaftlichen und geistigen Lebens – zunächst von den Griechen auf die Römer und schließlich von diesen auf die Franzosen übergegangen seien. Er gibt seiner Hoffnung Ausdruck, daß sie auf ewig

---

einem Dichter, der weit leichter ist zu verschönern als zu übersetzen" (vgl. Albrecht 1995c, 180).

[9] Vgl. *Tristan*, VIII, 4600ff., insb. 4650ff.

dort bleiben mögen.[10] In Italien, das politisch keine Einheit bildete, wird die Auseinandersetzung um die Möglichkeit, die Idee des literarischen Kanons von der antiken auf die neuere Literatur zu übertragen, auf rein sprachlichem Gebiet geführt. Länger als in anderen romanischen Ländern wurden die mittelalterlichen Ausprägungen des Italienischen eher als niedrige Soziolekte des Lateinischen denn als eine »eigene Sprache« eingestuft. Unter diesen Umständen war es besonders schwierig, für Autoren, die in der Volkssprache schrieben, den Anspruch auf Mustergültigkeit zu erheben. In seinen *Prose della volgar lingua* (1525) unternimmt der Kardinal Pietro Bembo dieses Wagnis. Er rechtfertigt das Dichten in der Volkssprache mit der Behauptung, diese habe das Lateinische abgelöst und es gebe bereits eine größere Anzahl mustergültiger Schriftsteller, die in Vers und Prosa in der Volkssprache gedichtet hätten. Es folgt eine Liste mit über zwanzig Dichtern, darunter natürlich *le tre corone*, Dante, Petrarca, Boccaccio – der erste Kanon der italienischen Literatur.[11] Zehn Jahre später räumte Juan de Valdés in seinem *Diálogo de la lengua* (1535) – einem der großen Sprachdialoge der Renaissance, von denen bereits die Rede war – die Überlegenheit des Toskanischen ein. Das Kastilische stehe diesem zwar an Anmut und Würde in nichts nach, sei jedoch noch weniger stark geregelt und verfüge noch kaum über klassische Autoren. Er empfiehlt dann dennoch einige – darunter Juan de Mena und Juan del Encina.

Eine wunderliche Mischung aus jüdischen, griechischen, lateinischen und italienischen Autoren (*Guydo eke de Columpnis* = Guido delle Colonne) sieht man in Chaucers Poem *The Hous of Fame* (um 1380) auf Pfeilern aus den unterschiedlichsten Materialien herumstehen; man weiß nicht so recht, ob man sie sich als Personen (wie bei Dante) oder als Statuen vorzustellen hat. Ein einziger »Engländer« befindet sich unter ihnen; *Englyssh Gaufride* (= Geoffrey of Monmouth).[12] Die Franzosen haben sich mit der Kanonbildung Zeit gelassen. Sie setzt im 17., im »klassischen« Jahrhundert ein und verbannt dabei alles Vorhergehende außerordentlich wirksam aus dem kulturellen

---

[10] Im Prolog zu seinem vierten höfischen Roman, dem *Cligès*, wo spätantike und bretonische Motive miteinander verknüpft werden.

[11] Vgl. u. a. Hans Wilhelm Klein: *Latein und Volgare in Italien*. Ein Beitrag zur Geschichte der italienischen Nationalsprache, München 1957, 74.

[12] Geoffrey Chaucer, *The Hous of Fame*, zit. nach Albert C. Baugh: *Chaucer's Major Poetry*, New York 1963.

Gedächtnis der Nation. Der französische Großkritiker Charles-Augustin Sainte-Beuve ringt sich noch um die Mitte des 19. Jahrhunderts eben einmal dazu durch, Rabelais als „Entwurf eines bedeutenden Dichters" (ébauche de grand poète) und Montaigne als „eine Art von vorweggenommenem Klassiker" (une espèce de classique anticipé) anzuerkennen.[13] In der berühmten *Querelle des Anciens et des Modernes* wird der Aufstand gegen die Kanones im engeren Sinne, d.h. die überlieferten Kataloge mustergültiger antiker Schriftsteller, geprobt. Der Testamentvollstrecker der französischen Klassik, Nicolas Boileau, der sich auf Seiten der „Alten" in den Kampf gestürzt hatte, leitet in seinem *Art poétique* nichtsdestoweniger die Selbstkanonisierung der klassischen Literatur und die Verdrängung der großen Literatur des 16. Jahrhunderts aus dem „Tempel des Geschmacks" ein. Diese Entwicklung erreicht mit Voltaire ihren Höhepunkt. Er hatte klarer als andere gesehen, daß die Festschreibung eines bestimmten literarischen Geschmacks nur gelingen konnte, wenn man sich gleichzeitig darum bemühte, die Weiterentwicklung der Literatursprache aufzuhalten. Unter dem Stichwort *Langues* liest man in seinem *Dictionnaire philosophique*:

Wenn auch jede Sprache unvollkommen ist, so heißt das nicht, daß man sie deshalb ändern dürfte. Wenn sie eine ausreichende Zahl von Autoren hervorgebracht hat, die sich allgemeiner Zustimmung erfreuen, ist die Sprache festgelegt. Daher kann man am Italienischen, Spanischen, Englischen, Französischen nichts mehr ändern, ohne diese Sprachen zu verderben, und zwar aus einem einleuchtenden Grund: Man würde in kurzer Zeit all die Bücher unverständlich machen, die den Völkern zur Belehrung und zum Vergnügen gereichen.[14]

Im Vergleich zu den Unsterblichkeitszusicherungen, mit denen französische Autoren des 18. Jahrhunderts ihre Vorgänger bedenken, lesen sich die Bemerkungen, die Goethe in *Dichtung und Wahrheit* über die Ent-

---

[13] „Qu'est-ce qu'un classique" (= Causerie du lundi 21 octobre 1850), zit. nach der Ausgabe von Gisèle Corbière-Gille: *Critique de Sainte-Beuve*, Paris 1973, 331.

[14] „Toute langue étant imparfaite, il ne s'ensuit pas qu'on doive la changer. Il faut absolument s'en tenir à la manière dont les bons auteurs l'ont parlée; et quand on a un nombre suffisant d'auteurs approuvés, la langue est fixée. Ainsi on ne peut plus rien changer à l'italien, à l'espagnol, à l'anglais, au français, sans les corrompre; la raison en est claire: c'est qu'on rendrait bientôt inintelligibles les livres qui font l'instruction et le plaisir des nations." S. v. *Langues* in der erweiterten Fassung des *Dictionnaire philosophique*, abgedruckt in: *Œuvres complètes de Voltaire*. Nouvelle édition avec notices, préfaces, variantes, table analytique [...], Bd. 19: *Dictionnaire philosophique* III, Paris 1879, 573f. (eigene Übersetzung).

wicklung der deutschen Literatur im 18. Jahrhundert eingestreut hat,[15] wie strenge literarhistorische und -kritische Exkurse.

Der Begriff des Kanons ist – speziell im Bereich der Literatur – im Laufe der Zeit ausgeweitet und schließlich bis zur Unkenntlichkeit verwässert worden. In seiner strengen, ursprünglichen Bedeutung ist ein Kanon ein „zu einer kristallinen Struktur gehärteter ... Traditionskomplex"; das „Ergebnis einer bewußten und mühevollen Anstrengung", den Lauf der Zeit aufzuhalten und die Vergänglichkeit zu überwinden. Speziell der Literaturkanon in diesem ursprünglichen Sinn ist eine unmittelbare Folge des Siegeszugs der Schrift, durch die ein „Text" im engeren Sinne – eine Verlautbarung, die Gegenstand des Übersetzens, nicht des Dolmetschens werden kann (vgl. w. o. 1.2) – überhaupt erst möglich wird: „Äußerungen, die auf Wiederholung und bezugnehmenden Rückgriff angelegt sind, überdauern als Texte den Moment der Verlautbarung." Alle Fragen der sog. „wörtlichen" Übersetzung entstehen erst nach diesem kulturhistorisch bedeutsamen Moment. Ist eine Äußerung erst einmal schriftlich fixiert worden, so paßt sich ihre Ausdrucksseite nicht mehr unmittelbar und unmerklich den gewandelten Bedingungen an, wie es im Zeitalter mündlicher Überlieferung der Fall gewesen war. Das Auswendiglernen, das früher im Schulbetrieb eine so große Rolle spielte, markiert ein langlebiges Übergangsstadium zwischen Mündlichkeit und Schriftlichkeit. Texte, insb. »heilige« oder sonst für die Identität einer historisch-gesellschaftlichen Gruppe bedeutsame Texte, stellen eine neue kulturelle Herausforderung dar. Sie erheben den Anspruch, möglichst unverändert tradiert zu werden. Dazu müssen sie »gepflegt« werden. Damit ist nicht nur die Sorge um die Erhaltung ihrer ursprünglichen Gestalt gemeint, sondern auch diejenige um die Bewahrung des Gehalts, des »Sinnes«; denn „je fester der Buchstabe, desto gefährdeter der Geist". Die Aufstellung eines Kanons, die Einschränkung einer bereits vorhandenen Tradition, ist unter diesen Bedingungen ein irreversibler Vorgang. Unsere herkömmlichen Vorstellungen von der Entstehung eines Kernbestandes »bleibender« Texte auf dem Wege der »natürlichen Auslese«, als Kristallisationsprodukt einer ungesteuert ablaufenden Rezeptionsgeschichte, sind nur zum Teil berechtigt. Ein Autor, ein Text, der nicht zur »richtigen« Zeit für würdig befunden wird, in den Bestand des zu Überliefernden aufgenommen zu werden, wird in den meisten Fällen ein für alle Mal

---

[15] Vgl. w. o. Kap. 5, Anm. 6.

vergessen.[16] Das »Bleibende« erweist sich oft schlicht als das, was tatsächlich geblieben ist. Es ist eine These dieses Buchs, daß auch die Übersetzer – vor allem die philologisch geschulten – ihren Anteil an diesem historischen Selektionsprozeß haben. Der Begriff „Kanon" wird heute meist in einem schwächeren, metonymisch ausgeweiteten Sinn gebraucht. Man versteht darunter gewöhnlich eine Liste »klassischer« Autoren und/oder Werke, deren Zusammensetzung zwar dem Wertewandel unterworfen ist, aber nur in ihrem in die jüngste Vergangenheit hineinreichenden Teil. Am Bestand ihrer älteren Teile ändert sich kaum mehr etwas – es sei denn, schwerwiegende historische Ereignisse würden zu einem völligen Abbruch der Traditionslinie führen. Bei der Interpretation des ausgeweiteten Kanonbegriffs führt die Bezeichnung *klassisch* zu Mißverständnissen. Der Terminus stammt aus dem römischen Steuersystem. Alle Bürger, die unterhalb eines gewissen Einkommens blieben, wurden als *infra classe* eingestuft, als *classici* galten die Bürger der obersten Steuerklasse. Jedem besseren Lateinlexikon kann man entnehmen, daß der römische Schriftsteller Aulus Gellius die Bezeichnung *classicus scriptor* geprägt und damit den Begriff vom Steuerwesen auf die Literatur übertragen hat. In neuerer Zeit hat Sainte-Beuve in seinen bereits erwähnten „Montagsplaudereien" genüßlich auf den Ursprung des Terminus hingewiesen. Er geht dabei auch auf die Zweideutigkeit der Bezeichnung *klassisch* in den neueren Sprachen ein. Zum einen versteht man darunter Autoren und Werke mit gewissen intrinsischen Qualitäten wie Regelmäßigkeit, Ebenmaß, sprachliche Zurückhaltung („Neues sagen, ohne dabei Neologismen zu verwenden"), Vernunftbetontheit usw. usf. Daneben wird das Wort jedoch auch in einem schwer greifbaren extrinsischen Sinn verwendet, als Bezeichnung für Autoren und Werke, die den historischen Ausleseprozeß erfolgreich überstanden haben. Nicht immer steigt ein „klassischer" Schriftsteller in der intrinsischen Bedeutung des Terminus zu einem „Klassiker" im extrinsischen Sinn des Wortes auf. Der von Voltaire als Musterautor gepriesene und gegen die hämischen Bemerkungen von Boileau

---

[16] Ich folge hier in einigen wesentlichen Punkten dem Aufsatz „Kanon und Zensur", den Aleida und Jan Assmann dem von ihnen herausgegebenen Sammelband mit demselben Titel vorangestellt haben (= Assmann/Assmann 1987, 7-27). Alle Zitate stammen aus dieser Quelle.

verteidigte Philippe Quinault,[17] ist heute nur noch einigen Spezialisten bekannt. Noch häufiger kommt es vor, daß Autoren zu „Klassikern" in der extrinsischen Bedeutung des Wortes aufsteigen, denen alle intrinsischen Qualitäten eines „klassischen" Schriftstellers fehlen. Im Falle Shakespeares ist dieser scheinbare Widerspruch von den Verwaltern des europäischen Literaturbetriebs ausdrücklich thematisiert worden. Sainte-Beuve, der Goethe sehr schätzte, soll gegen Ende seines Lebens in der Bezeichnung *deutscher Klassiker* eine *contradictio in adiecto* gesehen haben.[18]

Es wäre eine lohnende Aufgabe, einmal genauer zu untersuchen, ob zwischen der intrinsischen und der extrinsischen Bedeutung des Ausdrucks *klassisch* nicht doch ein engerer Zusammenhang besteht. Ein „Klassiker" im intrinsischen Sinn des Wortes zu sein, ist sicher keine hinreichende Bedingung für den Aufstieg zu den „Klassikern" im extrinsischen Sinn. Ist es jedoch möglicherweise eine notwendige Bedingung? Lassen sich in den scheinbar völlig »unklassischen« Werken wie z. B. den *Wuthering Heights* von Emily Brontë (ein besonders häufig übersetzter Roman) im Nachhinein nicht doch »klassische« Züge ausmachen? Es leuchtet in jedem Fall unmittelbar ein, daß »Originalität«, die sich in der bloßen Negierung der etablierten Normen erschöpft, kurzlebiger sein muß als diese selbst, weil sie ihre Wirkung ausschließlich aus der stillschweigenden und uneingestandenen Akzeptanz eben dieser Normen bezieht.

Zu Beginn des 19. Jahrhunderts vollzieht sich ein Übergang vom „Kanon klassischer Autoren" zum „Kanon klassischer Werke". Dieser neue Begriff des Kanons trägt explizit oder implizit der Tatsache Rechnung, daß die literarischen Gattungen sich in unterschiedlichem Maße zur »Verewigung« eignen. In einer Zeit, als sich ältere Brüder noch ungestraft zu Lehrmeistern ihrer jüngeren Geschwister aufschwingen durften, schrieb Stendhal an seine Schwester Pauline:

---

[17] „Quinault, der sich in einer völlig neuen Gattung hervortat, die gerade aufgrund ihrer scheinbaren Leichtigkeit besonders schwer zu beherrschen war, verdiente es, in einer Reihe unter seinen berühmten Zeitgenossen zu erscheinen. [...] Das eigentliche Lob, das man einem Dichter aussprechen kann, besteht darin, daß man seine Verse im Gedächtnis behält. Man kennt ganze Szenen von Quinault auswendig; ein Vorzug, den keine italienische Oper für sich beanspruchen könnte." Voltaire, *Le Siècle de Louis XIV*, Kap. 32; eigene Übersetzung.

[18] Vgl. Ernst Robert Curtius, *Europäische Literatur*, op.cit. (2. Kap. Anm. 34), 276 und Honnefelder 1985, V.

So wie der tragische Dichter ohne Kenntnis der Sitten auszukommen vermag, kann der komische Dichter fast ganz auf das Wissen um die Leidenschaften verzichten. Die *Précieuses ridicules* von Molière, die vielleicht den höchstmöglichen Grad an Komik im Hinblick auf das Publikum erreicht haben, für das sie bestimmt waren, enthalten nur sehr wenige Zeugnisse von der Kenntnis der Leidenschaften. Nun altert das Stück [...]. Die Leidenschaften ändern sich nicht, die Tragödien können nicht altern (wenn sie die stärksten vorstellbaren Leidenschaften in den Herzen jener dargestellt haben, in deren *Köpfen* das höchstmögliche Maß an Wissen über mögliche Wahrheiten steckte), ... Die Komödien altern, weil alles in ihnen altert, was die Sitten betrifft; ...[19]

Die Regisseure und die Theaterübersetzer, die keine Lese-, sondern Bühnenübersetzungen verfertigen, haben dies seit jeher gewußt. Die Übersetzungen von Komödien haben fast immer einen stark „einbürgernden" und aktualisierenden Charakter.[20] Die Herstellung einer Bühnenfassung oder Bühnenübersetzung ist Teil der Inszenierung, einer semiotischen Operation höherer Ordnung, zu der der Text nur eine Art von »Rohmaterial« liefert. Aus diesem Grunde – d.h. um mich nicht ins Grenzenlose zu verlieren – werde ich Theaterübersetzungen in diesem Buch nur am Rande berücksichtigen.

Der Gesichtspunkt der Gattung spielt auch bei der Zusammenstellung »klassischer« Werke in einer Verlagsreihe eine entscheidende Rolle. Das Wenige, das von den Gedichten der Sappho überliefert ist, kann auch heute noch mit einer spontanen Aufnahme beim Lesepublikum rechnen; ein Übersetzer kann seinen Lesern mit rein übersetzerischen Mitteln den Weg dazu ebnen. Die Satiren des Horaz werden hingegen eher auf ein kulturhistorisches Interesse stoßen; der Übersetzer muß gleichzeitig ein Gelehrter sein, der mit Hilfe von zahlreichen Anmerkungen seinem Leser das Verständnis erleichtert. Eine Aktualisierung mit rein übersetzerischen Mitteln, d.h. durch die Verla-

---

[19] Stendhal, *Correspondance I* 1800-1821, Bibliothèque de la Pléiade, Paris 1962, 142f. (= Lettre à Pauline Beyle, August 1804; eigene Übersetzung).

[20] So verlegt Heinrich Zschokke in seiner 1805 erschienenen bearbeitenden Übersetzung von Molières *Les précieuses ridicules* die Handlung nach Deutschland und ersetzt die Anspielungen auf die preziöse Literatur des 17. Jahrhunderts durch Verweise auf die deutsche Romantik. Dabei wird aus dem Haudegen Jodelet, der im Original nur sehr begrenzte schöngeistige Ambitionen hegt, der Autodidakt Peter, der Autorennamen und Buchtitel verballhornt (er will den *Schreckspeer* und die *Amenskinder* gelesen haben) und mit diesen mißglückten Bildungsbeweisen für ein zusätzliches Moment der Komik beim zeitgenössischen Publikum sorgt, für das es im Original kein Analogon gibt (vgl. Gatzke 1994, 198ff.).

gerung der Verständnishilfen in den Text selbst, ist in einem solchen Fall schwer vorstellbar.

Schlägt man das Adjektiv *classique* in der sechsten Auflage des Wörterbuchs der *Académie Française* aus dem Jahre 1835 nach, so stößt man auf ein interessantes Detail:

> *Classique* [...] Il se dit Des auteurs du premier rang, qui sont devenus des modèles dans une langue quelconque ...[21]

Als Beispiele werden im Akademiewörterbuch nur das Französische und Englische angeführt (der Ausdruck *classiques allemands* wird also tunlichst vermieden), dennoch impliziert diese Definition, daß jede Nation, jede Sprache ihre Klassiker haben kann. Dergleichen wurde in der ersten Hälfte des 19. Jahrhunderts in Frankreich und in anderen europäischen Ländern noch keineswegs allgemein akzeptiert. Mit der Ausweitung der „Nationalen" zu einer „Vergleichenden Literaturgeschichte" (vgl. w. o. 5.2), ging noch nicht notwendigerweise die Vorstellung einher, daß jede noch so marginale Literatur aus sich selbst heraus allgemeingültige Beispiele, *Exempla Classica* (vgl. w. u.), hervorbringen könnte. Die Skizze eines Kanons der Weltliteratur, die Sainte-Beuve in seiner Montagsplauderei vom 21. Oktober 1850 entworfen hat, enthält hebräische, griechische, lateinische, englische, spanische und italienische Autoren (darunter auch Dante, der damals nicht mehr als »barbarischer« mittelalterlicher Autor galt), jedoch keinen deutschen oder gar russischen Dichter. Im nächsten Abschnitt werden wir etwas repräsentativere Kanones der Weltliteratur kennenlernen.

Damit sind wir bei der weitesten und am wenigsten strengen Auslegung des Kanonbegriffs angelangt, beim „Kanon des Lesenswerten".[22] Er gilt nur noch Werken, nicht Autoren. Es ist der Kanonbegriff, den sich die Verleger klassischer Literatur zu eigen gemacht haben. In ihm spiegelt sich, im Gegensatz zum alten aristokratischen Kanonbegriff, die politische Organisationsform der parlamentarischen Demokratie wider. Die Idee der Mustergültigkeit wird nicht gänzlich zurückgewiesen; sie wird lediglich einem neu hinzu-

---

[21] *Klassisch* [...] wird in bezug auf Autoren des höchsten Ranges gebraucht, die Vorbilder in einer beliebigen Sprache geworden sind.

[22] Der Ausdruck wurde von Albrecht Schöne aus besonderem Anlaß geprägt (vgl. Berger/Lüsebrink 1987, 28ff.). Ich verwende ihn hier in einem etwas abgeänderten Sinn.

gekommenen Selektionskriterium unterworfen: Welches sind die »klassischen« Werke, die einen Leser noch heute spontan interessieren könnten, wenn sie ihm in geeigneter Form angeboten werden? Die 1931 eröffnete Reihe *Bibliothèque de la Pléiade* des Pariser Verlages Gallimard darf, vor allem was ihren nicht-französischen Teil angeht, als typische Vertreterin dieses Auswahlprinzips angesehen werden. Mit Band 18 wurde zum ersten Mal ein fremdsprachiger Autor präsentiert, Cervantes, vielleicht nicht ganz zufällig ein Repräsentant der Literatur, der Frankreich in seinem »klassischen« Jahrhundert am meisten zu verdanken hatte. Zwar war bereits Band 2 den Prosaschriften von Edgar Allan Poe vorbehalten, doch erschienen diese in der berühmten Übersetzung von Baudelaire und wurden somit, wie der Herausgeber des Bandes ausdrücklich feststellt, als quasi französisches Werk betrachtet.[23] Unter den nicht-französischen Autoren, die ein gutes Viertel des Gesamtbestandes ausmachen, sind neben den antiken die englischsprachigen besonders stark vertreten. Goethe, Hölderlin, Kafka, Kant, Marx, Rilke und die wichtigsten Romantiker (zu denen nach französischer Auffassung auch Jean Paul, Kleist und Mörike gerechnet werden) sind die deutschsprachigen Autoren, die für würdig befunden wurden, Aufnahme in den französischen Parnaß zu finden.

Der Band *Romantiques Allemands* enthält auch die *Nachtwachen des Bonaventura*. Das gibt zu einem kleinen Exkurs über die Übersetzung anonym erschienener literarischer Werke Anlaß. Die Tatsache, daß dieses 1804 erschienene Werk u. a. Clemens Brentano, Friedrich Schlegel, E.T.A. Hoffmann und (dem weniger illustren) Friedrich Gottlob We(t)zel zugeschrieben wurde, hat es ungeheuer aufgewertet. In meiner Studienzeit wollte mir ein Kommilitone auf der Grundlage sprachstatistischer Methoden nachweisen, daß nur Hölderlin als Verfasser in Frage komme. Wäre der Verfasser, der Braunschweiger Theaterdirektor Ernst August Friedrich Klingemann, frühzeitiger ermittelt worden,[24] so wäre das Werk möglicherweise nicht in mehrere Sprachen übersetzt und in die prestigereiche *Bibliothèque de la Pléiade* aufgenommen worden.

Es wäre müßig, über unverzeihliche Versäumnisse bei der Aufnahme deutschsprachiger Autoren in diese Reihe zu spekulieren; sie ist nicht

---

[23] Vgl. Chevrel in Kittel 1988, 30-55, hier 42, insb. Anm. 28.
[24] Vgl. Jost Schillemeit: *Bonaventura. Der Verfasser der »Nachtwachen«*, München 1973.

abgeschlossen.[25] Lessing, Wieland, Schiller, Keller, Stifter, Büchner, Heine, Fontane, Thomas Mann könnte in fernerer Zukunft noch ein Band oder wenigstens der Teil eines Sammelbandes zugeteilt werden. Das Fehlen Heines, der traditionell in Frankreich als *der* deutsche Dichter gilt, überrascht besonders. Schlägt man jedoch die bereits erwähnte zweisprachige Anthologie der deutschen Dichtung von Jean-Pierre Lefebvre auf, so stößt man dort auf etwa dreißig Gedichte von Heine. Sein Portrait ziert auch den Schuber, in dem der Band ausgeliefert wird. Diese Anthologie vermittelt im übrigen ein bemerkenswert zutreffendes Bild von der in Deutschland volkstümlich gewordenen Lyrik. Wer nach Beendigung seiner Heine-Lektüre weiterblättert, stößt auf Hoffmann von Fallersleben und findet dort nicht nur das unumgängliche *Lied der Deutschen*, sondern auch das mindestens ebenso populäre *Alle Vögel sind schon da*.

Die von Fischer in den sechziger Jahren herausgebrachte Reihe *Exempla Classica* beruht auf einer ganz anderen Konzeption und läßt sich daher nur bedingt mit der *Bibliothèque de la Pléiade* vergleichen. Die Reihe war von vornherein auf hundert Bändchen angelegt und laut Werbetext als Kernbestand „einer jedem erreichbaren Klassiker-Bibliothek" konzipiert. Für die »Ewigkeit« einer mehrere Generationen überdauernden Familienbibliothek war sie nicht bestimmt; die Bände, die ich mir vor über dreißig Jahren angeschafft habe, sind schon merklich vergilbt. Ein nur bedingt zulässiger Vergleich fördert immerhin einige interessante Gemeinsamkeiten und Unterschiede zutage, die nicht durch die verschiedenartige Konzeption bedingt sein dürften: Mehr als die Hälfte der in den *Exempla Classica* vertretenen Autoren erscheinen auch in der *Pléiade*. Die größten Unterschiede zeigen sich im Verständnis des Begriffs „Literatur"; die beiden Verlage folgen hier einfach den Konventionen ihrer Kulturen. Die *Pléiade* enthält im Gegensatz zur deutschen Reihe berühmte historische Schriftsteller wie Caesar, Tacitus oder Sallust; Philosophen wie Platon, Spinoza oder Kant; gesellschaftspolitische Theoretiker wie Machiavelli, Montesquieu und Marx; berühmte Memoirenschreiber wie Saint-Simon oder Casanova und nicht zuletzt den Koran und die Bibel. Darüber hinaus läßt sich in der *Pléiade* eine überproportionale Vertretung der chinesischen Literatur feststellen, während die nicht von Europa ausgegangenen außereuropäischen Literaturen in den *Exempla Classica* nicht vertreten

---

[25] Meine kursorischen Angaben beruhen auf Verlagsmaterial aus dem Jahre 1994.

sind. Da ich mich hier nur mit der europäischen Literatur beschäftigen möchte, wende ich meine Aufmerksamkeit ausschließlich diesem Bereich zu. Die französische Literatur nimmt in der *Bibliothèque de la Pléiade* einen ungleich größeren Raum ein als die deutsche in den *Exempla Classica*. Selbstverständlich erscheinen dort all die deutschen Autoren, die man – aus deutscher Sicht – in der Pléiade vermißt: Wieland, Lichtenberg, Lessing, Schiller, Büchner, Eichendorff, Stifter, Keller, Fontane, Raabe, Thomas Mann. Der einzige namhafte französische Autor, der in den *Exempla* vertreten ist, nicht jedoch in der *Pléiade*, ist der Abbé Prévost.[26] Die *Bibliothèque de la Pléiade* war wohl ursprünglich – ähnlich wie die 1985 eröffnete *Bibliothek deutscher Klassiker*[27] – als reine Nationalbibliothek geplant und erst später der Übersetzungsliteratur geöffnet worden. Es gab vor dem letzten Krieg in Frankreich einige Reihen, die ausschließlich ausländischen Klassikern vorbehalten waren. Beide Reihen berücksichtigen nur die »eigenen« mittelalterlichen Autoren: In der *Pléiade* findet man Chrétien de Troyes und mehrere Sammelbände mit Auszügen aus mittelalterlichen Dichtern; in den *Exempla Classica* Hartmann von Aue und Walther von der Vogelweide (nicht jedoch Wolfram von Eschenbach). Recht unterschiedlich werden in den beiden Reihen die italienische und die englischsprachige Literatur gewichtet. Die Skandinavier sind in den *Exempla Classica* deutlich stärker repräsentiert als in der *Pléiade*; allerdings findet man dort die Märchen von Andersen, die in den *Exempla* fehlen.

In jüngster Zeit sind noch eine große Zahl weiterer Taschenbuchreihen entstanden, die mit größerem oder geringerem Nachdruck den Anspruch erheben, eine repräsentative Auswahl aus der Weltliteratur anzubieten. Der Begriff des Kanons ist dabei noch weiter aufgeweicht worden. Sie enthalten neben viel „Lesenswertem" auch zahlreiche gut verkäufliche Werke. Am wenigsten deutlich am

---

[26] In der weniger aufwendig gestalteten konkurrierenden Klassiker-Reihe, den Classiques Garnier, ist er durch eine sorgfältig edierte Ausgabe der *Manon Lescaut* vertreten.

[27] Von dieser Reihe, die „die in Deutschland seit über hundert Jahren übliche Trennung von kritischen Editionen und Leseausgaben" hinter sich lassen will (Honnefelder 1985, X), sind in erstaunlich kurzer Folge eine große Anzahl von Büchern erschienen, die z.T. in der Öffentlichkeit eine außerordentlich große Resonanz gefunden haben – so z. B. die Ausgabe des *Faust* von Albrecht Schöne (Bd. 7 der noch nicht abgeschlossenen Goethe-Ausgabe in 45 Bänden).

„literarischen Markt" orientiert erweist sich *Reclams Universal Bibliothek* (eine verlegerische Meisterleistung), die allerdings in ihrem deutschen Teil viel Zeitbedingtes enthielt und enthält,[28] und die schön aufgemachten Klassiker-Taschenbücher von Garnier Flammarion. Weniger geschlossen in ihrer Konzeption erscheinen Reihen wie *Le monde en 10/18* (ein Verweis auf das Format der Bücher); *Penguin Books* (recht anprechend gestaltet); *Wordsworth Classics* (schon rein äußerlich weniger attraktiv); *Nuova Universale Einaudi*; *Gli Oscar Mondadori*; *El libro Aguilar* oder die *Sección Clásicos* der Taschenbuchreihe der Arbeitsgemeinschaft *Alianza Editorial*. Aus Reihen dieser Art bezieht heute ein breiteres Publikum seine Kenntnis der »Weltliteratur«; die Herausgeber dieser Reihen, die mit einem größeren Absatz ihrer Produkte rechnen können, erteilen literarischen Übersetzern einigermaßen lohnende Aufträge. Darüber hinaus gibt es anspruchsvollere Unternehmungen, die für Kenner und Liebhaber bestimmt sind und nur auf geringe Verkaufszahlen hoffen dürfen. Als Beispiel sei hier nur die französische Reihe *Orphée. La Différence* herausgegriffen. In kleinen, preiswerten, kommentierten Bändchen, die verständlicherweise nur in wenigen Buchhandlungen vorrätig sind, werden sorgfältig ausgewählte und zuweilen ausgefallene Proben der Weltliteratur präsentiert. Alle ausländischen Autoren erscheinen in zweisprachigen Ausgaben, wobei die Übersetzer – zumindest in den Bänden, die ich eingesehen habe – eine Kompromißlösung zwischen »lesbarem Text« und »Verständnishilfe« gesucht haben. Góngoras *Soledades*, eine Auswahl aus der Lyrik Richard Wagners, die Epigramme Martials, polnische und lateinische Gedichte von Jan Kochanowski, eine Auswahl aus *Geistliche Sonette, Lieder und Gedichte* der Catharina Regina von Greiffenberg, die einst vergeblich versucht hatte, Kaiser Leopold I. zum lutherischen Glauben zu bekehren: Texte dieser Art sucht man in den großen Klassiker-Reihen meist vergeblich. Die Herausgeber der Reihe haben sich jedoch keineswegs ausschließlich auf Außergewöhnliches, auf eine Art von »Gegenkanon« festgelegt. Man findet in *Orphée. La Différence* auch Wohlbekanntes wie Victor Hugos *La légende des siècles*, Baudelaires *Fleurs du Mal* oder Hölderlins bekannteste Gedichte.

---

[28] Die Register des Gedenkbandes *Reclam. 100 Jahre Universal Bibliothek. Ein Almanach*, Stuttgart 1967, 817ff. bieten zahlreiche Materialien für Literatursoziologen und Übersetzungsforscher.

6.2 Schulanthologien und »Leselisten«

Bis in die jüngere Vergangenheit hinein waren die höheren Lehranstalten die Institutionen, die für eine erstaunliche historische Stabilität der literarischen Kanones sorgten und die ihrerseits wenigstens einen Teil ihrer Existenzberechtigung aus der Pflicht ableiteten, eben diese Kanones an die nachkommenden Generationen weiterzugeben.[29] Der Romanist Hans Ulrich Gumbrecht weist darauf hin, daß die kanonstabilisierende Funktion der Lehrwerke nirgendwo so stark ausgeprägt war wie in Frankreich:

> Die Schulbücher und die auf pädagogische Zwecke zugeschnittenen Anthologien [...] umgaben die „klassischen Autoren" der nationalen Vergangenheit mit einer strahlenden Aura, wie sie im alten Kanon nicht einmal die herausragenden Poeten der Antike geziert hatte, und setzten sie zugleich in jene Distanz der Unantastbarkeit gegenüber allen Urteilen, welche bis heute nirgends so ungebrochen wie in Frankreich die Textausgaben für den Literaturunterricht charakterisiert.[30]

Nun, zumindest in der jüngsten Vergangenheit hat auch in Frankreich die Aura viel von ihrem Glanz verloren und die klassischen Texte viel von ihrer Unantastbarkeit: Daß sie Racine langweilig finden und Balzac viel zu weitschweifig, sagen französische Schüler heute nicht mehr hinter vorgehaltener Hand. Im modernen Bildungssystem, das in den verschiedenen europäischen Ländern zwischen vierzig und sechzig Prozent eines Jahrgangs zur Hochschulreife führt oder wenigstens führen möchte, muß die heilige Allianz zwischen Kanon und Schule zerbrechen. Das zeigt sich besonders deutlich im Wandel der Konzeption des Fremdsprachenunterrichts. „Kommunikationsfähigkeit" ist heute fast überall das höchstrangige Lernziel, dem alle übrigen untergeordnet werden. Für die höheren Lehranstalten des alten Europa galt hingegen die Befähigung zur Lektüre anspruchsvoller Texte als das erstrebenswerteste Ziel. „In meiner Jugend las ich Shakespeare im Original – *dans le texte*", sagte mir vor Jahren ein typischer Vertreter des französischen Bildungsbürgertums und bat mich anschließend – in selbstironischer Resignation –, einer englischen Austauschschülerin, einem *au pair-girl*, zu erklären, daß sie die Milch bei der herrschenden Schwüle immer gleich in den Kühlschrank

---

[29] Vgl. Günter Buck: „Literarischer Kanon und Geschichtlichkeit. (Zur Logik des literarischen Paradigmenwandels)", *Deutsche Vierteljahresschrift für Literaturwissenschaft und Geistesgeschichte* 57 (1983), Heft 3, 351-365, insb. 351f.

[30] Gumbrecht in Assmann/Assmann 1987, 284-299, hier 294.

zurückstellen solle. Das war auch für mich keine leichte Aufgabe. Der Englischunterricht, der mir in den fünfziger Jahren an der Schule erteilt wurde, ermöglicht es mir, ohne größere Mühe den *Independent* zu lesen. Er läßt mich unbeholfen erscheinen, wenn ich mich in einer englischen Provinzstadt nach dem Weg erkundigen muß. Meine heutigen Lebensumstände nötigen mich allerdings sehr viel häufiger zur Lektüre anspruchsvoller englischer Texte als zu Erkundigungen nach dem Weg zum Strand oder zum nächsten *Pub*, und so habe ich meinen Lehrern nicht allzu viel nachzutragen.

„Schulbücher" und die „auf pädagogische Zwecke zugeschnittenen Anthologien" verkörpern eine Textsorte, die von Literaturtheoretikern und Übersetzungsforschern vernachlässigt wird. Das gilt besonders für die Zeit nach dem Krieg, in der das positivistische Paradigma in der Literaturwissenschaft ein geringes Ansehen genießt. Die Frage nach den Beziehungen zwischen den Lebensumständen und dem Werk eines Autors wird weiterhin als nebenrangig oder schlicht als unzulässig betrachtet. Dafür mag aus literaturtheoretischer Sicht einiges sprechen. Literatursoziologen und Übersetzungshistoriker sollten sich jedoch für die Tatsache interessieren, daß Generationen von begabten Schülern, darunter die künftigen »Multiplikatoren« des Literaturbetriebs, in ihrer »Prägephase« entscheidende literarische Anregungen aus Schulanthologien oder Schulausgaben (Reclam-Heftchen, *Classiques Larousse* und ähnlichem) erhalten haben. Ernest Renan, eine der Gallionsfiguren der historistischen Literaturkritik in Frankreich und einflußreicher Kulturpolitiker der dritten Republik, hatte im Schuljahr 1844/45 Jean Pauls *Rede des toten Christus vom Weltengebäude herab, dass kein Gott sei* in französischer Übersetzung gelesen.[31] Die wenigen Seiten haben ihn nachhaltig beeindruckt. Seine *Vie de Jésus* (1863) schockierte das französische Publikum ebenso wie *Das Leben Jesu* (1835) des schwäbischen Theologen David Friedrich Strauß eine Generation früher die Gefühle der orthodoxen Christen beider Konfessionen in Deutschland verletzt hatte. Zu einem Zeitpunkt, zu dem „das Ende des kanonischen Denkens" und die Ablösung zunächst des antiken, später auch des „nationalen klassischen Kanons im Gefolge des historischen Positivismus" sowie die „Auflösung des Konsenses, auf dem

---

[31] Vgl. Brunel/Pichois/Rousseau 1983. Die Rede findet sich als erstes „Blumenstück" in Jean Pauls humoristischen Roman *Siebenkäs* (1796/97; Kurztitel) eingestreut.

jede Kanonbildung beruht"[32], festgestellt und von nicht wenigen beklagt wird, scheint es angezeigt, an die Bedeutung der Textsorte „Schulanthologie" bzw. „Lesebuch" für das literarische Leben zu erinnern. Das in Reclams Universal Bibliothek erschienene Bändchen *Die Leseliste* und die vom Erich Schmidt Verlag inaugurierte Reihe *Was sollen Romanisten / Germanisten / Philosophen / Anglisten und Amerikanisten [usw.] lesen?*[33] können als Indikator dafür angesehen werden, daß man inzwischen auch im Wissenschaftsbetrieb darum bemüht ist, wenigstens zu einem minimalen Konsens, zu einem „Kanon des Unverzichtbaren" zurückzukehren.

Eine wirklich vollständige Vorstellung der Schul- und Universitätsanthologien vom 18. Jahrhundert bis in die Gegenwart würde mehrere Bände beanspruchen. Ich kann hier nur wenige Beispiele herausgreifen. Französischen Anthologien werde ich besondere Beachtung schenken, da ich den Eindruck gewonnen habe, daß der Vermittlung von fremdsprachiger Literatur in höheren Schulen und Universitäten nirgendwo so viel systematische Sorgfalt gewidmet wurde wie in Frankreich. Die ausschließlich der nationalen Literatur vorbehaltenen Anthologien werden hier nicht berücksichtigt.

Es dürfte wohl in allen Ländern Anthologien geben, die speziell für den Fremdsprachenunterricht bestimmt und somit einer bestimmten Zielliteratur vorbehalten sind. Sie sind bibliographisch schwer zu erfassen. Es seien hier lediglich zwei Vertreter dieser Gattung vorgestellt, die von ihrer Zielsetzung her unmittelbar vergleichbar sind und einige für Übersetzungsforscher besonders interessante Eigentümlichkeiten aufweisen. Zu Beginn des Jahrhunderts erschien innerhalb einer Schulbuchreihe bei Velhagen und Klasings eine Auswahl französischer Gedichte, die von Charles d'Orléans – dem Gönner François Villons – bis zum Ende des 19. Jahrhunderts reicht (Mallarmé wurde wegen seines Hermetismus ausdrücklich ausgeschlossen). Die Sammlung enthält auch einige der bekanntesten Volkslieder, so z. B. *A la claire fontaine*. Ein Parallelband, den ich nicht einsehen konnte, enthält Übersetzungen und Kommentare. Es handelt sich also nicht um eine zweisprachige Ausgabe sensu stricto. Erwähnenswert im Hinblick auf die in diesem Kapitel

---

[32] Vgl. Buck: „Literarischer Kanon", art. cit. (w. o. Anm. 29), 355 und 363.
[33] Leseliste 1994; Baasner/Kuon 1994; Segebrecht 1994; Pieper/Thurnherr 1994; Jansohn/Mehl/Bungert 1995. Für die im Erich Schmidt Verlag erschienenen Bände wird inzwischen ebenfalls unter dem Sammeltitel *Die Leselisten* geworben.

verfolgten Ziele ist die Anthologie insofern, als sie französische
Übersetzungen bekannter deutscher Gedichte enthält. Deutschen
Schülern wurde also zu Beginn unseres Jahrhunderts vermittelt, wie sich
Goethes *Heidenröslein* und *Erlkönig*, Uhlands unvermeidliches Gedicht
Der gute Kamerad und Heines ebenso unumgängliches *Ich weiß nicht,
was soll es bedeuten*:

Je ne sais d'où vient la tristesse
Qui descend dans mon coeur lassé:
Un conte m'obsède sans cesse,
Un vieux conte du temps passé.

in französischer Gestalt ausnehmen. Von Goethes *Über allen Gipfeln / Ist
Ruh* wurden sogar zwei stark divergierende Fassungen aufgenommen.[34]
Fünfzig Jahre später erschien in einem der ambitioniertesten Schulbuchverlage eine ähnliche Sammlung in sprachlich merkwürdig uneinheitlicher Gestalt: Einem deutschsprachigen Vorwort folgt eine französischsprachige *Introduction*; am Ende des Bandes stößt man auf einen deutschsprachigen „Abriss der französischen Verslehre". Auch diese Chrestomathie beginnt mit Charles d'Orléans, reicht jedoch, dem späteren Erscheinungstermin entsprechend, bis weit ins zwanzigste Jahrhundert hinein. »Schwierige« Dichter wie Stéphane Mallarmé, Paul Valéry oder Guillaume Apollinaire sind mit mehreren Gedichten vertreten; »schwierige« Gedichte wie *L'Après-midi d'un Faune* oder *Le Cimetière Marin* fehlen, weil die Kompilatoren befürchten, die Schüler damit zu überfordern. Wie die ältere Sammlung weist auch diese Anthologie eine Eigentümlichkeit auf, die es verdient, hier hervorgehoben zu werden: Sie enthält am Ende einige deutsche „Nachdichtungen" (vgl. w. u. 7.1) von Gedichten, die im Hauptteil abgedruckt sind. Einige dieser Texte, etwa Stefan Georges Versionen der zum Zyklus *Les Fleurs du Mal* gehörigen Gedichte *Correspondances* oder *L'Homme et la Mer* von Baudelaire, werden an anderer Stelle unbedenklich als „Übersetzungen" ausgegeben. Die Übersetzungstechnik folgt allerdings nicht den bei zweisprachigen Ausgaben üblichen Konventionen. Wiederum findet sich ein Gedicht – Baudelaires *Recueillement* – in zwei stark divergierenden Versionen.[35]

---

[34] *Choix de Poésies Françaises*. Sammlung französischer Gedichte von Professor Dr. Th. Engwer, Bielefeld und Leipzig 1905, ²1911. Die *Lore-Ley* findet sich auf S. 281.

[35] Fritz Hofmann/Fritz Bürmann (Hrsg.): *Trésor de la Poésie Française*. Eine Auswahl französischer Gedichte, Frankfurt a. M., Hirschgraben-Verlag ²1955.

In älteren, den Unterricht in einer bestimmten Sprache begleitenden Schulanthologien ließen sich sicherlich noch viele Entdeckungen machen, nicht zuletzt, was die Ansprüche betrifft, die an frühere Schülergenerationen gestellt wurden. Es geht hier jedoch nicht um die Geschichte unseres Bildungssystem. Was hier vor allem im Hinblick auf die weniger bekannten Erscheinungsformen des Phänomens „Übersetzung" interessiert, sind reine Übersetzungsanthologien, die Texte aus verschiedenen Nationalliteraturen enthalten. Es gibt viele Vertreter dieser Gattung, die keineswegs auf Lyrik beschränkt sind.[36] Als Prototyp darf in Deutschland Johannes Scherrs *Bildersaal der Weltliteratur* gelten, ein Werk, das im 19. Jahrhundert in immer neuen und erweiterten Auflagen erschien.[37] In Frankreich reicht die Tradition der Übersetzungsanthologien bis ins 18. Jahrhundert zurück, wo sie besonders früh in Form der Textsorte *Cours de Littérature* auftritt.[38] In meiner eigenen Sammlung von Übersetzungsanthologien befindet sich ein kurioses Exemplar dieser Gattung. Das Werk ist 1859 erschienen, als Herausgeber fungiert eine „Gesellschaft von Geistlichen und Literaturfreunden". Es ist einerseits nach Gattungen, andererseits nach Sprachen gegliedert (Französisch, Englisch, Italienisch, Deutsch, Spanisch, Griechisch, Latein – in dieser Reihenfolge). Die Übersetzungen wurden eigens für diese Sammlung angefertigt oder überarbeitet, die Übersetzer werden nicht genannt. Die Herausgeber entschuldigen sich geradezu dafür, daß sie Übersetzungen statt der Originaltexte aufgenommen haben (letztere werden häufig, aber nicht immer im unteren Drittel der Seite abgedruckt), und begründen ihr Vorgehen mit der Dürftigkeit der Sprachkenntnisse der Schüler vor allem im Süden Frankreichs. Der Band enthält unter vielerlei Kuriosiäten eine recht

---

[36] Einen umfassenden Überblick über die neuere Forschung zum Phänomen „Übersetzungsanthologie" vermittelt Kittel 1995.

[37] Vgl. z. B. Johannes Scherr: *Bildersaal der Weltliteratur*. 3. neu bearbeitete und stark vermehrte Auflage, 3 Bde, Stuttgart 1885.

[38] Vgl. Hans-Jürgen Lüsebrink: „»Cours de Littérature« und »Education Nationale«. Zur Genesis und Konzeption von Literaturunterricht und Literaturwissenschaft in Institutionen der Spätaufklärung, der französischen Revolution und der napoleonischen Ära", in: Bernard Cerquiglini/Hans Ulrich Gumbrecht: *Der Diskurs der Literatur- und Sprachhistorie. Wissenschaftgeschichte als Innovationsvorgabe*, Frankfurt a. M. 1983, 111-134.

genaue, nüchterne, nur gelegentlich ins »hohe Register« ausweichende[39] Prosaübersetzung von Goethes *Erlkönig*. Bei weitem das Poetischste an diesem Text ist eine Anmerkung zum Titel, in der mit enzyklopädischer Ausführlichkeit über Aussehen, Kleidung, Sitten und Gebräuche und magische Fähigkeiten der *Elfen* berichtet wird, als gelte es, einen wenig bekannten Volksstamm zu beschreiben. Herders berühmter Übersetzungsfehler, den Goethe übernommen hat (dänisch *ellerkonge* aus *elverkonge* „Elfenkönig" wurde als „Erlkönig" mißverstanden), wird also stillschweigend korrigiert. In der Übersetzung ist dennoch vom *roi des aulnes*, dem „König der Erlen" die Rede.[40]

Nach der Einführung eines von der Kirche unabhängigen Erziehungssystems durch Jules Ferry verschwinden auch die seltsam krausen Übersetzungsanthologien, die keinem genuin literarischen Auswahlprinzip verpflichtet zu sein scheinen, aus dem französischen Schulwesen. Ein typisches Dokument einer neuen Kanongläubigkeit ist das Lehrbuch *Les littératures étrangères*, das ganz auf die offiziellen Schulprogramme der zwanziger Jahre abgestimmt ist. Es behandelt auf knappstem Raum die italienische, spanische, englische, deutsche, russische und die skandinavischen Literaturen, nicht anhand von übersetzten Textproben, sondern von Inhaltsangaben und Kommentaren. Dabei wird den Schülern ein bemerkenswert klarer Überblick über die Übersetzungstätigkeit im Bereich der behandelten Literaturen vermittelt.[41] Derzeit läßt sich in europäischen Literaturgeschichten und literarischen Anthologien in Frankreich ein Bestreben erkennen, auf das ich zum ersten Mal in einer umfangreichen italienischen Anthologie der Weltlyrik gestoßen bin (vgl. w. o. 5.1): die Suche nach einem einheitlichen Nenner für die unterschiedlichen traditionellen Gliederungsschemata der einzelnen Nationalliteraturen. Bei Nathan, einem Verlag, der die französischen Schulen und Universitäten mit didaktisch aufbereiteten Materialien zu den verschiedensten Gebieten versorgt, ist

---

[39] Stilprobe: Und bist du nicht willig, so brauch ich Gewalt: viens avec moi de bonne volonté, ou de force je t'entraîne.

[40] *Cours de Littérature* ancienne et moderne, nationale et étrangère ou choix des meilleurs morceaux, en prose et en vers, les plus propres à former le goût, l'esprit et le coeur de la jeunesse de l'un et de l'autre sexe [...] avec des notices biographiques et littéraires par une Société d'Ecclésiastiques et de Gens de Lettres, Paris 1859. Der *Erlkönig* steht auf S. 222f. des ersten Bandes.

[41] Ch.-M. Des Granges: *Les Littératures étrangères*. Italie – Espagne – Angleterre – Allemagne – Russie – Scandinavie, Paris 1928.

kürzlich eine umfangreiche Anthologie der französischen Literatur erschienen, die die wichtigsten europäischen Literaturen wenigstens am Rande mitberücksichtigt. Während sich die französische Literatur züchtig im Korsett des in Frankreich üblichen Jahrhundert-Schemas präsentiert, werden die Nachbarliteraturen in phantasievoll zugeschnittenen thematischen Blöcken zusammengefaßt. Unter dem weiten Mantel der „romantischen Literaturen" (*les romantismes*) finden Hölderlin, Coleridge, Keats und Leopardi Platz (letzterer ist mit einer bemerkenswert nüchternen und sprachlich korrekten Übersetzung von *L'infinito* vertreten; vgl. w. o. 2.4.1); der thematische Block *L'inquiétante étrangeté* (die beunruhigende Fremdheit) vereint E.T.A. Hoffmann, Hans Christian Andersen, Edgar Allan Poe und Nikolaj Gogol. Der „Realismus" wird durch Manzoni, Dickens, Dostojewskij und Tolstoi repräsentiert. Die Texte sind so kurz, daß sie bestenfalls als Stilproben dienen können. Damit wird den Übersetzungen eine Aussagekraft zugestanden, die sie nur in Ausnahmefällen haben können. Immerhin werden die Schüler nie im Zweifel darüber gelassen, daß sie es mit Übersetzungen zu tun haben: die Übersetzer und die wichtigsten bibliographischen Angaben zur abgedruckten Übersetzung werden angegeben.[42]

Hatte die bei Nathan verlegte Anthologie wenigstens am Rande einige Literaturen mitberücksichtigt, die im französischen Schulsystem nur schwach verankert sind (die dänische mit Hans Christian Andersen, die portugiesische mit Fernando Pessoa und die neugriechische mit Konstantinos Kavafis), so trägt die bei Hachette erschienene *Anthologie der europäischen Literaturen vom 11. bis zum 20. Jahrhundert* den gewandelten politischen Verhältnissen der neunziger Jahre Rechnung. Mit der berühmten, den damaligen politischen Verhältnissen spottenden Vision De Gaulles eines Europas „vom Atlantik bis zum Ural" wird schon auf dem Schutzumschlag geworben. Die niederländische, die kleineren slavischen und – eine gänzlich literaturfremde Konzession an die vergleichende Sprachwissenschaft – die finno-ugrischen Literaturen (die finnische, estnische und ungarische) sind angemessen vertreten. Weniger als ein Fünftel der knapp 550 berücksichtigten Autoren gehören den französischsprachigen Literaturen an. Es handelt sich um keine Schulanthologie. Die Sammlung ist vielmehr – laut Werbetext – als

---

[42] Bernard Valette et alii (Hrsg.): *Anthologie de la littérature française et européenne*, Paris 1992.

Nachschlagewerk für diejenigen gedacht, die sich für das literarische Erbe Europas begeistern. Das System der chronologisch-thematischen Blöcke wurde verfeinert. „Madame Bovary, Effi Briest und Anna Karenina" seien, meint Walter Jens, „im bourgeoisen Ambiente unterschiedlichster Nationen in gleicher Weise zu Hause".[43] So als ob sich der Herausgeber der Sammlung dies zu Herzen genommen hätte, finden sich die drei jungen Frauen, die in sehr ähnlicher Weise an der Institution der Ehe scheitern, in der richtigen chronologischen Reihenfolge (Emma Bovary 1857; Anna Karenina 1877; Effi Briest 1895) im selben Themenblock der Anthologie wieder: *Littérature et société*. Für die Auswahl der deutschen Texte ist Jean-Pierre Lefebvre zuständig, der auch die schon mehrfach erwähnte zweisprachige *Anthologie der deutschen Dichtung* in der *Bibliothèque de la Pléiade* besorgt hat. Aus dieser Lyrikanthologie wurde in die hier vorgestellte Luthers *Ein feste Burg ist unser Gott* mit einer kleinen Änderung der Interpunktion übernommen. Lefebvres scherzhaft anachronistische Charakterisierung des Liedes als „Marseillaise der Reformation" wird den Lesern im Gedächtnis haften bleiben; seine Wiedergabe der frühneuhochdeutschen Syntax des ersten Verses der letzten Strophe

Das Wort sie sollen lassen stahn
La Parole ils n'y toucheront pas

durch einen *nominativus pendens* gibt dem Hymnus einen ausgesprochen volkstümlichen Anstrich.[44] Noch eine weitere Einzelheit verdient es, hervorgehoben zu werden: Innerhalb des Themenblocks *Les romantismes*, den auch die Kompilatoren der bei Nathan erschienenen Anthologie verwendet haben, wird ein charakteristischer Passus aus den *Nachtwachen des Bonaventura* in einer Übersetzung aus dem Jahre 1993 wiedergegeben. Der Roman wird als „säkularisierter Totentanz" vorgestellt, den ein Anonymus, ein nihilistischer Vertreter der schwarzen Romantik verfaßt habe. Der Nachweis, daß es sich bei dem Verfasser um den durchaus reputierlichen Braunschweiger Theaterdirektor Klingemann handelt, war bereits 1973 geführt worden (vgl. w. o. Anm. 24) – eines der vielen Zeichen dafür, wie wenig die verschiedenen Nationalphilologien auch heute

---

[43] Walter Jens: *Nationalliteratur und Weltliteratur*, op. cit. (vgl. Anm. 1), 37.

[44] Die Konstruktion gilt den normativen Grammatikern als anstößig; sie ist jedoch auch literatursprachlich belegt, so z. B. bei Victor Hugo: *Cette loi sainte, il faut s'y conformer* („Dieses heilige Gesetz – wir müssen uns ihm fügen").

noch voneinander Notiz nehmen. Auch bei den Vertretern anderer europäischer Literaturen stößt man auf Ungereimtheiten, die sich nur mit dem Zeitdruck erklären lassen, unter dem die Kompilatoren der Anthologie offenbar standen. Da gibt ein dem Skurrilen zugeneigter italienischer Romancier, Tommaso Landolfi, einem seiner Romane einen französischen Titel: *La biere du pecheur*. Die Schreibung ohne Akzente läßt eine doppelte Lesart zu: *la bière du pêcheur* „das Bier des Fischers" (eine solche Biermarke existiert tatsächlich) oder *la bière du pécheur* „der Sarg des Sünders". In jeder italienischen Literaturgeschichte wird auf diese gewollte Ambiguität hingewiesen. Der Verantwortliche für den italienischen Teil der Sammlung hielt seine Leser für intelligent genug, den Doppelsinn des Titels spontan zu erkennen. Er hätte sie jedoch darauf hinweisen müssen, daß es sich nicht um einen übersetzten, sondern um den Originaltitel handelt.[45]

„Die Engländer lesen nicht gern Übersetzungen", bekam ich bei meinen Nachforschungen zu englischsprachigen Übersetzungsanthologien des öfteren zu hören. Die in den vierzig Jahren ihrer Existenz immer umfangreicher gewordene *Norton Anthology of World Masterpieces* (die sechste Auflage umfaßt zwei Bände mit insgesamt gut 4400 Seiten) relativiert die Gültigkeit dieser Behauptung. Es handelt sich nämlich im Gegensatz zu den um Repräsentativität bemühten französischen »Häppchensammlungen« um ein wirkliches »Lesebuch«. Fast 60 Seiten Rolandslied, gut 80 Seiten *Divina Commedia*, immerhin 14 Seiten François Villon; *Faust. Der Tragödie erster Teil* vollständig auf etwa 100 Seiten; kein Lessing, kein Schiller, kein Hölderlin; kein Romantiker im deutschen Verständnis des Begriffs (in der Sektion *Varieties of Romanticism* stößt man dafür auf Goethe); aber *Der Tod in Venedig* und *Die Verwandlung* in toto, dazu eine leicht gekürzte Fassung von Sigmund Freuds *Bruchstück einer Hysterie-Analyse* (es wird betont, daß viele Kritiker in dieser Fallstudie, dem sog. Fall Dora, „a literary masterwork" gesehen haben) – diese statistischen Angaben müssen genügen, um den völlig andersartigen Typ von Übersetzungsanthologie zu charakterisieren. Dem Topos der »Unübersetzbarkeit« von Lyrik wird insofern entsprochen, als in einigen wenigen Fällen – Baudelaire, Rilke, García Lorca – den Übersetzungen die Originale beigegeben wurden. Beide Bände schließen mit einem kurzen Essay *A Note on Translation*, in

---

[45] Vgl. Jacques Bersani (Hrsg.): *Anthologie des littératures européennes du XIe au XX siècle*, Paris 1995.

dem anhand einiger Beispiele demonstriert wird, wie unterschiedlich Übersetzungen ein und desselben Textes ausfallen können. Wenn diese Anthologie auch sichtlich weniger um die Vermittlung eines wie immer gearteten Kanons bemüht ist als die beiden französischen, so vermittelt sie doch im Hinblick auf das Anliegen der vorliegenden Untersuchung zwei wichtige Erkenntnisse: Zum einen zeigt sie einmal mehr, daß sich die deutsche Literatur in der angelsächsischen Welt (*The Norton Anthology* ist eine anglo-amerikanische Institution) eines geringeren Ansehens erfreut als die meisten anderen größeren europäischen Literaturen; zum anderen belegt sie, wie wichtig die Verfügbarkeit einer überzeugenden Übersetzung für die Verbreitung eines Werkes über die Sprachgrenze hinaus sein kann:

With respect to translation generally, one point requires emphasis. An anthology containing masterpieces from several languages is only as useful as its translations are authoritative, alive to the specific energies of the work in hand, and conveyed in an English idiom that brings those energies to its readers with a minimum of loss.[46]

In Deutschland sind Anthologien der Weltliteratur weniger verbreitet als reine Lyrikanthologien. Es gibt zwar eine beträchtliche Anzahl von Geschichten der Weltliteratur, die sich an ein bildungsbürgerliches Publikum wenden, die Literaturanthologie steht jedoch gewöhnlich nicht im elterlichen Bücherschrank, sondern befindet sich, mit mehr oder weniger phantasievollen Randzeichnungen versehen, in der Mappe des Schülers. Vor gut zehn Jahren ist an einer Pädagogischen Hochschule eine Habilitationsschrift mit dem Titel *Übersetzung im Lesebuch* entstanden. Der Verfasser, Helmut Mörchen, untersucht nicht nur die Rolle der ausländischen Literatur in den für den Deutschunterricht bestimmten Lesebüchern, er beschäftigt sich auch mit der Bedeutung der Übersetzungstätigkeit für die Verbreitung von literarischen Kenntnissen.[47] Der Schwerpunkt der Untersuchung liegt auf den sechziger und siebziger Jahren. Vor 1945 enthielt das für den Deutschunterricht bestimmte Lesebuch praktisch keine Übersetzungen; nur Shakespeare und Ibsen tauchten gelegentlich in deutschen Lesebüchern auf. Nach dem Krieg sorgten zunächst die Siegermächte für eine Aufnahme ausländischer Autoren in die deutschen Schulbücher. Die „Umerziehungsprogramme" liefern eine Erklä-

---

[46] *The Norton Anthology of World Masterpieces*, New York/London ⁶1992. Das Zitat steht in der Einführung zu Bd. II, XVII.
[47] Mörchen 1985.

rung dafür, daß bis in die siebziger Jahre hinein englische, französische und russische Autoren in diesen Lehrwerken besonders stark vertreten waren. Mörchen hat in seiner Untersuchung zwanzig Lesebücher für alle Schultypen ausgewertet, 10500 Texte auf 21800 Seiten. Die übersetzten Texte sind mit 2,9 Seiten im Durchschnitt deutlich länger als die der vorgestellten französischen Anthologien (die Texte in nationalen Anthologien wie z. B. *Lagarde/Michard* sind ebenfalls länger), aber sehr viel kürzer als fast alle Texte, die in der *Norton Anthology* enthalten sind. Die Übersetzungen aus dem Englischen haben mit knapp 50 Prozent ein nahezu erdrückendes Übergewicht; es folgen das Französische mit knapp 12 Prozent und das Russische mit annähernd 10 Prozent. Unter den Nicht-Schulsprachen liegt das Italienische mit 4 Prozent an der Spitze, die klassischen Sprachen bringen es immerhin noch auf 7 Prozent. Die Auswahl der Autoren weist schultypische Abweichungen vom üblichen Kanon auf. Die Liste der am häufigsten abgedruckten französischen Autoren wird von einem seltsamen Paar angeführt: Saint-Exupéry und La Fontaine. Bei den englischen Autoren spielt Shakespeare eine untergeordnete Rolle; hier dominieren Defoe und Dickens. Tolstoi und der satirische Kritiker des Sowjetsystems Michail Sostschenko führen die russische Rangliste an, auf der Puschkin, Dostojevskij und Turgenjew überhaupt nicht erscheinen.[48] Sehr häufig werden Übersetzungen in den Schullesebüchern überhaupt nicht als solche gekennzeichnet; es gibt jedoch rühmliche Ausnahmen. In einem in den meisten Bundesländern zugelassenen Lesebuch aus dem Frankfurter Hirschgraben-Verlag werden die Schüler ausdrücklich auf die Übersetzungsproblematik hingewiesen. So wird ein Auszug aus Daniel Defoes *Robinson Crusoe* folgendermaßen kommentiert:

Das Buch wurde in englischer Sprache geschrieben. Wir lesen hier also eine Übersetzung ins Deutsche. Vom Englischunterricht her wirst du wissen, daß man einen Satz verschieden übersetzen kann. Diese Übersetzung stammt von Hans Reisiger. Vielleicht findest du in der Stadt- oder Schulbücherei eine andere Übersetzung. Vergleiche.[49]

Schulanthologien bilden das Fundament einer oberflächlichen, für das allgemeine literarische Leben jedoch unverzichtbaren Literaturkenntnis. Bei der selten völlig freiwilligen Lektüre dieser Bücher haben sich den

---

[48] Vgl. ebda, 67-76.
[49] *Lesen Darstellen Begreifen*. Ausgabe C, 6. Schuljahr, Frankfurt a. M. ²1971, 127. Vgl. auch das leicht abweichende Zitat bei Mörchen 1985, 110.

meisten von uns die Namen eingeprägt, die man nach bildungsbürgerlichen Vorstellungen wenigstens einmal gehört haben muß und die man, wenn man »mitreden« möchte, einigermaßen einordnen können sollte. Italienische Schüler werden hier zum ersten Mal mit Luthers *Ein feste Burg* (*Una salda fortezza è il nostro Iddio*) bekannt gemacht und erfahren anläßlich der Lektüre eines kurzen Auszugs aus Novalis' *Heinrich von Ofterdingen*, daß Deutschland einst *il paese del »fiore azzurro«*, das Land der blauen Blume gewesen ist.[50] Das ist sicherlich ein schwer erträgliches Klischee, aber letztlich gehören nun einmal auch Klischees zur Allgemeinbildung. Die „Leselisten", von denen weiter oben die Rede war, sind eine Reaktion auf den Niedergang auch dieses oberflächlichen Wissens, über das sich trefflich spotten ließ, solange es noch vorhanden war. Die Bedeutung, die den Übersetzern bei der Vermittlung dieses Wissens zukommt, wird dabei selten angemessen bewertet. Es wäre an der Zeit, die vorsichtigen Bemühungen um die Rekonstruktion von Kanones auf die Übersetzungen auszudehnen. Ansätze dazu sind vorhanden. In Friedmar Apels schmalem, aber informationsreichen Bändchen *Literarische Übersetzung* stößt man auf eine „Leseliste zur Geschichte des Übersetzens in Deutschland", die eine Vorstellung davon vermitteln möchte, „wie sehr literarische Übersetzungen in Deutschland zur Nationalliteratur gehören und so auch gelesen werden sollten".[51] Diese Liste ist nicht nach den Originalautoren, sondern nach den Übersetzern geordnet und enthält eine lange Reihe berühmter Namen.[52] Jürgen von Stackelbergs Kompendium *Fünfzig romanische Klassiker in deutscher Übersetzung* ist zwar nach Originalautoren geordnet (über dreißig französische Autoren von Villon bis Alain-Fournier; neun italienische von Dante bis Manzoni; sechs spanischsprachige von dem anonymen Schelmenroman *Lazarillo de Tormes* bis Pablo Neruda, keine Portugiesen, keine Rumänen), der eigentliche Gegenstand der Untersuchung sind jedoch nicht die Originale, sondern die Übersetzungen.[53]

---

[50] Beispiele aus: *Gli incontri*. Antologia italiana per il biennio delle scuole medie superiori. 2. Bd.: *Letterature straniere*, Messina/Florenz o.J. Der zweite Band dieses Lesebuchs enthält jeweils eine knappe, aber um Repräsentativität bemühte Auswahl bedeutender französischer, spanischer, russischer, englischer, nordamerikanischer und deutscher Texte in italienischer Übersetzung.
[51] Apel 1983, 85.
[52] Vgl. ebda, 86f. und w. u. 8.2.
[53] Vgl. Stackelberg 1997.

6.3 Literaturkritik und Übersetzungskritik

Schulanthologien helfen dabei, die Voraussetzungen für die Entstehung eines »literarischen Markts« zu schaffen. Das eigentliche Forum, auf dem die Waren zur Schau gestellt und gehandelt werden, ist die Literaturkritik in den Medien. Es geht also in diesem Kapitel nicht um die gelehrte Literaturkritik, die sich in schwer zugänglichen Artikeln oder gewichtigen Bänden mit geringer Auflagenzahl versteckt, sondern um diejenige, die sich an ein größeres Publikum wendet. Ich muß zunächst den Titel des Teilkapitels erläutern, vor allem, was die Funktion der Konjunktion *und* betrifft. Es geht hier um zwei komplementäre Fragestellungen, nämlich einerseits darum, in welcher Weise Übersetzungskritik in die Literaturkritik miteinfließt und andererseits darum, in welcher Weise literaturkritische oder literaturtheoretische Überlegungen in eine angemessene Übersetzungskritik einzugehen haben.

In jeder Ausgabe veröffentlichen unsere großen Tages- und Wochenzeitungen Besprechungen neu erschienener oder neu aufgelegter Bücher. Bei einem guten Drittel davon handelt es sich um Übersetzungen – bei den Sachbüchern dürfte der Anteil noch größer sein. Wenn ich nun einige allgemeine Eindrücke mitteile, die ich bei jahrelanger regelmäßiger Lektüre solcher Rezensionen gewonnen habe, so werde ich auf bibliographische Nachweise der gesammelten Beispiele verzichten. Sie würden den Fußnotenapparat unnötig anschwellen lassen. Es gehört seit gut zehn Jahren zu den Gepflogenheiten journalistischer Literaturkritik, bei Besprechungen übersetzter Texte die Übersetzerinnen oder Übersetzer zu nennen – häufig handelt es sich um zwei oder mehr Personen. In vielen Fällen ist mit der Beachtung dieser Textsortenkonvention durch die Redaktion die Aufmerksamkeitspflicht gegenüber dem Phänomen „Übersetzung" erfüllt. Der Rezensent wendet sich wichtigeren Dingen zu. Er analysiert den Stil, stellt fest, daß dieser an Claude Simon geschult sei und die „Grenzen zwischen Gegenwart und Vergangenheit in den schweifenden Windungen der Syntax immer wieder verschwinden lasse". Dabei läßt er den Leser im Unklaren darüber, ob diese Erkenntnis aus der Lektüre des Originals oder der Übersetzung hervorgegangen ist. Wenn dann allerdings in einem solchen Fall konkrete Beispiele angeführt werden, darf der Leser daraus schließen, daß der Rezensent dem Übersetzer zutraut, den Stil des Originals unbeschädigt über die Sprachgrenze gebracht zu haben. Die nächste Stufe auf der Treppe, die zu einer angemessenen Würdigung der

Leistung des Übersetzers im Rahmen der Literaturkritik führt, ist mit der ausgangstextunabhängigen Übersetzungskritik erreicht. Dabei werden allein die sprachlichen und formalen Qualitäten des übersetzten Textes ohne Rücksicht auf dessen Verhältnis zum Original bewertet. „Flüssig, gut lesbar" lautet in solchen Fällen das am häufigsten erteilte Lob, „holprig, schlecht lesbar" komplementär dazu der am häufigsten ausgesprochene Tadel. Ob das Original ebenfalls holprig und schwer lesbar ist, pflegt den Kritiker auf dieser Stufe nicht zu interessieren. Es zeigt sich hier wieder einmal, daß die Zeit der *belles infidèles* auf den unteren und mittleren Etagen unseres Kulturbetriebs keineswegs vorüber ist. Es wird stillschweigend vorausgesetzt, daß es die Aufgabe des Übersetzers sei, seine Vorlage gegebenenfalls zu »verbessern«, aus holprigen Texten flüssige zu machen. Auf der nächsthöheren Stufe findet Übersetzungskritik im engeren Sinne statt, der Kritiker vergleicht die Übersetzung mit dem Original. Oft läßt er es bei Pauschalurteilen bewenden; im günstigen Fall ist dann von „XYs zuverlässiger, präziser, den Ton des Originals genau treffender", manchmal sogar von „kongenialer" Übersetzung die Rede. Im ungünstigen Fall ist die Übersetzung „fehlerhaft, ungenau" oder sie vermittelt einen „unzureichenden Eindruck" vom Original. Seltener kommt es vor, daß der Kritiker präziser wird und auf spezifische sprachliche Schwierigkeiten, auf Anachronismen oder auf Sprachspiele eingeht: Wenn in einem italienischen Roman *la macchina* als Heldin auftritt, muß sich die Übersetzerin etwas einfallen lassen, denn das deutsche Standardäquivalent *Auto* eignet sich als grammatisches Neutrum nicht zur Übernahme dieser Rolle. Mit *Limousine* sind, so stellt der Kritiker durchaus zu Recht fest, nicht alle Probleme gelöst worden, vor allem deshalb nicht, weil der Titel des Romans *Ein Tag aus dem Leben eines Automobils* lautet. Wenn ein Roman in einer „heimatlich gesättigten Sprache, gespickt mit lokalen Ausdrücken" geschrieben ist, dann wird der Rezensent Verständnis dafür aufbringen, daß diese Eigentümlichkeit in der „wortgetreuen und verläßlichen, wenn auch ein wenig schwerfälligen" Übersetzung verlorengeht. Wenn der Verfasser von *Alice im Wunderland* seine Späßchen mit der Homophonie von *tail* und *tale* treibt, so nimmt der Kritiker aufmerksam zur Kenntnis, daß der Übersetzer versucht hat, es dem Autor mit *Schwätzchen* und *Schwänzchen* so weit wie möglich gleichzutun – daß eben dieser Übersetzer in einem Roman aus dem 19. Jahrhundert Ketchup fließen läßt, möchte er ihm nicht so ohne weiteres durchgehen lassen. Werden

Neuübersetzungen oder neuaufgelegte Übersetzungen von Werken der Weltliteratur besprochen, so zeigt sich der Rezensent als Kenner der Übersetzungsgeschichte, andernfalls wäre ihm der Auftrag wahrscheinlich von der Redaktion nicht anvertraut worden. Der Verfasser einer Sammelrezension mehrerer neuerschienener Romane von Eça de Queiróz in deutscher Übersetzung vergleicht die besprochenen mit anderen im Buchhandel erhältlichen Übersetzungen, nennt ältere Übersetzungen und gibt seinem Bedauern Ausdruck, daß eine noch vor kurzem in einem anderen Verlag erhältliche Übersetzung inzwischen vergriffen ist. Besprechungen dieser Art werden nicht nur den Ansprüchen des literarisch Interessierten, sondern auch denen des Übersetzungsforschers gerecht.

Die Rezensenten von Fachübersetzungen befinden sich meist gegenüber den Übersetzern in einer vorteilhaften Position, denn solche Besprechungen werden in der Regel von Fachleuten geschrieben. Häufig werden terminologische Ungenauigkeiten oder sachliche Irrtümer moniert: Nicht *nördlicher Krieg,* sondern *Nordischer Krieg,* nicht *Neogrammatiker,* sondern *Junggrammatiker*; der Titel des bekannten Gemäldes *champ de Colza* muß im Deutschen, wenn er denn überhaupt übersetzt werden soll, nicht *Feld von Colza,* sondern *Rapsfeld* heißen. Besonders bei Mehrwortbenennungen zeigt sich, ob sich ein Fachübersetzer auf dem von ihm bearbeiteten Gebiet auskennt. Wenn man in einem aus dem Italienischen übersetzten Text auf den wunderlichen Ausdruck *Geheiligtes romanisches Imperium der germanischen Nation* stößt (das Beispiel stammt aus einer studentischen Arbeit), so benötigt man kein Nachschlagewerk, um diesen Mißgriff in *Heiliges römisches Reich deutscher Nation* zu korrigieren.

Von der fachmännischen Übersetzungskritik darf man mehr erwarten als von den beiläufig geäußerten übersetzungskritischen Bemerkungen eines Literaturkritikers. Der gründliche Kritiker, für den der Gesichtspunkt der Übersetzung im Zentrum steht, sollte meines Erachtens auf zwei klar voneinander zu unterscheidenden Ebenen argumentieren. Er sollte zunächst ermitteln, was der Übersetzer wollte, wie er den Text verstanden und für welche unter mehreren denkbaren Strategien er sich bei seiner Übersetzung entschieden hat. Dabei sind die Vor- oder Nachworte der Übersetzer hilfreich;[54] fehlen sie, so muß die Intention

---

[54] Gisela Grieger hat in ihrer Diplomarbeit *Die literarische Übersetzung im Spiegel von Übersetzervor- und -nachworten* (Germersheim 1992) eine umfangreiche klassifizierende und kommentierte Dokumentation dieser Textsorte zusammengestellt.

und spezifische Vorgehensweise des Übersetzers aus der Übersetzung selbst erschlossen werden. Auf der ersten Ebene der Kritik sollte der Übersetzer an dem gemessen werden, was er tun wollte. Es gilt festzustellen, ob ihm die Verwirklichung seiner Absicht gut oder weniger gut gelungen ist. Erst auf einer höheren Ebene kann und soll diese Absicht kritisiert oder begrüßt werden. Übersetzungskritiken können somit grundsätzlich zwiespältig ausfallen: „Die Übersetzerin hat sich für eine konsequent einbürgernde Methode entschieden und ist dabei mit bemerkenswertem Sachverstand und großem Geschick vorgegangen. Man hat sich allerdings zu fragen, ob sich gerade dieser Text für eine solche Vorgehensweise anbot. Die Übersetzung vermehrt unsere Literatur um ein gut gelungenes Exemplar einer an sich schon reichlich vertretenen Gattung. Die Chance einer Erweiterung unseres literarischen Spektrums wurde vergeben." Oder aber: „Herr X wollte in seiner Übersetzung offenbar einbürgernd vorgehen; dies ist ihm allerdings an vielen Stellen mißlungen. Seine Absicht war jedoch unbedingt richtig, denn im gegebenen Fall kam nur eine extrem einbürgernde Übersetzung an der Grenze zur Bearbeitung in Frage." Dies waren nur zwei äußerst schlichte, konstruierte Beispiele, mit deren Hilfe die Grobstruktur einer meines Erachtens gerechten Übersetzungskritik vorgezeichnet werden sollte.

Es wäre utopisch, von Literaturkritikern zu fordern, sie sollten über ihre eigentliche Aufgabe hinaus in ähnlich differenzierter Weise Übersetzungskritik treiben. Die Bedingungen, unter denen sie ihrer Arbeit nachgehen, würden dies gar nicht zulassen. Vor kurzem hat der Düsseldorfer Romanist Fritz Nies die Akten einer von ihm veranstalteten Tagung über das Thema „Literaturimport und Literaturkritik: das Beispiel Frankreich" veröffentlicht, in denen Literaturkritiker und Übersetzer ihre Erfahrungen aus der Praxis schildern.[55] Wer als freier Mitarbeiter für Tages- und Wochenzeitungen und für den Rundfunk Literaturkritiken verfaßt, steht unter einem enormen Konkurrenz- und Zeitdruck. Er muß sein Produkt verkaufen und sich dabei dem Diktat der zuständigen Redakteure unterwerfen. Wenn gekürzt werden muß, fallen die Bemerkungen zur Übersetzung als erste dem Rotstift zum Opfer.[56] Der Literaturkritiker hat wie jeder andere Anbieter von Waren »Lieferfristen« einzuhalten. Diese sind oft so knapp bemessen, daß ihm keine Zeit bleibt, sich das Original der rezensierten Übersetzung zu

---

[55] Nies/Kortländer 1996.
[56] Vgl. Schimmang in Nies/Kortländer 1996, 26.

beschaffen.⁵⁷ Diese Situation ist nicht nur für den Kritiker, sondern auch für den Übersetzer in höchstem Grade unbefriedigend. Die Übersetzerin Irène Kuhn bestätigt aus der Sicht einer Be- und Getroffenen die Beobachtungen, die ich als ausdauernder Zeitungsleser gemacht habe:

1. Der Übersetzer kann sich glücklich schätzen, wenn er durch *Erwähnung* für existent erklärt wird, die Kritik also wahrnimmt, daß der vorliegende Text kein Originaltext ist.

2. Der Übersetzer muß sich damit zufrieden geben, daß in Kritiken übersetzter Texte häufig von *Sprache* und von *Stil* die Rede ist. Aber von welcher Sprache denn? Der seinen natürlich. Und welchem Stil? Dem seinen. Sprache und Stil werden jedoch als die des Autors identifiziert oder dargestellt. Wenn sie für „gut", „flüssig", „angenehm" etc. befunden werden, fällt das Lob zuerst auf ihn. Werden Sprache und Stil hingegen für „schlecht", „kitschig", „oberflächlich", „brutal", „plump", „undifferenziert" oder wie auch immer befunden, so muß man annehmen, daß die Übersetzung schlecht ist – ...⁵⁸

Die Vorstellungen, die von der akademischen Übersetzungskritik entwickelt wurden, werden von den Literaturkritikern nicht zur Kenntnis genommen. Das mag wenigstens zum Teil an der Art und Weise liegen, in der wir Übersetzungswissenschaftler unsere Erkenntnisse vortragen. Wie immer man zu dem mitunter unnötig gespreizten Jargon stehen mag, mit dem einige Übersetzungswissenschaftler die Anerkennung der Autonomie ihrer Disziplin zu ertrotzen hoffen, es wurden in den letzten Jahrzehnten einige Grundsätze entwickelt, die auch von Rezensenten zur Kenntnis genommen werden sollten. Der erste lautet: Wenn du einem Übersetzer nichts weiter vorzuwerfen hast, als daß ihm an einigen Stellen Fehler unterlaufen sind, so spare dir deine Kritik. Auch ein erfahrener Übersetzer wird hin und wieder *let the cat out of the bag* mit *die Katze aus dem Sack lassen* wiedergeben, obwohl mit der englischen Wendung etwas anderes gemeint ist, nämlich „unintentionally reveal a secret"; auch ein guter Kenner des Französischen wird gelegentlich *framboise* „Himbeere" mit *Erdbeere* übersetzen.⁵⁹ Wenn dergleichen Irrtümer nicht gehäuft auftreten, beeinträchtigen sie die Qualität einer Übersetzung nicht ernstlich. Es kann sogar vorkommen, daß ein Übersetzer, der sich

---

⁵⁷ Vgl. van Rossum in ebda, 24.
⁵⁸ Kuhn in ebda, 73.
⁵⁹ Zur Kategorie „Übersetzungsfehler" vgl. u. a. Rühling 1992 und w. o. *Einführung*, Anm. 8.

bestens auf dem Gebiet der französischen Bezeichnungen für Früchte auskennt, aus übergeordneten Gründen zu einem »falschen« Äquivalent greift; vielleicht nur, um eine unerwünschte Wiederholung vom Typ „die *Erd*beeren waren auf die *Erde* gefallen" zu vermeiden. Wenn an dieser Stelle des Textes die Himbeeren denselben Zweck erfüllen, ist gegen eine solche Lösung nichts einzuwenden. Dieser erste Grundsatz liegt ganz auf der Ebene der Übersetzungspraxis; der nächsthöhere betrifft die Ebene der Theorie. Er lautet: Wenn ein Text schlecht lesbar ist, wenn man ihm unmittelbar ansieht, daß er aus einer anderen Sprache übersetzt wurde, wenn man ihm ansieht, aus welcher Sprache er übersetzt wurde, so schließe daraus nicht ohne Vorbehalt, dies müsse auf Ungeschicklichkeit und Unfähigkeit des Übersetzers zurückgeführt werden. Es könnte sich eine sehr entschiedene Absicht dahinter verbergen; der holprige Text, dem man die Übersetzung sofort ansieht, könnte mit viel Mühe eben so und nicht anders gestaltet worden sein. Natürlich kann und soll auch eine solche Absicht kritisiert werden, aber auf der ihr entsprechenden Ebene – als verfehlte Intention und nicht als stümperhafte Praxis. Manche Leser werden diese treuherzige Empfehlung belächeln, weil sie sich durchaus zutrauen, zwischen fehlgeleiteten Absichten und mangelndem handwerklichen Können zu unterscheiden. Ein Blick in die »real existierenden« Übersetzungskritiken wird sie davon überzeugen, daß die beiden Ebenen häufig auf eine einzige reduziert werden. Der dritte Grundsatz verbindet schließlich literaturtheoretische oder, etwas allgemeiner ausgedrückt, texttheoretische Fragestellungen mit übersetzungstheoretischen; in ihm kommt zum Ausdruck, daß die Übersetzung im Dienste der Texte, im Dienste der Literatur steht und daß daher text- oder literaturtheoretische Überlegungen den übersetzungstheoretischen im engeren Sinne vorauszugehen haben: Übersetzungskritik kann nur in Abhängigkeit von Textanalyse betrieben werden. Es gibt keine schlechterdings »richtige« oder auch nur »angemessene« Übersetzung. Dasselbe Textsegment muß unter Umständen völlig unterschiedlich übersetzt werden, je nachdem, ob es Bestandteil eines sachlichen Berichts oder einer Komödie ist. Eine etwas umständliche und schwer verständliche Gebrauchsanweisung wird auf die Bedürfnisse des zielsprachlichen Publikums zugeschnitten werden, wenn sie tatsächlich dazu bestimmt ist, dem Käufer eines Geräts die zu seinem Betrieb nötigen Informationen zu vermitteln. Ist sie hingegen Teil eines Romans und erfüllt ihr umständlich-unbeholfener Charakter dort eine bestimmte Funktion, so wird der Übersetzer ganz im Gegenteil darum bemüht sein, die Gebrauchsanweisung so zu formulieren, daß im

Ernstfall kein Leser in der Lage wäre, praktischen Nutzen aus ihr zu ziehen. Der Übersetzungskritiker hat zunächst das jeweilige Umfeld der Übersetzung (Texttyp, Adressaten, Zweck der Übersetzung) in Augenschein zu nehmen, bevor er sich den konkreten sprachlichen Befunden zuwendet. Auch dies hört sich wie eine Binsenweisheit an, solange es an so schlichten und eindeutigen Beispielen demonstriert wird. In der Praxis (man denke nur an die Bibelübersetzung; vgl. w. o. 3. Kapitel) zeigt sich jedoch immer wieder, daß Übersetzungskritiker nicht gewillt sind, die konkreten Lösungen eines Übersetzers in Abhängigkeit von dessen mehr oder weniger deutlich erkennbaren Absichten zu würdigen.

Auf dem literarischen Markt gelten in dieser Beziehung besondere Gesetze, die von den Verlagen und ihren Lektoren diktiert werden. Je tiefer der Übersetzer in die Sphäre der sog. Unterhaltungsliteratur hinabsteigt, desto schwächer wird seine Position; zwischen den Übersetzer und den Übersetzungskritiker schiebt sich der Verlagslektor. Wer als Übersetzer an einen Autor gerät, dessen Marktwert im internationalen Literaturgeschäft überhaupt noch nicht notiert wird, hat sich den Regeln des Literaturmarketing zu unterwerfen. Und diese erinnern in mancherlei Hinsicht an die Zeit der *belles infidèles*. Allerdings liefert der Übersetzer nur noch das Rohmaterial – die Arbeit des *Perrot d'Ablancourt* (vgl. w. o. 2.4.1) übernimmt der Verlagslektor oder die Lektorin. Ein Übersetzungskritiker sollte sich bei Produkten dieser Art nicht allzulange beim Übersetzer aufhalten, der aus finanziellen Gründen weit mehr am nächsten Auftrag als am weiteren Schicksal des abgelieferten Produkts interessiert sein dürfte. Er sollte sich gleich an den Verlagslektor halten. Doch dieser ist nur selten greifbar.

6.4 Literarische Ranglisten als Ausdruck des »Tauschwerts«: Vorläufige Bemerkungen zum »literarischen Wechselkurs«

Kindlers Neues Literaturlexikon enthält etwa 19000 Einzelbeiträge zu Werken aus 130 Literaturen. Die dritte Auflage des *Lexikon der Weltliteratur* steht ihm mit etwa 11000 Artikeln um einiges nach – es kann also nicht, wie der Herausgeber Gero von Wilpert behauptet, das umfassendste Werk dieser Art in deutscher Sprache sein.[60] *Das kleine Lexikon der Weltliteratur* von Hermann Pongs – ein typisches Nachschlagewerk für

---

[60] Wilpert ³1988, IX.

das stark dezimierte deutsche Bildungsbürgertum der Nachkriegszeit – bringt es immerhin auf etwa 2000 Einträge.[61] Die „Geschichten der Weltliteratur" (vgl. w. o. 5.2) – auch die kurz gefaßten – vermitteln ebenfalls den Eindruck, es sei völlig unmöglich, der Fülle des gebotenen Materials Herr zu werden, es in Form von Ranglisten zu verdichten, aus denen sich Vergleichsmaßstäbe ableiten ließen. Und doch wird jeder mäßig Gebildete auch in den Werken, die viele tausend Namen im Register aufführen, bei den ihm besser bekannten Literaturen auf Lücken stoßen. Es lohnt sich, einen Blick in einige Werke dieser Art zu werfen. Wir werden dabei sehen, wie schwer es ist, zuverlässige »Tauschwerte« zu notieren, mit denen ein Literaturspekulant bei vertretbarem Risiko kalkulieren könnte. „Englands Balzac heißt Charles Dickens", stellt Axel Eggebrecht in seinem knappen Überblick über die Weltliteratur fest.[62] Er gibt damit indirekt zu erkennen, daß er mit »Balzac-Währungseinheiten« rechnet. Ein ähnliches Verfahren wendet auch Paul Wiegler in seiner *Geschichte der fremdsprachigen Weltliteratur* an, die nach Meinung des Verlags eher „Geschichte der außerdeutschen Literaturen, von Deutschland aus gesehen"[63] heißen müßte. Wenn er den anonymen Verfasser der Farce vom *Maître Pathelin* (Mitte des 15. Jahrhunderts) einen „Molière vor Molière"[64] nennt, benutzt er Molière als Vergleichsmaßstab. Diese impliziten Werturteile, über die man leicht hinwegliest, beruhen selten allein auf einem eigenen, anhand kritischer Lektüre entwickelten Werturteil des jeweiligen Autors; sie entstammen zum größeren Teil einer nicht leicht zu analysierenden Bewertungstradition. „... natürlich habe ich nicht alle hier genannten Werke selbst gelesen. Von manchem Autor kenne ich kaum eine Zeile", räumt Eggebrecht freimütig im Vorwort zu seinem weltliterarischen Kompendium ein.[65] Die Bewertungstraditionen, von denen sich auch kritische Literaturhistoriker leiten lassen, sind, obgleich inzwischen von den gröbsten nationalistischen Schlacken befreit, keineswegs übernational. „... selbst der Gewissenhafte wird Mühe haben, von eingenisteten Vorurteilen seiner angestammten geistigen Tradition loszukommen", gibt Erwin Laaths im Vorwort zu seiner über 800 Seiten starken *Geschichte der Weltliteratur* zu bedenken. „Manche Voreingenom-

---

[61] Vgl. Kindler 1988-1992; Wilpert [3]1988; Pongs 1956.
[62] Eggebrecht 1948, 266.
[63] Wiegler 1949, 6.
[64] Ebda, 190.
[65] Eggebrecht 1948, 11.

menheiten innerhalb eines volkhaft überlieferten Kulturbewußtseins wurzeln in einer geistigen Kampfsituation der Vergangenheit und werden schon früh versteift ...".[66] Dies kann anhand einiger weniger, nicht ganz zufällig herausgegriffener Beispiele dargestellt werden. Sie beruhen auf einer vergleichenden Analyse einiger Weltliteraturgeschichten, die einen gemeinsamen Nenner haben: Es handelt sich um deutschsprachige Werke, die alle – zumindest die benutzte Auflage – unmittelbar nach dem letzten Krieg entstanden und sichtlich um eine Art von »Wiedergutmachung« bei der Weitergabe literarischer Maßstäbe bemüht sind. Auffällig ist die Wertschätzung, deren sich François Villon bei den deutschen Literaturhistorikern erfreut. Selbst wenn ein gewaltiges Pensum an Weltliteratur auf wenigen hundert Seiten zu bewältigen ist, bleiben doch immer einige anerkennende Bemerkungen für ihn übrig. Villon gehört offenbar bis in die jüngste Vergangenheit hinein zu den angenehmen Enttäuschungen, die der deutsche Michel bei der Begegnung mit der französischen Literatur machen kann: Er hätte dieser Literatur viel *esprit* und *raffinement* konzediert, aber keinen solchen Prachtkerl zugetraut:

Das ist nun einer, bei dem uns das Herz aufgeht. Er macht Ernst mit der Freiheit der Einzelmenschen. Dabei kommt eine Seite des Franzosentums zum Vorschein, die wir über Formstrenge und Vernunftkühle allzuoft vergessen: saftige Freude nämlich an einer breiten, bäurisch-proletarischen Lebensnähe.[67]

Daß es Villon an „Formstrenge" nicht gebrach, wird unterschlagen. Erwin Laaths benutzt die Gelegenheit, bei der Vorstellung des Originals den modernen deutschen Kopisten eins auszuwischen:

Diese Lyrik wirkt im Zeitalter der Terroristen- und Gangsterpopularität so rücksichtslos modern, daß heutige Schreibtisch-Vaganten, sofern sie auch einem gefährlichen Leben mit blutigem Einsatz der Person stehen, ihre Legitimation zu einer renommierenden und rüden Bänkeldichterei dem genialen Franzosen zu enlehnen wagen.[68]

Die beiden Wortführer der Pléiade, Du Bellay und Ronsard, die für Martin Opitz bedeutsame, aber schon damals nicht ganz zeitgemäße Vorbil-

---

[66] Laaths 1953, 10.
[67] Eggebrecht 1948, 115.
[68] Laaths 1953, 281.

der waren,[69] werden in den deutschen Geschichten der Weltliteratur mit Herablassung behandelt.[70] Diese traditionelle Bewertung spiegelt sich auch in der Übersetzungsgeschichte wider. Während in der Bibliographie von Rössig, die sich auf das wirklich Wichtige beschränkt,[71] vierzehn Villon-Übersetzungen aufgeführt werden, die alle in unserem Jahrhundert entstanden sind – die erste, durch Brecht bekannt gewordene (vgl. w. u. 7.1) stammt von K.L. Ammer, die letzte aus dem Jahr 1988 von dem Freiburger Romanisten Frank-Rutger Hausmann –, scheint es von den beiden Pléiade-Dichtern jeweils nur zwei Übersetzungen zu geben. Die erste vollständige Übersetzung der *Antiquitez de Rome* hat Helmut Knufmann, ein Romanist und Übersetzungshistoriker, in Form eines Kompromisses zwischen Nachdichtung und Interlinearversion vorgelegt. Das bescheiden aufgemachte, von der Freiburger Universitätsbibliothek verlegte Bändchen wendet sich sichtlich nicht an einen großen Leserkreis.[72]

Seit G.E. Lessings polemischem literaturpolitischem Eintreten für Shakespeare und gegen das klassische französische Theater, das er in seinem *Siebzehnten Literaturbrief* ausgesprochen hat (vgl. Einführung, Anm. 11), gibt es kaum einen deutschen Literaturhistoriker, der diese

---

[69] Schon Gervinus, der Doyen der deutschen nationalen Literaturgeschichtsschreibung, hatte Opitzens Abhängigkeit von der Pléiade und die Pléiade selbst sehr negativ beurteilt (vgl. Gervinus ⁴1853, 181f.).

[70] Eine Ausnahme bildet *Eine Bibliothek der Weltliteratur* des Zürchers Martin Bodmer (das Werk stellt insofern eine Ausnahme dar, als dort das Projekt einer realen Bibliothek einschließlich des dafür notwendigen Gebäudes vorgestellt wird): „Aber Ronsard ist wichtig, ja ein Musterbeispiel für unsere frühere Feststellung, daß das Klassische eine Literatur oft vollkommener verkörpern könne als ihre größten Genieleistungen. Rabelais ist bedeutender als Ronsard, aber dieser ist der Begründer der französischen Klassik und personifizierter Genius der französischen Literatur wie kein zweiter Dichter vor ihm" (Bodmer 1947, 83).

[71] Vgl. Kapitel 1.3, insb. Anm. 54. Diese Bibliographie ist weniger um Vollständigkeit als um Repräsentativität bemüht und daher für die hier verfolgten Ziele besonders aussagekräftig.

[72] Joachim Du Bellay: *Die Ruinen Roms. Les Antiquitez de Rome*. Übertragen von Helmut Knufmann. Mit einem Vorwort von Frank-Rutger Hausmann, Freiburg 1980. Fromm führt darüber hinaus noch eine größere Anzahl von Übersetzungen einzelner Gedichte der beiden Pléiade-Dichter an, die in Anthologien enthalten sind, darunter eine von Ferdinand Freiligrath. Was Villon betrifft, so genügt ein Vergleich der Angaben bei Fromm und Rössig mit den Beständen einer mittleren Bibliothek, um uns die Unvollständigkeit aller Übersetzungsbibliographien vor Augen zu führen.

Bewertung nicht fortschreiben und bekräftigen würde. Eggebrecht vertritt sogar die Ansicht, die Franzosen wären ihren Nachbarn jenseits des Rheins in dieser Umbewertung längst gefolgt, würde nicht nationale Pietätspflicht sie davon abhalten:

> Bei den Franzosen gilt sie [scil. die „übersteigerte Sprache" der Klassik] immer noch als meisterlich und unerreicht. Ich habe dabei den Verdacht, daß es sich um eine mehr äußerliche Tradition handeln könnte, die eine Generation immer von der anderen übernahm. Es gehört zum guten Ton, Racine und Corneille aufzuführen; es gehört zur notwendigen Bildung, diese Aufführung zu besuchen. Erlebt der heutige Franzose dabei wirklich ein Stück seiner Dichtung? Zweifel daran sind erlaubt ...[73]

Wenn es dem pflichtbewußten deutschen Theaterbesucher mit Goethes *Iphigenie* oder *Tasso* nicht ebenso ergeht, so nur deshalb, weil in Deutschland – ganz im Gegensatz zu Frankreich – ruhige, oratorienähnliche Inszenierungen, die sich nahezu vollständig auf die Wirkung des kunstvoll deklamierten Textes stützen, fast nirgendwo mehr anzutreffen sind. Zwar empfinden die meisten Deutschen auch die *Iphigenie* nicht mehr als „Stück ihrer Dichtung" – zumindest nicht im Theater –, aber sie werden in den wenigsten Fällen gelangweilt den Zuschauerraum verlassen, denn gegen Langeweile haben deutsche Theaterregisseure auch an Provinzbühnen wirksame Rezepte. Nur Erwin Laaths ist in seiner Literaturgeschichte um eine Korrektur der „versteiften Voreingenommenheit" vor allem gegenüber Racine bemüht. Er ruft Rudolf Alexander Schröder als Kronzeugen auf; seine Übersetzungen des klassischen französischen Theaters, die in seine gesammelten Werke aufgenommen wurden, erwähnt er nicht. R.A. Schröders *Phädra* sei, versichert Jürgen von Stackelberg, „in einem so erlesenen Deutsch gehalten [...], daß gewiß keine Bühne heute mehr versuchen [werde], sie aufzuführen". Ob die nach Ansicht von Stackelbergs bühnenwirksameren Übersetzungen von Simon Werle (seine *Phädra* wurde immerhin von Peter Stein aufgeführt) zu einer Neubewertung Racines im literarischen Leben und auf der Bühne führen werden, bleibt abzuwarten.[74]

---

[73] Eggebrecht 1948, 132.
[74] Rudolf Alexander Schröder: *Corneille/Racine/Molière in deutschen Alexandrinern*, Frankfurt a. M. 1958 (= Gesammelte Werke, Bd. VI); Simon Werle/Racine: *Phädra – Andromache*, Frankfurt a. M. 1986; *Berenike-Britannicus*, Frankfurt a. M. 1987; vgl. ebenfalls Stackelberg 1997, 252ff.

Schließlich sei noch auf eine Eigentümlichkeit der eingesehenen deutschsprachigen Geschichten der Weltliteratur hingewiesen, die man auch dem vorliegenden Buch zum Vorwurf machen könnte: die Vernachlässigung der portugiesischen und der rumänischen innerhalb der romanischen Literaturen. Auch in der von Frank Baasner und Peter Kuon zusammengestellten Leseliste *Was sollen Romanisten lesen?* fehlen diese Literaturen, von der katalanischen, rätoromanischen oder neueren okzitanischen Literatur ganz zu schweigen. Die portugiesische Literatur wird häufig als eine Art von Anhängsel der spanischen angesehen. Die *Lusiaden* von Camões werden immerhin überall erwähnt, am ausführlichsten bei Laaths, wo sogar mehrere deutschsprachige Textproben aus den *Lusiaden* angeführt werden – wie so häufig ohne Nennung des Übersetzers. Dafür wird dort Eça de Queiróz [Queirós] nicht einmal erwähnt, und die gesamte rumänische Literatur bleibt ausgespart. Wiegler widmet ihr immerhin anderthalb Seiten; ethnologische und sprachhistorische Gesichtspunkte scheinen ihn, der die »Romanität« der Rumänen anzweifelt, stärker zu interessieren als genuin literarische. So bleiben für Caragiale, Eminescu und Sadoveanu jeweils etwa eine Zeile übrig.[75]

In diesen Fällen gibt es keinen Parallelismus zwischen der Rezeption von Autoren und Werken durch die Literaturhistoriker auf der einen und durch die Verleger und Übersetzer auf der anderen Seite: Rössigs Bibliographie führt immerhin sieben Übersetzungen der *Lusiaden* auf (die erste stammt aus dem Jahr 1806). Von Eça de Queiróz gibt es sogar siebzehn Übersetzungen einzelner Werke; in den letzten Jahren der Deutschen Demokratischen Republik scheint ein besonderes Interesse an diesem Autor bestanden zu haben. *A cidade e as serras* lag schon zwei Jahre nach Erscheinen unter dem Titel *Stadt und Gebirg* (1903) vor, den Curt Meyer-Clason – einer der fleißigsten deutschen Übersetzer[76] – in seiner Übersetzung aus dem Jahr 1963 beibehalten hat. Mihail Eminescu und Mircea Eliade sind bei Rössig mit zehn bzw. acht Titeln verhältnismäßig gut vertreten.

---

[75] Wiegler 1949, 572f.

[76] Rössig führt nicht weniger als 73 von ihm übersetzte Titel an. Einige bekannte Übersetzer aus älterer oder jüngerer Zeit zum Vergleich: J.J.C. Bode: 13; D. Gries: 13; K.L. Kanngießer: 15; F. Kemp: 38; A. Kaempfe: 31; W. Widmer: 37, B. Kroeber: 13.

Zwei Erkenntnisse lassen sich bereits aus einer oberflächlichen Analyse einiger weniger Lexika und Geschichten der Weltliteratur gewinnen: Zum einen wird dabei deutlich, daß es keine übernationale, sondern nur eine mehr oder weniger stark national gefärbte Sicht auf das Phänomen „Weltliteratur" geben kann. Die von Raymond Queneau in der *Bibliothèque de la Pléiade* herausgegebene *Histoire des littératures*, die von ihrer Anlage her freilich nicht mit den weiter oben vorgestellten deutschsprachigen Literaturgeschichten vergleichbar ist, widmet der portugiesischen Literatur dreißig, der katalanischen zwanzig und der rumänischen etwas über zwanzig Seiten. Vor allem die Weltgeltung der eigenen Literatur wird man aus heimischer Sicht schwer einschätzen können. Bezeichnenderweise ist es ein Schweizer, der schonungslos vom „Binnencharakter der deutschen Literatur" spricht.[77] Zum anderen wird dem andauernd hin und her blätternden, immer wieder die zahlreichen Register konsultierenden Leser immer klarer, daß die in den achtziger Jahren noch mutwillig gefeierte „neue Unübersichtlichkeit" angesichts des exponentiell anwachsenden Leseangebots in eine Phase neuer, gemäßigter Übersichtlichkeit überführt werden muß, wenn nicht alle Maßstäbe verloren gehen sollen. In der europäischen Presse hat in den neunziger Jahren eine lebhafte Kanondiskussion eingesetzt. In Deutschland, einem seit der Humboldtschen Universitätsreform traditionell kanonfeindlichen Land, erfreuen sich plötzlich „Leselisten" wachsender Beliebtheit. Die vom Reclam-Verlag herausgegebene Leseliste gilt in erster Linie der deutschen Literatur, berücksichtigt jedoch auch die übrigen, aus Sicht der Kompilatoren »wichtigen« Literaturen. Die englischsprachige Literatur ist dort fast genauso stark vertreten wie die italienische, französische, spanische und portugiesische (einschließlich der lateinamerikanischen) zusammengenommen. Ein ähnliches Bild ergibt sich aus einem Vergleich der „Leselisten" vom Typ „Was sollen -isten lesen?" (vgl. w. o.). Die für Germanisten und Romanisten[78] bestimmten Bändchen erreichen zusammengenommen nicht annähernd den Umfang, der dem für Anglisten und Amerikanisten bestimmten Band zugestanden wurde. Das mag in erster Linie am Verlagslektor liegen, der darauf verzichtet hat, die Autoren der Reihe auf eine einheitliche Konzeption zu verpflichten. Dennoch spiegelt sich in

---

[77] Bodmer 1947, 96.
[78] Genauer gesagt: Französisten, Italianisten und Hispanisten (vgl. w. o.). Die mittelalterliche provenzalische Literatur wird ganz am Rande berücksichtigt.

dieser Proportion – vielleicht entgegen der ursprünglichen Intention dessen, der die Reihe ins Leben gerufen hat – das ungeheure Gewicht wider, das der angelsächsischen Literatur in der deutschen Kultur zukommt.
Es ist Zeit, ein vorläufiges Fazit zu ziehen. Die ursprüngliche Idee des strengen literarischen Kanons läßt sich heute nicht mehr in die Praxis umsetzen, und zwar nicht nur deshalb, weil sie zur Basis unserer „pluralistischen Gesellschaft" keinen passenden Überbau mehr abgibt. Die strengen Kanones hatten ihre Gültigkeit in einer Zeit, als eine kleine Elite von Gebildeten in der Lage war, sich von der Mustergültigkeit der aufgelisteten Werke und Autoren selbst zu überzeugen. Ein Büchernarr wie Arno Schmidt hat sich nicht mit den üblichen, nie eingelösten Versprechen zufriedengegeben, die man sich selbst zu geben pflegt: „Wenn ich endlich einmal mehr Zeit habe, werde ich dieses und jenes lesen, das gehört zu meinem Lebensprogramm." Es war ihm stets präsent, wie wenig man in einem Leben lesen kann, selbst wenn man die Lektüre zur Hauptbeschäftigung macht:

Das Leben ist so kurz! Selbst wenn Sie ein Bücherfresser sind, und nur fünf Tage brauchen, um ein Buch zweimal zu lesen, schaffen Sie im Jahr nur 70. Und für die fünfundvierzig Jahre, von Fünfzehn bis Sechzig, die man aufnahmefähig ist, ergibt das 3150 Bände: die wollen sorgfältigst ausgewählt sein![79]

Ein gebildeter Römer, der sich für die Lebensform des *otium cum dignitate* entschieden hatte, konnte den von Quintilian vorgeschlagenen Kanon (vgl. w. o. 6.1) noch bewältigen; und er konnte es, das ist in diesem Zusammenhang besonders wichtig, ohne die Vermittlung eines Übersetzers. Ein Gelehrter in der Zeit der Renaissance mußte bereits eine gewisse Auswahl treffen, aber er kam – von Ausnahmen abgesehen – ebenfalls ohne Übersetzungen aus. Übersetzungen verfertigte er selbst, zur Schulung des Stils oder zum reinen Zeitvertreib, für andere, weniger Gebildete. Wir befinden uns heute in einer ganz anderen Situation. Ein „Kanon der Weltliteratur" läßt sich mit Aussicht auf allgemeine Zustimmung noch nicht einmal skizzieren. Wir sind weit davon entfernt, den »archimedischen Punkt« außerhalb der verschiedenen Sprach- und Kulturräume zu finden, der dazu notwendig wäre. Dazu kommt, daß die Kanones innerhalb der einzelnen Sprach- und Kulturräume unterschiedlich strukturiert sind. Das fällt bereits innerhalb unserer relativ homogenen und über-

---

[79] Zitiert nach *Leseliste* 1994, Motto, 7.

schaubaren west- und mitteleuropäischen Welt ins Auge: Trotz der Aufweichungstendenzen der letzten Jahrzehnte hält die romanische Kultur doch bis heute noch hartnäckig am Kanon des Mustergültigen fest – nicht umsonst haben Baasner und Kuon innerhalb ihrer romanistischen Leseliste einen durch Asterisken gekennzeichneten „Minimalkanon der unverzichtbaren Werke" abgesteckt –, während die angelsächsischen und germanischen Länder in weit höherem Maße zu einem „Kanon des Lesenswerten" übergegangen sind.[80] Dazu kommt die unterschiedliche Extension des Literaturbegriffs in verschiedenen Kulturen. Anläßlich einer Umfrage, bei der deutsche Studenten spontan einige französische, französische Studenten einige deutsche Schriftsteller nennen sollten, wurden von deutscher Seite Sartre, Camus, Zola und Molière, von französischer Seite Goethe, Nietzsche, Kant und Marx am häufigsten genannt.[81] Ein *écrivain* und ein *Schriftsteller* sind nun einmal nicht genau dasselbe.

Bei der Ermittlung des »literarischen Wechselkurses« erweist sich die Übersetzungsforschung als wichtigstes Hilfsmittel. Das gilt zunächst einmal für die weiter zurückliegenden Epochen, bei denen man nur noch selten mit spektakulären Umwertungen innerhalb der nationalen Kanones zu rechnen hat. Hier ist die Anzahl der Übersetzungen ein verhältnismäßig guter Indikator für die Bewertung eines Autors oder Werks außerhalb seines eigenen Kulturraums. Die Aufnahme von übersetzten Texten in Anthologien oder Buchreihen – insbesondere in Reihen, hinter denen eine bestimmte Konzeption steht – läßt ebenfalls darauf schließen, daß sich das betreffende Werk einen Platz in der Lesegemeinschaft der Zielkultur erworben hat. Für den literarischen Erfolg über die Grenzen des ursprünglichen Sprachgebiets hinaus ist die Übersetzung eine notwendige[82], aber keine hinreichende Bedingung. Es wird von Übersetzungsforschern immer wieder behauptet, die Rezeption dieses oder jenes Werks sei in einem Sprachraum durch eine schlechte Übersetzung (was immer das sein mag) behindert worden. Auch hier gilt

---

[80] Als ein empirisch besonders schwer zu ermittelndes Kriterium erweist sich in diesem Zusammenhang die tatsächliche Lektüre. Die Anzahl der Entleihungen in öffentlichen Bibliotheken ist hierfür ein sichererer Indikator als die Verkaufszahl eines Buchs: Wieviele Umberto Ecos oder Christoph Ransmayrs verstauben, nachdem sie aus dem geschmackvollen Geschenkpapier gewickelt wurden, ungelesen im Regal?

[81] Steffen Jacobs: „Bücher zu Träumen. Das Literaturwissen deutscher und französischer Studenten", *Frankfurter Allgemeine Zeitung*, 29. Oktober 1994.

[82] Das gilt in Europa für englischsprachige Werke vielleicht nur noch in eingeschränktem Sinn.

es zu differenzieren: Verschiedene Autoren und Werke sind in unterschiedlichem Maß »übersetzungsempfindlich«, bedürfen unterschiedlicher übersetzerischer Anstrengungen, um jenseits der Sprachgrenze Wirkung zu entfalten. Es gibt Werke, die auch die Mißhandlungen durch unbeholfene oder lustlose Übersetzer recht gut überstehen. Das sind in der Regel diejenigen, bei deren Besprechung die Kritiker auf den Faktor Übersetzung überhaupt nicht eingehen, weil sie intuitiv der Ansicht sind, er spiele im betreffenden Fall keine besondere Rolle. Wir alle glauben intuitiv zu wissen, welche Eigenschaften es sind, die die »Übersetzbarkeit« eines literarischen Werkes beeinflussen, aber wir kennen diese Eigenschaften nicht genau genug. Es würde sich lohnen, diesen Komplex einmal gründlich zu untersuchen.

Die Übersetzungsforscher könnten eine wichtige Funktion als »ehrliche Makler« auf dem literarischen Weltmarkt erfüllen. Einerseits könnten sie verläßliche, über kurzfristige Trends hinausreichende Kriterien für die Notierung des »literarischen Wechselkurses« liefern, andererseits könnten sie dort aktiv eingreifen, wo die Kräfte des Marktes versagen müssen. Dazu gehört das Sich-Einsetzen für Autoren, die im eigenen Sprachgebiet noch völlig unbekannt sind und die es verdienen würden, dort bekannt zu werden: Im Grenzfall muß der Übersetzungsforscher zum Übersetzer werden. Ebenso wichtig sind Neu- oder Wiederentdeckungen von Autoren, die im eigenen Sprachgebiet völlig vergessen sind oder überhaupt nie bekannt waren, die aber einiges zu einem tieferen Verständnis der anderen Kultur beitragen können. Autoren dieser Art sind viel zu charakteristisch für ihre eigene Kultur, um Anspruch auf einen Platz im Tempel der Weltliteratur erheben zu können. Warum sollte ein Übersetzungsforscher nicht einmal eine knappe kommentierte Auswahl von Texten des von Voltaire so entschieden gegen Boileau verteidigten Philippe Quinault herausgeben (vgl. w. o. Anm. 17)? Quinault war immerhin der Librettist von Lully. Vielleicht käme ein französischer Übersetzungsforscher auf die Idee, Wilhelm Raabes Erzählung *Die Akten des Vogelsangs* zu übertragen oder eine Übersetzung anzuregen. Ich stimme mit Wulf Segebrecht darin überein, daß es sich um eines der Werke handelt, die Germanisten lesen sollen.[83]

---

[83] Vgl. w. o. Einführung und Segebrecht 1994, 58.

7 Die Übersetzung im weiteren Sinn

Obschon der zweite Teil des vorliegenden Buchs vorwiegend historisch-deskriptiven Fragestellungen vorbehalten ist, muß ich in diesem Kapitel noch einmal zu den Grundproblemen der Übersetzungstheorie zurückkehren, die im Zentrum des ersten Teils standen. Wie in so vielen Büchern, die das Problem der Übersetzung zum Gegenstand haben, soll auch in diesem verhältnismäßig spät der Versuch unternommen werden, eine Definition der Übersetzung zu liefern. Zwar war schon im vierten Kapitel von den »äußeren Grenzen« der Übersetzung die Rede, aber es wurde dort aus systematischen Gründen nur eine der beiden Grenzen, die durch die Zielsprache gebildete, eingehend diskutiert. Es ging um die Frage, wie »wörtlich« ein zielsprachlicher Text den ausgangssprachlichen nachbilden darf, ohne die Grenze der Übersetzung zu überschreiten. Die andere, schwerer zu bestimmende Grenze der Übersetzung wird durch die zu bewahrenden Komponenten des Ausgangstextes gebildet. Hier geht es um die Frage, wie »frei« ein zielsprachlicher Text den ausgangssprachlichen nachbilden darf, ohne die Grenze der Übersetzung zu überschreiten (vgl. w. o. 4.1). Eine Diskussion dieser zweiten Frage führt uns unmittelbarer zur eigentlichen, nämlich zur Inhaltsdefinition der Übersetzung als die im vierten Kapitel gestellte Frage nach der noch tolerierbaren Wörtlichkeit. Es wird nun zu klären sein, welche Komponenten des Ausgangstextes im Zieltext bewahrt werden müssen und wieviele Komponenten unter gewissen Umständen »eigenmächtig« hinzugefügt werden dürfen, wenn letzterer noch den Anspruch erheben will, eine Übersetzung, keine freie Nachbildung des ersteren zu sein.

Die Rückkehr zum Kernproblem der prospektiv-präskriptiven Übersetzungstheorie im zweiten Teil des Buchs, in dem fast ausschließlich retrospektiv-deskriptive Fragestellungen behandelt werden, hat einen zweifachen Grund: Einerseits lag es aus darstellungsökonomischen Gründen nahe, eine Inhaltsdefinition im Zusammenhang mit der Beschreibung der vielfältigen freien Formen der Übersetzung zu geben, die im Lauf der Geschichte der Sprachmittlung tatsächlich aufgetreten sind; andererseits leisten Inhaltsdefinitionen mehr, wenn sie nicht gleich am Anfang der Darstellung des zu definierenden Phänomens gegeben werden, sondern erst zu einem Zeitpunkt, zu dem sich der Leser bereits ein Bild von diesem Phänomen machen konnte.

7.1 Traditionelle Bezeichnungen für freiere Formen des Übersetzens

It may perhaps appear paradoxical to assert, that it is less difficult to give to a poetical translation all the ease of original composition , than to give the same degree of ease to a prose translation. [...] A moderate liberty of amplifying and retrenching the ideas of the original, has been granted to the translator of prose; but is it allowable, even to the translator of a lyric poem, to add new images and new thoughts to those of the original or to enforce the sentiments by illustrations which are not in the original? As the limits between free translation and paraphrase are more easily perceived than they can be well defined, instead of giving a general answer to this question, I think it safer to give my opinion upon particular examples.[1]

In diesem Zitat aus dem bekannten übersetzungstheoretischen Traktat des schottischen Literaten Alexander Fraser Tytler klingen zwei Gedanken an, die es wert sind, hervorgehoben zu werden: Zum einen hängen die Freiheiten, die man einer Übersetzung eben noch zugestehen kann, bis zu einem gewissen Grad von der Textsorte ab; Abweichungen vom Wortlaut des Originals, die man bei gebundener Rede als unvermeidlich hinzunehmen geneigt ist, könnten bei Prosatexten bereits als unzulässige Eigenwilligkeiten des Übersetzers angesehen werden. Zum anderen ist es viel leichter, anhand konkreter Beispiele zu zeigen, wo die Grenzen der Übersetzung überschritten wurden, als eben diese Grenzen *in abstracto* verbindlich festzuschreiben. Bei seiner praktischen Demonstration am Beispiel klassischer Texte, verwendet Tytler einen Terminus technicus, der üblicherweise einem Texttransformationsverfahren innerhalb ein und derselben Sprache vorbehalten ist: Er liefert „examples distinguishing *paraphrase* from translation".[2]

Die Synonymenvielfalt für den Begriff „übersetzen" im Lateinischen – *convertere, imitari, interpretari, mutare, sequi, tradere, tra(n)scribere, transferre, vertere* usw. usf. (vgl. w. o. 1.2) – zeigt, daß sich in der Antike noch kein *consensus omnium* über die Übersetzung im engeren Sinne herausgebildet hatte. Daher sind die übersetzungstheoretischen Traktate der Antike auch so schwer zu interpretieren (vgl. w. o. 2.2). Bei Übersetzungen gebundener Rede gibt es, wie schon Tytler festgestellt hatte, bis in die neueste Zeit hinein einen (allerdings nirgendwo klar formulierten) Konsens darüber, daß, sofern die äußere Form gewahrt werden soll, auch unübersehbare inhaltliche Abweichungen als unver-

---

[1] Tytler 1813/1907, 123f.
[2] Ebda, 123.

meidlich hinzunehmen sind. Zur Auflockerung der reichlich trockenen Materie seien einige wenige Verse aus Heinrich Hoffmanns *Struwwelpeter* angeführt, anhand derer sich zeigen läßt, welche Freiheiten sich Übersetzer im einzelnen herausnehmen müssen, wenn sie dem Ganzen gerecht werden wollen: Mark Twain, der zwar in einer tiefschürfenden Abhandlung an „the awful German language" Anstoß genommen, am *Struwwelpeter* jedoch offensichtlich Gefallen gefunden hat, übersetzt

Er schlug die Stühl und Vögel tot,
Die Katzen litten große Not

mit:

He killed the birds, where 'er he could
And catless made the neighborhood.

Eduard Bornemann steht ihm in seiner lateinischen Version in nichts nach. Aus:

Ohne Daumen steht er dort,
Die sind alle beide fort

wird in seiner Übersetzung:

Manibus truncatis stat
Pollices desiderat.[3]

Und Maria Luisa Heinz-Mazzoni »verbessert« die etwas schwachen Verse

Am vierten Tag endlich gar
Der Kaspar wie ein Fädchen war

in ihrer Übersetzung zu:

Il quarto giorno al mattino
Gaspare era un filettino.[4]

---

[3] Wörtl.: Mit verstümmelten Händen steht er (da) / Er wünscht sich (seine) Daumen.
[4] Wörtl.: Den vierten Tag am Morgen war Kaspar ein Fädchen. Die Beispiele wurden

Die immer wieder treuherzig ausgesprochene Überzeugung, Poesie sei »eigentlich unübersetzbar«, gründet sicherlich auf den spezifischen technischen Problemen, die bei der Übertragung metrisch gebundener Texte auftreten. Die inhaltlichen Zugeständnisse, die der Bewahrung der äußeren Form gemacht werden müssen (das gilt vor allem für den Reim, bei weitem das derbste unter den geläufigen Kunstmitteln), werden intuitiv als Verrat des Übersetzers an seiner eigentlichen Aufgabe gedeutet. Giacomo Leopardi, der sich nur sporadisch als Lyrikübersetzer hervorgetan hat, will sich diesem Vorwurf nicht aussetzen. Er nennt seine Übertragung eines Gedichts des heute vergessenen französischen Lyrikers Arnault *imitazione*, Nachahmung, und benutzt dabei einen Terminus, der seit Quintilian bis in die Neuzeit hinein in einem engen, mehr oder weniger synonymischen, Verhältnis zum Begriff der Übersetzung stand.[5] In dem kurzen Gedicht ist von einem durch den Sturm vom Baum gerissenen Blatt die Rede, das ziellos umhertreibt und verweht wird, wie letztlich auch die Rosen- und Lorbeerblätter dieser Welt. Leopardi hält sich ziemlich eng an seine Vorlage, auch an die stereotype Symbolik am Schluß. Er nimmt sich allerdings eine auf den ersten Blick belanglos erscheinende Freiheit: Aus der französischen Eiche macht er eine italienische Buche.[6] Über die Gründe, die ihn dazu bewogen, läßt sich feinsinnig spekulieren. Gestehen wir Leopardi zunächst einmal zu, daß sich das vergleichsweise runde, zarte Buchenblatt besser für die ihm zugedachte passive Rolle eignet als das kräftige, gebuchtete Blatt der Eiche. „Gerade darin liegt die Umdeutung, durch die die Grenzen der Übersetzung überschritten werden", könnte der Naturliebhaber unter den Übersetzungskritikern ausrufen. „Bei Arnault ist von einer *feuille desséchée* die Rede, von einem welken Blatt, wie es im Frühling nur noch an Eichenzweigen zu finden ist. Arnault beginnt also mit einer realistischen Beobachtung und gelangt erst am Ende zur Symbolik, während Leopardi mit seiner *povera foglia frale*, seinem armen hinfälligen Blatt, bereits wenn nicht

---

zitiert nach: Andreas Platthaus: „Nachbarn ohne Katzen. Der Struwwelpeter in fremden Zungen", Frankfurter Allgemeine Zeitung, 11. Juni 1994, B5.

[5] Zum Verhältnis von *traduction* und *imitation* in den französischen Sprachtraktaten der Renaissance vgl. Aschenberg 1994.

[6] Vgl. Giacomo Leopardi: *I Canti*. A cura di Alfredo Straccali, terza edizione corretta e accresciuta da Oreste Antognoni. Nuova presentazione di Emilio Bigi, Florenz 1962, 36.

symbolisch, so doch zumindest anthropomorphisierend beginnt." „Weit hergeholt", wird der im Wörterbuch blätternde Philologe einwenden – einer von der Art, der große Schwierigkeiten hätte, im Wald Eichen und Buchen auseinanderzuhalten –, „wenn Leopardi *chêne* präzise hätte wiedergeben wollen, hätte er sich zwischen *quercia* und *rovere* entscheiden müssen. Beide Wörter eignen sich aus lautlichen Gründen weniger für die ihnen zugedachte Funktion im Vers als das wohlklingende, zweisilbige *faggio*." Streitgespräche dieser Art, wie hier eines karikierend skizziert wurde, sind auf Übersetzerkongressen keine Seltenheit. Man beginnt bei der Frage, ob die zu diskutierende Lösung eine korrekte, gute oder angemessene Übersetzung sei, man endet bei der Frage, ob es sich überhaupt um eine Übersetzung im engeren Sinne handele. Lyrikübersetzer sind der vorhersehbaren Kritik häufig dadurch ausgewichen, daß sie die Resultate ihrer Bemühungen vorsichtig benannt haben, nicht *Übersetzung, translation, traduction, traduzione* etc., sondern *Nachdichtung* – Stefan George nennt seine Arbeiten auch *Umdichtungen* –, *imitations, adaptations, free renderings, imitazioni, addatamenti* usw. usf. Mit all diesen Termini soll zum Ausdruck gebracht werden, daß die Invariante, das, was erhalten bleiben soll, stärker im formalen Bereich angesiedelt ist, als dies bei »prosaischen« Übersetzungen zu erwarten wäre. Die Art, wie etwas gesagt wird, erscheint als ebenso wichtig oder sogar noch wichtiger als das Gesagte selbst. Das könnte leicht mißverstanden werden. Es geht keineswegs nur um die Form im herkömmlichen Sinne, also um die äußere, durch die Tradition vorgegebene metrische Form. Es geht ebensowenig nur um Konfigurationen von Ausdruckselementen, also um onomatopöische oder wenigstens lautsymbolische Wörter, um Alliterationen, Assonanzen, Rhythmen und Ähnliches mehr. Es geht meist auch um die Konfiguration von Inhaltselementen, um den strukturierten Inhalt, unabhängig von einer konkreten einzelsprachlichen Form, um eine Inhaltsstruktur, die nicht mit dem mitgeteilten Inhalt zusammenfällt.[7] Kurz und gut, es geht im großen und ganzen um das, was man in der antiken Rhetorik *elocutio* nannte (vgl. w. o. 2.5). Die Invariante, das *tertium comparationis* der „Nachdichtung", kann daher auf einer sehr allgemeinen Ebene liegen: Ein Bild wird durch ein Bild, ein Wortspiel durch ein Wortspiel, ein intertextueller Verweis durch einen intertextuellen Verweis wiedergegeben, auf konkrete inhaltliche Entsprechung wird, wenn schwerwiegende Gründe dagegen sprechen, verzichtet. So ersetzt z. B.

---

[7] Vgl. Albrecht 1988, 171f.

Volker Braun in seiner Übersetzung eines Prosagedichtes von Alain Lance eine durch Kursivdruck deutlich gemachte Anspielung auf einen Vers von Verlaine durch eine Anspielung auf einen Vers von Goethe:

Et voici des cars des casques et des crosses[8]
Wie herrlich leuchtet mir die Montur.

Die Invariante liegt keineswegs allein im Vorliegen eines intertextuellen Verweises auf einen bekannten Vers der beiden Nationalliteraturen, sondern darüber hinaus in der zynischen Verquickung von poetischer Vergangenheit und militärischer Gegenwart.[9] Viele Übersetzer gebundener Rede entscheiden sich bei der Bezeichnung der Produkte ihrer Tätigkeit für nüchterne Umschreibungen vom Typ „in deutsche/englische/französische Verse gesetzt von ...". Mit dieser Vermeidung des Terminus Übersetzung wird ebenfalls intendiert, daß die Invariante der Übersetzung auf der Ebene der äußeren und der inneren Form zu suchen ist.

Im Bereich der erzählenden Literatur stößt man vorzugsweise auf andersartige Verfahren der freieren Nachbildung von Ausgangstexten. Hier findet der reine Stoff, die *inventio*, traditionell weit mehr Beachtung. Gegenstand von Eingriffen ist die Gliederung dieses Stoffs, die *dispositio*, und die Eingriffe werden gewöhnlich nicht aufgrund von formalen Zwängen, sondern im Hinblick auf die Erwartungen der Leser vorgenommen, genauer gesagt, hinsichtlich dessen, was der Übersetzer seinen Lesern zutraut. In der deutschen Übersetzungsgeschichte gibt es ein besonders gut bekanntes Beispiel für eine extrem freie Bearbeitung eines Werks der Weltliteratur, das 1582 erschienene Buch *Geschichtsklitterung*[10] von Johann Fischart. Es handelt sich dabei um eine stark erweiterte und eigenwillig umgestaltete Version des ersten Buchs des Rabelaisschen Romanzyklus *Gargantua et Pantagruel* (1532-1564). Gervinus hat die Übersetzungstechnik Fischarts in seiner schon mehrfach erwähnten Literaturgeschichte ausführlich beschrieben. Aus seiner Charakterisierung spricht das Übersetzungsverständnis seiner Zeit:

---

[8] Wörtlich: Und da sind plötzlich Busse, Helme und Gewehrkolben (die Alliteration geht ebenfalls verloren).

[9] Alain Lance: „Téhéran 68", in: ders.: *Und wünschte kein Ende dem Umweg. Gedichte in französisch und deutsch*, Homburg/Saar 1994, 14-15.

[10] Die erste Auflage von 1575 war nicht unter diesem Titel erschienen.

Fischart hat von diesem Werke [scil. dem gesamten Rabelaisschen Zyklus] nur das erste Buch übersetzt und dieß so sehr zu seinem Eigenthum gemacht, daß man es eine Uebersetzung nicht mehr nennen kann. Er erklärt selbst, daß sie „nur obenhin sei, wie man den Grindigen lauset", daß er nicht den Rabelais wie den Donat exponieren wolle, daß er sich nicht an Worte und Ordnung gebunden habe. In der That scheinen ihn auch eigentlich selbst nur die Stellen vorzugsweise zu fesseln, wo er seine immer zeitgemäßen Erweiterungen mit Glück anbringen kann.[11]

Wie Niclas Uhlenhart in seiner Cervantes nachempfundenen *Historia von Isaac Winckelfelder und Jobst von der Schneidt* benutzt auch Fischart seine Vorlage als Steinbruch, aus dem man sich bei der Errichtung des eigenen Gebäudes freizügig bedienen darf. Das war zu seiner Zeit bei Romanen, die ästhetisch nicht sonderlich ernst genommen wurden, allgemein üblich. Aus Gervinus' Beschreibung dieser Technik geht hervor, daß um die Mitte des 19. Jahrhunderts die aus der Übersetzungstheorie der Romantik hervorgegangene philologisch-dokumentarische Übersetzungspraxis bereits zur stillschweigend akzeptierten Norm geworden war. Wie wir Justin Bellangers ironischer Schilderung der spätmittelalterlichen und frühneuzeitlichen Übersetzungspraxis entnehmen konnten, gilt dies auch für das Ursprungsland der *belles infidèles*.[12] Jeder Eingriff in den Text, der sich nicht aus übersetzungstechnischen Schwierigkeiten ableiten läßt, wird nun als eine Überschreitung der Grenzen der Übersetzung im engeren Sinn angesehen. Diese Entwicklung hatte bereits im 18. Jahrhundert eingesetzt. Der erfolgreiche Übersetzer Pierre-Antoine Laplace wagt es gegen Ende des 18. Jahrhunderts nicht mehr, seine ganz in der Tradition der *belles infidèles* stehenden Übertragungen *traductions* zu nennen, er spricht von „romans imités de l'anglais".[13] Nachdem sich die philologisch-dokumentarische Übersetzung als allgemeine Richtschnur durchgesetzt hat, werden die Angaben zur Übersetzung auf den Titelseiten schöngeistiger Werke immer nüchterner und stereotyper. Wo es früher ausweichend heißen konnte: *Nathan the Wise. A Dramatic Poem written originally in German by G.E. Lessing*, oder ausschmückend: *Mes Bagatelles [...] imité de l'Allemand de M. Zacharie, avec des changements considérables...* (dem Deutschen des Herrn Za-

---

[11] Gervinus [4]1853, III, 129; vgl. w. o. 5.2.
[12] Vgl. w. o. 2.4.1, insb. Anmerkungen 72 und 75.
[13] Vgl. Stackelberg 1988, 26.

chariae mit beträchtlichen Änderungen nachgebildet)[14], heißt es heute monoton: „aus dem amerikanischen Englisch von ...", „traduit de l'italien de ...", „translated by ..." usw. usf. Es wäre eine lohnende Aufgabe, einmal genauer zu untersuchen und zu dokumentieren, welche Formulierungen die Übersetzer in der langen Übersetzungsgeschichte Europas für die Kennzeichnung ihrer Arbeiten gewählt haben.[15] Bei Werken mit Deutsch als Zielsprache wäre besonders auf das Verhältnis von *Übersetzung* und *Übertragung* zu achten. Ich selbst verwende hier *Übertragung* für konkrete Fälle schriftlicher Sprachmittlung, bei denen nicht durch den Terminus präjudiziert werden soll, um welchen Typ der Texttransformation es sich handelt. Meine anfängliche Vermutung, mit *Übertragung* würden bevorzugt freiere Formen der Übersetzung bezeichnet, hat sich nicht bestätigt.[16]

Wenn auch die philologisch-dokumentarische Übersetzung in weiten Bereichen der Belletristik bis heute die (selten klar explizierte) Leitvorstellung von Übersetzern, Lektoren und Lesern zu sein scheint, so bleibt doch zumindest in den unteren Etagen des Kulturbetriebs der Hang zur *belle infidèle* (im weiteren Sinne) ungebrochen. Wo immer ein übersetzter Text vom Verlag zur Unterhaltung oder gar zur »Zerstreuung« der Leser ausersehen wurde (das gilt auch für Werke, die von der Kritik keineswegs einhellig der Unterhaltungsliteratur zugerechnet werden), wird der Übersetzer gehalten sein, »idiomatische« und vor allem »flüssige« Texte zu produzieren. Nur ja keine Sätze, deren Struktur sich einer ersten, oberflächlichen Lektüre verweigert – mag das Original noch so eigenwillig und spröde sein. Wenn sich der Übersetzer an diese unausgesprochene Regel nicht hält, wird ihn der Lektor energisch an seine Pflicht erinnern. Die Aufgabe des Lektors ist sicherlich nicht leicht. Wie sich im Falle der heftigen Diskussion um die deutsche Übersetzung

---

[14] Beispiele aus: Christoph Ertz: *Englische Übersetzungen deutscher Werke (zwischen 1700 und 1850). Eine kritische Sichtung*, Diplomarbeit Germersheim 1991 (unveröffentlicht) und Konopik 1997, 84, Anm. 126.

[15] Hier nur ein vergleichsweise pittoreskes Beispiel aus neuester Zeit: Erich Zaumer: *Die Geschichten der Canterbury Tales von Geoffrey Chaucer. Metrisch und inhaltlich frei nacherzählt*, Frankfurt a. M. 1992. Zit. nach der Rez. von Catherine W. Proescholdt, *Moderne Sprachen* 37/1 (1993), 53-56 (= Organ des Verbands der Österreichischen Neuphilologen). Der Übersetzer erscheint hier allerdings gewissermaßen als Autor.

[16] Katharina Reiß (1971, 115) sieht in der Übertragung eine „Übersetzung im weiteren Sinn".

von Lawrence Norfolks *Lemprières Wörterbuch* gezeigt hat, ist der Unterschied zwischen einer kunstreich verfremdenden und einer stümperhaften, von mangelhafter Sprachkenntnis zeugenden Übersetzung nicht ohne weiteres zu bestimmen. Es ist nicht dasselbe, ob man eine Redensart wörtlich übersetzt, weil man sie nicht als solche erkannt hat, oder ob man den Leser gezielt in die »Weltsicht« einer fremden Sprache einführen will, wie das namhafte Übersetzer immer wieder getan haben. Selbst bei scheinbar offensichtlichen Vokabelfehlern ist Vorsicht angebracht. Der Übersetzer von *Lemprières Wörterbuch* hatte *warehouse* mit *Warenhaus*, statt mit *Lagerhalle* wiedergegeben. Dazu schreibt der Journalist und Übersetzer Dieter E. Zimmer: „Der Übersetzer wußte einfach nicht, daß *warehouse* mitnichten »Warenhaus« heißt, sondern »Lagerhaus«; mehr gibt es darüber nicht zu sagen."[17] Zimmer hat de facto höchstwahrscheinlich recht; ich habe den Fall nicht überprüft. Mit seiner apodiktischen Erklärung macht er es sich dennoch zu leicht. Nur eine sorgfältige Überprüfung des Kontexts – in einigen Fällen kann der Grund für eine solche scheinbare Fehlleistung sich Hunderte von Seiten von der inkriminierten Stelle entfernt befinden – kann Aufschluß darüber geben, ob der Übersetzer am Ende nicht doch bewußt als *fidus interpres* gehandelt, eine lexikalische Ungenauigkeit in Kauf genommen, um ein anderes Element, das ihm wichtiger erschien (z. B. die leitmotivische Wiederkehr des Wortes *ware*), zu bewahren (vgl. w. u. 7.3).

Bei den nicht für den Leser im Lehnstuhl, sondern ausdrücklich für die Bühne bestimmten Theaterübersetzungen – eine Gattung, die hier nur am Rande behandelt wird – kommen ausgefallene Übersetzungsbezeichnungen besonders häufig vor. Es soll damit nicht nur zum Ausdruck gebracht werden, *daß*, sondern auch *wie* übersetzt wurde. In der umfangreichen Bibliographie französischer Übersetzungen und Bearbeitungen für das Theater (*traductions et adaptations françaises du théâtre*) finden sich charakteristische Beispiele:

Shakespeare et Addison mis au point de comparaison ou Imitation et traductions libres en vers de monologues d'Hamlett et de Caton
L'inconnu, drame en cinq actes et en prose, traduit librement d'une pièce allemande intitulée »La Misanthropie et le repentir« [= Menschenhaß und Reue] du Président de Kotzebue
L'héroine d'Orléans ..., scènes composées d'après le poème de Schiller.[18]

---

[17] Dieter E. Zimmer: „Stetige Bumser im Rücken?", *Die Zeit*, 5. Februar 1993, 56.
[18] M. Horn-Mouval 1967; Beispiele: Bd. 5, Nr. 826; Bd. 6, Nr. 1116; Bd. 6, Nr. 1572.

Adaptation ist heute im Französischen das am häufigsten gebrauchte Wort für eine freie Übersetzung, vor allem in den Fällen, in denen die Übersetzung sensu stricto mit einem Medienwechsel verbunden ist, bei den sog. „audio-medialen Texten".[19]

Eine Diskussion der „freien Übersetzung" – und sei sie noch so knapp – wäre unvollständig, wenn nicht wenigstens auf zwei Formen der »Neuvertextung« hingewiesen würde, die in der europäischen Literaturgeschichte eine besondere Rolle gespielt haben: die *Parodie* und das *Plagiat*. Beide Formen sind von Natur aus nicht an die Überschreitung einer Sprachgrenze gebunden; bei den interlingualen Varianten, die uns hier interessieren, handelt es sich um Sonderformen. Für beide dieser besonderen Formen der Übersetzung im weitesten Sinne lassen sich Beispiele aus dem Werk eines Mannes anführen, von dem Wolfgang Pöckl meint, gefahrlos behaupten zu können, er sei – obgleich Franzose – „der in Deutschland bekannteste Dichter des 15. Jahrhunderts."[20] Die Rede ist von François Villon. Villons Verse zeichnen sich durch einen unverwüstlichen „Gebrauchswert" (im Sinne Brechts) aus. Vor allem die Kehrreime der Balladen bestechen durch ihre suggestive Formulierung, „die sich dem Gedächtnis unauslöschlich einprägt, als sei sie gewissermaßen für einen Zitatenschatz mitvorbedacht worden."[21]

Bien eureux est qui riens n'y a!

heißt es in der *Double Ballade* aus dem sogenannten *Großen Testament*. K.L. Ammer hat in seiner Übersetzung, die 1907 unter dem leicht durchschaubaren Pseudonym Karl Klammer erschien, für diesen Vers eine Formulierung gefunden, die wir aus dem *Salomon-Song* der *Dreigroschenoper* kennen:

Beneidenswert, wer frei davon!

Eine weitere Ballade aus dem *Großen Testament* hat den Kehrreim:

Il n'est trésor que de vivre à son aise.

---

[19] Vgl. Reiß 1971, 49ff.
[20] Pöckl 1979, 504.
[21] Karl Hermann Weinert: „Nachwort" zu François Villon, *Das große Testament*: Übertragung von Walter Widmer, Darmstadt 1960, 183-220, hier 184.

In der Ballade vom angenehmen Leben in der Dreigroschenoper wird daraus:

Nur wer im Wohlstand lebt, lebt angenehm!

Brecht hat hier eine kleine, aber höchst wirksame Retusche an Ammers Übersetzung vorgenommen, wo es hieß:

Nur wer im Wohlstand schwelgt, lebt angenehm.

In beiden Fassungen liegt ein produktives Mißverständnis, eine revolutionäre Umdeutung, wie wir sie schon bei der in Klabunds Literaturgeschichte eingestreuten Fassung der *Carmagnole* feststellen konnten (vgl. w. o. 5.2.): *vivre à son aise* bedeutet „leben, wie es einem gefällt", was natürlich den Wohlstand keineswegs ausschließt. In Frank-Rutger Hausmanns bei Reclam erschienener Übersetzung heißt es, philologisch korrekter, aber weniger eindringlich:

s'gibt nur ein Glück: ein angenehmes Leben.[22]

Der Theaterkritiker Alfred Kerr hatte Brecht, der seine Quellen ursprünglich verschwiegen hatte, Plagiat vorgeworfen. Brecht reagierte zunächst mit einer programmatischen Erklärung zu seiner „grundsätzlichen Laxheit in Fragen geistigen Eigentums", mit der er seinen Kritiker in die Nähe spießbürgerlicher Eigentumsideologen zu manövrieren gedachte. Später schrieb er dann ein *Sonett zur Neuausgabe des François Villon*, in dem er seine Zunftgenossen ermuntert, es ihm nachzutun; man möge sich aus den Versen des Dichters bedienen:

Nehm jeder sich heraus, was er grad braucht!
Ich selber hab mir was herausgenommen ...[23]

---

[22] Beispiele aus: François Villon: *Das Kleine und das Große Testament*. Französisch/Deutsch. Herausgegeben, übersetzt und kommentiert von Frank-Rutger Hausmann, Stuttgart 1988, 119ff.; 188ff.; François Villon: *Lieder und Balladen*. Aus dem Französischen und mit einem Nachwort von K.L. Ammer, Zürich 1987, 92f.

[23] Vgl. Pöckl 1979, 505.

Nicht nur für Plagiate, auch für Parodien bietet sich das Werk Villons an. Eine der geläufigsten Formen der Parodie ist eine Form der Übersetzung; es ist die Transposition eines Textes in ein anderes, dem Inhalt unangemessenes stilistisches Register, also z. B. die Wiedergabe eines Kindermärchens in juristisch-bürokratischer Fachsprache. Ein solches Verfahren ist nicht nur innerhalb ein und derselben Sprache, sondern auch über die Sprachgrenzen hinweg möglich und üblich. H. C. Artmann hat die *Villon Baladn* in Wiener Mundart übertragen, möglicherweise ohne unmittelbare parodistische *Absicht*, aber mit – zumindest auf den nicht-wienerischen Leser – unvermeidlich parodistischer *Wirkung*. Der berühmte *Quatrain*, in dem Villon tiefschürfende Betrachtungen angesichts des Galgens anstellt, lautet bei Artmann:

fiazäula:
i bin franzos, des ged me bita r au,
bin in baris gebuan, i hob an drek dafau!
jezt henk i in da luft aum goleng drau
und meak en gnak, wia schwaa r a oasch sei kau!

Ich gebe zum Vergleich nicht Artmanns „hochdeutsche" Übersetzung, sondern die präzisere von Ammer:

Vierzeiler den Villon machte, als er zum Tod verurteilt wurde.
Ich bin Franzose, was mich bitter kränkt,
geboren in Paris, das bei Pontoise liegt,
an einen klafterlangen Strick gehenkt,
und spür am Hals, wie schwer mein Hintern wiegt.[24]

Die Übersetzung eines literarischen Werks – und mag es von einem Vaganten stammen – in eine nicht-kanonische Form der Zielsprache gerät fast zwangsläufig zur Parodie.

Eine systematische Typologie freier Formen des Übersetzens soll in Abschnitt 7.3 in knapper Form vorgestellt werden.

---

[24] François Villon: *Baladn*. In Wiener Mundart übertragen von H.C. Artmann, Frankfurt a. M. 1968, 7; Villon/Ammer, op.cit., 27. Der Originaltext nach der maßgeblichen Ausgabe von Jean Rychner und Albert Henry: *Le Lais Villon et les poèmes variés* , Bd. I, Textes, Genf 1977, 79 lautet: „Je suis François, dont il me poise,/Né de Paris emprés Pontoise,/Et de la corde d'une toise/Saura mon col que mon cul poise". Die Ambiguität *François/Français* (*Franz/Franzos*) – die beiden Wörter lauteten damals noch gleich – geht in den Übersetzungen verloren.

7.2 Die Übersetzungsstrategie als Funktion des Texttyps und des Übersetzungszwecks

Es ist eine alte Überzeugung der Übersetzer und der Übersetzungstheoretiker, daß nicht jeder Typ von Übersetzung mit derselben unverbrüchlichen Treue am Wortlaut des Ausgangstextes zu hängen habe. Das Maß an erlaubter Freiheit, so kann man immer wieder lesen, hänge von den Umständen des Übersetzens ab. Die Art und Weise, wie diese Überzeugung vorgetragen wird, bleibt jedoch immer neu. Mit immer neuen Argumenten verteidigen die Übersetzer den Spielraum, den sie zu benötigen glauben. Der gesamten älteren Übersetzungstheorie, die dem begrifflichen Instrumentarium der antiken Rhetorik verpflichtet ist, liegt die oft nicht klar ausgesprochene Annahme zugrunde, daß man bei jedem Text zwischen Stoff (*res*) und Form (*verba*) unterscheiden müsse. Die Erfindung und Gliederung des Stoffs (*inventio* und *dispositio*) müsse der sprachlichen Ausgestaltung (*elocutio*) vorausgehen. Diese ergebe sich, wenn der Stoff nur erst einmal klar erfaßt und gegliedert sei, meist wie von selbst: *Rem tene, verba sequentur*.[25] Bei gewissen Autoren (*Autor* ist in der älteren Tradition eine Art von Metonymie für „Gattung, Textsorte" im weitesten Sinne) komme es mehr auf den Stoff an, bei anderen mehr auf die sprachliche Gestaltung. Zu den ersteren zählen die Historiker (also z. B. Livius), zu den letzteren die Rhetoren (Cicero) und die Dichter (Vergil). Die Übersetzer hatten diesen Unterschied bei ihrer Arbeit zu berücksichtigen und fühlten sich berechtigt, bei der Übersetzung von Dichtern auf ein inhaltliches Detail zugunsten eines formalen Kunstgriffs zu verzichten.[26]

Frühzeitig wurden auch schon die präsumtiven Interessen der Leserschaft ins Spiel gebracht. Im Zusammenhang mit der „aporetischen Situation der Bibelübersetzer" habe ich an eine salomonische Entscheidung des italienischen Literaten Melchiorre Cesarotti (1730-1808) erinnert. Im Bewußtsein, mit einer einzigen Übersetzung der *Ilias* nicht die Erwartungen und Bedürfnisse aller Homer-Leser erfüllen zu können, fertigte er eine freie Übersetzung für jene an, die an Homer Gefallen finden wollten, und eine treue Übersetzung für diejenigen, denen der Sinn danach stand, das Werk in seiner Machart und in allen Einzelheiten

---

[25] Vgl. w. o. 3.1, Anm. 32. Dieser Anspruch („Halte die Sache fest, die Worte werden dann schon folgen") wurde in spätlateinischer Zeit Cato zugeschrieben.

[26] Vgl. u.a. Rener 1989, passim; Schneiders 1995, 55.

genau kennenzulernen.²⁷ Viel später, zu Beginn der systematisch-wissenschaftlichen Phase der Übersetzungstheorie, hat Theodore Savory eine elaboriertere Typologie erarbeitet, die ebenfalls auf Erwägungen hinsichtlich der Adressaten der Übersetzung basiert. Er unterschied vier Typen von Lesern mit unterschiedlichen Bedürfnissen: 1. Leser ohne jede Kenntnis der Ausgangssprache; 2. Leser, die die Ausgangssprache studieren, die sie in all ihren Feinheiten kennenlernen wollen; 3. Leser, die die Ausgangssprache zu einem früheren Zeitpunkt gut kannten und sie nun fast vergessen haben und 4. Leser mit sehr guten Kenntnissen der Ausgangssprache. Es gebe keine Übersetzung, die die Bedürfnisse dieser vier Gruppen in gleicher Weise befriedigen könne:

... the concept of reader-analysis will show that each form of translation has its own function, which it adequately fulfils when used by the type of reader for which it was intended.²⁸

Die Typologie, mit der sich Katharina Reiß knapp fünfzehn Jahre später einen Namen als Übersetzungswissenschaftlerin machte, geht einen Schritt zurück, und dieser Rückschritt führt, wie ich meine, in die richtige Richtung. Ihre Typologie ist nicht rezipientenorientiert, sondern textorientiert. Ein rezipientenorientierter Übersetzungstyp kommt zwar in ihrem Modell vor, aber als ein Typ unter anderen: Es geht nicht darum, *alle* Übersetzungen auf die präsumtiven Bedürfnisse der Rezipienten auszurichten, sondern nur die Übersetzungen solcher Texte, die von vornherein um ihrer Wirkung auf bestimmte Adressaten willen verfaßt wurden. Katharina Reiß stützt sich auf das berühmte Organon-Modell der Sprache des Psychologen und Sprachtheoretikers Karl Bühler.²⁹ Diesem war es ausschließlich um die Grundfunktionen der Sprache, nicht der Übersetzung gegangen. In Anlehnung an eine oft kommentierte Stelle aus Platons Dialog *Kratylos* schreibt er dem sprachlichen Zeichen drei unter-

---

[27] Vgl. w. o. 3.1, insb. Anmerkung 34. Cesarotti wurde in Italien vor allem durch seine Ossian-Übersetzung bekannt. Er stand in Briefwechsel mit Macpherson und war von der Authentizität der Gesänge überzeugt.

[28] Savory 1957, 57f.

[29] Es wurde zuerst ausführlicher vorgestellt in: Karl Bühler: „Die Axiomatik der Sprachwissenschaften", *Kant-Studien* 38 (1933), 19-90. Später wurde es mit international verständlicher, aber, wie sich zeigen sollte, irreführender Terminologie integriert in Bühlers Hauptwerk: Karl Bühler: *Sprachtheorie. Die Darstellungsfunktion der Sprache*, Stuttgart/New York 1982 (= UTB 1159), 1. Auflage Jena 1934. Das Organon-Modell wird in Kapitel I, 2 behandelt.

schiedliche Funktionen zu: Die *Darstellung*, d. h. die Repräsentation von Gegenständen und Sachverhalten, die *Kundgabe* (in der späteren Fassung *Ausdruck*), d. h. die mit der Übermittlung der eigentlichen »Botschaft« verbundene Preisgabe gewisser Eigentümlichkeiten des Autors und die *Auslösung* (später *Appell*), d. h. die Wirkung, die das Zeichen auf den Adressaten ausüben soll bzw. tatsächlich ausübt. Diesen „Sprachfunktionen" (in Wirklichkeit handelt es sich um eine Sprach- und zwei Sprechfunktionen)[30] werden nun Texttypen zugeordnet, die ihrerseits wiederum spezifische Übersetzungsmethoden erfordern: Texte, bei denen die Darstellungsfunktion überwiegt, heißen „inhaltsbetont" und müssen »genau«, d. h. unter Wahrung der mitgeteilten Gegenstände und Sachverhalte übersetzt werden. Texte, bei denen die Appellfunktion im Vordergrund steht, heißen folgerichtig „appellbetont" und müssen „wirkungsäquivalent", d. h. unter Wahrung der Wirkung auf den Leser, übersetzt werden. Nidas Forderung nach „dynamic equivalence" (vgl. w. o. 3.1) gilt hier also nicht generell, sondern nur für einen bestimmten Texttyp. Texte, in denen die Ausdrucksfunktion überwiegt, heißen „formbetont" und müssen „stilistisch äquivalent", d. h. unter Wahrung der spezifischen Ausdrucksweise des Autors übersetzt werden.[31] Das Reißsche Modell ist später heftig kritisiert worden, meines Erachtens aus den falschen Gründen. Man hat der Verfasserin vorgeworfen, sie habe mit Idealtypen operiert, die in der Wirklichkeit nie in reiner Form auftreten. Gerade dies ist jedoch Aufgabe der Wissenschaft, die das Vorgefundene zu kategorisieren, nicht zu reproduzieren oder nachzuahmen hat. Der eigentliche Fehler der Reißschen Typologie beruht auf einem falschen Verständnis des Bühlerschen Modells, an dem der Verfasser der *Sprachtheorie* nicht ganz unschuldig ist. Bühler meint mit dem Terminus Kundgabe, den er später in *Ausdruck* abgeändert hat, die im Kommunikationsakt nicht beabsichtigte, unvermeidliche Preisgabe gewisser Eigentümlichkeiten des »Senders«: Jemand teilt mit, daß er eine Besorgung machen müsse, und verrät dabei, daß er erkältet und schlechter Laune ist; ein anderer schreibt einen Liebesbrief und gibt sich dabei als höchst mäßig Gebildeter zu erkennen. Reiß hat den Terminus *Ausdruck* im Sinne jener traditionellen Vorstellungen über das Verhältnis von Form und Inhalt mißverstanden, die ich im Kapitel über den „Stil als Invariante der Übersetzung" (vgl. w. o. 2.5) in theoretischer Hinsicht kritisiert, in

---

[30] Vgl. Coseriu ³1994, 89f.
[31] Vgl. Reiß 1971, 24-49.

praktischer Hinsicht jedoch nolens volens akzeptiert habe. *Ausdruck* bedeutet bei Reiß so viel wie „ornamentale Zutat zur Botschaft", der Stil wird als eine vom Inhalt ablösbare Kategorie aufgefaßt. Wie problematisch eine solche Auffassung ist, sei anhand eines harmlosen Beispiels aufgezeigt:

> Ich weiß nicht, was soll es bedeuten, daß ich so traurig bin.
> Der Grund für meine Traurigkeit ist mir unbekannt.

Ein genauer inhaltlicher Vergleich der beiden Sätze (man könnte natürlich noch andere Paraphrasen heranziehen) zeigt, daß es fast unmöglich ist, auf unterschiedliche Art und Weise wirklich »dasselbe« zu sagen. Somit läßt sich auch der „Stil" eines Textes nicht so ohne weiteres von seinem „Inhalt" trennen. In praktischer Hinsicht bleibt uns jedoch gar nichts anderes übrig als zu versuchen, eine solche Trennung vorzunehmen. Insofern handelt es sich bei der Reißschen Kategorie des „formbetonten Textes" um ein produktives Mißverständnis des Bühlerschen Begriffs „Ausdruck": Wir müssen so tun, als könne man den Stil vom Inhalt ablösen, wenn wir mit diesem Begriff operieren wollen; wir müssen so tun, als lasse sich der „Inhalt" eines Textes von seiner konkreten einzelsprachlichen Form ablösen, wenn wir Übersetzungen untersuchen und wenn wir – was viel wichtiger ist – übersetzen wollen.

Hans J. Vermeer, den wir bisher eher als Übersetzungshistoriker denn als Übersetzungstheoretiker kennengelernt haben, hat vorgeschlagen, alle „Umstände des Übersetzens", die auf die Wahl einer adäquaten Übersetzungsmethode Einfluß nehmen könnten, auf einen gemeinsamen Nenner zu bringen; er ordnet sie dem Übersetzungszweck unter, den er vornehm gräzisierend *Skopos* nennt.[32] Es ist hier nicht der Ort, diesen Vorschlag, der inzwischen unter dem Namen „Skopostheorie" bekannt geworden ist, mit der gebotenen Gründlichkeit zu diskutieren. Es soll hier nur auf einige theoretische Korollare und praktische Konsequenzen dieser „Theorie" (es handelt sich eher um eine Hypothese) hingewiesen werden, die speziell im Hinblick auf die literarische Übersetzung als fragwürdig und bedenklich erscheinen. Die Skopostheorie ist eine spezifische Ausprägung der „Theorie des sprachlichen Handelns". Im Zentrum der Handlungstheorie stehen Kategorien wie „Intention", „Interaktion", „Information", „Reaktion", „Erfolg" (=

---

[32] Vgl. Reiß/Vermeer 1984, passim, insb. Kap. 4.

„geglückte Handlung") usw. usf. Wir bewegen uns im Rahmen eines gemilderten Behaviorismus. „Erfolgreich handeln" bedeutet in handlungstheoretischer Sicht, die eigene Intention optimal den Umständen anzupassen, unter denen sie verwirklicht werden soll. Dazu gehört bei sprachlichen Handlungen die möglichst zutreffende Einschätzung der erwartbaren Reaktion des Adressaten der Botschaft. „Verstehen" bedeutet für den Adressaten wiederum, die Intention der Äußerung des Senders richtig zu rekonstruieren. Texte werden innerhalb dieses konzeptionellen Rahmens prinzipiell als „Äußerungen", d. h. als in einem einmaligen intentionalen Akt an jemanden gerichtete Botschaften aufgefaßt. Die alten philologisch-hermeneutischen Kategorien „Bedeutung" und „Sinn" werden, soweit dies überhaupt möglich ist, in Interaktionsmuster überführt.

Dies alles führt zu schwerwiegenden Konsequenzen auf dem Gebiet der literarischen Übersetzung. In rein übersetzungstheoretischer Hinsicht ist eine davon besonders wichtig: Die Skopostheorie geht nicht davon aus, daß dem Original und seiner Übersetzung (zumindest fiktiv) eine vergleichbare Funktion zuzuschreiben sei. Cicero habe einige seiner berühmten Reden als Gerichtsplädoyers konzipiert, mit dem Ziel, den Freispruch des eigenen Mandanten zu erreichen. Da dieses Ziel heute gegenstandslos sei, könne es der Übersetzer überhaupt nicht mehr verfolgen, er müsse dem Translat also notwendigerweise eine andere Funktion zuweisen. Man hat bei der Lektüre skopostheoretischer Arbeiten den Eindruck, als werde Funktionskonstanz zwischen Ausgangs- und Zieltext eher als Ausnahme denn als Regel angesehen. Damit läßt sich meines Erachtens eine Übersetzung nicht mehr von einer Bearbeitung unterscheiden. Es wird im nächsten Abschnitt zu zeigen sein, daß ein Zieltext nur dann als Übersetzung sensu stricto eines Ausgangstextes gelten kann, wenn Funktionskonstanz wenigstens in einem sehr allgemeinen Sinn vorliegt: Es muß erkennbar sein, daß die Funktion des übersetzten Texts nicht ausschließlich im Hinblick auf textexterne Faktoren gewählt, sondern wenigstens teilweise aus Charakteristika des Originals abgeleitet wurde. Ist eines dieser Charakteristika das Vorliegen eines klar erkennbaren äußeren Zwecks – wie es z. B. bei einer Gebrauchsanweisung der Fall ist – ‚dann sind extrem »freie« Übersetzungen, bei denen man kaum ein Zieltextsegment einem Ausgangstextsegment zuordnen kann, dennoch als „Übersetzungen" anzusehen. Wenn das Original einen deutlich erkennbaren äußeren Zweck hat, dann darf sich auch der Übersetzer vorwiegend an diesem Zweck orientieren, er muß sich nicht an den Wortlaut halten. Dies kann unter gewissen Umständen auch für Segmente literarischer Texte gelten. Im ganzen betrachtet sind literarische Texte jedoch „heilige Originale". Auch Katharina Reiß bekennt sich in einer ihrer späteren Arbeiten wieder entschieden zum Ausgangstext als dem „sine qua non der Übersetzung"[33], weist das augenzwinkernd-ironische Gerede der pragmatischen Übersetzungstheoretiker vom „heiligen Original"[34] zurück und distanziert sich damit in meinen Augen vorsichtig von ihrer skopostheoretischen Phase.

In sprach- und vor allem in literaturtheoretischer Hinsicht sind die Auswirkungen skopostheoretischer Grundannahmen noch weit problematischer. Kann man im literarischen Text eine „Botschaft" sehen, einen „Sprechakt", der an irgendjemanden gerichtet wäre, wie ein Gruß, eine Mitteilung, ein Versprechen? An wen ist die folgende Botschaft gerichtet?

Odi et amo. Quare id faciam, fortasse requiris.
nescio, sed fieri sentio et excrucior.

Ich hasse und liebe. Weshalb ich das tue, fragst du vielleicht.
Ich weiß nicht, doch daß es geschieht, fühl ich und es quält mich.[35]

Die Frage scheint gerechtfertigt, denn schließlich wird in diesem Text jemand unmittelbar in der zweiten Person angeredet. Es handelt sich allerdings um eine jener „rhetorischen" Verwendungen der zweiten Person, die man im Deutschen auch »idiomatisch« mit *man* wiedergeben könnte: „Warum ich das tue, könnte man sich vielleicht fragen". Die beliebte Frage „Was will der Dichter uns damit sagen?" wird heute – zu Recht – nur noch ironisch gestellt:

Nirgends erweist sich einem Kunstwerk oder einer Kunstform gegenüber die Rücksicht auf den Aufnehmenden für deren Erkenntnis fruchtbar. [...] Denn kein Gedicht gilt dem Leser, kein Bild dem Beschauer, keine Symphonie der Hörerschaft[36]

---

[33] Vgl. Katharina Reiß: „Der Ausgangstext – das sine qua non der Übersetzung", *TextConText* 1990, 31-39.
[34] Vgl. Hönig/Kußmaul 1982, Titel des ersten Teils.
[35] Catull, Nr. 85, eigene nicht-metrische Übersetzung.
[36] Benjamin 1955, 40.

schrieb Walter Benjamin in seinem Aufsatz „Die Aufgabe des Übersetzers", der uns in einem ganz anderen Zusammenhang schon einmal beschäftigt hat. Das ist wohl reichlich schroff und idealtypisch gesehen, aber es gibt zu denken. Es führt uns zu einer Variante der oben angeführten treuherzigen Frage, eine Variante, die mir durchaus zulässig scheint: „Was hat der Dichter (der Text) *uns* zu sagen?"[37] Die Verschiebung der Perspektive die der Übergang von der ersten zur zweiten Frage mit sich bringt, scheint mir auch für den Übersetzer literarischer Texte von Bedeutung. Er sollte die Entscheidung darüber, welche Funktion zu einem gegebenen Zeitpunkt dem Translat, dem übersetzten Text, zukommen könne, so weit wie möglich seinen Lesern überlassen.

Die »Aufweichung« des Übersetzungsbegriffs im Rahmen moderner pragmatischer Übersetzungstheorien hängt sicherlich auch mit der Ausweitung des Aufgabenbereichs des Übersetzers in der Berufspraxis zusammen. Übersetzer verbringen ihren Arbeitstag nicht ausschließlich mit der Anfertigung von Übersetzungen im engeren Sinne. Sie bearbeiten, arrangieren, stellen zielsprachliche Dokumentationen auf der Grundlage disparaten ausgangssprachlichen Materials zusammen und leisten Ähnliches mehr. Die Theoretiker, die diese Praxis reflektieren, orientieren sich begreiflicherweise lieber an der Handlungstheorie als an der Philologie oder der Hermeneutik. Und sie argumentieren selten auf der Grundlage eines Gedichts, einer Novelle und deren Übersetzungen. Sie ziehen vielmehr mit Vorliebe Beispiele heran, die sich aus der Sicht der traditionellen Übersetzungsforschung reichlich ausgefallen ausnehmen. „Wenn man eine amerikanische Wahlrede zu übersetzen hat ...", liest man und fragt sich dabei als biederer Philologe: „Wann und wozu – zum Teufel – übersetzt man denn eine amerikanische Wahlrede ins Deutsche?" Man gibt dem Leser einer Tages- oder Wochenzeitung ihren Inhalt in groben Zügen wieder, greift einzelne Argumente und rhetorische Kunstgriffe kommentierend heraus und schildert möglicherweise die Umstände, unter denen die Rede gehalten wurde. Muß man das unbedingt „übersetzen" nennen?

---

[37] „Was hat Catull, dieser jung gestorbene Zeitgenosse des Caesar und Cicero, uns Heutigen zu sagen?" fragt Otto Weinreich, der Übersetzer und Herausgeber der von mir benutzten Catull-Ausgabe: Catull: *Liebesgedichte und sonstige Dichtungen*, Hamburg 1960, 142 (= rororo Klassiker 64).

7.3 Die »inneren Grenzen« der Übersetzung

Bevor wir uns nun den »inneren Grenzen« der Übersetzung zuwenden, müssen wir uns noch einmal die schematische Darstellung der »äußeren Grenzen« in Erinnerung rufen (vgl. w. o. 4.1 und 7). Auf der linken Seite des Schemas ging es um den »Behälter« des zu transportierenden Inhalts, um die Zielsprache. Auf der rechten Seite ging es um diesen Inhalt selbst, um die zu bewahrenden Komponenten des Ausgangstextes. Auf den ersten Blick sieht es so aus, als gehe es auf der einen Seite um die Form, auf der anderen um den Inhalt im herkömmlichen Sinn. Das stimmt nicht genau. Die Dichotomie *Mittel – Zweck* trifft das gemeinte Verhältnis manchmal besser als das Begriffspaar *Form – Inhalt*. Sobald phonische und/oder semantische Konfigurationen der Ausgangssprache die Aufmerksamkeit des Wahrnehmenden ebenso beanspruchen wie die mitgeteilten Inhalte, verlieren diese zumindest partiell ihren rein instrumentalen Charakter; sie sind nicht mehr nur Mittel zum Zweck, sondern Selbstzweck. Traditionell ausgedrückt: Sie werden Teil der Botschaft:

*Gr*immig *gr*ubst du dem *gr*ämlichen *Gr*übler
*gr*ausige *Gr*uft
Man kann sich auch in einer *Hütte häuslich* einrichten
In der Ecke stand ein randvoller *Mülleimer.* Wohin mit einem ganzen *Eimer Müll?*
Rot ist ein blutiges Wort. Nicht umsonst reimt es sich auf *Not* und *Tod*.[38]

Es gibt subtilere Beispiele als die hier von mir zu Demonstrationszwecken konstruierten. Sie sollen lediglich zeigen, daß nicht nur der mitgeteilte Inhalt, sondern auch gewisse Konfigurationen der Ausgangs*sprache* zu den zu bewahrenden Komponenten des Ausgangs*texts* gehören können. Erfahrene Übersetzer reagieren auf solche Fälle meist sensibler als gewöhnliche Leser.

Ich werde nun versuchen, die »inneren Grenzen« des Phänomens „Übersetzung" festzulegen. Dies setzt eine genauere Bestimmung der zu bewahrenden Komponenten des Ausgangstextes voraus. Dabei soll zunächst auf eine Tatsache hingewiesen werden, die vielen Lesern als

---

[38] Metasprachliche Passus lassen sich nur dann verhältnismäßig leicht übertragen, wenn sie rein spielerischen Charaker haben und nicht fest in die Strukturen des Texts integriert sind. In solchen Fällen genügt es meist, das Spiel als solches wiederzugeben, etwa: „*Blue* is a word that inspires confidence, not for nothing does it rhyme with *true* and *due*".

trivial erscheinen dürfte, an die aber dennoch erinnert werden muß: Die Relation „Übersetzung", die zwischen zwei Texten besteht, muß asymmetrisch sein. Wenn B die Übersetzung von A ist, dann ist A *nicht* die Übersetzung von B. Textpaare, bei denen eine ganze Reihe von Faktoren gleich zu sein scheinen, bei denen jedoch nicht der eine Text als Modell für die Abfassung des anderen gedient hat, sollen „Paralleltexte" heißen. In seltenen Fällen könnten z. B. die Berichte, die zwei Schüler mit verschiedener Muttersprache über ein schlichtes, gemeinsam erlebtes Ereignis verfassen, wie Übersetzungen aussehen. Da man aber in einem solchen Fall nicht erkennen kann, welcher der beiden Texte das Original ist, kann man nicht von „Übersetzung" reden.[39]

Ich komme nun endlich zur Inhaltsdefinition des Phänomens „Übersetzung", zu dem, was eine Übersetzung ihrem Wesen nach ist oder sein sollte.[40] Es geht darum zu entscheiden, was in einem Zieltext von den Komponenten des Ausgangstextes erhalten bleiben muß, damit ersterer den Namen *Übersetzung* verdient. Zwei Begriffe sind in diesem Zusammenhang seit langem diskutiert worden, derjenige der *Invarianz* und derjenige der *Äquivalenz*. In neuerer Zeit ist der Begriff der *Adäquatheit* hinzugekommen. Ich werde nun versuchen, Begriffsbestimmungen zu liefern und das Verhältnis zwischen den drei genannten Begriffen zu klären. Es handelt sich dabei um eine terminologische Festlegung, die – darauf muß der Leser hingewiesen werden – keineswegs auf allgemeine Zustimmung bei meinen Kollegen gestoßen ist.

Zunächst zu den Begriffen „Invarianz, Invariante": Man versteht darunter das, was in einem Veränderungs- oder Umwandlungsprozeß gleichbleibt, wie etwa – um ein etwas ausgefallenes Beispiel zu bemühen – die Individualität, das Subjekt bei einem Menschen im Laufe seines Lebens. Diese „Invarianzforderung", die wir an uns selbst stellen, wenn wir annehmen, daß wir im Laufe unseres Lebens immer »derselbe/dieselbe« bleiben, daß wir das, worauf sich das Wörtchen *ich* bezieht, über die gesamte Lebensspanne hinweg als identisch ansehen dürften, ist für

---

[39] Eine nützliche Anfängerübung im Übersetzerstudium besteht darin, den Studierenden Textpaare vorzulegen und sie entscheiden zu lassen, bei welchem der beiden Texte es sich um das Original handelt. In einer Diplomprüfung erkannte eine Kandidatin nach einigem Zögern, daß es sich bei dem französischen Text, den ich ihr als Original untergeschoben hatte, um eine Übersetzung aus dem Deutschen handeln mußte.

[40] Ich stütze mich dabei auf einige eigene Vorarbeiten, ganz besonders auf Albrecht 1990a.

uns so selbstverständlich, daß wir uns ihrer überhaupt nicht richtig bewußt werden. Das geschieht erst, wenn sie jemand anzweifelt, wie z. B. der Dichter Gottfried Benn:

... die Kontinuität der Persönlichkeit
wird gewahrt von den Anzügen,
die bei gutem Stoff zehn Jahre halten.[41]

Genauso selbstverständlich wird von unkritischen Literaturkonsumenten angenommen, daß der »Inhalt« eines Textes, der jenem Umwandlungsprozeß ausgesetzt wird, den man „Übersetzung" nennt, unverändert bleibt. Das ist gar nicht möglich, denn es würde voraussetzen, daß sich dieser Inhalt ebenso problemlos vom Behälter „Ausgangstext" lösen ließe, wie der Kaffe, den man aus der Kanne in eine Tasse gießt. Von einer vollständigen Invarianz kann also beim Übersetzen keine Rede sein, sehr wohl jedoch von einer partiellen, nämlich vom Gleichbleiben dessen, »worauf es ankommt«, von *Äquivalenz*. Äquivalenz bedeutet nicht „Gleichheit", sondern „Gleichwertigkeit". Das kann man angesichts der Mißverständnisse, denen dieser Begriff in der übersetzungswissenschaftlichen Literatur ausgesetzt ist, nicht oft genug wiederholen. Wer, wie es gelegentlich geschieht, behauptet, völlige Äquivalenz sei in der Übersetzung nie zu erreichen, versteht unter diesem Begriff das, was man gemeinhin „Invarianz" nennt. Diese wird auch in der Algebra nicht angestrebt, auch hier geht es nicht um Gleichheit, sondern um Gleichwertigkeit. Wenn ich behaupten darf

$a + b = b + a$

so kann ich dies deshalb tun, weil die Reihenfolge der Summanden bei einer Gleichung[42] als irrelevant angesehen wird. Wenn ein Missionar wie Eugene A. Nida „dynamic equivalence" für die Bibelübersetzung fordert, so meint er damit, daß die Gleichheit der im Text benannten Gegenstände und Sachverhalte, wenn es nottut, aufgegeben werden soll zugunsten einer Gleichheit der Funktion, die mit der Nennung eben dieser Gegen-

---

[41] Gottfried Benn: *Fragmente*.

[42] Bis ins 17. Jahrhundert hinein verwendete man bei Gleichungen statt des uns heute vertrauten Zeichens = ein Kürzel für lat. *aequatio* „Gleichsetzung". Eine Gleichsetzung – ziemlich genau das, was der Übersetzer vornimmt – ist nicht dasselbe wie die Herstellung oder Feststellung völliger Gleichheit.

stände und Sachverhalte ausgedrückt wird. Wenn wir akzeptieren, daß dem *Fisch* als Nahrungsmittel und als Symbol für die Grundbedürfnisse des Menschen bei den Innuit dieselbe Bedeutung zukommt wie dem Brot bei den Juden in biblischer Zeit, dann dürfen wir die dritte Bitte des *pater noster*, so wie es im Lukasevangelium steht[43]

Panem nostrum quotidianum da nobis hodie
„Unser täglich *Brot* gibt uns heute"

folgendermaßen in die Sprache der Innuit übersetzen:

Unseren täglichen *Fisch* gib uns heute.

Die beiden Formulierungen können – sofern man Nidas Auffassung von der Aufgabe des Bibelübersetzers akzeptiert – als „gleichwertig", als äquivalent angesehen werden.

Die *Adäquatheit* oder Angemessenheit ist ein alter Begriff, der aus der antiken Rhetorik stammt (griechisch *to prepon*; lat. *aptum*). Es handelt sich dabei um eine Relation zwischen sprachlichen Ausdrucksmitteln und den Umständen und Zielen des Sprechens oder Schreibens. Es geht also, um einen oft irreführend verwendeten Terminus zu gebrauchen, um eine »pragmatische« Kategorie. So wird man in unserer Kultur den Widerspruch, den man gegen einen Bußgeldbescheid einlegt, nicht in Hexametern verfassen, und man wird das, was man als Zeuge eines Verkehrsunfalls gesehen hat, einem Freund in anderer Form mitteilen, als man dies in einem offiziellen Unfallbericht tun würde.

Die Termini *Invarianz*, *Äquivalenz* und *Adäquatheit* werden von verschiedenen Autoren in höchst unterschiedlicher Weise gebraucht. Das kann hier nicht in allen Einzelheiten dokumentiert werden. Der Hauptunterschied, der zwischen meinem Verständnis dieser Termini und demjenigen der Skopostheoretiker liegt, geht auf eine unterschiedliche Auffassung von den Rechten und Pflichten des Übersetzers zurück. Oberstes Kriterium für die Entscheidung darüber, welche Komponenten des Ausgangstexts bei der Übersetzung zu bewahren sind, bleibt für mich – wie für die meisten der Tradition verbundenen Übersetzungstheoretiker – die Textfunktion. Für die Skopostheoretiker ist es der Übersetzungszweck. Eine Funktion liegt vor, muß ermittelt werden, ein Zweck wird verfolgt. „Funktionsadäquat" ist also nicht dasselbe wie „zweckadäquat".

---

[43] Die Fassung bei Matthäus 6, 9-13 steht hier nicht zur Diskussion.

Adäquatheit, wie sie hier verstanden werden soll, meint also – in Analogie zum Gebrauch des Begriffs in der Rhetorik – „der Funktion des Ausgangstextes angemessen." Der Übersetzer untersucht das Original in seiner Eigenschaft als zu übertragender Text, als *Transferendum*, und entscheidet, welche Komponenten als besonders wichtig, als wichtig, als weniger wichtig und als unwichtig anzusehen sind. Er stellt eine *Hierarchie von Invarianzforderungen* auf, wohl wissend, daß nicht alles zugleich bewahrt werden kann. Das geschieht in der Regel implizit, bei der Arbeit des Übersetzens selbst. Hat er die selbst aufgestellten Invarianzforderungen nach bestem Wissen und Gewissen erfüllt, so darf der Zieltext, das *Translat*, als dem Original äquivalent betrachtet werden. Äquivalenz in diesem durchaus subjektiven, aber einer intersubjektiven Überprüfung prinzipiell offenstehenden Sinn, bleibt für mich das definitorische Kriterium der Übersetzung.[44] Schematisch lassen sich die bisher gemachten Ausführungen folgendermaßen zusammenfassen[45]:

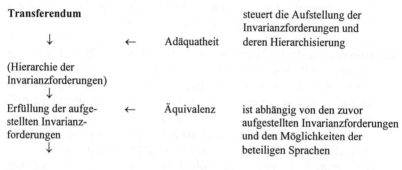

Wie wir im Zusammenhang mit dem Problem der angemessenen Übersetzungskritik gesehen haben (vgl. w. o. 6.3), können bei beiden Operationen, bei der Aufstellung und bei der Erfüllung der Invarianzforderungen, Entscheidungen getroffen werden, die schwer nachvollziehbar sind. In einem solchen Fall wird man dennoch von einer „Übersetzung", wenn auch möglicherweise von einer „schlechten", „unangemessenen" usw.

---

[44] Der häufige Gebrauch des Personalpronomens der ersten Person in diesem Kapitel mag als Eingeständnis der Tatsache gewertet werden, daß man über diese Dinge unterschiedlicher Ansicht sein kann.
[45] Vgl. Albrecht 1990a, 78.

sprechen dürfen. Voraussetzung dafür ist lediglich, daß jede Entscheidung des Übersetzers – selbst wenn es sich um eine »gut gemeinte« Fehlentscheidung handeln sollte – erkennbar vom Ausgangstext her motiviert ist.

Ausgehend von diesen Überlegungen, die er selbständig weiterentwickelt und teilweise modifiziert hat, ist Michael Schreiber zu einer umfassenden Typologie der „Texttransformationen" gelangt. Der Begriff der *Texttransformation* dient ihm dabei als Oberbegriff für die verschiedenen Formen der Übersetzung und der Bearbeitung. Er unterscheidet zunächst zwischen der Übersetzung im engeren Sinne, die er *Textübersetzung* nennt, und der Übersetzung im weiteren Sinn, der *Umfeldübersetzung*. Beiden Typen der Übersetzung ist gemeinsam, daß sie im Gegensatz zur Bearbeitung auf Invarianzforderungen beruhen. Alle Lösungen des Übersetzers – und seien sie noch so kühn und unerwartet – lassen sich letztlich auf eine selbsteingegangene Verpflichtung des Übersetzers gegenüber dem Verfasser des Ausgangstexts zurückführen. Als Unterscheidungskriterium für die beiden Übersetzungstypen dient die jeweils ranghöchste Invariante (genauer gesagt: die überwiegende ranghöchste Invariante, denn Invarianz ist selten für alle Textsegmente gleichförmig gegeben). Bei der Textübersetzung (grosso modo die philologisch-dokumentarische Übersetzung) liegen vorwiegend *textinterne*, bei der Umfeldübersetzung (dazu gehören auch Formen, die konservative Theoretiker bereits als „Bearbeitungen" einstufen würden) vorwiegend *textexterne* Invarianten vor.[46]

Der dritte Typ der Texttransformation, die *Bearbeitung*, ist nicht notwendigerweise mit einem Sprachwechsel verbunden. Daher kann nur die Sonderform der *interlingualen Bearbeitung* sinnvollerweise von der Übersetzung abgegrenzt werden. Dabei ist natürlich auch eine Abgrenzung gegenüber noch freieren Formen der Neuvertextung vorzunehmen, bei denen nur einige Motive aus dem Prätext in den Folgetext übernommen wurden. Im Gegensatz zur Übersetzung im engeren und im weiteren Sinn beruht die Bearbeitung nicht auf Invarianzforderungen, sondern auf *Varianzforderungen*:

> Für die Unterscheidung zwischen Übersetzung und Bearbeitung bleibt also [...] festzuhalten, daß es bei *Übersetzungen* darum geht, möglichst viel zu erhalten (außer der Ausgangssprache), während es bei *Bearbeitungen* darum geht, bestimmte Textmerkmale mehr oder weniger »willkürlich« zu ändern (außer mindestens einem individuellen

---

[46] Vgl. Schreiber 1993, insb. 66-95.

Textmerkmal, das den Bezug zum Prätext herstellt). Mit anderen Worten: Während die Übersetzung vor allem auf *Invarianzforderungen* [...] beruht, beruht die Bearbeitung primär auf *Varianzforderungen*. Wenn sich also bei einer Bearbeitung ein Element des Prätextes ändert, so läßt sich das nicht auf höherrangige Invarianzforderungen zurückführen, sondern allein auf den Veränderungswillen des Bearbeiters.[47]

Der Bearbeiter folgt dabei häufig den Anweisungen seines Auftraggebers. Texttransformationen, die mit einem Medienwechsel verbunden sind, rechnet Schreiber nicht zu den Bearbeitungen. Für sie hat sich auch im deutschen Sprachgebrauch weitgehend der aus dem Französischen stammende Terminus *Adaptation* durchgesetzt.

Im Gegensatz zur Theorie der Übersetzung gibt es zur Theorie der Bearbeitung nur sehr wenig Fachliteratur. Schreibers Dissertation stellt meines Wissens den ersten Versuch dar, den zahlreichen Theorien und Typologien der Übersetzung eine Theorie und Typologie der (interlingualen) Bearbeitung an die Seite zu stellen. Zum Abschluß des vorliegenden Kapitels soll seine Typologie der interlingualen Bearbeitung in knappster Form vorgestellt werden.[48]

Der erste umfassende Typ ist die *augmentative Bearbeitung*, bei der der Prätext übertroffen oder in irgendeiner Form erhöht werden soll. Er beginnt bei der *surtraduction*, einer Übersteigerung der Charakteristika des Originals[49] und führt über die *Verbesserung*, die *Erweiterung*, die *Poetisierung* bis zur *Purifizierung*. Bei diesem letzten Untertyp handelt es sich um das interlinguale Gegenstück zu den wohlbekannten *Editiones ad usum Delphini*. Als zweiter umfassender Typ schließt sich die *adaptierende Bearbeitung* an. Hier wird dem Folgetext ein gegenüber dem Prätext »von außen« geänderter Zweck zugewiesen, ohne daß damit eine »Überhöhung« oder eine »Nivellierung« verbunden wäre. Als Untertypen nennt Schreiber die *Ingebrauchnahme* (am ehesten der klassischen Nach- oder Umdichtung vergleichbar), die *normative Einbürgerung*, d. h. eine rigorose Anpassung an den Geschmack des Zielpublikums (hierunter würde also zumindest ein Teil der sog. *belles infidèles* fallen), die *modernisierende* und die *ideologische Bearbeitung* sowie die *Bearbeitung für gewisse Zielgruppen* (hier wären vor allem die zahlreichen „für die Jugend eingerichteten" Ausgaben der Werke von

---

[47] Ebda, 104f.
[48] Vgl. ebda, 263-308.
[49] Wollschlägers vielgerühmte *Ulysses*-Übersetzung geht stellenweise in diese Richtung; vgl. Schreiber 1993, 264.

Homer, Cervantes, Defoe oder Cooper zu nennen). Als dritter Haupttyp erscheint die *diminutive Bearbeitung*, bei der der Prätext im Folgetext in irgendeiner Form vergröbert, vereinfacht oder verflacht wiederkehrt. Untertypen sind die *Nivellierung*, die *Verzerrung*, die *Zusammenfassung*, die *Entpoetisierung* und die *Vulgarisierung* (eine gewisse Verwandtschaft zum *volgarizzamento* ist durchaus gegeben).

Nicht wenige der von Schreiber zu Illustrationszwecken herangezogenen Werke sind keineswegs eindeutig als „Bearbeitungen" gekennzeichnet; sie gehören zur wechselvoll-bunten europäischen Übersetzungsgeschichte. Man muß nicht so weit gehen wie Peter Hacks, der in bezug auf klassische Dramen für ein grundsätzliches „Bearbeitungsverbot" eingetreten ist.[50] Man kann sich jedoch vorbehaltlos Katharina Reiß anschließen, wenn sie in ihrem bereits erwähnten »postskopostheoretischen« Aufsatz fordert:

Nicht, als ob so gründlich veränderte Translatfunktionen „verboten" werden sollten. Doch in solchen Fällen sollte das „Translat" als Bearbeitung eindeutig gekennzeichnet sein und, streng genommen, nicht mehr unter dem Namen des Autors (sondern vielleicht mit dem Zusatz „nach X") publiziert werden.[51]

---

[50] Vgl. Schreiber 1993, 106.
[51] Reiß 1990, 107.

8 Übersetzer und Übersetzung im Literaturbetrieb

Gegen Ende des 12. Jahrhunderts verfaßte Marie de France ihren *Esope*. Es handelt sich um eine Fabelsammlung, die wie die meisten Werke dieser Art auf griechische Tierfabeln zurückgeht. Diese Fabeln werden einem gewissen Aisopos zugeschrieben – der Legende nach ein phrygischer Sklave und früher Vorgänger Till Eulenspiegels. Die Verfasserin ist die erste Frau, die sich in der langen Geschichte der französischen Literatur einen Namen gemacht hat. Sie scheint eine selbstbewußte Person gewesen zu sein. Im Epilog ihres Werks bringt sie sich als Verfasserin in Erinnerung:

Me numerai pur remembrance:
Marie ai num, si sui de France.[1]

In diesem Epilog wird auch, wie es im Mittelalter weitgehend üblich war, die Quellen- und Entstehungsgeschichte des Werkes angegeben. Die Verse geben Aufschluß über den Literatur- und Übersetzungsbetrieb des Mittelalters und über die Termini, die zur Bezeichnung der nicht klar voneinander abgegrenzten Tätigkeiten des selbständigen Schreibens, des Bearbeitens fremdsprachiger Quellen und des Übersetzens im engeren Sinne gebraucht wurden. Marie hat ihre Schrift in romanischer Volkssprache verfaßt (... *cest escrit, qu'en romanz ai traitié e dit* – eine typische „Synonymendopplung", vgl. w. o. 4.3.1). Ein hochgestellter Gönner hatte sie beauftragt, „dieses Buch zu verfassen und es aus dem Englischen ins Romanische zu übersetzen" (*m'entremis de cest livre faire/e de l'engleis en romanz traire*). Ein gewisser Äsop habe es einst aus dem Griechischen ins Lateinische „gewendet" (*del griu en latin le turna*). *Li reis Alvrez* (d. h. King Alfred, der Stammvater der englischen Übersetzer, der diese Übersetzung allerdings nicht angefertigt haben kann) habe das Buch dann ins Englische übersetzt *(le translata puis en engleis)*, und sie habe es schließlich in französische Verse gebracht *(e jeo l'ai rimé en franceis)*. Schon aus der variantenreichen Terminologie (das Verbum proprium *translater* „übersetzen" wird nur zweimal gebraucht) geht her-

---

[1] „Ich will mich nennen, damit man sich meiner erinnere: Ich heiße Marie und bin aus Franzien" (entspricht ungefähr der heutigen Ile de France, der Region um Paris). Text wie alle folgenden Passus aus: *Aus dem Esope der Marie de France. Eine Auswahl von dreißig Stücken.* Herausgegeben von Karl Warnke, Tübingen 1962, 46.

vor, daß die literarische Übersetzung im Mittelalter keine eindeutig definierte Tätigkeit war. Das sollte für lange Zeit so bleiben:

Seit dem Hochmittelalter bis zum Ende des 18. Jahrhunderts haben die Männer, die das betrieben, was wir heute – vor allem literarische – Übersetzung nennen, sich den Titel Autor und die Bedeutung eines Schriftstellers sozusagen angemaßt. Keine Gesetzgebung hinderte sie daran – die Gewohnheit rechtfertigte diesen Anspruch.[2]

Die meisten Übersetzungshistoriker bekräftigen diese Aussage Georges Mounins. Vor allem im Zeitalter der *belles infidèles* war der Unterschied zwischen Schriftsteller und Übersetzer verwischt. Das Übersetzen klassischer Werke gehörte schließlich zu den offiziellen Aufgaben der Mitglieder der französischen Akademie, die darüber hinaus auch noch als Verfasser von Wörterbüchern und Grammatiken tätig zu sein hatten.

Wir verfügen jedoch auch über gewichtige Belege dafür, daß die Rolle des Übersetzers im Literaturbetrieb schon in früheren Zeiten kritischer beurteilt wurde. Das nach der Bibel am häufigsten übersetzte Werk, der *Don Quijote*, ist nicht nur ein Buch, das von den Gefahren des Lesens, es ist auch eines, das vom Elend des Übersetzens handelt. Der „erste Verfasser" des Buchs ist wirklich zu bedauern. Im Vorwort äußert er erhebliche Zweifel an der eigenen literarischen Begabung und beklagt seinen Mangel an Erudition. Und als ob er es geahnt hätte, daß er der selbstgestellten Aufgabe nicht gewachsen sein würde, läßt ihn am Ende des achten Kapitels sein Gewährsmann im Stich. Sein Held ist gerade in einen Kampf auf Leben und Tod mit einem streitbaren Mann von der Biscaya verwickelt – wie gefährlich und unberechenbar diese Leute sein können, wissen wir heute besser denn je –, die Schwerter sind zum entscheidenden Schlag erhoben, da bricht die verwendete Quelle ab. Erst dem *segundo autor de esta obra*, dem zweiten Verfasser des Werks, der gar zu gern den Ausgang des Kampfes erfahren hätte, gelingt es nach einigen Mühen, eine andere, eine arabische Quelle ausfindig zu machen, die den Rest der Geschichte enthält. Da er nun aber des Arabischen nicht mächtig ist, muß er sich diesen Rest von einem *morisco aljamiado*, einem hispanisierten Araber, übersetzen lassen. In anderthalb Monaten sind die gut tausend Seiten bewältigt. Das Übersetzerhonorar beträgt dreiundzwanzig Kilo Korinthen und zwei Scheffel Weizen. Dafür erhielt der zweite Verfasser (hat er den Text später überarbeitet?) eine

---

[2] Mounin 1965; zit. nach der deutschen Übersetzung (1967) von H. Stammerjohann, 185.

philologisch-dokumentarische Übersetzung, ohne Auslassungen oder Hinzufügungen, wie in den Vertragsbedingungen ausdrücklich festgehalten worden war.³

Sehr viel später, fast schon am Ende des zweiten Teils, erfahren wir aus der Quelle selbst, wie es damals um das Ansehen der Übersetzer bestellt gewesen sein mag. In der Einführung bin ich bereits kurz auf diese berühmte Episode eingegangen. Bei einem Spaziergang durch die Straßen Barcelonas stößt Don Quijote auf eine Druckerei, die er voller Interesse besichtigt; hätte er nicht so viele Ritterromane gelesen – die meisten davon eben auch nur in Übersetzungen –, so wäre vielleicht ein erfindungsreicher Techniker aus ihm geworden. In der Druckerei begegnet ihm ein würdiger Herr, offenbar der Übersetzer eines in toskanischer Sprache geschriebenen Werks. Wie wenig der Verfasser, der sein Toskanisch bei der Lektüre des *Orlando furioso* gelernt hat,⁴ vom Wert des „horizontalen" Übersetzens, dem *traducir de lenguas faciles*, überzeugt war, haben wir bereits erfahren (vgl. w. o., Einführung). Was uns hier besonders zu interessieren hat, ist das Geschäftsgebaren des Übersetzers: Er läßt seine Übersetzung auf eigene Kosten drucken und möchte sie unter Ausschaltung von Verleger und Buchhändler auf eigenes Risiko verkaufen. Ruhm und Ehre hat er durch seine eigenen Werke erworben, beim Übersetzen geht es ihm nicht um *das*, sondern um *den* Verdienst: „... provecho quiero; que sin él no vale un cuatrín la buena fama" – „Profit will ich, denn ohne ihn sind Ruhm und Ehre keinen Groschen wert."

Der etwas lang geratene Exkurs über den *Don Quijote* soll uns mit einigen Fragen vertraut machen, die im vorliegenden Kapitel zwar gestellt, aber nur in sehr summarischer und provisorischer Form beantwortet werden können: Wie stand und steht es mit den äußeren Bedingungen, unter denen ein Übersetzer literarischer Werke seine Tätigkeit ausübt? Gibt es so etwas wie ein Berufsbild des Literaturübersetzers? Setzt sich die enge Verbindung, die in der Vergangenheit zwischen den Tätigkeiten des Schriftstellers und des Übersetzers bestand, in die Gegenwart hinein fort? Hat es nicht zu allen Zeiten Schriftsteller

---

³ „... roguéle me volviese aquellos cartapacios („Notizhefte"), todos los que trataban de Don Quijote, en lengua castellana, sin quitarles ni añadirles nadie ..." (1. Teil, 9. Kapitel).

⁴ Bekanntlich hatte Cervantes' Ariost-Lektüre entscheidenden Einfluß auf die Konzeption des *Don Quijote*.

gegeben, die nebenbei auch übersetzt haben? Wurden Übersetzung und Übersetzer mitunter selbst zum literarischen Gegenstand? Wie steht es mit der Verbreitung der Kenntnis fremder Länder und fremder Sprachen? Fördert sie die Entstehung und Verbreitung von Übersetzungen, oder macht sie diese am Ende überflüssig? Wird es in absehbarer Zeit in Deutschland keine Übersetzungen aus dem Englischen mehr geben?

8.1 Gibt es ein »Berufsbild« des Literaturübersetzers?

Aus den vorangegangenen Kapiteln, vor allem aus dem zweiten, dürfte hervorgegangen sein, daß es bis ins 19. Jahrhundert hinein kaum jemanden gegeben hat, dessen Hauptbeschäftigung das Übersetzen war. Im Spätmittelalter und in der frühen Neuzeit waren es oft Gelehrte, die im Auftrag von Fürsten – neben ihren sonstigen Tätigkeiten – bestimmte Werke übersetzt haben, in der Regel aus den klassischen Sprachen. Diese Gelegenheitsübersetzer wählten die zu übersetzenden Texte nicht selbst aus. Im Zeitalter des Absolutismus wurde häufiger aus eigenem Antrieb übersetzt; die Übertragung eines kanonischen Autors aus einer der beiden klassischen Sprachen galt fast ebensoviel wie ein originales Werk. Erst in der Zeit der Aufklärung begann man mit dem Mittel der Übersetzung Kulturpolitik zu treiben: Durch Übersetzungen aus dem Englischen sollte das französische *ancien régime* ganz gezielt im liberalen Sinn beeinflußt werden, durch Übersetzung nicht-französischer Texte wollten Lessing und Herder der deutschen Literatur eine neue Richtung geben, nachdem sie Gottsched durch Übersetzung französischer Texte gerade erst auf europäisches Niveau gehoben zu haben glaubte. Dennoch konnte von einem Berufsbild des Literaturübersetzers damals noch keine Rede sein, allein schon deshalb nicht, weil es wohl Stände und in Zünften zusammengeschlossene Handwerke, aber noch keine „freien Berufe" gab. Um die Mitte des 18. Jahrhunderts erhielten die Übersetzer jedoch immer häufiger ein Honorar für ihre Tätigkeit, die damit von einer Kunst zu einer Arbeit wurde. In den Reaktionen auf diese Entwicklung spiegelt sich die Wahrnehmung des Übergangs vom aufgeklärten Absolutismus zum bürgerlichen Zeitalter wider. So fortschrittlich der Verleger und Buchhändler Friedrich Nicolai gewesen sein mag, die Angriffe seines Magisters Sebaldus Nothanker auf die „Übersetzungsfabriken" (vgl. w. o. 5.3) werden vorwiegend aus einer vorbürgerlichen Position heraus vorgetragen: Der Gedanke, daß eine geistige Tätigkeit wie das Übersetzen durch Bezahlung zu einer Art von Ware herabgewürdigt werde, war für die

Vertreter der Tradition zutiefst befremdlich. Schlechte Talente und minderwertige Literaten mußten dadurch zu einer Produktion angeregt werden, die im Interesse der Literatur besser unterblieben wäre. Es gab gesellschaftspolitisch wache Geister, denen die später von Marx verallgemeinerte und radikalisierte Erkenntnis durchaus nicht fremd war, daß gesellschaftliche Normen, z. B. die Vorstellung davon, wofür man Bezahlung fordern konnte und wofür nicht, von den Produktionsverhältnissen abhängen. Diese Leute wagten als erste offen auszusprechen, daß unter den gegebenen ökonomischen Verhältnissen die Produkte des Geistes ebenso als Ware anzusehen waren wie materielle Güter:

... man kann heute bey vermehrten und vertheuerten Bedürfnissen vieles nicht mehr umsonst thun, was man in primitiven Zeiten halb zum Vergnügen, halb um der Ehre willen that.[5]

Ab der zweiten Hälfte des 18. Jahrhunderts traten im deutschen Sprachraum einige Persönlichkeiten auf, die allein aufgrund des Umfangs ihrer übersetzerischen Produktion als „Berufsübersetzer" angesehen werden können. Nirgendwo wurde damals so viel übersetzt wie in den deutschen Ländern. Johann Joachim Christoph Bode (1730-1793), ein aus einfachen Verhältnissen stammender Autodidakt, hatte sich zusammen mit Lessing eine Zeitlang ziemlich erfolglos als Verleger und Buchhändler versucht und auch einiges aus eigener Feder zur Verlagsproduktion beigesteuert. Seine eigenen Werke sind längst vergessen, nicht jedoch seine Übersetzungen. Wie wir gesehen haben, wurde im Jahre 1976 eine Auswahl aus seiner Übersetzung der *Essais* von Montaigne in leicht revidierter Fassung neu herausgegeben. Bodes frühe Übersetzungen aus dem Englischen, darunter Oliver Goldsmiths *Vicar of Wakefield*, Laurence Sternes *Sentimental Journey* und *Tristram Shandy* dürften mit zur literarischen Wende von der Anakreontik zum Sturm und Drang beigetragen haben.[6] Seine *Empfindsame Reise* wurde 1957 innerhalb der

---

[5] Johann Müller: *Erwägungen des Verlagsrechts in Ansehung des Nachdrucks*, Hamburg 1792, zit. nach Fränzel 1914, 84f. Fränzels Quellenangaben sind reichlich unkonventionell und schwer zu überprüfen. Ich nehme an, daß es sich um Johann Gottwerth Müller (1743-1828) handelt, den Mitarbeiter an Friedrich Nicolais *Allgemeiner Deutscher Bibliothek*.

[6] Herder und Goethe sind nicht über seine, sondern über die einige Jahre früher erschienene Übersetzung des *Vicar of Wakefield* von J.G. Gellius in Begeisterung geraten. Goethe erwähnt Bode in seinen Werken gelegentlich, jedoch nicht als den Übersetzer des *Vicar of Wakefield*.

Reihe *Rowohlts Klassiker* neu aufgelegt. Wenn man in Rechnung stellt, daß Bode auch Henry Fieldings *Tom Jones* übersetzt hat, dann kommt – zusammen mit anderen, hier nicht erwähnten Übersetzungen aus dem Englischen und Französischen – so etwas wie eine übersetzerische Lebensleistung zusammen.

Der von Goethe hoch geschätzte Johann Diederich Gries (1775-1842; vgl. w. o. 1.1) gehört ebenfalls zu den Gelehrten, in deren Lebenswerk die Übersetzung so stark hervortritt, daß man fast schon von einem Berufsübersetzer sprechen könnte.[7] Gries soll früh zu der Überzeugung gelangt sein, „daß ein guter Übersetzer immer noch mehr wert ist als ein nur mittelmäßiger Dichter".[8] Wir haben es offensichtlich mit einem »Prototyp« des literarischen Übersetzers zu tun, mit einem Mann, der seine eigene literarische Begabung ganz in den Dienst anderer stellte und der auf die Frage nach seinem Beruf mit gutem Gewissen hätte antworten können: „Literaturübersetzer". So etwas hatte es bis zu diesem Zeitpunkt noch nicht gegeben:

Zwar wurde damals viel übersetzt, aber meist waren dies Leute wie Schlegel, die neben Vorlesungstätigkeit oder einer anderen Beschäftigung sich zusätzlich mit dem „Übersetzen" befaßten. Die Übersetzer der damaligen Zeit stammten aus den verschiedenartigsten geisteswissenschaftlichen Berufen und übten ihre Übersetzertätigkeit oft nur eine bestimmte Zeit als eine Art „Hobby" aus.
Bei J.D. Gries sollte dies anders werden. Nachdem er einmal die Grenzen seiner dichterischen Befähigung erkannt, das juristische Studium nur widerwillig betrieben hatte, entschloß er sich dazu, die Übersetzungskunst als seine hauptberufliche Tätigkeit zu betrachten und sich durch sie dann auch eine Existenz fürs Leben zu schaffen. [...] Von diesem Gesichtspunkt aus gesehen, wird er ein Pionier und Vorläufer all derer, die heute den schweren und verantwortungsvollen, aber schönen Beruf eines Übersetzers als ihren Lebensberuf ausüben.[9]

Gries blieb, wie gleich noch zu zeigen sein wird, „Pionier und Vorläufer" einer Minderheit. Er übersetzte fast ausschließlich italienische und spanische Klassiker: den *Orlando innamorato* von Matteo Maria Boiardo und die zumindest außerhalb Italiens viel bekanntere »Fortsetzung« dieses

---

[7] Dieser Tätigkeit ist immerhin eine Dissertation gewidmet worden: Friedrich Hofmann: *J.D. Gries als Übersetzer*, Frankfurt a. M. 1920.
[8] Elisabeth Campe: *Aus dem Leben von Johann Diederich Gries*, o.O. 1855, zitiert nach Trübner 1969/70, 151.
[9] Trübner 1969/70, 151.

Werks, den *Orlando furioso* des Ariost;[10] Torquato Tassos *Gerusalemme liberata*[11] und eine größere Anzahl der Theaterstücke Calderóns (darunter *comedias de capa y espada, comedias filosóficas* und – mit der *Tochter der Luft* – eine *comedia fantástica y mitológica*). Gries blieb also sowohl sprachlich als auch literarhistorisch innerhalb eines überschaubaren Bereichs.

Ganz anders Karl Ludwig Kannegießer (1781-1861). Er war zunächst Gymnasiallehrer, dann Gymnasialrektor in Breslau und hat schließlich im reiferen Alter die gesicherte Beamtenlaufbahn aufgegeben. In älteren Nachschlagewerken werden frühe »Aussteiger« wie er euphemistisch als „Privatgelehrte" bezeichnet. Bei der Durchsicht seines übersetzerischen Werks entsteht der Eindruck, als habe Kannegießer das Übersetzen als intellektuell-technische Herausforderung betrachtet. Vom Dienst an einem Autor, von der Wahlverwandschaft mit einer Epoche, mit einer literarischen Richtung ist wenig zu erkennen. Er übersetzte die Gedichte des Anakreon, die Oden des Horaz, Dantes mittellateinische Schriften *De Monarchia* und *De vulgari eloquentia*; darüber hinaus ist er der erste, der die *Divina Commedia* vollständig in Terzinen übersetzt hat.[12] Er hat sich am schwierigen Mittelenglischen Geoffrey Chaucers versucht, darüber hinaus jedoch auch zeitgenössische Lyriker wie Lord Byron und Giacomo Leopardi übersetzt. Adam Mickiewiczs historisches Epos *Konrad Wallenrod* hat er aus dem Polnischen übertragen, und am Ende seines übersetzerischen Lebenswerks stehen Übersetzungen von Gedichten des schwedischen Romantikers Erik Johan Stagnelius (1793-1823). Man fragt sich, ob er bei all diesen höchst unterschiedlichen Sprachen ohne Zwischenübersetzungen ausgekommen ist. In den romanischen Ländern, insbesondere in Frankreich, begegnet man einer solchen Vielseitigkeit mit mißtrauischer Zurückhaltung – schon die deutsche Romanistik gilt dort als wenig seriöses Fach, als ein Tummelplatz für »Alleskönner«. Eine Sprachenvielfalt, wie sie Kanne-

---

[10] Die »wörtlichen« Übersetzungen *der verliebte Roland, der rasende Roland* verschleiern den latinisierenden Charakter der Konstruktion. Die absolut gebrauchten Partizipien wären eigentlich in Temporalsätze aufzulösen: „Wie sich Roland verliebte, wie er in Zorn geriet."

[11] Dieselbe Konstruktion: „Wie Jerusalem befreit wurde" oder „Die Befreiung Jerusalems".

[12] Zur Dante-Rezeption in Deutschland, bei der Kannegießer eine gewisse Rolle gespielt hat, verdanke ich wichtige Informationen der Diplomarbeit von Yvonne Becker, Germersheim 1993.

gießer vorzuweisen hatte, ist auch unter den späteren Literaturübersetzern in Deutschland nicht üblich: Curt Meyer-Clason übersetzt vorwiegend aus den ibero-romanischen Sprachen, nur gelegentlich aus dem Englischen, Walter Widmers Arbeitssprache ist das Französische, das Italienische ist diejenige von Burkhart Kroeber.[13] Karl Dedecius und Klaus Staemmler sind *die* deutschen Übersetzer aus dem Polnischen, und der Tübinger Staatsanwalt Hellmut Waller, für den begreiflicherweise das Übersetzen nicht mehr als eine Nebenbeschäftigung sein kann, hat nur die Werke seines Studienfreundes Michel Tournier übersetzt. Da fast alle Werke Tourniers von Waller übersetzt wurden und der Autor, der über gute Deutschkenntnisse verfügt, diese Übersetzungen sorgfältig durchgesehen hat, ist auf diesem Wege ein wirklicher »deutscher Tournier« entstanden.[14]

Eine wichtige Voraussetzung für die Entstehung eines »Berufsbildes« des literarischen Übersetzers war die Berner Übereinkunft (1886), durch die zum ersten Mal dem Übersetzer das Urheberrecht für seinen Zieltext eingeräumt wurde, sofern es sich dabei um eine vom Autor autorisierte Übersetzung handelt. Diese Übereinkunft wurde später mehrfach revidiert und auf verschiedene Art und Weise in die nationale Gesetzgebung umgesetzt. Nach gegenwärtigem deutschen Recht werden „Übersetzungen und andere Bearbeitungen eines Werkes, die persönliche geistige Schöpfungen des Bearbeiters sind, [...] unbeschadet des Urheberrechts am bearbeiteten Werk wie selbständige Werke geschützt".[15] Auf dem amerikanischen Kontinent gelten die

---

[13] Vgl. w. o. 6.4, Anm. 76. Im Fall des erzähltechnisch äußerst kompliziert angelegten Kriminalromans *Die Wahrheit über den Fall D.* von Carlo Fruttero und Franco Lucentini mußte sich Kroeber allerdings auch am Englischen Charles Dickens' bewähren. Der Roman schildert einen imaginären Kongreß, auf dem die berühmtesten Detektive der Weltliteratur das Rätsel des letzten, unvollendet gebliebenen Romans von Dickens lösen sollen. Der Dickenssche Roman ist in dem von Fruttero und Lucentini gezimmerten Rahmen vollständig enthalten. Kroeber hat nicht die von Fruttero/Lucentini verwendete italienische Übersetzung benutzt, sondern hat selbst aus dem Englischen übersetzt. Dabei mußte er an einigen Stellen auf den Wortlaut der italienischen Übersetzung achten, um die Kohärenz zwischen dem Dickensschen Text und dem Kommentar der beiden italienischen Autoren nicht zu gefährden. Vgl. die deutsche Ausgabe des Romans, München 1991, „Nachwort des Übersetzers".

[14] Viele Informationen zu den deutschen Tournier-Übersetzungen verdanke ich der Diplomarbeit von Martin Fritz, Germersheim 1986.

[15] Hans Altenhein: „Wenn der Diener in den Salon geklingelt wird", *Börsenblatt für den deutschen Buchhandel* 68 (1994), 22-24, hier 23.

Bestimmungen des *Copyrights*, die das persönliche Urheberrecht weniger stark betonen, als dies in den europäischen gesetzlichen Bestimmungen der Fall ist.[16]

Mit dem Urheberrecht war sicherlich eine wesentliche Voraussetzung für die Entstehung eines berufsständisch organisierten Übersetzerwesens geschaffen. Wenn es heute dennoch nur wenige literarische Übersetzerinnen und Übersetzer gibt, die ausschließlich von dieser Tätigkeit leben, so liegt das daran, daß eine weitere, mindestens ebenso bedeutsame Voraussetzung erst ansatzweise gegeben ist: Für jeden echten Beruf gibt es eine Ausbildung. Eine solche wird jedoch von Universitäten, Fachhochschulen und privaten Institutionen nur für Fachübersetzer (im weitesten Sinn) und Dolmetscher angeboten. Ganz selten entschließen sich Absolventinnen und Absolventen dieser Institutionen für den Hauptberuf „literarischer Übersetzer".[17] Das liegt zum einen daran, daß man das Übersetzen literarischer Texte (wie übrigens auch das ganz gewöhnliche Dolmetschen) nicht so ohne weiteres erlernen kann; es müssen dazu schwer definierbare und schwer kontrollierbare Voraussetzungen vorliegen.[18] Das gewichtigste Motiv ist jedoch sicherlich rein ökonomischer Natur. Vom literarischen Übersetzen allein kann man – das haben leidgeprüfte Praktiker in zahlreichen Stellungnahmen vorgerechnet – in den wenigsten Fällen leben; am ehesten noch, wenn man sich auf spannende, »atmosphärisch dichte«, »psychologisch stimmige« Unterhaltungsliteratur verlegt. Man wird dabei keine allzu große Mühe auf das Äquivalenzproblem verwenden, dafür jedoch einen »flüssigen« Zieltext produzieren, in einer unauffällig schablonenhaften Schreibart, die durchaus handwerkliche Qualitäten aufweist und weder dem Übersetzer noch seinem Leser allzuviel Mühe abverlangt. Man muß, wenn man von dieser Arbeit leben will, routiniert und vor allem schnell, man darf nicht allzu gewissenhaft sein. Grundlage

---

[16] Vor allem in den praktischen Fragen, die sich im Zusammenhang mit dem Beruf des Übersetzers und Dolmetschers ergeben, folge ich der Diplomarbeit von Diane Lafront, Heidelberg 1997.

[17] Als rühmenswerte Ausnahmen wären Roland Bauer (Absolvent der Ausbildungsstätte in Germersheim) und Elke Wehr (Absolventin der Ausbildungsstätte der Universität Heidelberg) zu nennen.

[18] Entgegen einer in der breiteren Öffentlichkeit vertretenen Ansicht, ist Zweisprachigkeit weder notwendige noch hinreichende Bedingung für den Beruf des Dolmetschers. Es müssen ganz andere Voraussetzungen hinzukommen: sehr gutes Kurzzeitgedächtnis, hohe Konzentrationsfähigkeit, große Belastbarkeit usw. usf.

für das Honorar ist nämlich fast immer die bewältigte Textmenge, nicht die aufgewendete Arbeitszeit. In der ehemaligen DDR war dies anders, wie wir inzwischen aus zahlreichen nostalgischen Rückblicken wissen. Die Gesetze des Markts sind der anspruchsvollen literarischen Übersetzung nicht eben förderlich. Der strenge, gewissenhafte, faulen Kompromissen abgeneigte Literaturübersetzer benötigt heute wie eh und je Bedingungen, die den im vorbürgerlichen Zeitalter gegebenen ähneln. Er ist auf moderne Formen des Mäzenatentums angewiesen: auf das Engagement von Verlagen, die einen Teil des in anderen Sparten verdienten Gelds für die Förderung von wenig Gewinn oder gar Verlust versprechenden Projekten auszugeben bereit sind; auf Preise, die für herausragende Übersetzungsleistungen ausgesetzt sind und Ähnliches mehr. Eine besondere Bedeutung kommt dabei den Institutionen zu, die bemüht sind, die ehrwürdige Tradition der »Schulen« von Toledo oder Amalfi (vgl. w. o. 1.1) fortzusetzen. Als Beispiele seien hier das aufgrund einer Initiative des 1989 verstorbenen Übersetzers Elmar Tophoven[19] gegründete *Europäische Übersetzer-Kolleg(ium) in Straelen* und das *Centre de traduction littéraire de Lausanne* genannt. Diese Institutionen unterstützen literarische Übersetzer nicht unmittelbar, sondern mittelbar, indem sie ihnen durch die zahlreichen Hilfsmittel, die sie zur Verfügung stellen, zusätzliche Ausgaben ersparen. Auf eine Initiative aus Straelen geht auch die Gründung des Diplomstudiengangs „Literaturübersetzen" an der Universität Düsseldorf zurück, an der der Romanist Fritz Nies führend beteiligt war.

8.2 Bekannte Schriftsteller als Übersetzer

Die Übersetzungshistoriker sind sich einig in der Meinung, daß die Figur des literarischen Übersetzers in den vergangenen beiden Jahrhunderten einiges von ihrem früheren Glanz eingebüßt hat. In der Zeit der *belles infidèles* habe sich der Übersetzer im öffentlichen Ansehen mit dem Schriftsteller messen können. Nach der Wende in der Auffassung vom Übersetzen im Zeitalter der Romantik sei er immer stärker in den Hinter-

---

[19] Elmar Tophoven war ein besonders fruchtbarer (über 40 Titel in der Bibliographie von Rössig), auf die neuere französische Literatur spezialisierter Übersetzer: Mauriac, Robbe-Grillet, Claude Simon, Nathalie Sarraute, die französisch geschriebenen Werke Becketts. Darüber hinaus hat er gelegentlich aus dem Niederländischen und dem Rumänischen übersetzt.

grund getreten und werde später kaum mehr wahrgenommen.[20] Das ist nicht ganz richtig. Nicht nur in früheren Zeiten hat es Schriftsteller gegeben, die auch in ihrer Eigenschaft als Übersetzer berühmt oder berüchtigt waren (Clément Marot, Johann Fischart, Wieland, Lessing, Herder, Goethe, Schiller – um nur an einige Autoren zu erinnern, von deren Übersetzungen schon die Rede war); es hat auch in der jüngsten Vergangenheit immer wieder Literaten gegeben, die nicht nur nebenbei übersetzt haben, sondern deren Übersetzungstätigkeit ihr Bild in der Öffentlichkeit mitbestimmt hat. Es ist unmöglich, hier eine einigermaßen repräsentative Auswahl vorzuführen. Ich werde mich auf einige Beispiele beschränken, die geeignet sind, unterschiedliche Motive für die übersetzerische Tätigkeit von Schriftstellern aufscheinen zu lassen.

Da ist zunächst das Bedürfnis, Literaturpolitik im weitesten Sinne zu treiben, das Bestreben, Brücken zu schlagen, sich mit Hilfe des Übersetzens in den Dienst der Weltliteratur zu stellen. Bei Lessing ist dieses Motiv besonders deutlich ausgeprägt. Er hat aus dem Lateinischen, Französischen, Englischen und – trotz geringer Sprachkenntnisse – auch aus dem Spanischen übersetzt.[21] Er war ein scharfsinniger und zuweilen boshafter Übersetzungskritiker, eine Eigenschaft, die der bedauernswerte Pastor Lange, der sich an Horaz versucht hatte, schmerzlich zu spüren bekam. Im letzten Vers der ersten Ode des ersten Buches

sublimi feriam sidera vertice
„mit dem obersten Punkt des Scheitels werde ich die Sterne berühren"

hatte Samuel Gotthold Lange das Wort *vertex* mit „Nacken" wiedergegeben und sich dabei auf Mme Dacier berufen, die an dieser Stelle ebenfalls frei mit *front* „Stirn" übersetzt hatte. Daraufhin schrieb Lessing:

Erstlich entschuldigen Sie sich damit: Dacier habe auch gewußt, was *vertex* heiße, und habe es gleich wohl durch Stirne übersetzt. – Ist denn aber Stirn und Nacken einerlei? Dacier verschönert einigermaßen das Bild; Sie aber verhunzen es. Oder glauben Sie im Ernst, daß man mit dem Nacken in der Höhe an etwas anstoßen kann, ohne ihn vorher gebrochen zu haben?[22]

---

[20] Vgl. u. a. Schneiders 1995, 147f.
[21] Vgl. Franzbach 1965.
[22] *Ein VADE MECUM für den HRN. SAM. GOTTH. LANGE Pastor in Laublingen*, zit. nach Gotthold Ephraim Lessing: *Werke III*, Frühe kritische Schriften, München 1972, 549.

Lessing hat in seinem Leben über 120 Übersetzungskritiken geschrieben – zu Übersetzungen nicht nur aus den klassischen und den größeren europäischen Sprachen, sondern auch zu Übersetzungen aus dem Niederländischen, dem Dänischen und dem Hebräischen. Auf seiner Rezensionsliste steht kurioserweise sogar die italienische Übersetzung eines spanischen Werks, die 1751 in Leipzig erschienen ist.[23] Seine bedeutendste Leistung auf übersetzerischem Gebiet stellt wohl die Übertragung der Bühnenwerke Diderots dar.[24] Lessing erweist sich hier als sprachlich recht geschickter, gemäßigt einbürgernder Übersetzer, der seine Übersetzung konsequent in den Dienst der Entwicklung einer deutschen Nationalliteratur stellte.

Ähnliche Motive wie diejenigen Lessings dürften andere berühmte Autoren zum Übersetzen bewegt haben. Voltaire wollte mit seinen frühen Shakespeareübersetzungen das Interesse an der englischen Literatur wecken, mit seinen späten Übersetzungen das allzu groß gewordene Interesse wieder dämpfen.[25] Wieland und später August Wilhelm Schlegel (zusammen mit Dorothea Tieck und Wolf Graf Baudissin) wollten den Deutschen zu »ihrem« Shakespeare verhelfen. Ugo Foscolo übersetzt Sternes *Sentimental Journey* zu Beginn des 19. Jahrhunderts, zu einem Zeitpunkt, als in Italien im Vergleich zu anderen europäischen Ländern noch ein Nachholbedarf bei der Rezeption der englischen Vorromantik bestand. Ähnlich verhält es sich mit Cesare Paveses Übersetzung von Melvilles *Moby Dick*, mit Heinrich und Annemarie Bölls übersetzerischem Engagement für Autoren wie Salinger oder Patrick White und mit Hans Magnus Enzensbergers Versuchen, Autoren wie Molière und Diderot den heutigen Deutschen in Erinnerung zu rufen.[26]

---

[23] Sowohl die übersetzerische als auch die übersetzungskritische Tätigkeit Lessings hat Susanne Speer gründlich in ihrer Diplomarbeit, Heidelberg 1994, untersucht.

[24] *Das Theater des Herrn Diderot*, erstmals Berlin 1760. Die zweite Fassung von 1781 ist 1986 im Reclam-Verlag neu herausgegeben worden.

[25] Vgl. u. a. Raymond Kelly: *L'évolution de la théorie de la traduction en France au XVIIIe siècle. Etudes sur les idées esthétiques et littéraires dans leurs rapports avec l'anglomanie*, Lyon 1957 (unveröffentlichte Dissertation), 388ff.

[26] Vgl. neben seiner wohlbekannten Bearbeitung von Molières *Misanthrope*: Denis Diderot: „*Gründe, meinem alten Hausrock nachzutrauern – Über die Frauen*". Zwei Essays. Aus dem Französischen übersetzt von Hans Magnus Enzensberger, Berlin 1992.

Daneben gibt es ein zwar ebenfalls genuin literarisches, aber eher egozentrisches Motiv, das Schriftsteller zum Übersetzen treibt: die »Stilübung«, die notwendig gewordene schöpferische Pause, die nicht mit *dolce far niente*, sondern mit von außen gesteuerter Produktivität ausgefüllt werden und eine völlige Erneuerung der eigenen Schreibart vorbereiten soll. Schiller hat Racines *Phèdre* in seinem letzten Lebensjahr im Auftrag des Weimarer „Musenhofs" übersetzt, in einer Lebensphase, in der er zu eigener Produktivität nicht fähig war. Baudelaire fühlte sich von den Werken Edgar Allan Poes so angezogen, daß man ihm später vorgeworfen hat, er habe seinen Autor für eigene Bedürfnisse ausgebeutet. Rilke hat im Lauf seines Lebens aus den verschiedensten Sprachen übersetzt. Im Gegensatz zu anderen »Dichter-Übersetzern« verfügte er über solide grammatikalische und lexikalische Kenntnisse in den Sprachen, mit denen er sich beschäftigte (auf diesem Gebiet verließ er sich durchaus nicht ausschließlich auf seine Intuition); dennoch weist sein Übersetzungsstil eine bizarre Mischung aus »uneigennütziger« Kongenialität und »eigennütziger« übersetzerischer Freiheit auf. Die Komponenten dieser Mischung treten bei seinen Übersetzungen in unterschiedlicher Form zu Tage. Während sich sein Ausdruckswille bei den Übersetzungen der Gedichte Louise Labés und Giacomo Leopardis zum Nachteil der Zieltexte auswirkt (wer aus Mangel an Sprachkenntnissen auf diese Übersetzungen angewiesen ist, sollte besser gleich »richtigen« Rilke lesen)[27], führt seine Fähigkeit, den Ausdruckswillen eines anderen spontan zu erkennen, bei seinen Valéry-Übersetzungen zu ausgewogenen, »befremdenden«, aber nicht manierierten Übersetzungen. Allein schon das Interesse, das Rilke an einem aus Überzeugung »kalten« und im positiven Sinne des Wortes „berechnenden" Lyriker wie Paul Valéry nahm, ist geeignet, das im deutschen Bildungsbürgertum verbreitete Bild vom »süßlich-parfümierten« Dichter zu modifizieren. Den *Malte* kennt man dort weniger.[28] Stefan George und Rudolf Borchardt waren über ihre

---

[27] So macht er aus dem letzten Vers von *L'infinito*: *E 'l naufragar m'è dolce in questo mare*: „Unter-/gehen in diesem Meer ist inniger Schiffbruch". Vgl. die nüchterne Übersetzung von Karl Ludwig Kannegießer (1837): „Und süß ist's mir in diesem Meer zu scheitern".

[28] Die Diplomarbeit von Anja Höpoltseder, Heidelberg 1993, vermittelt einen umfassenden Eindruck von Rilkes Auseinandersetzungen mit der französischen Literatur. Wie in allen übrigen Fällen kann ich aus Platzmangel nur wenige Einzelheiten daraus mitteilen.

Intimfeindschaft hinweg durch einen spezifisch linguistischen Zugang zur Literatur verbunden. Sie suchten in den grammatikalischen und lexikalischen Strukturen fremder Sprachen nach Ausdrucksformen, die der eigenen fehlten. Wie die frühesten Vertreter der Zunft benutzten sie die Übersetzung als Mittel zur Bereicherung ihrer eigenen Ausdrucksmöglichkeiten (vgl. w. o. 4.3). Sie taten dies allerdings zu einer Zeit, als die von ihnen benutzte Zielsprache, das Deutsche, bereits soweit gefestigt war, daß ihre Erneuerungsversuche maniert erscheinen mußten.

Über all diesen mehr oder weniger löblichen Motiven darf nicht vergessen werden, daß auch die Schriftsteller zu allen Zeiten aus ökonomischen Gründen übersetzt haben. Es ist zuweilen besser, als schlecht bezahlter Übersetzer zu leben denn als unbezahlter Lyriker zu sterben. Dieser Erkenntnis konnte sich auch ein literarischer Aktivist wie Ferdinand Freiligrath nicht entziehen. Er übersetzte in seiner vorrevolutionären Phase Victor Hugo und andere französische Autoren, später verlegte er sich fast ausschließlich auf englische Werke. Sein übersetzerisches Œuvre ist schon früh Gegenstand einer historisch-deskriptiven Übersetzungsforschung ante litteram geworden, und seine Klagen über die „litterarische Handlangerarbeit" und das „fluchwürdige Helotenwerk des Uebersetzers" werden von Übersetzungshistorikern gerne zitiert.[29]

Einige Sonderfälle, die bei der übersetzerischen Produktion bekannter Schriftsteller auftreten, verdienen es, hervorgehoben zu werden. Da wäre zunächst die »versteckte« Übersetzung zu erwähnen: In der Einführung bin ich schon auf die kurzen Übersetzungsfragmente eingegangen, die Karl Vossler in sein Buch über Leopardi eingestreut hat. Dergleichen kommt häufiger vor und wird von der Übersetzungsforschung selten zur Kenntnis genommen. Heinrich Wilhelm von Gerstenberg hat zwar mit seinem *Ugolino* (1768) ein Musterbeispiel einer interlingualen Bearbeitung geliefert,[30] als Übersetzer ist dieser geschäftige Literat[31] hingegen nicht besonders hervorgetreten.[32] Man

---

[29] Vgl. u. a. Kurt Richter: *Ferdinand Freiligrath als Übersetzer*, Berlin 1899 und Bachleitner 1989, 41.

[30] Aus der in Dantes *Commedia* referierten Episode vom Grafen Ugolino, der von seinen ghibellinischen Gegnern zusammen mit seinen Söhnen dem Hungertode überlassen wurde (*Inferno* XXXII, 125ff.), machte er ein Drama in drei Akten.

[31] „Gerstenberg, ein schönes aber bizarres Talent, nimmt sich auch zusammen, sein Verdienst wird geschätzt, macht aber im ganzen wenig Freude." *Dichtung und Wahrheit,* 7. Buch; zit. nach Artemis-Gedenkausgabe, Bd. 10, 297.

könnte ihn jedoch auch – mit Vorbehalten – zu den Shakespeare-Übersetzern rechnen. In seinem Aufsatz „Etwas über Shakespeare" findet man unter zahlreichen Übersetzungen kurzer Textfragmente versteckt in einer Fußnote seine Prosaübersetzung des berühmten Monologs aus *Wie es euch gefällt*, in dem Jaques die Menschen zu Schauspielern erklärt, die auf der Bühne des Lebens ihre verschiedenen Lebensphasen als Rollen geben:

All the world's a stage,
And all the men and women merely players ...
Die ganze Welt ist eine Schaubühne; alle Männer und Weiber sind bloß Spieler darauf ..."[33]

Weit größere Aufmerksamkeit als die »versteckte« Übersetzung hat die »reziproke« Übersetzung in der Forschung gefunden.: Zwei in unterschiedlichen Sprachen schreibende Autoren schätzen und übersetzen sich gegenseitig. So hatte z. B. André Gide 1911 einige Bruchstücke aus den *Aufzeichnungen des Malte Laurids Brigge* übersetzt und Rilke damit in Frankreich bekannt gemacht. Dieser revanchierte sich mit einer Übersetzung von Gides Prosadichtung *Le retour de l'enfant prodigue*. Zwischen dem Kärntner und zeitweiligen Wahlpariser Peter Handke und Georges-Arthur Goldschmidt besteht seit längerer Zeit eine Schriftstellerfreundschaft, die sich in gegenseitigen Übersetzungen manifestiert: Mit der Übertragung fast aller literarischen Arbeiten Handkes ins Französische hat Goldschmidt die Rezeption Handkes in Frankreich entscheidend gefördert; Handke hat seinerseits zwei Romane von Goldschmidt, *Le miroir quotidien* (*Der Spiegeltag*,[34] 1981) und *La fôret interrompue* (*Der unter-*

---

[32] 1765 erschien seine Übersetzung einer Tragödie von Francis Beaumont (1584-1616).

[33] *As You like it*, II, 7. Die Theoretiker der „sozialen Rolle" (Georg Simmel, Ralph Linton und andere) berufen sich alle auf diese Szene. Gerstenbergs Shakespeare-Fragment findet sich in: *Gerstenbergs vermischte Schriften* von ihm selbst gesammelt und mit Verbesserungen und Zusätzen herausgegeben in drei Bänden, Bd. III, Altona 1816, 327ff.

[34] Handkes schwer unterdrückbarer Hang zur Bildung von Komposita, der sich bei seinen Übersetzungen der Gedichte René Chars besonders verhängnisvoll auswirkt *(un regard de jeune femme – ein Junge-Frau-Blick, le regard gris – der Graublick* usw. usf.), wurde unter anderen Problemen in der Diplomarbeit von Andrea Krieg, Germersheim 1985, untersucht.

brochene Wald, 1992) übersetzt.[35] Den Grenzfall der »reziproken« Übersetzung bildet die Selbstübersetzung. Diese für die Übersetzungsforschung besonders ergiebige Form übersetzerischer Aktivität tritt in Europa zunächst in Form des *volgarizzamento* auf: Ein Schriftsteller entschließt sich dazu, sein eigenes, lateinisch geschriebenes Werk in seine Muttersprache zu übertragen und es damit einer größeren Zahl von Lesern zugänglich zu machen. Dies tat Calvin mit seinem 1536 erschienenen Traktat *Christianae Religionis Institutio;* schon fünf Jahre später brachte er eine französische Fassung heraus: *Institution de la religion chrestienne.* Aber auch aus späteren Epochen sind viele Fälle von Selbstübersetzung bekannt. Carlo Goldoni übersetzte zwei seiner ursprünglich französisch geschriebenen Komödien, *Le bourru bien faisant (Der wohltätige Griesgram)* und *L'avare fastueux (Der prunksüchtige Geizhals)* ins Italienische, seine italienisch geschriebenen Memoiren ins Französische und darüber hinaus manche seiner ursprünglich auf venezianisch verfaßten Komödien in die gemeinitalienische Literatursprache. Nabokov hat seine berühmt-berüchtigte *Lolita* zunächst auf englisch geschrieben und erst später ins Russische, seine Muttersprache, übersetzt. Begreiflicherweise läßt sich die Selbstübersetzung nur schwer von der Selbstbearbeitung trennen. Karl Marx hat die französische Übersetzung seines Hauptwerks *Das Kapital,* die ihm zur Korrektur vorgelegt worden war, in der Manier eines Anhängers der *belles infidèles* überarbeitet und ist dabei dem französischen Geschmack so weit entgegengekommen, daß ihm Friedrich Engels in einem Brief vom 29. November 1873 bedauernd schrieb, „Kraft und Saft und Leben" seien dabei „zum Teufel" gegangen. Marx rechtfertigte sich mit einem Argument, das ihn als einen profunden Kenner der Übersetzungsproblematik ausweist: Es werde später nur um so leichter sein, das Werk aus dem Französischen ins Englische und in die übrigen romanischen Sprachen weiterzuübersetzen. Bei der Arbeit an der französischen Version hat er den Text so stark modifiziert und ergänzt, daß ihm später die französische Version für die zweite deutsche

---

[35] Handke hat darüber hinaus Emmanuel Bove, Julien Green, Patrick Modiano, René Char, Francis Ponge und Marguerite Duras übersetzt. Wenn man sich das recht umfangreiche Originalwerk dieses Schriftstellers vor Augen hält, so fragt man sich, wie er die Zeit für all diese Übersetzungen gefunden hat. Handkes Übersetzungstätigkeit wurde gründlich untersucht in der Diplomarbeit von Beatrix Kemmer, Heidelberg 1996.

Ausgabe seines Werks diente.[36] Unter den mehrsprachig aufgewachsenen und/oder in verschiedenen Sprachen schreibenden Autoren unseres Jahrhunderts gibt es auffällige Unterschiede, was die Bereitschaft zur Selbstübersetzung betrifft. Elias Canetti hat in seinem ereignisreichen Leben viele Sprachen erlernt. In der vierten Sprache, die er erlernt hat, hat er geschrieben. Seine übrigen Sprachen – auch die später erlernten – hat er einem deutsch dominierten Modell der Sprache an sich untergeordnet. Er hat seine deutsch geschriebenen Texte nicht selbst übersetzt, sah jedoch, als sog. „compound-Multilingualer" im Übersetzen kein besonderes Problem – die Sprachen, über die er verfügte, waren keinen unterschiedlichen Erlebniswelten zugeordnet. Ganz anders Julien Green. Er ist einerseits englischsprachig aufgewachsener amerikanischer Staatsbürger, andererseits Mitglied der *Académie Française* und somit französischer »Musterautor«, eine Autorität für vorbildlichen Sprachgebrauch. Zitate aus seinen Texten finden sich in den großen französischen Wörterbüchern. Er hat auf französisch und auf englisch geschrieben. Als sog. „coordinate-Bilingualer" ordnet er seine Sprachen verschiedenen Erlebniswelten zu und betrachtet die Übersetzung im engeren Sinne als etwas Unnatürliches. Das geht deutlich aus Texten hervor, in denen er sich – zu experimentellen Zwecken – in beiden Sprachen zum selben Gegenstand äußert. Nur ein einziges Mal hat er einen eigenen Text im engeren Sinn übersetzt – die Geschichte seiner Kindheit, *Memories of Happy Days*, vom Englischen ins Französische, und dies ist ihm, wie er selbst versicherte, sehr schwer gefallen. Der kurz zuvor erwähnte Georges-Arthur Goldschmidt wurde in Hamburg geboren und mußte nach Hitlers Machtergreifung als Kind in Frankreich Zuflucht suchen. Er gilt zu Recht als französischer Autor, hat jedoch auch auf deutsch geschrieben und in beide Sprachen übersetzt. Die Übersetzung seiner eigenen Texte überläßt er lieber anderen. Anderen zweisprachigen Autoren, wie z. B. Samuel Beckett oder Joseph Breitbach, scheint das Übersetzen eigener Texte keine Schwierigkeiten zu bereiten. Der Ire Beckett hat sich selbst in beide Richtungen übersetzt, vom Englischen ins Französische und umgekehrt. Er ist dabei verhältnismäßig frei mit dem eigenen Text verfahren, hat ihn jedoch nicht völlig neu konzipiert. Der Lothringer Josef Breitbach hatte ein ausgesprochen philologisches Interesse an seinen beiden Ar-

---

[36] Die hier referierten Beispiele verdanke ich einer Studie des italienischen Übersetzungsforschers Nino Briamonte, in der dieser den Versuch unternimmt, dem Phänomen *Autotraduzione* („Selbstübersetzung") einen Platz innerhalb des Komplexes „Intertextualität" anzuweisen (vgl. Briamonte 1984).

beitssprachen. Vor über zwanzig Jahren habe ich mich ausführlich mit ihm über die Übersetzungsmöglichkeiten deutscher Modalpartikeln ins Französische unterhalten. Die Übersetzung seines Romans *Bericht über Bruno* (1962) ins Französische (*Rapport sur Bruno*, 1964) hat ihm Vergnügen bereitet. Es handelt sich dabei jedoch wohl eher um zwei nahezu parallel entstandene Texte.[37]

Von dem geringen Ansehen und hohen Risiko, mit dem die Tätigkeit eines Übersetzers behaftet ist, zeugt die Tatsache, daß bekannte Autoren sich des öfteren nicht zu ihren Übersetzungen bekannt, daß sie »uneingestandene« Übersetzungen vorgelegt haben. Das gilt für einige Übersetzungen Lessings (z. B. seine Übersetzung der *Lettres au public* von Friedrich dem Großen[38]) ebenso wie für die Ossian-Übersetzungen, die Herder in seine Volksliedersammlung aufgenommen und dort ausdrücklich als die Übersetzung eines Unbekannten ausgegeben hat.[39] Natürlich kann es sich bei uneingestandenen Übersetzungen auch um schlichte Plagiate handeln, so etwa bei Teilen von Du Bellays *Défense et illustration de la langue française* (vgl. w. o. 4.3), die, wie erst im 19. Jahrhundert nachgewiesen wurde, zum Teil wörtlich aus Sperone Speronis *Dialogo delle lingue* übersetzt wurden.

Berühmte Schriftsteller können, wenn sie als Übersetzer auftreten, sich des Wohlwollens der Kritiker sicher sein. Mißgriffe, die auf mangelnde Sprach- und Kulturkenntnisse zurückzuführen sind, werden, wenn überhaupt, als produktive Mißverständnisse wahrgenommen. Wenige haben den Mut, einem Dichter am Zeug zu flicken. Eben dies tut unerschrocken der Basler Gymnasiallehrer und Übersetzer Walter Widmer. Wegen seiner Neigung zum verdeutlichenden Übersetzen und wegen seiner starken Position auf dem Buchmarkt wurde er von Jürgen von Stackelberg auffällig unfreundlich zum „marktbeherrschenden Schulmeister" erklärt.[40] Für Widmer gilt die philologisch-dokumentarische Übersetzung mit einigen erläuternden Zusätzen als Norm. Von großzügig-kongenialem Umspringen mit berühmten Originaltexten

---

[37] Viel differenzierter und vollständiger, als es hier möglich ist, wird der Komplex Mehrsprachigkeit von Schriftstellern und Selbstübersetzung in zwei von mir betreuten Heidelberger Diplomarbeiten behandelt: Keimel 1994 und Haas 1995.

[38] Anonym erschienen in drei Ausgaben der *Vossischen Zeitung* in Berlin, März 1753.

[39] Vgl. Albrecht 1995c, Anm. 16.

[40] Vgl. Jürgen von Stackelberg: „Ein marktbeherrschender Schulmeister – der Übersetzer Walter Widmer", in: Kortländer/Nies 1986, 43-52.

scheint er wenig zu halten. So wagt er es auch, der an Philologenstammtischen geäußerten Ansicht, nur ein Dichter könne einen Dichter übersetzen, entschieden zu widersprechen. Ein Schriftsteller von Rang habe „nicht unbedingt das Zeug zum guten Übersetzer":

Goethe, Rilke, Heinrich Mann, Wolfskehl, um nur dahingeschiedene Große zu erwähnen, waren als Interpreten alles andere als vorbildlich. Sie taten ihrer Vorlage (Rameaus Neffe, Benvenuto Cellini, Portugiesische Briefe, Sonette der Louise Labé, Gefährliche Liebschaften, Ulenspiegel) nicht wenig Zwang an und reproduzierten letzten Endes nicht Diderot, Benvenuto Cellini, Choderlos de Laclos, de Coster, sondern eigenstämmige Umdichtungen oder eher Zerrbilder.[41]

Wenn Widmer gelegentlich zur Besserwisserei neigt, so hat er doch recht mit seiner Ansicht, alle Übersetzer müßten ungeachtet ihrer sonstigen Leistungen mit dem gleichen Maßstab gemessen werden. Wenn Heinrich Mann in seiner Übersetzung der *Liaisons dangereuses* aus einem *billet de la Châtre*, einem „leeren Versprechen", ein „Patent als Eunuch" macht – er hatte offensichtlich den Eigennamen *La Châtre* mit *châtrer* „kastrieren" in Verbindung gebracht –, so darf und soll man das ebenso kritisieren wie den Mißgriff eines unbekannten Übersetzers.[42]

8.2.1 Exkurs: Übersetzer und Übersetzen in der Literatur

Der auf ihn wartete, war ein Übersetzer, der, angereist aus dem Ausland, seit Tagen in der Gegend für sich die Wege eines da spielenden Buches abging und am Schluß den Autor noch zu ein paar Sachen und Wörtern befragen wollte ...[43]

Schilderungen wie die hier wiedergegebene wird man nur in den Werken von Autoren finden, die selbst ihre Erfahrungen als Übersetzer gemacht haben. Genau das, was Handke hier schildert, pflegen Übersetzer zu tun. Ich weiß es aus eigener Erfahrung. Wenn in einem Roman *génoises* eine wichtige Rolle spielen, Hohlziegelfriese, die bei provenzalischen Gehöften der Belüftung des Dachbodens dienen, bei Stadthäusern jedoch zu ei-

---

[41] Widmer 1959, 48.

[42] Vgl. Widmer 1959, 49. Wenige Wochen vor Abschluß des Manuskripts wurde ich anläßlich eines Symposiums Zeuge, wie Jean-Pierre Lefebre sich weigerte, die Eigenwilligkeiten in Walter Benjamins Baudelaire- oder Proust-Übersetzungen als »schöpferische Freiheit« zu akzeptieren. Er führte sie, kalt und nüchtern, auf mangelhafte Französischkenntnisse Benjamins zurück.

[43] Peter Handke: *Nachmittag eines Schriftstellers*, Salzburg 1987, 77f.

nem bloßen Ornament geworden sind, wenn darüber hinaus längere Passagen aus der genauen Kenntnis und inneren Sicht einer bestimmten Landschaft heraus geschrieben sind, dann fährt man als Übersetzer am besten dorthin, um sich das alles erst einmal vor Augen zu führen. Dabei ergibt sich dann auch die Gelegenheit – sofern man das Glück hat, einen lebenden Autor zu übersetzen –, einige besonders schwierige Stellen mit ihm durchzusprechen. Angesichts der Bedeutung, die Übersetzer und Übersetzung für den Literaturbetrieb haben, wundert man sich, daß sie nicht häufiger zum Gegenstand der Literatur erhoben werden. Der Übersetzer in *Don Quijote* ist eine Karikatur; Cervantes scheint keine guten Erfahrungen mit den Vertretern dieser Zunft gemacht zu haben. Karikaturähnliche Züge, wenn auch liebevoll ausgemalte, zeigt auch das Bild eines literarischen Übersetzers, das in einem der großen deutschen Romane unseres Jahrhunderts gezeigt wird. Hans-Martin Gauger hat sich des Falls in einem geistreichen Aufsatz angenommen.[44] Es geht um den Übersetzer Rüdiger Schildknapp aus *Doktor Faustus*. Ohne Schwierigkeiten kann man in ihm einen Freund des Autors wiedererkennen – Thomas Mann hat dies in aller Offenheit zugegeben –, den bekannten Übersetzer Hans Reisiger.[45] In der nicht eben schmeichelhaften Art und Weise, in der Serenus Zeitbloom, der Erzähler des Romans, den Übersetzer kritisiert, klingt etwas von der Herablassung an, mit der erfolgreiche Schriftsteller auf die Übersetzer herabsehen:

Er schrieb Gedichte in freien Rhythmen, kritische Aufsätze und kurze Erzählungen in reinlicher Prosa, hatte aber, teils unter wirtschaftlichem Zwang, teils auch, weil seine Produktion nicht eben übermächtig sprudelte, seine Tätigkeit vorwiegend auf das Gebiet der Übersetzung, namentlich aus seiner Lieblingssprache, dem Englischen, verlegt [...] [er] betreute die Übertragung mit viel Gewissenhaftigkeit, Stilgefühl und Geschmack, bis zur Versessenheit bemüht um die Genauigkeit der Wiedergabe, das Sich-Decken des sprachlichen Ausdrucks, und mehr und mehr den intriguierenden Reizen und Mühen der Reproduktion verfallend. [...] er fühlte sich zum selbst hervorbringenden Schriftsteller

---

[44] Hans-Martin Gauger: „Rüdiger Schildknapp – Portrait eines Übersetzers", in: Wolfgang Pöckl (Hrsg., 1990), vgl. Albrecht 1990, 9-30.

[45] Typisch für Thomas Mann ist die Technik der Namensumsetzung: Der proparoxytone Rhythmus des Familiennamens wird auf den Vornamen übertragen, *Schildknapp* ist ein Synonym im weiteren Sinne für einen *Reisigen* (vgl. Gauger, *art. cit.*, 10). Reisiger war nicht so ausschließlich auf englische Literatur spezialisiert wie sein literarisches Pendant. Er hat auch Saint-Exupéry, Flaubert, Sartre und – nach dem Tode Thomas Manns – die *Manon Lescaut* des Abbé Prévost übersetzt.

geboren und sprach bitter von dem notgedrungenen Dienst an fremdem Gut, der ihn verzehrte, und durch den er sich auf eine kränkende Weise abgestempelt fand.[46]

Nicht nur die literarischen Übersetzer, auch Fachübersetzer und Dolmetscher sind neuerdings »literaturfähig« geworden. Aus einigen Kriminalromanen Bernhard Schlinks, die durch den internationalen Erfolg von *Der Vorleser* ein wenig »literarische Weihe« erhalten haben, geht hervor, daß der Verfasser sich im Alltag des Berufsübersetzers auskennt. Das gilt auch für den Spanier Javier Marías, der über den Erfolg seines Romans *Corazón tan blanco* (*Mein Herz so weiß*) selbst überrascht war. Wer folgendes schreiben kann:

Die Dolmetscher hassen die Übersetzer und die Übersetzer die Dolmetscher (wie die Simultandolmetscher die Konsekutivdolmetscher und die Konsekutivdolmetscher die Simultanübersetzer [sic!] ...[47]

muß tiefere Einblicke in die Berufswelt des Sprachmittlers haben als die Mehrzahl der Leser, die von dergleichen unvermeidlichen Antipathien – sie treten übrigens auch in den Ausbildungsstätten auf – nichts wissen.

8.3 Die Verbreitung der Kenntnis fremder Länder und Sprachen und ihre Auswirkung auf Erwartungen und Bedürfnisse des Lesepublikums

Vor kurzem erschien in der *Frankfurter Allgemeinen Zeitung* die Rezension eines Buches über die sowjetische Deutschlandpolitik von Stalin bis Gorbatschow. Sie schließt mit folgenden Worten:

Adomeit [der deutsche Autor des besprochenen Buchs] hat das mit Abstand beste Buch zum Thema geschrieben – in sehr lebendigem Amerikanisch. Achtzig Prozent seiner potentiellen deutschen Leser wird er darum nicht erreichen. Dabei haben sie mit ihren Steuern jahrelang sein [...] Gehalt bezahlt – und das schöne Buch.[48]

---

[46] *Doktor Faustus. Das Leben des deutschen Tonsetzers Adrian Leverkühn, erzählt von einem Freunde.* Zitat nach der Ausgabe des S. Fischer Verlags, o.O. 1960, 180.

[47] Javier Marías: *Mein Herz so weiß*. Aus dem Spanischen von Elke Wehr, München 1992, 70.

[48] Heinrich Maetzke: „Stalin hat die DDR verspielt" (= Rezension eines politischen Buchs von Hannes Adomeit), *Frankfurter Allgemeine Zeitung*, 31.März 1998, 10.

Der Verfasser der Rezension beklagt sich über eine Praxis, die inzwischen in Deutschland gang und gäbe ist. Nach zwei furchtbaren Kriegen hat das Deutsche den Rang, den es zu Beginn unseres Jahrhunderts als Wissenschaftssprache erworben hatte, fast völlig eingebüßt. Da immer weniger ausländische Wissenschaftler in der Lage sind, deutschsprachige Veröffentlichungen zu lesen – das gilt auch für Sprach- und Literaturwissenschaft, ja sogar für die Germanistik –, entschließen sich ehrgeizige deutsche Forscher dazu, ihre Arbeiten auf englisch zu veröffentlichen. Sie wollen gelesen werden. Der verärgerte Rezensent trägt Zweckpessimismus zur Schau, wenn er behauptet, ein anspruchsvolles Fachbuch erreiche achtzig Prozent seiner potentiellen Leser nicht, wenn es englisch geschrieben ist. Die Leser, die überhaupt willens und in der Lage sind, ein solches Buch zu lesen, sind an den Umgang mit englischer Fachliteratur gewöhnt. Wir müssen uns damit abfinden, daß wichtige wissenschaftliche Texte überhaupt nicht mehr ins Deutsche übersetzt werden, weil sich der Aufwand nicht lohnen würde.

Gilt dies auch für die „schöne Literatur" und andere, weniger dominante, aber doch intensiv gelehrte und gelernte Sprachen? Aus der Antwort auf eine kleine Anfrage, die die Fraktion Bündnis 90/Die Grünen 1997 an die Bundesregierung gerichtet hat, geht hervor, daß zwar die Übersetzung deutschsprachiger Literatur in andere Sprachen stark zurückgeht, andererseits jedoch – so lautet die vorsichtige Formulierung der dpa-Meldung – jedes siebte in Deutschland veröffentlichte Buch auf einer „fremdsprachigen Vorlage" beruhe. Drei Viertel der Übersetzungen stammten aus dem englischen Sprachraum. Das Englische ist im Begriff, nach den skandinavischen Ländern nun auch andere Teile Kontinentaleuropas zu erobern und sich dort als Verkehrssprache zu etablieren. Diese Entwicklung wird jedoch die Übersetzer englischsprachiger Belletristik nicht arbeitslos machen. Zwischen *basic English* und der englischen Literatursprache besteht ein besonders großer Unterschied, ein viel größerer als etwa im Spanischen. Und auch die englische Wissenschaftssprache bereitet sehr viel weniger Mühe als etwa die großen Romane des 18. und 19. Jahrhunderts mit ihrem außerordentlich differenzierten Vokabular.

Wer die führenden Buchhandlungen größerer deutscher Städte inspiziert, wird eine erstaunliche Feststellung machen. In den Regalen mit fremdsprachiger Literatur (weit über die Hälfte des verfügbaren Raums ist gewöhnlich englischsprachigen Taschenbüchern vorbehalten; es folgen, in dieser Reihenfolge, französische, italienische und spanische) stehen viele Übersetzungen in fremde Zielsprachen, darunter auch Übersetzungen aus dem Deutschen. Bei meinen zugegebenermaßen nicht übermäßig gründlichen Nachforschungen für dieses Kapitel habe ich in Berlin, München, Leipzig und Karlsruhe verblüffende Funde gemacht: Heinrich Böll auf französisch und italienisch, Theodor Fontane auf italienisch, Günter Grass auf englisch, Umberto Eco auf englisch usw. usf. Auf meine neugierige Frage gab mir eine Karlsruher Buchhändlerin eine verblüffende Antwort: Deutsche Literatur in fremden Sprachen werde oft für erwartete ausländische Gäste bestellt, werde dann nicht abgeholt und bleibe im Regal stehen. Als ich eine italienische Übersetzung des *Petit prince* aus dem Regal nahm, meinte sie etwas abschätzig: „Saint-Exupéry geht in allen Sprachen."

Es gibt in Deutschland und in den benachbarten Ländern einen bestimmten, nicht auf das klassische Bildungsbürgertum beschränkten Kreis von Lesern, die literarische Werke in der Originalsprache lesen und kaufen. Statistisches Material liegt mir leider nicht vor. Dennoch darf man die Prognose wagen, daß durch die Verbreitung von Sprachkenntnissen auf elementarem und mittlerem Niveau – man denke nur an die verdienstvolle Arbeit, die von den Volkshochschulen auf diesem Gebiet geleistet wird, vor allem bei den sog. „Nicht-Schulsprachen" – und durch den Tourismus, der nur noch in geringem Umfang ein ernsthafter „Bildungstourismus" ist – die Neugier auf das Fremde, vor allem auf das nicht mehr völlig Fremde, und damit auch der Bedarf an literarischen Übersetzungen zunehmen wird. Wer bereitet sich heute noch so sorgfältig auf eine Bildungsreise vor wie Johann Caspar Goethe, der das Tagebuch seiner Italienreise in der Landessprache führte.[49] Schon sein Sohn Wolfgang schrieb seine Erinnerungen an die *Italiänische Reise* auf deutsch, obwohl auch er über gute Italienischkenntnisse verfügte. Der in früheren Zeiten nicht nur an der Universität, sondern auch am Gymnasium erteilte philologische Sprachunterricht, dessen höchstrangiges Lernziel die Fähigkeit zur Lektüre schwieriger Texte war (vgl. w. o. 6.2), hat eine kleine Minderheit dazu ermutigt, fremdsprachige Literatur im Original zu lesen. Dieser Unterricht weckte eher das Bedürfnis zu übersetzen, als den Bedarf an Übersetzungen. Der heutige Sprachunterricht legt den größten Wert auf die Vermittlung von Kommunikationsfähigkeit. Er schafft in geringerem Maß als früher die

---

[49] Vgl. Johann Caspar Goethe: *Viaggo in Italia* (1740). Herausgegeben und eingeführt von Arturo Farinelli, Rom 1932-1933.

Voraussetzungen zur Lektüre schwieriger Texte, aber er macht Lust auf die Lektüre von Übersetzungen, wenn er lebendig und kompetent erteilt wird. Der moderne »Erlebnistourismus«, der den Bildungstourismus der vergangenen Jahrhunderte abgelöst hat, verstärkt diese Tendenz noch. Dabei wird auch eine leichte Änderung der vorherrschenden Übersetzungsstrategie gefördert. Konsequent einbürgernde Übersetzungen, vor allem was die sogenannten Realien betrifft, erregen zunehmend Befremden. Es darf in einer deutschen Übersetzung ruhig von einem *pub*, von *clotted cream*, von einer *concierge*, einem *vin d'honneur*, von *antipasti* oder einem *parador* die Rede sein. Die Leser wissen schließlich Bescheid:

Fate una domanda alla *Fürsorge*, magari un'altra alla *Wohlfahrt*. Se vi va bene, la *Wohlfahrt* vi darà un contributo ...

heißt es in der italienischen Übersetzung von Heinrich Bölls Roman *Haus ohne Hüter*.[50] Sie erschien zu jener Zeit, als die ersten „Gastarbeiter" – der Terminus war damals in sprachlenkerischer Absicht geprägt und propagiert worden – Kenntnisse über die deutschen sozialen Einrichtungen in ihrem Heimatland verbreiteten.

---

[50] Heinrich Böll: *Casa senza custode*. Traduzione di Italo Alighiero Chiusano, Mailand 1957.

9 Die Nationalliteraturen im Spiegel der Übersetzungen

Als vor gut fünfzehn Jahren die ersten Pläne zu dem vorliegenden Buch Gestalt annahmen, stand dieses Kapitel im Zentrum der Überlegungen. Es war an eine umfängliche Dokumentation der »literarischen Handelsbilanz« einiger bedeutender europäischer Kulturnationen gedacht. Im Laufe der Zeit wurde immer deutlicher, daß sich das Projekt in seiner ursprünglichen Konzeption nicht durchführen ließ – dazu wären Hunderte von Examensarbeiten als Materialgrundlage nötig gewesen. Im Rückblick stellt sich das Scheitern der allzu weitreichenden Pläne fast als Gewinn dar, und zwar aus zwei Gründen: Einerseits haben sich die Möglichkeiten, große Datenmengen auf elektronischen Datenträgern zu speichern und über ausgeklügelte Zugriffswege nach den unterschiedlichsten Gesichtspunkten auszuwerten, in den letzten Jahren erheblich verbessert. Die Herstellung von CD-ROMs ist inzwischen sogar an bescheidenen Universitätsinstituten möglich. Das schon so oft totgesagte Buch wird sich vermutlich noch eines langen Lebens erfreuen; es ist kaum anzunehmen, daß Sommerurlauber demnächst ihr Notebook an den Strand mitnehmen werden, um Kriminalromane zu lesen. Was jedoch wirklich obsolet geworden ist, sind umfangreiche, ständig vom Veralten bedrohte Nachschlagewerke in der herkömmlichen „Printform". Andererseits wirkt nun gerade jede um Repräsentativität bemühte Dokumentation auf diejenigen ermüdend, die vom gewohnten „Printmedium" nicht lassen können. Man möchte über allgemeine Tendenzen unterrichtet und gegebenenfalls mit zu Widerspruch herausfordernden Kommentaren konfrontiert werden; man ist weniger erpicht auf eine möglichst vollständige Auflistung der Werke, die zwischen 1939 und 1974 vom Italienischen ins Spanische übersetzt worden sind. Dafür gibt es spezielle Nachschlagewerke, die hier natürlich wenigstens zum Teil aufgeführt werden müssen. Ein Zugriff auf Werke dieser Art wird künftig ohne Rechner mit CD-ROM-Laufwerk kaum mehr möglich sein; der eingangs genannte, unter der Schirmherrschaft der Unesco herausgegebene *Index translationum* ist seit einigen Jahren nur noch auf CD-ROM erhältlich.

Im folgenden sollen einige größere europäische Nationalliteraturen nach einem einheitlichen Schema im Spiegel der Übersetzungen vorgestellt werden. Dabei muß in Kauf genommen werden, daß die vorgesehenen »Fächer« nicht in allen Fällen gleichmäßig gefüllt sind. Dazu kann eine der bedeutendsten europäischen Literaturen, die russische, die weit mehr internationale Wirkung als die deutsche entfaltet hat, leider nur am Rande berücksichtigt werden. Einen eigenen Abschnitt möchte ich nur den Literaturen widmen, die ich wenigstens in bescheidenem Ausmaß unmittelbar, nicht nur durch Übersetzungen, kenne. Gerade in einem Buch, das den Problemen der Übersetzung gewidmet ist, scheint ein gewisses Maß an »Übersetzungsskeptizismus« am Platz.

In den folgenden Abschnitten werden die verschiedenen Literaturen zunächst in ihrer Rolle als Nehmende, dann in der als Gebende präsentiert. Auf bekannte Übersetzungstheoretiker und Übersetzer der betreffenden Sprachräume wird – ohne Anspruch auf Vollständigkeit – besonders hingewiesen. In jedem Abschnitt werden Literaturhinweise gegeben. Es geht dabei wohlgemerkt nicht um die allgemeinen Nachschlagewerke, die bereits im ersten Kapitel und bei gegebenem Anlaß auch später genannt worden sind, sondern um Arbeiten, die sich auf einen oder zwei Sprachräume beschränken.

9.1 Italien

Als einzige Kulturnation in Europa – zur politischen Nation ist es erst in der zweiten Hälfte des 19. Jahrhunderts geworden – hat Italien seine erste literarische Klassik vor der Erfindung des Buchdrucks erlebt. Dante, Petrarca, Boccaccio – *le tre corone* – waren Vorbild für die folgenden Jahrhunderte.[1] Ihre Werke konnten erst lange nach ihrem Tode im Druck erscheinen. In der Zeit eines vorwiegend „vertikalen" Übersetzens (vgl. w. o. Kap. 4) stiegen die Werke der drei großen toskanischen Dichter schnell auf die Höhe der antiken Klassiker auf; die Übersetzer begegneten ihnen fast mit derselben Ehrfurcht, die sie den griechischen und lateinischen Schriftstellern entgegenbrachten. Daher gebührt Italien in der Reihe der folgenden kurzen Übersichten der erste Platz.

Die italienische Übersetzungsgeschichte ist nicht annähernd so gründlich dokumentiert und ausführlich beschrieben worden wie die

---

[1] Dante wird entweder mit seinem Vornamen, oder, in einer etwas gezierten Umschreibung, mit seinem Familiennamen in Verbindung mit dem bestimmten Artikel zitiert: l'Alighieri. Die erste italienische Klassik reicht also noch ins Mittelalter zurück. Während Petrarca und Boccaccio, die man mit ihrem Familiennamen zitiert, in den folgenden Jahrhunderten eine auf ganz Europa ausstrahlende Wirkung entfalten, geriet Dante als »gotischer« Autor schnell in Mißkredit und fiel der Vergessenheit anheim. Erst im Zuge der romantischen Rückbesinnung auf das Mittelalter stieg er im 19. Jahrhundert zum Nationalautor auf.

französische. Dennoch läßt sich die Vielzahl der Einzeluntersuchungen kaum überblicken. In keiner anderen Sprache ist der Fachausdruck für den *descensus*, das absteigende Übersetzen, so allgemein verbreitet wie im Italienischen. Zwar gibt es *volgarizzamenti* auch in anderen Sprachräumen, doch spielen sie dort eine weniger beherrschende Rolle. Je weiter eine west- oder mitteleuropäische Sprache vom Lateinischen entfernt war, desto früher brachte sie eine Literatur hervor. Die altenglische und die althochdeutsche Literatur entstanden früher als die altfranzösische, diese wiederum früher als die altitalienische. Daraus sollte niemand nationalistisch gefärbte Überlegenheitsgefühle herleiten. Die volkssprachlichen Varietäten Italiens standen bis ins Hochmittelalter hinein noch in so großer Nähe zum mittelalterlichen Latein, daß sie nicht als »eigene Sprache«, sondern als volkstümliche Ausprägungen des Lateinischen angesehen wurden. Übersetzungen in diese Idiome galten somit als „Vulgarisierungen" nicht nur in rein sprachlichem Sinn: Wer etwas in einen dieser volkstümlichen Dialekte übersetzte, traute seinen Lesern ein unmittelbares Verständnis des Textes nicht zu. Er vereinfachte und fügte Erläuterungen hinzu.

Die *volgarizzamenti* sind zwar bis heute keineswegs philologisch aufgearbeitet, sie sind jedoch insgesamt recht gut beschrieben und charakterisiert worden.[2] Aus der großen Zahl von nur Spezialisten bekannten »Vulgarisatoren« ragen einige wenige hinaus. Boccaccio hat nicht nur verschiedene lateinische Autoren übersetzt, es wurde ihm auch die Ehre des *ascensus* zuteil; kein Geringerer als Petrarca hat eine seiner Novellen aus dem Toskanischen ins Lateinische übersetzt. Auch der bereits erwähnte Verfasser des *Orlando innamorato*, der Graf Matteo Maria Boiardo, hat sich als *volgarizzatore* hervorgetan. Auf zwei kulturgeschichtlich bedeutsame Episoden der spätmittelalterlichen Übersetzungsgeschichte Italiens – die Übersetzungen aus dem Provenzalischen durch einige Vertreter der „sizilianischen Dichterschule" und die norditalienischen Übersetzungen der altfranzösischen Heldenlieder, der *chansons de geste* – kann hier leider nicht näher eingegangen werden.

Nachdem Italien noch am Ende des 16. Jahrhunderts nicht zuletzt durch die Gründung der *Accademia della Crusca*, Vorbild der *Académie française* und der deutschen Sprachgesellschaften, große Wirkung auf die

---

[2] Zwei wichtige Gesamtdarstellungen sind bereits in anderem Zusammenhang genannt worden (Folena 1991; Guthmüller 1989). Darüber hinaus wären zumindest zwei weitere Arbeiten zu nennen: Maggini 1952 und die ersten Kapitel von Lapucci 1983.

Nachbarländer ausgeübt hatte, geriet es um die Mitte des 17. Jahrhunderts – wie der größte Teil des übrigen Europas – unter den Einfluß der französischen Klassik. Das klassische französische Theater genießt nun die höchste Priorität im Arbeitsprogramm der italienischen Übersetzer. Allerdings stößt die Rezeption des französischen Geschmacks nicht nur in Deutschland, sondern auch bei den romanischen Schwesternationen auf einigen Widerstand. Das klassische französische Theater wird dem italienischen Publikum vorzugsweise in stark bearbeitenden Übersetzungen vorgestellt.[3] Ähnlich wie in Deutschland wird dann im 18. Jahrhundert die englische Literatur vornehmlich über französische Übersetzungen rezipiert. »Umwegübersetzungen« über eine französische Zwischenstufe stellen bis zum heutigen Tag in Italien keine Seltenheit dar. Als Musterbeispiel für das Phänomen der „Übersetzungen aus zweiter Hand" sei auf die Übersetzungsgeschichte von Edward Youngs *The complaint: or Night-thoughts on life, death and immortality* (1747) hingewiesen. In diesem Werk kündigt sich die europäische Frühromantik an. Der berühmte Übersetzer Le Tourneur hatte es 1769, noch vor seiner Auseinandersetzung mit Shakespeare, ins Französische übertragen. Durch seine teils kürzende, teils kommentierende und damit punktuell stark erweiternde Übersetzung wurde das Werk in ganz Europa bekannt.[4] Der italienische Übersetzer Lodovico Antonio Loschi geht den von Le Tourneur eingeschlagenen Weg noch ein Stück weiter. Wo der Franzose ein Adjektiv zur Ausschmückung hinzugefügt hatte, verwendet er zwei; wo Le Tourneur sich damit begnügt, die aus dem Protestantismus hervorgegangenen Betrachtungen seinen katholischen Lesern zu erklären, drückt Loschi in zusätzlichen Kommentaren seine Mißbilligung aus oder läßt verfängliche Stellen einfach weg. In der dritten Auflage seiner Übersetzung nimmt er selbstbewußt zu dem Vorwurf Stellung, er habe „aus zweiter Hand" übersetzt: Dergleichen sei eine allgemein verbreitete

---

[3] Vgl. u. a. Luigi Ferrari: *Le traduzioni italiane del teatro tragico francese nei secoli XVII e XVIII*, Paris 1925.

[4] Rössig führt zwei deutsche Übersetzungen der *Night-thoughts* aus dem 18. Jahrhundert an, eine unvollständige von C.B. Kayser (Göttingen 1752) und eine vollständige von J.A. Ebert (Braunschweig 1760-1769). Beide können aus zeitlichen Gründen nicht von Le Tourneur beeinflußt sein. Goethe zitiert in *Dichtung und Wahrheit* (Teil III, Buch 13) aus dem Original. Jürgen von Stackelberg (1984, 192) gibt Ebert als den Urheber der Übersetzung von 1752 an – ein weiteres Beispiel dafür, daß man auf dem Gebiet der Übersetzungsgeschichte eigentlich keine Angaben „aus zweiter Hand" übernehmen dürfte.

und bewährte Praxis und habe der Qualität einer Übersetzung noch nie geschadet.[5]

In Italien wurden die antiken Klassiker in den Übersetzungen nicht so entschieden dem zeitgenössischen Geschmack angeglichen wie in Frankreich. Mit seinem Einfall, einer „philologisch-dokumentarischen" Übersetzung der *Ilias* für Kenner eine „einbürgernde" für Liebhaber hinzuzugesellen, erwies sich Melchiorre Cesarotti als pragmatisch denkender Vorläufer einer adressatenorientierten Übersetzungstheorie und -praxis. Wenn seine Ossian-Übersetzung – ein Markstein der italienischen Übersetzungsgeschichte – hier schon aus Platzmangel nicht angemessen gewürdigt werden kann, so soll doch wenigstens eine kurze Probe daraus mitgeteilt werden:

Weep on the rocks of roaring winds, O maid of Inistore! Bend thy fair head over the waves, thou lovelier than the ghost of the hills, when it moves on the sunbeam, at noon, over the silence of Morven.
Vergine d'Inistore, allenta il frena alle lagrime tue, delle tue strida empi le balze; il biondo capo inchina sopra l'onde cerulee; o tu più bella dello spirto dei colli in su 'l meriggio, che nel silenzio dei morveni boschi sopra d'un raggio tremulo di luce move soavemente.[6]

Im 19. Jahrhundert finden die italienischen Übersetzer einen unmittelbaren Zugang zur englischen Literatur. Es ist sicherlich kein Zufall, daß ein Schriftsteller wie Ugo Foscolo (1778-1827), der die ersten Lebensjahre in Griechenland und die letzten im selbstgewählten englischen Exil zugebracht hatte, für außeritalienische Einflüsse besonders empfänglich war. Sein Briefroman *Ultime lettere di Jacobo Ortis* gilt als italienisches Beispiel für die europäische Rezeption des *Werther*; mit seiner Übersetzung von Sternes *Sentimental Journey* (erschienen 1813) leitete er eine unmittelbare übersetzerische Auseinandersetzung mit der englischen Li-

---

[5] Vgl. Stackelberg 1984, Kap. VIII.

[6] „Wein' an dem Felsen der brausenden Winde, weine o Mädchen von Inistore ...". Diese Herder zugeschriebene Übersetzung wurde von Brahms für Harfe und Frauenchor komponiert (Op. 17, 4). Cesarotti steht noch ganz in der rhetorischen Lyriktradition seiner Nation, die erst durch Leopardi kurzfristig unterbrochen werden sollte. Statt „weine!" heißt es „lockere den Zügel deiner Tränen", aus schlichten „Wellen" werden „himmelblaue Wellen" usw. usf. Texte nach: *The Poems of Ossian*, translated by James Macpherson, Esq., Boston 1851, 303; Melchiorre Cesarotti: *Poesie di Ossian*. A cura di Emilio Bigi, Turin 1976, 33.

teratur in Italien ein.[7] Aus dem Spanischen und aus dem Deutschen wird bis weit ins 20. Jahrhundert hinein wenig übersetzt.[8] Die russische Literatur wird, wenn überhaupt, in Weiterübersetzungen aus dem Französischen zur Kenntnis genommen. Es gibt allerdings schon in der ersten Hälfte des 19. Jahrhunderts einige schüchterne Anfänge der direkten Übersetzung aus dem Russischen.

In unserem Jahrhundert werden die verbleibenden Lücken – wie überall in Europa – zunehmend gefüllt –, wenn auch keineswegs systematisch und vollständig. Mit Schriftstellern wie Pavese, Montale und Vittorini haben vor allem die angelsächsischen Literaturen herausragende übersetzerische Fürsprecher gefunden. Vincenzo Errante, einer der bedeutendsten Übersetzer aus dem Deutschen[9], hat wegen seiner Nähe zum Faschismus und seines an D'Annunzio geschulten Stils, der für die Nachkriegsgeneration in Italien nur schwer erträglich ist, keinen nachhaltigen Einfluß ausgeübt. Ganz anders der Sizilianer Elio Vittorini (1908-1966). In seiner übersetzerischen Auseinandersetzung mit modernen amerikanischen Autoren – darunter Faulkner und Steinbeck – erarbeitete er sich einen schmucklosen, parataktischen Stil, der auf das Lesepublikum der vierziger Jahre schockierend wirken mußte:

Ich war auf Reisen, und in Florenz, so gegen Mitternacht, stieg ich um, und dann, so gegen sechs Uhr früh, stieg ich noch einmal um, in Rom Stazione Termini, und gegen Mittag kam ich in Neapel an, wo es nicht regnete, und schickte eine telegraphische

---

[7] Neugriechisch war eine von Foscolos Muttersprachen. Er fühlte sich daher berufen, die zu seiner Zeit hochgerühmte Übersetzung der *Ilias* von Vincenzo Monti heftig zu kritisieren: Monti sei ein großer Übersetzer der Homer-Übersetzungen (vgl. Duranti 1998, 481). Die Zeit der »Umwegübersetzungen«, die ihre Vorlage durch Hinzufügung von rhetorischem Zierrat übertreffen wollten, ging nun auch in Italien zuende.

[8] Nur Schiller stellt eine bemerkenswerte Ausnahme dar: Die Libretti zweier Opern von Verdi gehen auf Bearbeitungen Schillerscher Dramen zurück (*Luise Miller* = *Kabale und Liebe* und *Don Carlos*). Die Auswahlübersetzung von Andrea Maffei: *Opere drammatiche*, Florenz 1850 scheint keine besondere Wirkung gehabt zu haben.

[9] Hier nur eine Auswahl aus seinen Übersetzungen aus dem Deutschen: Lenau: *Faust*; Grillparzer: *Das goldene Vlies*; *Sappho*; Heine: *Die Nordsee*; Kleist: *Penthesilea*; Goethe: *Iphigenie in Tauris*; Walther von der Vogelweide: *Vier Lieder*; Rilke: *Gedichte (in Auswahl)*; Hofmannsthal: *Gedichte (in Auswahl)*; Rilke: *Die Aufzeichnungen des Malte Laurids Brigge*; Novalis: *Hymnen an die Nacht*; Hölderlin: *Gedichte (kommentierte Auswahl)*; Goethe: *Faust*. Diese Übersetzungen sind zum Teil in mehreren Auflagen zwischen 1919 und 1942 erschienen. Errante hat auch aus dem Französischen, Englischen und verschiedenen anderen Sprachen übersetzt.

Postanweisung über fünfzig Lire an meine Frau. Ich schrieb ihr: Bin Donnerstag zurück.[10]

So etwas hatte es in Italien bis dahin kaum gegeben. Von einem Schriftsteller wurde erwartet, daß er »gut« und kunstvoll schrieb. Von nun an waren ausgefeilt »schlecht geschriebene« Texte in der italienischen Literatur möglich.

Was die Übersetzungen aus dem Italienischen in andere europäische Sprachen betrifft, so kann Italien nur in der frühen Neuzeit eine führende Position im »Literaturexport« für sich in Anspruch nehmen. Petrarca und Boccaccio galten als Vorbilder für die von ihnen vertretenen Großgattungen und wurden in alle europäischen Sprachen übersetzt; die volkssprachliche Lyrik Petrarcas, der sog. *Canzoniere*, in Deutschland allerdings mit beträchtlicher historischer Verspätung. Zwischen Übersetzung im engeren Sinne und Nachdichtung, *imitatio*, läßt sich dabei kaum unterscheiden. Dante war seit der Renaissance zunehmend in den Hintergrund getreten. In Deutschland lassen sich zwar schon im 15. Jahrhundert Übersetzungen von kurzen Passagen der *Commedia* nachweisen, die erste vollständige Übersetzung eines Danteschen Werks gilt jedoch bezeichnenderweise nicht der *Göttlichen Komödie*, sondern der lateinisch geschriebenen Abhandlung *De Monarchia*[11]. Im Zeitalter des der Dante-Rezeption nicht eben förderlichen Rationalismus setzte sich der Zürcher Johann Jakob Bodmer (1698-1783), der Widersacher Gottscheds, für Dante ein, dessen Werk er bei seiner Übersetzung von Miltons *Paradise Lost* kennengelernt hatte. Während Voltaire bei Dante nichts anderes als einen „bizarren Geschmack" entdecken konnte,[12] begegnete Lessing dem ihm nicht gerade wesensverwandten Dichter mit

---

[10] Vgl. Elio Vittorini: *Conversazione in Sicilia*, Turin 1969 (= Nuova Universale Einaudi 78), 11. Meine unidiomatische, bis in die Interpunktion hinein an der Vorlage klebende Übersetzung soll lediglich einen ganz allgemeinen Eindruck von dieser Art des Schreibens vermitteln.

[11] Der Titel ist von großem kulturhistorischen Interesse und verdient es, wenigstens auszugsweise wiedergegeben zu werden: *Monarchy Oder Dasz das Keysertumb zuo der wolfart dieser Welt von nöten [...] vor zweyhundert dreyßig jaren zu vertädigung der Würdin des Reychs Teutscher Nation beschriben vormals nie gesehen und neüwes verdolmetscht. Durch Basilium Joannem Heroldt, Basel [...] 1559.* Es existiert ein anastatischer Nachdruck, Stuttgart 1965 (vgl. Hausmann 1992, I, 406f.).

[12] Zur Dante-Rezeption in der europäischen Aufklärung vgl. Alfred Noyer-Weidner: „Das Dante-Verständnis im Zeitalter der Aufklärung", in: *Deutsches Dante-Jahrbuch 38* (1960), 112-134.

zurückhaltendem Respekt. Voller Anerkennung bespricht er die *Versuche über den Charakter und die Werke der besten italienischen Dichter* von Johann Nikolaus Meinhard(t) (1763/64), die eine „versteckte Übersetzung" und Prosaparaphrase der *Commedia* enthalten.[13] Goethe stand dem Dichter der Hölle auch in jenen Jahren äußerst reserviert gegenüber, in denen sich bereits die europäische Dante-Renaissance abzeichnete. Sein häufig zitiertes Bekenntnis, er habe nie begreifen können, wie man sich mit der *Commedia* beschäftigen könne, die Hölle komme ihm „ganz abscheulich", das „Fegefeuer zweideutig und das Paradies langweilig vor"[14], will er aus Verärgerung abgegeben haben. Es dürfte aufrichtig gewesen sein. Goethe hat Dante im Original gelesen oder wohl eher durchgeblättert. Ein weniger illustres Mitglied des Weimarer „Musenhofs", der Bibliothekar der Herzogin-Mutter Anna Amalia – Christian Joseph Jagemann – hat nicht nur das *Inferno* übersetzt,[15] er hat sich darüber hinaus mit erstaunlicher Weitsicht für eine Neubewertung nicht nur Dantes, sondern auch des aus einer frühen Form von *political correctness* heraus pflichtschuldig verachteten *Principe* von Machiavelli eingesetzt.[16] Ein Stiefkind der Rezeption in Deutschland ist Ariost, und auch der Name Torquato Tasso dürfte hierzulande eher durch Goethes Stück als durch Übersetzungen bekannt geworden sein.[17] Im 19. Jahrhundert beherrscht der französische und – vorerst noch auf einer etwas volkstümlichen Ebene – der englische Roman die europäische Literaturszene. Das Lesepublikum vergrößert sich, und damit ist – sicherlich nicht nur in Deutschland – zumindest eine proportionale Abnahme der Übersetzungen aus dem Italienischen verbunden. Trotz Goethes lebhaften Interesses am Verfasser des Stücks *Der Graf Carmagnola* setzt die

---

[13] Vgl. den *332. Literaturbrief* vom 27. Juni 1765.

[14] *Italiänische Reise*, Rom, Juli 1787; zit. nach *Artemis-Gedenkausgabe*, Bd. II, 419.

[15] Die erste vollständige deutsche Übersetzung der *Commedia* erschien zwischen 1767 und 1769 und stammt – das gehört zu den Kuriositäten der Übersetzungsgeschichte – von einem Juristen und Fachmann auf dem Gebiet der Militärgeschichte, dem ansonsten keine engere Beziehungen zu Italien und zur italienischen Literatur nachgesagt werden: Leberecht Bachschwanz.

[16] Vgl. Jörn Albrecht: „Carl Ludwig Fernow und Christian Joseph Jagemann", in: Frank-Rutger Hausmann (Hrsg.): »Italien in Germanien«. Deutsche Italien-Rezeption von 1750-1850, Tübingen 1996, 131-143, hier 134f.

[17] Immerhin gehörten die Ariost- und Tasso-Übersetzungen von Gries (vgl. w. o. 8.1) zu den wenigen, die bis in unser Jahrhundert hinein gelesen wurden. Die neueste mir bekannte Auswahlübersetzung der Werke Tassos hat Emil Staiger 1978 vorgelegt.

übersetzerische Rezeption des Hauptwerks Manzonis, der *Promessi sposi*, in Deutschland erst im 20. Jahrhundert richtig ein.[18]

Die italienische Literatur unseres Jahrhunderts ist verhältnismäßig vollständig in Form deutscher Übersetzungen vertreten – nur profunde Kenner beklagen Lücken, die dem weniger informierten Leser überhaupt nicht auffallen würden. Dem im Hanser Verlag erschienenen *Almanach zur italienischen Literatur der Gegenwart*[19] kann man entnehmen, daß so gut wie alle dem literarisch interessierten Italiener bekannten Autoren zumindest mit einem Werk auch in deutscher Sprache vorliegen.[20] Insgesamt sollen zwischen 1468 und 1995 etwa 10000 im weiteren Sinne literarische Übersetzungen aus dem Italienischen ins Deutsche erschienen sein.[21] Rössig verzeichnet davon knapp 900. Die Zahl ist aussagekräftig, da sie sich mit den für andere Sprachen angegebenen Zahlen unmittelbar vergleichen läßt.

Als einer der ersten Übersetzungstheoretiker Italiens ist – wie könnte es anders sein – Dante in Erscheinung getreten. In seinem *Convivio* (*Gastmahl*) vertrat er eine Ansicht, die in vielfacher Variation bis zum heutigen Tage vorgetragen wird, daß nämlich die Übersetzung von Dichtung notwendigerweise mit einem Verlust an *dolcezza* („Süße") und *armonia* verbunden sei.[22] Über weitere bedeutende Theoretiker wie

---

[18] Rössig verzeichnet nur zwei Übersetzungen aus dem 19. Jahrhundert. Das gehäufte Auftreten neuer Übersetzungen innerhalb eines kurzen Zeitraums – im Falle der *Verlobten* z. B. 1908; 1909; 1913; 1923; 1943; 1950; 1959 und 1960 – gehört zu den Sonderbarkeiten der Übersetzungsgeschichte; es handelt sich keineswegs um einen isolierten Fall.

[19] Vgl. Schirach 1988. Es handelt sich um eine für ein breiteres Publikum bestimmte „Bio-Bibliographie", die nicht nur bibliographische Angaben zu Originalwerken und deutschen Übersetzungen, sondern auch vielfältige Informationen zum literarischen Leben Italiens enthält. Für Frankreich existiert ein Analogon (vgl. Heyden-Rynsch 1989).

[20] Von 23 Autoren werden sogar mehr als zehn Titel in deutschen Übersetzungen aufgelistet; neben populären Unterhaltungsschriftstellern wie Guareschi oder Scerbanenco finden sich darunter auch weniger leicht zugängliche Autoren wie Pirandello oder Calvino.

[21] Vgl. Arend 1996, 197. Es handelt sich um einen Bericht über das von der DFG geförderte Projekt *Bibliographie der deutschen Übersetzungen aus dem Italienischen*. Als erstes beeindruckendes Resultat dieser Arbeit liegt die kommentierte Bibliographie von Hausmann für die Zeit von den Anfängen bis 1730 vor (vgl. Hausmann 1992). Weitere Bände sollen folgen.

[22] Vgl. Folena 1991, 30.

Leonardo Bruni, Melchiorre Cesarotti oder Giacomo Leopardi wurde bereits an anderer Stelle berichtet. Auch die wichtigste Literatur ist bereits angeführt worden; die Titel, die der Kenner vermissen wird, konnte ich aus Platzmangel nicht nennen. Nachzutragen bleibt der in der vor wenigen Monaten erschienenen *Routledge Encyclopedia of Translation Studies* enthaltene Übersichtsartikel von Duranti.[23]

9.2 Frankreich

Die französische Übersetzungsgeschichte ist – ähnlich wie die englische – besonders gut erforscht. Sie ist schon im 19. Jahrhundert Gegenstand monographischer Darstellungen gewesen. Den Übersetzungshistorikern gilt die Geschichte der französischen Übersetzungstheorie und -praxis als Musterbeispiel, als zentraler Bestandteil der europäischen Übersetzungsgeschichte. Daher habe ich die wichtigsten Etappen der französischen Übersetzungsgeschichte schon unter verschiedenen Gesichtspunkten in den vorhergehenden Kapiteln behandelt.

Wie überall in Europa wird auch in Frankreich zunächst hauptsächlich aus den beiden klassischen Sprachen übersetzt. Das Lateinische diente dabei häufig als Zwischenstufe für Übersetzungen aus dem Griechischen (vgl. w. o. 5.3). Die mit den frühen Übersetzungen aus dem Lateinischen einhergehende „Relatinisierung" trug zu einer merklichen Umgestaltung des Französischen bei (vgl. w. o. 4.3). Die französische Kultur- und Literaturgeschichtsschreibung – so »frankozentrisch« sie auf den Außenstehenden wirken mag – kennt eine säuberlich nach Jahrhunderten aufgegliederte Abfolge des Einflusses benachbarter Länder auf die eigene Kultur. So gilt das 16. Jahrhundert als die Epoche des italienischen Einflusses, das 17. Jahrhundert wird in engem Zusammenhang mit Spanien gesehen, das 18. Jahrhundert steht unter dem Zeichen der Hinwendung zu England. Daß diese Zuordnungen nicht völlig aus der Luft gegriffen sind, läßt sich unmittelbar an der „Mächtigkeit der Übersetzungsströme" (vgl. w. u. 10.1) ablesen. Im 16. Jahrhundert wurden fast alle wichtigen italienischen Texte, oft mehrfach, ins Französische übersetzt.[24] Die Rezeption der spanischen Literatur auf dem Wege der Übersetzung im 17., im »spanischen« Jahrhundert ist weniger stark ausgeprägt. Zwar geht Corneilles *Cid*, der am Beginn des

---

[23] Vgl. Duranti 1998.
[24] Vgl. Hausmann 1992, I, XI.

klassischen französischen Theaters steht, auf eine spanische Vorlage zurück; die aus einer höchst eigenwilligen Aristoteles-Interpretation hervorgegangene Lehre von den „drei Einheiten" (Einheit der Handlung, der Zeit und des Ortes) hat ihren Ursprung in Italien.[25] Immerhin werden der *Don Quijote* und die *Novelas ejemplares* schon kurz nach ihrer Entstehung ins Französische übersetzt. Die früheste Übersetzung eines Teils des *Don Quijote* erschien bereits 1614. Sie stammte von César Oudin, einem Pionier der französischen und der spanischen Grammatikographie. Es handelt sich um eine wörtliche Übersetzung, in der die Grenze der „Idiomatizität" nicht respektiert wird (vgl. 4.2) und die schlecht in die Zeit der *belles infidèles* paßt. Zahlreiche, in schneller Folge erscheinende Neuauflagen belegen, daß auch philologisch-exakte Übersetzungen im damaligen Frankreich ihre Leser fanden. Gegen Ende des Jahrhunderts erschien schließlich die Übersetzung des *Don Quijote* von Filleau de Saint-Martin, die den europäischen literarischen Markt beherrschte. Sie wurde bis in unser Jahrhundert hinein immer wieder neu aufgelegt. Zwei deutsche „Weiterübersetzungen" sind im 18. Jahrhundert entstanden, bevor im Jahre 1775 die erste direkte Übersetzung von Friedrich Justin Bertuch (1747-1822) erschien.[26] Viele wichtige Autoren wie Quevedo, Montemayor, Baltasar Gracián und Lope de Vega sowie das Urbild des pikaresken Romans, der *Guzmán de Alfarache* (1599) von Mateo Alemán – aber keineswegs *alle* wichtigen Autoren – erschienen im 17. Jahrhundert in französischem Gewand.[27] Die Übersetzer aus dem Spanischen sind eher im Umkreis von Port-Royal zu suchen als unter den Vertretern der *belles infidèles*.

Das 18. Jahrhundert steht im Zeichen der von Voltaire mitausgelösten und später heftig bekämpften »Anglomanie«. Berühmte Schriftsteller-Übersetzer wie Destouches, Voltaire, der Abbé Prévost und Montesquieu haben zeitweise in England gelebt und sich dabei gute Englischkenntnisse angeeignet. Englisch war damals in Kontinentaleuropa noch keine sehr verbreitete Sprache. Jürgen von Stackelberg und seine Schüler haben mit ihren Forschungen zum Phänomen der „Übersetzungen aus zweiter Hand" belegt, daß Friedrich Nicolai seinen Protagonisten Sebaldus Nothanker durch den alten Korrektor richtig in-

---

[25] Vgl. u. a. Philippe van Tieghem: *Les grandes doctrines littéraires en France. De la Pléiade au Surréalisme*, Paris ⁸1968, 48ff.
[26] Vgl. Stackelberg 1984, 3. Kapitel.
[27] Vgl. u. a. Van Hoof 1991, 52.

formieren ließ: Ein englischer Übersetzer war damals vornehmer als ein französischer, weil er seltener war (vgl. w. o. 5.3).[28] Die deutsche „Anglomanie", die selbst bei einem so besonnenen Mann wie Lessing gelegentlich ausgesprochen franzosenfeindliche Züge annahm, wäre ohne ihr französisches Vorbild schwerlich möglich gewesen. Bei aller Anerkennung der Bedeutung, die die Übersetzungen aus dem Englischen für die französische und für die deutsche Literatur gehabt haben, darf nicht übersehen werden, daß ausgerechnet Antoine de Rivarol, der Herold der *clarté française*, gegen Ende des Jahrhunderts die *Divina Commedia* übersetzt hat. Seine Übersetzung dokumentiert das Übergangsstadium von den *belles infidèles* zu den philologisch-dokumentarischen Übersetzungen des 19. Jahrhunderts.

Von einem Jahrhundert vorwiegend deutschen Einflusses auf die französische Literatur würde wohl niemand sprechen. Immerhin haben im 19. und im 20. Jahrhundert Übersetzungen aus dem Deutschen beträchtlichen Einfluß auf das literarische Leben in Frankreich genommen. Der ungeheure Erfolg des *Werther*, der seinem Autor später etwas peinlich war, spiegelt sich in einer direkten Folge von Übersetzungen wider. Zwischen 1776 und 1786 sind vier verschiedene Übersetzungen erschienen, zu Beginn des 19. Jahrhunderts weitere drei.[29] Gérard de Nerval weckte mit seinen Übersetzungen von Werken Klopstocks, Schillers, Goethes und Heines das Interesse an deutscher Literatur bei einer größeren Öffentlichkeit. Seine Übersetzung des *Faust* erreichte in modifizierter Form, nämlich in Hector Berlioz' Oratorium *La damnation de Faust* eine Wirkung, die von einer philologisch exakten Lesefassung nicht zu erwarten gewesen wäre. Aus deutscher Sicht nimmt sich die übersetzerische Rezeption der deutschen Literatur in Frankreich sehr einseitig aus. Von Teilen des Werks E.T.A. Hoffmanns sind im 19. Jahrhundert eine große Anzahl von Übersetzungen erschienen; Stifter tritt erst in der zweiten Jahrhunderthälfte in einem Sammelband in Erscheinung[30], Raabe nur mit einem Roman in den dreißiger Jahren unseres

---

[28] Vgl. hierzu Graeber/Roche 1988. In dieser kommentierten Bibliographie werden über hundert deutsche Weiterübersetzungen (eingestandene und uneingestandene) französischer Übersetzungen aus dem Englischen vorgestellt. Besonders interessant ist die verwickelte Übersetzungsgeschichte von Swifts *Gullivers Reisen*, ebda, 123ff.

[29] Meine reichlich summarischen Angaben beruhen im wesentlichen auf Bihl/Epting 1987 und Van Hoof 1991.

[30] 1978 hat Georges-Arthur Goldschmidt – sicherlich unter dem Einfluß Handkes – Stifters *Hagestolz* (*L'homme sans postérité*) in französischer Fassung vorgelegt. Sie

Jahrhunderts. Bedeutsamer als die Übersetzungen der „schönen Literatur" im engeren Sinn waren jedoch die Übersetzungen theoretischer oder historischer Texte: Die Hegel-Übersetzungen von Auguste Vera, *Das Leben Jesu* des Hegel-Schülers David Friedrich Strauß in der Übersetzung des bedeutenden Philologen und Lexikographen Emile Littré, Schopenhauers *Die Welt als Wille und Vorstellung* oder Nietzsches *Also sprach Zarathustra*.[31] Gerade die Übersetzungen deutscher philosophischer Texte haben Anlaß zu extrem verfremdenden, sprachlich innovativen Übersetzungsstrategien gegeben und zum Aufbrechen der starren Normen beigetragen, die der französischen Literatursprache seit dem 18. Jahrhundert auferlegt wurden.[32]

Die Übersetzungen aus dem Französischen waren für den europäischen Literaturbetrieb ab dem 17. Jahrhundert bedeutsamer als die Übersetzungen ins Französische. Schon der „Höfische Roman" der Stauferzeit ist im wesentlichen »Importware«; die deutschen Bearbeiter haben sich enger an ihre französischen Vorlagen gehalten, als die ältere deutsche Germanistik dies wahrhaben wollte. Ich kann meine Leser hier lediglich auf eine berühmte Parallelstelle aus Chrétiens *Perceval* und Wolframs *Parzival* hinweisen, auf die Episode von den drei Blutstropfen im Schnee. Chrétien schildert die Ereignisse in poetischer Nüchternheit: den Angriff des Falken auf eine Wildgans, die, nur leicht verletzt, entkommt und drei Blutstropfen im Schnee hinterläßt, vor denen der Held in hypnotische Starre verfällt. Wolfram dehnt die Erzählung auf die anderthalbfache Länge aus und zerstört die Authentizitätsfunktion ganz bewußt, indem er sich durch ironische Kommentare als Erzähler in Erinnerung bringt – ein Musterbeispiel für eine Bearbeitung, bei der der reine Stoff treu bewahrt, die Erzählhaltung hingegen stark variiert wird.[33]

Die übersetzerische Rezeption der französischen Literatur in Deutschland stellt ein ideales Experimentierfeld für methodenbewußte Übersetzungshistoriker dar. Die „Kometenschweife" (vgl. w. o. 2.6) sind

---

wurde später in die Taschenbuchreihe *Points* aufgenommen, wo eine größere Anzahl von Werken Stifters in französischer Übersetzung erschienen ist.

[31] *Le monde comme volonté et comme représentation* (J.A. Cantacuzène); *Ainsi parla Zarathustra* (H. Albert).

[32] In exemplarischer Weise zeigt dies Andreas Michel in seiner noch nicht veröffentlichten Heidelberger Habilitationsschrift über die französischen Heidegger-Übersetzungen.

[33] Vgl. Chrétien, *Perceval*, Verse 4164-4210; Wolfram, *Parzival* VI. 281, 10-VI. 283, 9.

besonders lang – man denke nur an die Vielzahl der Übersetzungen von Voltaires *Candide* oder Flauberts *Madame Bovary*. Es läßt sich anhand solcher Fälle sehr gut zeigen, wie sich die Übersetzungskonzeptionen im Lauf der Zeit ändern und wie Übersetzer mit der Arbeit ihrer Vorgänger umzuspringen pflegen. Die neuere erzählende Literatur ist für die Theorie und Praxis speziell der französisch-deutschen Übersetzung von besonderem Interesse. Gegen die soeben erwähnte Gefahr der Sklerotisierung der französischen Literatursprache haben die großen französischen Romanciers der zweiten Hälfte des 19. Jahrhunderts ein wirksames Heilmittel gefunden: Sie nutzen die zu jener Zeit bereits stark ausgeprägten Unterschiede zwischen der geschriebenen und gesprochenen Sprache und bedienen sich zur Erzielung stärkerer Effekte des gesprochenen Französischen. Wo dies in Form der wörtlichen Rede geschieht, können ihnen die deutschen Übersetzer noch folgen, wenn auch mit einigen Schwierigkeiten. Gesprochenes Deutsch bedeutete damals nämlich noch in stärkerem Maße als heute Dialekt oder zumindest dialektal gefärbtes Deutsch. Die Technik des *style indirect libre*, der erlebten Rede, die sich von Frankreich her mit den sprachbedingten Modifikationen auf die übrigen europäischen Literaturen ausbreitet, bereitet den deutschen Übersetzern anfänglich noch große Schwierigkeiten, wie sich anhand einer Stelle aus Zolas Roman *L'Assommoir* (*Die Schnapsbude*) zeigen läßt:

Mme Putois ayant demandé de l'eau, le zingueur indigné venait d'enlever lui-même les carafes. Est-ce que les honnêtes gens buvaient de l'eau? Elle voulait donc avoir des grenouilles dans l'estomac?[34]

Auch ohne Anführungszeichen und ohne einen übergeordneten Satz vom Typ *dit-il, cria-t-il* („sagte er", „rief er aus") versteht man unmittelbar, daß nicht der Erzähler, sondern der von ihm geschilderte Klempner, der *zingueur*, die Ansicht vertritt, es sei ehrenrührig, Wasser zu trinken. In den zwischen 1893 und 1975 entstandenen deutschen Übersetzungen wird der erste der beiden im *style indirect libre* gehaltenen, hier kursiv wiedergegebenen Sätze in die direkte, der zweite in die indirekte Rede transponiert. Dabei ist die Technik der erlebten Rede spätestens seit Schnitzler auch in der deutschen Literatur gang und gäbe. Im Deutschen wird häufig durch sog. „Abtönungspartikeln" kenntlich gemacht, daß der

---

[34] Emile Zola, *L'Assommoir*. Edition établie et annotée par Henri Mitterand, Paris 1978, 261.

formal weder als direkte noch als indirekte Rede ausgezeichnete Satz dennoch nicht aus der Perspektive des Erzählers, sondern aus der einer der geschilderten Personen geäußert wird:

Tranken anständige Leute *etwa* Wasser? Sie wollte *wohl* Frösche in den Bauch kriegen?

Die französische Literatur des 20. Jahrhunderts ist verhältnismäßig vollständig ins Deutsche übersetzt worden. Das ist angesichts der marktbeherrschenden Position der angelsächsischen Literaturen keine Selbstverständlichkeit. In der „Bio-Bibliographie" des Hanser Verlags werden 36 Autoren mit mehr als zehn übersetzten Titeln aufgeführt.[35] Darunter befinden sich nicht nur Verfasser gehobener Unterhaltungsliteratur wie Georges Simenon, sondern auch Vertreter des *nouveau roman* wie Michel Butor, Marguerite Duras, Alain Robbe-Grillet und Claude Simon oder Kultur- bzw. Literaturtheoretiker wie Roland Barthes, Michel Foucault, Michel Leiris und Claude Lévi-Strauss. Unter den häufig ins Deutsche übersetzten Schriftstellern ist der Anteil derer, die nicht in Frankreich geboren sind, auffällig groß: Emile Cioran, Romain Gary, Julien Green, Eugène Ionesco und Henry Troyat. In der Bibliographie von Rössig habe ich über 2000 Übersetzungstitel aus dem Französischen gezählt (das sind weit über doppelt so viele wie die für Italien angegebenen). Dazu kommen noch 160 Übersetzungen von Werken aus anderen französischsprachigen Ländern. Die Bibliographie von Jurt, Ebel und Erzgräber, als Fortsetzung und Ergänzung der bereits erwähnten Bibliographie von Fromm konzipiert,[36] führt literarisch anspruchsvolle, in wenigstens fünf Referenzwerken zur Literaturgeschichte erwähnte Titel aus dem Zeitraum von 1918 bis 1987 auf und konfrontiert sie mit den ermittelten Übersetzungen. Auf diese Weise springen Lücken unmittelbar ins Auge. Man findet in dieser Bibliographie auch eine höchst aufschlußreiche Liste von Übersetzern. Neben bekannten Übersetzern, die mit besonders vielen Titeln vertreten sind (Eugen Helmlé, Stephan Hermlin, Eva Rechel-Mertens, Elmar Tophoven), stößt man auch auf weniger bekannte Namen wie Barbara Klau und Hansjürgen Wille, die eine sehr große Zahl von Übersetzungen aufzuweisen haben. Es handelt sich um die Übersetzer der Romane Georges Simenons.

---

[35] Heyden-Rynsch 1989; vgl. w. o. Anm. 19.

[36] Vgl. Fromm ²1981 und Jurt/Ebel/Erzgräber 1989.

Zur Geschichte der französischen Übersetzungstheorie von Etienne Dolet bis Valéry Larbaud ist bereits an anderer Stelle das Nötigste gesagt worden. Es sind nur zwei Theoretiker aus dem 17. Jahrhundert nachzutragen: Gaspard Bachet de Méziriac (1581-1638), ein harter Kritiker Amyots und Vorläufer einer sprachwissenschaftlich orientierten Übersetzungswissenschaft (vgl. w. o. 2.4.1). Nicht umsonst wurde er von literarisch orientierten Übersetzungstheoretikern als „Erbsenzähler" verspottet.[37] Wie der bereits mehrfach erwähnte Pierre-Daniel Huet, dessen übersetzungstheoretische Schrift bis heute nur in lateinischer Sprache vorliegt, hat Gaspard de Tende (1618-1697) im Jahre 1660 ein regelrechtes Handbuch der Technik der Übersetzung aus dem Lateinischen erarbeitet. Mit ihm beginnt eine Übersetzungsdidaktik, die von den Grammatikern in Port-Royal und von Sprachtheoretikern wie Du Marsais fortgesetzt werden sollte.

Ganz anders als Italien ist der französische Sprachraum frühzeitig auf dem Gebiet der im weitesten Sinne präskriptiven, sprachwissenschaftlichen Übersetzungswissenschaft hervorgetreten. Charles Bally (1865-1947), der Nachfolger Ferdinand de Saussures auf dem Genfer Lehrstuhl für Allgemeine Sprachwissenschaft, hat die Grundlagen eines systematischen Vergleichs des Französischen und des Deutschen geschaffen, der später für die Übersetzungsforschung nutzbar gemacht worden ist (vgl. w. o. 2.3, insb. Anm. 40). Einer der Fortsetzer dieser Traditionslinie ist Georges Mounin. Auf der Grundlage des europäischen sprachwissenschaftlichen Strukturalismus (dieser sollte nicht, wie dies neuerdings in Deutschland üblich ist, mit dem sog. „französischen Strukturalismus" identifiziert werden)[38] hat er ein übersetzungstheoretisches Instrumentarium erarbeitet, das mir in wesentlichen Punkten auch heute keineswegs „überholt" scheint.[39] Inzwischen hat die französische Kultur offenbar mit ihren cartesianischen Traditionen gebrochen. Die größte Herausforderung an „logozentrische" Übersetzungstheoretiker der verschiedensten Couleurs stellt der Beitrag französischer „Dekonstruktivisten" zur Übersetzungsforschung dar.[40]

---

[37] Vgl. Ballard ²1995, 161-170.
[38] Vgl. Albrecht 1988, 176ff.
[39] Vgl. Mounin 1963.
[40] Vgl. u. a. Jacques Derrida: „Theologie der Übersetzung", in: Hirsch 1997, 15-36 und derselbe: „Babylonische Türme. Wege, Umwege, Abwege", ebda, 119-165.

9.3 Spanien und seine iberischen Nachbarn

Die spanische Übersetzungsgeschichte ist punktuell recht gut erforscht. Es fehlt lediglich eine große Übersichtsdarstellung.[41] Katalanisch gilt einer größeren Öffentlichkeit außerhalb der Iberischen Halbinsel immer noch als „spanischer Dialekt"; daher wird zumindest die ältere katalanische Literatur in den Arbeiten zur spanischen Übersetzungsgeschichte häufig mitberücksichtigt. Seltsamerweise ist die Übersetzungsgeschichte des Portugiesischen weitgehend *terra incognita*. Im historischen Teil der bereits mehrfach zitierten *Routledge Encyclopedia of Translation Studies* findet sich zwar ein verhältnismäßig umfangreicher Übersichtsartikel über die „Brazilian tradition",[42] ein Artikel zur „Portuguese tradition" fehlt jedoch. In der Bibliographie von Rössig übertrifft die Zahl der brasilianischen Übersetzungstitel (knapp 130) die der portugiesischen (knapp 120), während Spanien mit über 480 Titeln gegenüber Lateinamerika mit knapp 370 ein deutliches Übergewicht bewahrt.[43] Insgesamt führt Rössig für die drei iberoromanischen Sprachen (mit ihren überseeischen Ausprägungen) nur unwesentlich mehr Titel als für das Italienische auf.[44]

Wie alle romanischen Sprachen haben auch die iberoromanischen eine Epoche der vorwiegend „vertikalen" Übersetzungen, der *romanceamientos* (vgl. w. o. 4.2), durchlaufen. Die Situation gestaltete sich in der Iberoromania insofern komplexer, als dort nicht nur das Lateinische, sondern auch das Arabische als prestigereiche Ausgangssprache in Erscheinung trat. Die sog. „Schule von Toledo" (vgl. w. o. 1.1) betrifft die spanische Übersetzungsgeschichte nicht nur in geographischer Hin-

---

[41] Der informative Übersichtsartikel von Anthony Pym „Spanish Tradition", in: Baker 1998, 552-563 ist notgedrungen nicht sehr viel ausführlicher als meine kleine Übersicht.

[42] Heloisa Gonçalves Barbosa/Lia Wyler in: Baker 1998, 326-332.

[43] Durch die nur den Zeitraum von 1945-1983 betreffende Bibliographie von Siebenmann und Casetti (1985) werden diese Zahlen im wesentlichen bestätigt. Auch dort übertreffen die brasilianischen Titel die portugiesischen, während die spanische Literatur stärker vertreten ist als die lateinamerikanische (sofern ich die teilweise skurrilen Herkunftsbezeichnungen wie „Andenländer, Afroamerika, Hispano-Amerika, Lateinamerika, Südamerika" richtig interpretiert habe).

[44] Im *Index translationum* wird die katalanische Literatur in derselben Rubrik wie die spanische erfaßt. Die Übersetzungsgeschichte von Van Hoof (1991) trägt zwar den Titel *Histoire de la traduction en Occident*, berücksichtigt jedoch die iberoromanischen Literaturen nicht in einem eigenen Kapitel.

sicht; die Übersetzungen aus dem Arabischen ins Lateinische wurden nicht selten auf dem Umweg über eine mündliche volkssprachliche Zwischenstufe angefertigt: Ein zweisprachiger „Maure" diktierte seine volkssprachliche Version einem gebildeten Schreiber, der in der Lage war, sie spontan ins mittelalterliche Latein zu transponieren. Was die Kontakte zwischen dem Arabischen und den iberischen Volkssprachen betrifft, so läßt sich anhand einer Eigentümlichkeit auf eine Art von »Kulturgefälle« zwischen Katalonien und Kastilien schließen: Die katalanischen Übersetzer – sofern sie für Entlehnungen verantwortlich sind – entlehnten ähnlich wie die süditalienischen arabische Wörter häufiger korrekt, d. h. ohne den arabischen Artikel *al* (vgl. kat. *carxofa* – sp. *alcachofa* „Artischocke"; kat. *magatzem* – sp. *almacén* „Magazin, Lager"; it. *zucchero* – sp. *azúcar* „Zucker").

Am Ende des Mittelalters waren die kastilische Literatur und die katalanische noch gleichberechtigte Schwestern. Ramón Llull (1232-1316) war der erste in Europa, der nicht nur erzählende, sondern auch philosophische und wissenschaftliche Werke in einer Volkssprache verfaßte. In Bernat Metge (nach 1340-1413) hatte Katalonien seinen bedeutenden Vertreter des Frühhumanismus, und mit Ausias March (1397-1459) entsteht eine eigenständige katalanische Lyrik; der bis dahin übermächtige Einfluß des sprachlich eng verwandten Okzitanischen wurde zurückgedrängt.[45]

Mit dem in erster Linie auf politische Ursachen zurückzuführenden Niedergang des Katalanischen (*Decadència*) wird die Übersetzungsgeschichte Spaniens bis zur „Wiedergeburt" des Katalanischen im 19. Jahrhundert (*Renaixença*) zu einer Geschichte der Übersetzung ins Kastilische und aus dem Kastilischen.

Italien war nicht nur Vorbild bei der Übersetzung aus den klassischen Sprachen (wenn jemand ein klassisches Werk ins Toskanische übersetzt hatte, so war dies ein Anlaß, es auch ins Kastilische zu übersetzen), es wurde auch als Modell im Bereich der volkssprachlichen Literatur selbst angesehen. Schon sechs Jahre nach dem italienischen Original erschien 1536 Juan Boscáns Übersetzung des *Cortegiano* von

---

[45] Von Llull (Raimundus Lullus), dem Erfinder der *ars magna*, wurden zwar frühzeitig lateinisch geschriebene Werke ins Deutsche übersetzt; deutsche Übersetzungen seiner katalanischen Werke gibt es meines Wissens erst seit der zweiten Hälfte des 19. Jahrhunderts. Die früheste mir bekannte Übersetzung von Ausias March hat der bekannte Romanist Karl Voßler 1938 vorgelegt.

Baldassare Castiglione.[46] Der Übersetzer betont, daß er kein *romanceamiento*, sondern eine *traducción* von einer Volkssprache in eine andere angefertigt habe und daß dies eine ebenso verdienstvolle Tätigkeit sei wie das Übersetzen aus dem Lateinischen.[47] Wie wir gesehen haben, vertrat Cervantes in dieser Frage eine ganz andere Ansicht (vgl. w. o. 4.2).[48]

Einige bedeutende Humanisten, Juan Luis Vives (1492-1540), Juan de Valdés (1500-1541) und vor allem Francisco de Enzinas[49] (1520-1552) – ein spanischer Protestant, der sich in Wittenberg Anregungen zur Übersetzung des Neuen Testaments geholt hatte – gerieten nicht zuletzt wegen ihrer Übersetzungstätigkeit in Konflikt mit der Inquisition. Das Schicksal ihres französischen Mitstreiters Etienne Dolet (1509-1546), mit dem sie nicht nur religiöse, sondern auch übersetzungstheoretische Ansichten teilten, blieb ihnen erspart.[50]

Nachdem die beiden großen Jahrhunderte der spanischen Literatur vorüber waren, die traditionell unter der Bezeichnung *Siglo de Oro* („Goldenes Jahrhundert") zusammengefaßt werden, geriet Spanien vor „dem Hintergrund der oft zitierten literarischen Erschöpfung"[51] des Landes zunehmend unter französischen Einfluß. Diese Entwicklung schlug sich auch in der Übersetzungsgeschichte nieder. Bis ins 20. Jahrhundert hinein wird nicht nur besonders viel aus dem Französischen übersetzt, französische Übersetzungen dienen auch häufig als Zwischenstufen für Übersetzungen aus anderen Sprachen. Wenn direkt aus an-

---

[46] Die erste deutsche Übersetzung erschien erst dreißig Jahre später: *Der Hofmann* (1565).

[47] Vgl. Santoyo 1987, 59.

[48] Die frühen spanischen Übersetzungen aus dem Griechischen und Lateinischen (die am häufigsten übersetzten Autoren sind Aristoteles, Plutarch, Livius, Caesar, Vergil, Cicero, Ovid) sind verhältnismäßig vollständig erfaßt und beschrieben: Theodore S. Beardsley, JR.: *Hispano-Classical Translations Printed Between 1482 and 1699*, Pittsburgh, Pennsylvania/Löwen 1970.

[49] Sein beruflicher Eifer machte vor seinem eigenen Namen (*encina* „Steineiche") nicht halt: Je nachdem, wo er sich gerade aufhielt, nannte er sich Duchesne, Van Eick oder Eichmann.

[50] Dolet, mit seiner Schrift *La manière de bien traduire d'une langue en aultre* (1540) einer der frühen Übersetzungstheoretiker Frankreichs, wurde der Legende nach wegen einer stark kommentierenden Plato-Übersetzung zusammen mit seinen Schriften auf dem Scheiterhaufen verbrannt. Dolets kommentierende Zusätze hätten Anlaß geboten, so hieß es, an der Gewißheit des ewigen Lebens zu zweifeln.

[51] Vgl. Müller 1967, 258.

deren Sprachen übersetzt wird, so gibt nicht selten eine erfolgreiche französische Übersetzung desselben Werks den Anlaß dazu. Die wichtigsten Werke Goethes wurden erst nach dessen Tod ins Spanische übertragen – vorzugsweise durch direkte oder indirekte französische Vermittlung.[52] Die französische Begeisterung für Heine übertrug sich auf Spanien, und erst nachdem das an eine pompöse, deklamatorische Lyriksprache gewöhnte spanische Publikum durch Heine-Übersetzungen auf einen schlichteren Ton vorbereitet worden war, konnte auch Goethes Lyrik vermehrt in spanischen Übersetzungen erscheinen.[53] Der Rezeption Schillers standen ideologische Gründe entgegen (*Don Carlos* war nicht gerade ein Stück, mit dem man in dem an seinem politischen Niedergang leidenden Land reüssieren konnte). Erfolg auf der spanischen Bühne hatten vor allem die Stücke Kotzebues. Die verhältnismäßig frühe übersetzerische Rezeption der Werke E.T.A. Hoffmanns geht ebenfalls weitgehend auf französische Vermittlung zurück.

Zu den Eigentümlichkeiten der europäischen Geistesgeschichte gehört es, daß die seltenen Manifestationen von Germanophilie in der Regel mit Anwandlungen von Frankophobie einhergehen. „Wenn man Kant und Schopenhauer gelesen hat, dann wirken diese englischen und französischen Philosophen wie schwerfällige Karren, die knarrend und Staub aufwirbelnd dahinfahren", heißt es in Pio Barrojas frühem Roman *El Arbol de la Ciencia* (*Der Baum der Wissenschaft*).[54] Die in den dreißiger Jahren unseres Jahrhunderts entstandenen Hölderlin-Übersetzungen von Luis Cernuda gehören zu den bedeutenden Zeugnissen einer unmittelbaren, nicht über Frankreich oder andere Länder vermittelten übersetzerischen Auseinandersetzung mit der deutschen Literatur. Kurz vor Abschluß meines Manuskripts ist die erste spanische Übersetzung des autobiographischen Romans *Anton Reiser* von Karl Philipp Moritz erschienen.[55]

Was die Übersetzungen aus dem Spanischen betrifft, so stellt das *Siglo de Oro*, und dort wiederum vor allem Cervantes mit dem *Don*

---

[52] Vgl. Hoffmeister 1976, 118.
[53] Vgl. Müller 1967, 269.
[54] „... carros pesados que marchan chirriando y levantando polvo", vgl. ebda, 259.
[55] Karl Philipp Moritz: *Anton Reiser. Una novela psicológica*. Traducción, introducción y notas de Carmen Gauger, Madrid 1998. Übersetzungen dieser Art sind immer ein verlegerisches Risiko; die Übersetzung wurde von der dem Deutschen Akademischen Austauschdienst nahestehenden Organisation *Inter Nationes* gefördert.

Quijote und den *Novelas ejemplares*, das Hauptkontingent der Texte, die frühzeitig in andere Sprachen übertragen wurden und an denen sich die Übersetzer bis in die jüngste Vergangenheit hinein immer wieder versucht haben. Bis zum Ende des 17. Jahrhunderts sind allein in England vier Übersetzungen des *Don Quijote* und eine Reihe von stark gekürzten Bearbeitungen dieses Romans erschienen. Ähnlich erfolgreich war der pikareske Roman; die englischen Übersetzungen des anonym veröffentlichten Werks *La vida de Lazarillo de Tormes* (1554) und seines bereits erwähnten Pendants, des 1599 erschienenen Romans *Vida del pícaro Guzmán de Alfarache* von Mateo Alemán, sind mehrfach neu aufgelegt worden.[56] Hans Jacob Christoph von Grimmelshausen (nach 1620-1776) hatte die deutschen Übersetzungen und Bearbeitungen der spanischen Schelmenromane gelesen, als er den *Abentheurliche[n] Simplicissimus Teutsch* (1668) schrieb. Um die Mitte des 17. Jahrhunderts geht in Deutschland, ganz im Gegensatz zu Frankreich, die übersetzerische Rezeption der spanischen Literatur stark zurück. Erst um die Mitte des 18. Jahrhunderts begann man sich wieder für die Spanier zu interessieren. Lessing hatte sich das Spanische mit unzureichenden Hilfsmitteln selbst beigebracht.[57] Seine frühen Übersetzungen von Bühnenautoren sind fast vollständig verlorengegangen; mit seiner Übertragung des wissenschaftstheoretischen und -praktischen Traktats *Examen de Ingenios para las Ciencias* (1575) des spanischen Arztes Juan Huarte[58] leitete er eine literarische »Spanien-Renaissance« in Deutschland ein, die vor allem von Herder fortgesetzt wurde. Im 19. Jahrhundert hat sich die von Lessing und Herder angeregte Rückbesinnung auf die

---

[56] Allison (1974) hat in seiner Bibliographie die frühen englischen Übersetzungen aus dem Spanischen und dem Portugiesischen ziemlich vollständig dokumentiert und beschrieben.

[57] Der Franzose C. Pitollet, dem Lessing wegen seiner vermeintlichen „Gallophobie" suspekt war, hatte sich in einem 1909 erschienenen Buch vernichtend über Lessings Spanischkenntnisse geäußert. Neuere Untersuchungen von Martin Franzbach zeigen, daß es nicht ganz so schlimm gewesen sein kann (vgl. auch w. o. Einführung).

[58] Bei seiner Arbeit dürfte Lessing die im 17. Jahrhundert entstandene neulateinische Übersetzung dieses Werks (*Scrutinium ingeniorum*, 1622) von Joachim Caesar benutzt haben. Das Werk Huartes ist von dem amerikanischen Linguisten Noam Chomsky einer begrenzten Öffentlichkeit in Erinnerung gerufen worden. In der außerordentlich lang geratenen Anmerkung 9 zu seinem Buch *Cartesian Linguistics* (1966, deutsch 1971) behauptet er, Huarte habe den Terminus *ingenio* als „potencia generativa" verstanden; also in der Bedeutung, die dem Fachausdruck *Generative Grammatik* zugrunde liegt.

spanische Literatur zeitweilig zu einer richtigen Spanien-Begeisterung weiterentwickelt. Auf der Liste der Übersetzer aus dem Spanischen finden sich bedeutende Autoren: Ludwig Tiecks Übersetzung des *Don Quijote* (1799/1801) wirkte weit über Deutschland hinaus; sie ist bis ins 20. Jahrhundert hinein die am weitesten verbreitete Gesamtübertragung in Deutschland geblieben. August Wilhelm Schlegel gilt allgemein als *der* Shakespeare-Übersetzer in Deutschland. Man sollte nicht vergessen, daß er nach seiner Bekehrung zum Katholizismus italienische, spanische und portugiesische Lyrik nachgedichtet und Stücke von Calderón übersetzt hat.[59] Auch Joseph von Eichendorff hat in den vierziger Jahren des 19. Jahrhunderts eine Reihe von Calderón-Übersetzungen veröffentlicht. Arthur Schopenhauer hatte eigens Spanisch gelernt, um bedeutende spanische Autoren im Original kennenlernen zu können. Seine postum erschienene Übersetzung von Baltasar Graciáns *Oráculo manual y arte de prudencia* (1647) kann als Musterbeispiel für die philologisch-dokumentarische Übersetzung gelten, die in der zweiten Hälfte des 19. Jahrhunderts in ganz Europa zur Norm wurde.[60]

Über die deutschen Übersetzungen der Nachkriegszeit hat Dietrich Briesemeister 1994 einen materialreichen Bericht vorgelegt. „In der gesamten neuzeitlichen Geschichte der deutsch-spanischen literarischen Beziehungen sind", so Briesemeister, „nicht so viele Titel übersetzt worden wie in 45 Jahren Nachkriegszeit". Dennoch ergebe sich aus dieser Fülle von Übersetzungen kein wirklich zuverlässiges Bild der spanischen Literatur: „Dem Fachkenner wird es nicht schwerfallen, weiterhin Lücken, Einseitigkeit und Fehler, bedauerliche Versäumnisse, vertane Übersetzungschancen, Nachholbedarf, verstärkte Verlegerbemühungen anzumahnen."[61] Dies gilt sicherlich nicht nur für die Über-

---

[59] Die etwas boshafte Analyse seiner Motive durch Heine im ersten Buch der *Romantischen Schule* ist auch heute noch nachvollziehbar: „Auch ward diese Übersetzung [scil. die Shakespeare-Übersetzung] von Herrn A.W. Schlegel unternommen, zu einer Zeit, als man sich noch nicht ganz ins Mittelalter zurück enthusiasmiert hatte. Später, als dieses geschah, ward der Calderón übersetzt und weit über den Shakespeare angepriesen; denn bei jenem fand man die Poesie des Mittelalters am reinsten ausgeprägt, und zwar in ihren beiden Hauptmomenten Rittertum und Mönchstum". Zit. nach Heinrich Heine, *Werke*, ausgewählt und herausgegeben von Martin Greiner, Stuttgart/Zürich/Salzburg 1962, Bd. II, 225.

[60] *Handorakel und Kunst der Weltklugheit* (1862). Vgl. Sdun 1967, 64ff.; Hoffmeister 1976, 48.

[61] Vgl. Briesemeister 1994, 116. Aus der Bibliographie M. Steenmeijers der niederländischen Übersetzungen aus den spanischsprachigen Literaturen ergibt sich ein völlig

setzung der spanischen Literatur ins Deutsche. Für den Übersetzungshistoriker, der sich mit Kritik am und Anregungen für den Übersetzungsbetrieb zum »Übersetzungspolitiker« aufschwingen möchte, bleibt noch viel zu tun. Übersetzungspolitik im Dienste der Sprachpolitik wird in jüngster Zeit in Katalonien ganz gezielt betrieben. Die katalanischen Sprachpfleger haben erkannt, daß eine einflußreiche Kultursprache unter anderem daran zu erkennen ist, daß sie nicht nur über eine reich entwickelte schöne Literatur und Fachprosa verfügt, sondern daß sie darüber hinaus Medium einer umfangreichen Übersetzungsliteratur ist. Es wurden beträchtliche Anstrengungen unternommen, möglichst zahlreiche Werke der Weltliteratur zu übersetzen. Dabei waren offensichtlich viele Versäumnisse nachzuholen: In der kurzen Liste katalanischer Übersetzungen aus dem Deutschen, die Maria Lieber in ihrem Aufsatz über „Die Bedeutung der literarischen Übersetzung bei der Herausbildung des Katalanischen" mitteilt, erscheinen Goethes *Les desventures de jove Werther*, Erich Maria Remarques *Res de noú a l'oest* und Hermann Hesses *El llop estepari* nahezu zur selben Zeit.[62]

Wer die Namenregister der größeren Übersetzungsgeschichten durchgeht, wird nur selten auf portugiesische Autoren stoßen. Auch ich bin genötigt – nicht nur wegen mangelnder Information, sondern auch aus Platzgründen –, die portugiesische Übersetzungsgeschichte stiefmütterlich zu behandeln. Die Übersetzungstätigkeit aus dem Lateinischen setzt in Portugal später ein als in den anderen romanischen Ländern. Es fehlte offenbar ein Lesepublikum, das die klassischen Werke kennenlernen wollte, ohne die klassischen Sprachen zu verstehen. Auch die übrigen romanischen Literaturen scheinen von einer dünnen Bildungsschicht eher im Original als in Übersetzungen gelesen worden zu sein. Vielleicht wurde der sprachliche Abstand zum Spanischen als zu gering erachtet, als daß man ein Bedürfnis nach Übersetzungen empfunden hätte. Der *Don Quijote* wurde kurz nach Erscheinen des Originals in Lissabon gedruckt, aber erst gegen Ende des 18. Jahrhunderts ins Portugiesische übersetzt.[63] Für die deutsche und andere »exotische« Literaturen fungierte das Französische in noch weit stärkerem Maße als

---

unterschiedliches Bild. Diese Bibliographie läßt sich allerdings nur im Hinblick auf den Erfassungszeitraum mit dem Bericht Briesemeisters vergleichen (vgl. Steenmeijer 1991).

[62] Vgl. Lieber 1992, insb. 47.

[63] Vgl. die Übersetzungsbibliographie von Rodrigues (1992ff.), Bd. 1, 28f.

in Spanien als Vermittlersprache der Übersetzer. Inzwischen gibt es eine Reihe von Nachschlagewerken, die als Materialbasis für weiterführende Arbeiten zur portugiesischen Übersetzungsgeschichte herangezogen werden können. Neben der bereits erwähnten vierbändigen Bibliographie von Rodrigues gibt es eine Spezialbibliographie für die neueren portugiesischen Übersetzungen aus dem Deutschen.[64] Kurz vor Abschluß meines Manuskripts konnte ich Einblick in eine einigermaßen repräsentative Bibliographie der deutschen Übersetzungen aus dem Portugiesischen nehmen. Klaus Küpper hat sie mit Unterstützung einer deutsch-portugiesischen Gesellschaft in Frankfurt und einiger Mitarbeiter des Göttinger Sonderforschungsbereichs erarbeitet.[65] Wer sich dort die zwanzig großformatigen, engbedruckten Seiten mit Nachweisen deutscher Camões-Übersetzungen genauer ansieht, könnte leicht zu der Ansicht gelangen, der Verfasser der *Luisaden* sei einer der meistgelesenen fremdsprachigen Autoren im deutschen Sprachraum. Angesichts eines solchen Befundes muß einmal mehr daran erinnert werden, daß eine große Diskrepanz zwischen dem ermittelbaren Fundus übersetzter Literatur und der lebendigen Präsenz eben dieser Literatur im Bewußtsein der literarisch Interessierten besteht.[66]

Der Vollständigkeit halber sind noch einige Bemerkungen zu iberoromanischen Übersetzungstheoretikern nachzutragen. Die Renaissance-Philologen Juan de Valdés und Juan Luis Vives sind als Übersetzer und als Übersetzungstheoretiker hervorgetreten. Vives hat bereits eine Art von übersetzungsrelevanter Texttypologie entworfen. Er unterscheidet drei Arten von Texten, nämlich solche, bei denen es vor allem auf den „Sinn", andere, bei denen es in erster Linie auf die sprachliche Form ankomme, und schließlich Texte, bei denen das Was und das Wie eine unauflösbare Verbindung eingehen.[67] Die *Biblioteca de traductores españoles* von Marcelino Menéndez y Pelayo (1856-1912) stellt eine reiche Informationsquelle dar, wenn man von der Verklärung des ka-

---

[64] Vgl. Barrento 1978.

[65] Vgl. Küpper 1997.

[66] Dankenswerterweise erinnert Ray-Güde Mertin in seinem Vorwort zu Küppers Bibliographie an den Lusophilen Karl Moritz Rapp, der im 19. Jahrhundert zahlreiche portugiesische Sonette in das (seiner Ansicht nach eng verwandte) Schwäbische übertragen hat.

[67] „... harum in quibusdam solus spectatur sensus, in aliis sola phrasis, et dictio ... Tertium genus est, ubi et res et verba ponderantur ...Vives, *De ratione dicendi*, III, 12, *Versiones seu Interpretationes*, Löwen 1533, 232f. Zit. nach Coseriu 1971, 573.

tholischen spanischen Mittelalters und den Seitenhieben auf unerwünschte Ketzer absieht.[68] Am bekanntesten dürfte außerhalb Spaniens der übersetzungstheoretische Essay des Philosophen José Ortega y Gasset (1883-1955): *Miseria y esplendor de la traducción* geworden sein. Ortega y Gasset war stark von Schleiermacher beeinflußt und gilt daher als einer der im romanischen Kulturraum eher seltenen Vertreter »bewußter Wörtlichkeit«.[69]

9.4 Großbritannien und Irland

Die Übersetzungsgeschichte des englischen Sprachraums ist fast genau so gut beschrieben wie die des französischen. Dem Thema des vorliegenden Buches entsprechend werde ich mich hier auf den europäischen Teil des ausgedehnten englischen Sprachgebiets beschränken.

Am Beginn der englischen Sprachgeschichte steht ein leibhaftiger König. King Alfred (Alfred der Große, 849-899) förderte nicht nur die Übersetzer, wie dies nach ihm viele Fürsten getan haben,[70] er hat selbst übersetzt, unter anderem die Schrift *De consolatione philosophiae* von Boethius. Dieses Werk scheint es den englischen Übersetzern besonders angetan zu haben; es wurde später auch von Chaucer und von der Königin Elisabeth I. übertragen. Die frühen angelsächsischen Übersetzer erweisen sich als *true followers*, treue Gefolgsleute des Hieronymus: Sein Geständnis, er habe griechische Texte mit Ausnahme der heiligen Schriften nicht „verbum e verbo, sed sensum [...] de sensu" wiedergegeben (vgl. w. o. 2.2), wird in Vorreden und Übersetzerkommentaren häufig variiert, sei es in lateinischer Sprache, wie bei Aelfric im frühen 11. Jahrhundert, sei es im spätmittelalterlichen Englisch Osbern Bokenams:

---

[68] Vgl. Pym 1998, 557f.

[69] Eine deutsche Übersetzung des Essays „Glanz und Elend der Übersetzung" findet sich bei Störig ³1973, 296-321.

[70] Es sei hier nur an Alfonso el Sabio (Alfons X., „der Weise", 1221-1284) erinnert, einen der wichtigsten Förderer der sog. „Schule von Toledo", der übrigens ebenfalls gedichtet und übersetzt hat, und an Charles V (Karl V. von Frankreich, 1338-1380), der in der Anfangsphase des sog. „Hundertjährigen Krieges" sehr erfolgreich war und somit nicht nur Künste und Wissenschaft im allgemeinen, sondern in der Person von Nicolas Oresme (1330-1382) auch die Kunst der Übersetzung im besonderen fördern konnte.

Not wurde for wurde – for that ne may be in no translation, aftyr Jeromys decree – but fro sentence to sentence"[71]

Die frühen englischen Übersetzer haben viel von ihren französischen Kollegen gelernt; häufig dienten französische Übersetzungen als Zwischenstufe bei Übertragungen klassischer Texte. Das bekannteste Beispiel hierfür ist die Plutarch-Übersetzung von Sir Thomas North (gest. um 1600), eine Weiterübersetzung der *Vies parallèles* von Jacques Amyot, des Stammvaters der *belles infidèles*, zumindest was die Behandlung der Realien angeht (vgl. w. o. 2.4.1). Aus der Northschen Übersetzung bezog Shakespeare einen Teil seiner Stoffe. Die „vertikale" Übersetzung in ihrer speziellen Form des *ascensus* (vgl. w. o. 4.2) mußte häufig eine Mittlerfunktion bei den frühen „horizontalen" Übersetzungen einnehmen: Sebastian Brand(d)ts außergewöhnlich erfolgreiche Satire *Das Narrenschiff* (1494) wurde weder ins Französische noch ins Englische direkt aus dem Deutschen übersetzt. Sowohl der französische Übersetzer als auch der englische haben die drei Jahre später erschienene lateinische Version von J. Locher benutzt.[72]

Die Übersetzung aus den klassischen Sprachen, aus dem Altfranzösischen und aus dem Toskanischen des 14. Jahrhunderts wurde durch gesellschaftliche Umstände gefördert, die auf dem Kontinent erst in späterer Zeit eingetreten sind. Es waren nicht nur fürstliche Mäzene, die Übersetzungen klassischer Werke in Auftrag gaben, sondern es existierte auch schon frühzeitig eine reich gewordene Schicht von Kaufleuten ohne klassische Bildung, die mit Lesestoff versorgt sein wollte, um »mitreden« zu können. Es fällt auf, daß im englischen Sprachraum vom späten Mittelalter an der französischen Literatur ein besonders lebhaftes Interesse entgegengebracht wird. Frankreich hat mit Autoren wie Geoffroi de Villehardonin (um 1150-1212), Robert de Clari (etwa zur selben Zeit), Jean de Joinville (um 1225-1317), Jean Froissart (um 1337 bis nach 1400) und Philippe de Commynes (um 1447-1511) früher als andere Nationen eine volkssprachliche Geschichtsschreibung auf-

---

[71] Zitat nach Amos 1920, 16. Ebenso wie *true* in älteren Texten (*true interpreter*) viel näher an der Bedeutung „treu" liegt als im neueren Englischen, ist der Ausdruck *sentence* hier wohl eher in der Bedeutung „Sinneinheit" als in der von „Satz, Urteil" zu verstehen.

[72] Pierre Rivière, *La Nef des fous* (1497); Alexander Barclay: *The Shyp of [...] –Folys* (1509). Vgl. u. a. Van Hoof 1991, 28; R. Ellis/Liz Oakley-Brown, „The British Tradition", in: Baker 1998, 333-347, hier 339.

zuweisen. Nirgendwo scheint diese Textsorte so frühzeitig zur Kenntnis genommen und übersetzt worden zu sein wie in England. Schon im frühen 16. Jahrhundert erschien Lord Berners Übertragung der *Chroniques* von Froissart.[73] An die wichtigsten frühen englischen Bibelübersetzer Wyclif und Tyndal, sowie an die Rolle, die der Verleger und Drucker William Caxton bei der Verbreitung früher religiöser und weltlicher Übersetzungen spielte, kann hier nur erinnert werden (vgl. w. o. 3. Kapitel).

Geoffrey Chaucer, der Verfasser des *Hous(e) of Fame* (vgl. w. o. 6. Kapitel) und der *Canterbury Tales* war einer jener geschäftigen »Literaturverwerter«, bei deren Tätigkeit sich kaum zwischen Übersetzung im engeren Sinne und Bearbeitung unterscheiden läßt. Er hat nicht nur ein Werk seines Zeitgenossen Boccaccio, sondern eines der wirkungsmächtigsten Werke der altfranzösischen Literatur übertragen, in dessen zweitem Teil sich der Niedergang der höfischen Kultur und der Aufstieg eines Bürgertums ante litteram abzeichnet: den *Rosenroman* von Guillaume de Lorris und Jean de Meun(g).[74]

Als goldenes Zeitalter der englischen Übersetzungskunst gilt die elisabethanische Epoche, genauer gesagt die Zeit von Heinrich VIII. bis zur Mitte des 17. Jahrhunderts. 1620 erschien die erste vollständige Übersetzung des *Decamerone*; im Laufe des Jahrhunderts folgen andere bedeutende Texte der Renaissance und des Barock: Sir Thomas Urquhart (1611-1660) beginnt mit der Übersetzung des *Gargantua*-und-*Pantagruel*-Zyklus von Rabelais. Die Arbeit wurde nach seinem Tode von Peter Motteux abgeschlossen und 1694 veröffentlicht. Giovanni (John) Florio (1533-1625)[75] hatte schon zu Beginn des Jahrhunderts eine Montaigne-Übersetzung vorgelegt: *The Essays or Morall, Politike and Militaric Discourses of Lo: [Lord] Michaell de Montaigne*. Diese erfolgreiche Übersetzung trug dazu bei, daß sich das Wort *Essay* in englischer Schreibweise als Gattungsbezeichnung in der europäischen Literatur durchgesetzt hat. Auch andere bedeutende Werke der Renaissance wie Ariosts *Orlando furioso*, Tassos *Gerusalemme liberata*

---

[73] Vgl. Cohen 1962, 13. Rössig führt für dasselbe Werk nur eine deutsche Übersetzung aus dem Jahre 1975 (!) an.

[74] Als frühesten Eintrag findet man bei Rössig eine Übersetzung dieses Werks aus der ersten Hälfte des 19. Jahrhunderts.

[75] Florio war Sohn italienischer Emigranten und als solcher nicht mit englischer Muttersprache aufgewachsen. Er ist zunächst mit einem Lehrbuch der italienischen Sprache für Engländer an die Öffentlichkeit getreten; vgl. Weber 1996, 46ff.

oder die *Aeneis* der Portugiesen, Camões *Lusíadas*, wurden in der elisabethanischen Epoche ins Englische übertragen. Der erste Teil des *Don Quijote* erschien in der Version des Iren Thomas Shelton, noch bevor Cervantes das Werk fertiggestellt hatte. Die Vervollständigung der Übersetzung besorgte Peter Motteux.[76] An das elisabethanische Zeitalter schloß sich die englische Ausprägung der Epoche der *belles infidèles* an; sie begann mit John Dryden und fand in der Homer-Übersetzung Alexander Popes ihren Höhepunkt (vgl. w. o. 2.4).

Im 18. Jahrhundert weitete sich der Blick des literarischen Publikums. Es rückten nun auch Literaturen ins Blickfeld, von denen bisher niemand etwas gewußt hatte oder wissen wollte. Joseph Collyer legte 1763 eine Prosaübersetzung von Klopstocks *Messias* vor.[77] Schon zwei Jahre nach dem Original erschien *Nathan the Wise* in der Übersetzung von R.E. Raspe.[78] Schließlich muß, wenn vom 18. Jahrhundert die Rede ist, ein Werk erwähnt werden, das zusammen mit dem *Don Quijote* zu den berühmtesten Pseudoübersetzungen der europäischen Literaturgeschichte gehört: die *Fragments of Ancient Poetry, collected in the Highlands of Scotland, and translated from the Galic or Erse Language* des Schotten James Macpherson. Wenige Jahre später folgten *Fingal* und *Temora*, beide angeblich „composed by Ossian, the Son of Fingal", und noch vor der Gesamtausgabe *The Works of Ossian* (1765) waren 1763 die bereits erwähnten *Poesie di Ossian figlio di Fingal* von Cesarotti erschienen.[79]

---

[76] Motteux fertigte – was für die damalige Zeit noch ungewöhnlich war – Übersetzungen gegen Bezahlung an. So erklärt sich, daß er mehrfach mit der Fertigstellung unvollendet gebliebener Übersetzungen betraut wurde.

[77] *The Messiah. Attempted of the German of Mr. Klopstock. To which is prefix'd his Introduction on Divine Poetry*, 2 Bde, 2. Aufl. London 1766. Das Werk hatte es nicht allzu schwer, sich in England durchzusetzen, da es unmittelbar an die von Milton begründete Tradition anschließen konnte.

[78] Wegen seiner unzureichenden englischen Sprachkenntnisse hatte sich der Deutsche Raspe darauf beschränkt, eine in inhaltlicher Hinsicht möglichst exakte und vollständige Paraphrase anzufertigen. 1791 erschien die Blankversübersetzung von W. Taylor, die Lessings Alterswerk besser gerecht wurde. Als »pragmatischer« Übersetzer rechnet Taylor im Gegensatz zu Raspe Entfernungsangaben um: Aus den zweihundert Meilen, die Nathan zurücklegen mußte, um Schulden einzutreiben, werden bei ihm „a long hundred leagues".

[79] Zur Entstehungsgeschichte, zur Aufdeckung der Fälschung, die eigentlich keine war, und zur europäischen Rezeption im Spiegel der Übersetzungen vgl. Fiona J.

Im 19. Jahrhundert kommt den Übersetzungen aus dem Deutschen nach den übereinstimmenden Aussagen der Übersetzungshistoriker eine große Bedeutung zu. Vier Schriftsteller haben sich besonders intensiv mit dem deutschen Geistesleben beschäftigt: Der romantische Dichter und Literaturtheoretiker Samuel Taylor Coleridge (1772-1834), der unter anderem Goethe, Schiller und Kant übersetzt hat; Thomas Carlyle (1795-1881), „the great apostle of the Teutonic gospel"[80] – er wurde aufgrund seiner unmittelbaren Beziehung zu Goethe[81] in der Biedermeierzeit als eine Art von »Wahldeutscher« betrachtet –; der Philosophiehistoriker George Henry Lewes (1817-1878), der sich weniger durch Übersetzungen als durch seine Goethe-Biographie und seine Hegel-Kommentare um die Verbreitung deutscher Philosophie und Literatur in England verdient gemacht hat, und schließlich Lewes Lebensgefährtin Mary Ann Evans (besser bekannt unter ihrem männlichen Pseudonym George Eliot, 1819-1880). Sie hat den in England gern als „Deutschen" gehandelten, schon frühzeitig des Atheismus verdächtigten Philosophen Baruch de Spinoza sowie die beiden »Entmythologisierer« Strauß und Feuerbach übersetzt. Dafür wurde man im viktorianischen England nicht mehr auf den Scheiterhaufen gebunden, aber man machte sich äußerst unbeliebt.[82]

Im 20. Jahrhundert – spätestens nach dem Zweiten Weltkrieg – wird das Englische zum wichtigsten Übersetzungsmedium des größten Teils der Welt. Während im viktorianischen Zeitalter unter dem Einfluß der Thesen deutscher Romantiker und französischer Historiker vorwiegend verfremdend übersetzt wurde,[83] bildet sich nun, unter der Bürde, die das Englische nolens volens als neue *lingua franca* zu übernehmen hatte, eine gemäßigt einbürgernde Übersetzungsstrategie heraus. Sie hat in-

---

Stafford: *The Sublime Savage*. A Study of James Macpherson and The Poems of Ossian, Edingburgh 1988.

[80] J.S.Blackie, zit. nach Ashton 1980, 105.

[81] Carlyle hatte Goethe seine Übersetzung des *Wilhelm Meister* zur Beurteilung zugeschickt; Goethe hat in seinen letzten Lebensjahren das Vorwort zur deutschen Übersetzung von Carlyles Schiller-Biographie geschrieben.

[82] Die Auseinandersetzung mit dem deutschen Geistesleben im England des 19. Jahrhunderts – nicht zuletzt die übersetzerische – ist eingehend dokumentiert bei Ashton 1980. Auch heute noch unentbehrliche Informationsquellen sind die Bibliographien von Stockley (1929) und Morgan (1965).

[83] Späte Spuren davon lassen sich noch in der unvollendet gebliebenen Übersetzung der *Divina Commedia* nachweisen, die die bekannte Kriminalschriftstellerin Dorothy Sayers angefertigt hat.

zwischen auch auf die Verlagslektorate anderer Sprachgebiete abgefärbt. „Lesbarkeit" heißt das höchste Ziel, das ein Übersetzer anzustreben hat. Unübersichtliche hypotaktische Perioden einerseits, brüske asyndetische Reihungen andererseits sind ebenso unerwünscht wie ungewöhnliche Kollokationen, es sei denn, der übersetzte Autor ist bereits auf dem literarischen Markt fest etabliert und wird von der Kritik wegen seines eigenwilligen Stils gefeiert. Die neue englische Übersetzungssprache ist das Medium, in dem die Gebildeten der Welt bedeutende Werke der Literatur und der Wissenschaft zur Kenntnis nehmen, die nie in ihre eigene Muttersprache übersetzt wurden.

In ihrer Geberrolle tritt die englische Literatur verhältnismäßig spät in Erscheinung. Die große Zeit der europäischen Shakespeare-Übersetzungen beginnt erst im 18. Jahrhundert.[84] Zu dieser Zeit setzt auch die übersetzerische Rezeption der englischen Literatur in den wichtigsten europäischen Ländern in größerem Umfang ein. Dies geschieht, wie wir gesehen haben, zunächst vorzugsweise durch französische Vermittlungen oder sogar auf der Grundlage französischer Übersetzungen. Ab dem 19. Jahrhundert schwillt dann der Strom der Übersetzungen aus dem Englischen zu kaum mehr überschaubarer Breite an. Rössig führt knapp 1500 Titel für Großbritannien und Irland an, also weit weniger als für das Französische. Das mag an seinen Auswahlkriterien liegen. Rechnet man die außereuropäische englischsprachige Literatur hinzu (auch Australien wird getrennt aufgeführt), vor allem die nordamerikanische, so gelangt man zu weit höheren Zahlen. Eine meiner Studentinnen hat in ihrer Diplomarbeit den Versuch unternommen, die übersetzerische Rezeption nur der anglo-irischen Literatur in Deutschland zu dokumentieren. Allein der bibliographische Teil der Arbeit umfaßt 300 Seiten.[85] Der am häufigsten ins Deutsche übersetzte Autor ist Oscar Wilde,[86] dessen irischer Hintergrund erst richtig erkennbar wird, wenn ausnahmsweise einmal alle seine Vornamen genannt werden: Oscar Fingal O'Flahertie

---

[84] Die früheste mir bekannte Shakespeare-Übersetzung (es ließen sich sicherlich noch frühere ermitteln) hat der preußische Gesandte Caspar Wilhelm von Borck in gereimten Alexandrinern vorgelegt: *Versuch einer gebundenen Übersetzung des Trauer-Spiels von dem Tode des Julius Cäsar* (1741). Die eigentliche Geschichte der deutschen Shakespeare-Übersetzung beginnt mit Wielands achtbändiger Ausgabe *Shakespeare Theatralische Werke* (1762-1766).

[85] Diplomarbeit Andrea Bechtold, Germersheim 1991.

[86] Bechtold führt allein über 160 Einzeltitel auf; die in den zahlreichen Gesamt- oder Auswahlausgaben enthaltenen Titel sind dabei nicht mitgerechnet.

Wills. Da die irischen Autoren häufig im englischen Exil gearbeitet haben, werden sie nicht nur außerhalb der angelsächsischen Welt, sondern auch in England selbst als englische Autoren angesehen. Das gilt für Sterne, Swift, Goldsmith und Wilde ebenso wie für die Exponenten des *Gothic Novel* Maturin und Bram Stoker. Nur die Autoren des Abbey-Theater in Dublin (Synge, O'Casey, Brendan Behan und andere) werden überall uneingeschränkt als „Iren" akzeptiert.[87] Was nun die Geschichte der übersetzerischen Rezeption der englischsprachigen Literatur insgesamt betrifft, so läßt sich diese in einem kurzen Überblick schlechterdings nicht darstellen. Eher schiene es lohnend, zunächst einmal ex negativo vorzugehen, d. h. zu versuchen, die wichtigsten verbleibenden Lücken zu dokumentieren.

Wie überall in Europa haben auch die Übersetzer des englischen Sprachgebiets ihre Arbeit in Vor- und Nachworten reflektiert. Systematische Beiträge zur Übersetzungstheorie erscheinen jedoch erst im 17. und 18. Jahrhundert, so z. B. Drydens Essay „Three kinds of translation" (1680)[88] oder die bereits erwähnte Abhandlung *On the Principles of Translation* des schottischen Schriftstellers Alexander Fraser Tytler, des ersten Übersetzers der Schillerschen *Räuber*.[89] Tytler war ein ausgezeichneter Kenner der Übersetzungsgeschichte. Er belegt anhand von Beispielen aus berühmten Übersetzungen, was er für vorbildlich oder für mißlungen hält. Als einer der ersten hat er Kritik an Voltaires Shakespeare-Übersetzungen geübt:

The genius of Voltaire was more akin to that of Dryden, of Waller, of Addison, and of Pope, than to that of Shakespeare: he has therefore succeeded much better in the translations he has given of particular passages from these poets, than in those he has attempted from our great master of the drama.[90]

---

[87] Das Interesse an den keltischen Randgebieten der britischen Inseln verstärkt sich im Zeitalter der Romantik; so übertrugen Jacob und Wilhelm Grimm die *Irischen Elfenmärchen* von Thomas Grofton Croker (1798-1854).

[88] Ursprünglich die Vorrede zu Drydens Ovid-Übersetzung, in der er drei Übersetzungsarten unterscheidet: *metaphrase* („Wort-für-Wort-Übersetzung"), *paraphrase* („freie, d. h. idiomatische Übersetzung, die die Makrostruktur des Textes unangetastet läßt") und schließlich die *imitation* (vgl. u. a. Steiner 1975, 253ff.).

[89] *The Robbers*, 1792.

[90] Tytler 1813/1907, 212.

Im 19. Jahrhundert gerät ein Teil der „viktorianischen" Literaten unter den Einfluß Schleiermachers und tendiert zu historisierend-verfremdenden Übersetzungen.[91] In seinem Essay „On Translating Homer" (1861) ist der Kritiker Matthew Arnolds diesem Übersetzungsstil, den er in den Homer-Übersetzungen von Francis Newman verkörpert sah, ebenso wütend entgegengetreten[92] wie nach ihm Ulrich von Wilamowitz-Moellendorf den Homer-Übersetzungen von Voss oder der Plato-Übersetzung von Schleiermacher.[93]

In jüngerer Zeit haben die Theoretiker des englischen Sprachraums (dieses Mal sind die Vereinigten Staaten mitgemeint) zahlreiche gewichtige Beiträge zur Übersetzungsforschung in ihren beiden Ausprägungen geleistet, der linguistisch orientierten „prospektiv-präskriptiven" und der literarisch orientierten „retrospektiv-deskriptiven". Die Übermacht des Englischen als bevorzugter Metasprache der Disziplin stellt fast schon deren Nützlichkeit in Frage: Viele Übersetzungstheoretiker aus den unterschiedlichsten Ländern publizieren auf englisch, weil sie befürchten müssen, nie ins Englische übersetzt und somit auch von niemandem gelesen zu werden.

9.5 Deutschland, Österreich, Schweiz

Obwohl Deutschland nicht zu Unrecht als das klassische Land der Übersetzer und Übersetzungen gepriesen wird, gibt es bis heute keine umfassende Darstellung der Geschichte der Übersetzungsliteratur, keine vollständige Geschichte der Übersetzungstheorien, ja selbst die bibliographischen Grundlagen sind nur lückenhaft erarbeitet. Neben ausgezeichneten Einzelstudien erstrecken sich Brachfelder der Forschung, und so stehen Versuche übergreifender Betrachtung auf schwankendem Boden. Die Namen vieler Übersetzer, deren Leistung durch Jahrzehnte genutzt wurde, sind in das Dunkel der Vergessenheit entrückt.

Was Bernhard Zeller, der Leiter des Deutschen Literaturarchivs im Schiller-Nationalmuseum in Marbach vor über fünfzehn Jahren ange-

---

[91] Vgl. den höhnischen Kommentar von Cohen (1962, 24), der sich mit dieser Strategie nicht anfreunden konnte: „A leading exponent of this type of translation was Thomas Carlyle [...], whose versions of German stories outdo their originals in Teutonic ungainliness of style".

[92] Vgl. u. a. Güttinger 1963, 28f.

[93] Vgl. den Abdruck eines kurzen Auszugs seiner Abhandlung „Was ist übersetzen?" (1891) und des Aufsatzes „Die Kunst der Übersetzung" bei Störig 1973, 139-143.

mahnt hat,[94] ist bisher nicht eingelöst worden und läßt sich wahrscheinlich überhaupt nicht einlösen. Das Zitat stammt aus dem Vorwort des Katalogs zu einer 1982 veranstalteten Ausstellung mit dem vielversprechenden Titel: *Weltliteratur. Die Lust am Übersetzen im Jahrhundert Goethes*. Im Nachwort zu diesem Katalog erinnert der Herausgeber an die Fülle von Vorschlägen, mit der Übersetzungsforscher an die Ausstellungsleitung herantraten, als die ersten Nachrichten von der geplanten Unternehmung kursierten. Vieles davon, so der Herausgeber, sei „mit Fleiß, wie man in Schwaben zu sagen pflegt",[95] nicht berücksichtigt worden. So ist denn ein ungemein lebendiges und anschauliches, wenn auch unvollständiges Bild der Übersetzungstätigkeit in Deutschland in der Zeit zwischen 1750 und 1850 entstanden. Ein lebendiges, aber unvollständiges Bild auf über siebenhundert Seiten! Wie könnte man da den Anspruch erheben, über die gesamte deutsche Übersetzungsgeschichte auf wenigen Seiten etwas Aussagekräftiges und womöglich Hilfreiches mitzuteilen? Ich muß es dennoch versuchen. Auf vieles von dem, was ich im Hinblick auf die deutsche Übersetzungsgeschichte für wichtig halte, bin ich bereits in den vorherigen Kapiteln eingegangen; nicht, weil die deutsche Übersetzungsgeschichte als exemplarisch für die europäische gelten dürfte, sondern weil ich mich hier vorwiegend an deutsche Leser wende. Ich kann also, um Wiederholungen zu vermeiden, von dem bisher eingehaltenen Schema abweichen. Ich werde von vornherein darauf verzichten, eine wenn auch noch so knappe Übersicht zu liefern. Dafür werde ich kurz auf einige Themen eingehen, die bisher noch kaum angeklungen sind.

Bei der im Titel erscheinenden Trias *Deutschland, Österreich, Schweiz* handelt es sich um eine aktuelle Konkretisierung des abstrakten Begriffs „deutsches Sprachgebiet". Die Ausdehnung dieses Gebiets ist in der jüngeren Vergangenheit erheblich geschrumpft. Ein großer Teil der Autoren, die Günter Grass im letzten Jahr des Dreißigjährigen Krieges zu einem Literaturtreffen aus allen Teilen des Reiches zusammenkommen

---

[94] Tgahrt 1982, 5.

[95] Ebda, 683. Eine weniger anspruchsvolle, aber für die Übersetzungsforschung ebenfalls höchst anregende Dokumentation mit reichem Anschauungsmaterial ist kürzlich auf Initiative der Saarländischen Universitäts- und Landesbibliothek zusammengestellt worden: Klaus Martens: *Literaturvermittler um die Jahrhundertwende: J. C.C. Bruns' Verlag, seine Autoren und Übersetzer*, St. Ingbert 1996.

läßt,[96] stammt aus Gebieten, in denen heute kaum mehr deutsch gesprochen wird. Andererseits schreiben heute, aufgrund besonderer Lebensumstände, Autoren in deutscher Sprache, die wenigstens teilweise in weit entfernten Kulturen verwurzelt sind. Auf diesem Weg wird eine Literatur ebenso bereichert wie durch „verfremdende" Übersetzungen.[97] Zwischen Deutschland und Österreich zu unterscheiden ist eigentlich erst für die nachnapoleonische Ära sinnvoll; während der napoleonischen Kriege bekennt sich auch der Preuße Heinrich von Kleist noch entschieden zum Kaiser in Wien als dem Sachwalter der Interessen aller Deutschen.[98] Sieht man sich den von Wolfgang Pöckl zusammengestellten Sammelband *Österreichische Literatur in Übersetzungen*[99] etwas genauer an, so ist man versucht, im Hinblick auf den vorhergehenden Abschnitt eine Proportionsgleichung aufzustellen: Was die Iren für die englischsprachige Literatur sind, bedeuten die Österreicher für die deutschsprachige. Autoren wie Stifter, Grillparzer, Rilke, Trakl, Konrad Lorenz werden stillschweigend der deutschen Literatur und Wissenschaft zugerechnet. Freud, Hofmannsthal, Ingeborg Bachmann, Thomas Bernhard oder Joseph Roth werden eher als »spezifisch österreichisch« wahrgenommen. In rein sprachlicher Hinsicht zeigen sich die Schweizer sonderbar zögerlich in der Frage, ob sie sich überhaupt noch am *joint venture* „deutsche Literatur- und Gemeinsprache" beteiligen wollen. Im 18. Jahrhundert hatten die Zürcher Bodmer und Breitinger noch lebhaften Anteil an der Diskussion um den Ausbau der deutschen Literatursprache genommen. Jeremias Gotthelf (Albert Bitzius), Gottfried Keller, Conrad Ferdinand Meyer und viele andere haben einen festen Platz in der deutschen Literaturgeschichte. Auch die später hinzugekommenen Autoren, die sich erst nach dem letzten Krieg durchgesetzt haben (Max Frisch, Friedrich Dürrenmatt, Adolf Muschg usw.), scheinen durch die Sprache, in der sie schreiben, den deutschen Autoren enger verbunden als ihren französischsprachigen Landsleuten. Die Gesetze des Buchmarktes sorgen einerseits dafür, daß die Unterschiede

---

[96] *Das Treffen in Telgte* (1979). Grass ließ dieses fiktive Treffen im Jahre 1647 stattfinden, um nach Art der großen Epiker der durchaus realen Gruppe 47 zu einem Gründungsmythos zu verhelfen.

[97] Vereinzelt taucht das Stichwort *Gastarbeiterliteratur* in neueren deutschen Literaturgeschichten auf.

[98] Vgl. *Katechismus der Deutschen abgefaßt nach dem Spanischen zum Gebrauch für Kinder und Alte* (1809).

[99] Vgl. Pöckl 1983.

zwischen den Varietäten einer in mehreren Ländern gebrauchten historischen Sprache nicht allzu groß werden; sie erschweren andererseits die Entstehung eines organisch zusammengehörigen mehrsprachigen Schrifttums innerhalb eines Landes.

Spätestens seit der zweiten Hälfte des 18. Jahrhunderts gilt der deutschsprachige Raum – nicht nur bei den Deutschen selbst – als besonders produktiv im Bereich der Übersetzungstheorie und -praxis. Es gibt sogar englischsprachige Publikationen über die Geschichte der deutschen Übersetzungstätigkeit „von Luther bis Rosenzweig".[100] Natürlich kann keine der zahlreichen Arbeiten zur Übersetzungsgeschichte in Deutschland Vollständigkeit für sich beanspruchen. Die meisten Darstellungen – die wichtigeren unter ihnen wurden bereits in den vorherigen Kapiteln erwähnt – konzentrieren sich auf die Blütezeit der deutschen Übersetzungskunst, die Zeit von 1750 bis 1850. Inzwischen sind auch die Namen vieler Übersetzer, „deren Leistung durch Jahrzehnte genutzt wurde", aus dem „Dunkel der Vergessenheit", in das sie geraten waren (vgl. w. o.), wieder ans Licht geholt worden. Als Beispiele für diese Erinnerungsarbeit seien hier der bereits erwähnte Aufsatz über Gries, das Kapitel über Bode bei Weber und die umfangreiche Monographie über Friedrich Justin Bertuch (1747-1822) von Sieglinde Hohenstein genannt.[101] Friedmar Apel hat eine nicht nach Originalautoren, sondern nach Übersetzern geordnete „Leseliste zur Geschichte des Übersetzens in Deutschland" zusammengestellt.[102] Die meisten der dort genannten Namen wird man auch in den Anmerkungen zu den verschiedenen Kapiteln des vorliegenden Buches finden. Die Chronistenpflicht gebietet, zusätzlich noch auf den mainfränkischen Orientalisten Friedrich Rückert hinzuweisen, einen geradezu »manischen« Übersetzer, der vor keiner Sprache zurückschreckte.

Man wünschte sich ein Gegenstück zu Rössigs aufschlußreicher Bibliographie, eine Bibliographie der bedeutendsten und erfolgreichsten Übersetzungen aus dem Deutschen in die wichtigsten europäischen Literatursprachen. Selbst mit den heute zur Verfügung stehenden

---

[100] Vgl. Lefevere 1977. Dieses Werk lehnt sich allerdings sehr stark an die hier häufig zitierte Anthologie von Störig an.

[101] Vgl. Trübner 1969/70; Weber 1996, 50-68; Sieglinde Hohenstein: *Friedrich Justin Bertuch (1747-1822) – bewundert, beneidet, umstritten*, Berlin/New York 1989.

[102] Vgl. Apel 1983, 85ff. Nicht alle der dort aufgeführten Übersetzer stammen aus Deutschland im engeren Sinn.

elektronischen Hilfsmitteln ist die Kompilation eines solchen Werkes aus den zahlreichen bereits zur Verfügung stehenden Spezialbibliographien keine leichte Aufgabe. Man sollte bei der Zusammenstellung eines solchen Kompendiums auch nicht übersetzte Werke berücksichtigen, wie es Jurt, Ebel und Erzgräber für die deutschen Übersetzungen aus der französischen Literatur unseres Jahrhunderts getan haben (vgl. w. o. 9.2). Damit wäre gewährleistet, daß dem Benutzer Lücken und »Überschüsse« ebenso unmittelbar ins Auge springen wie dem Bücherfreund bei seinen Streifzügen durch ausländische Buchhandlungen mit einem großen Angebot an Übersetzungsliteratur. Bei diesen Erkundungen stellt man nämlich immer wieder mit Überraschung fest, daß vertraute deutsche Namen in keinem Regal auszumachen sind, während Autoren, von denen man noch nie etwas gehört hatte, gleich in mehreren Übersetzungen präsent sind.

Über die geringe Wirkung, die von einer Reihe hierzulande hochgeschätzter Autoren auf die benachbarten europäischen Literaturen ausgegangen ist, haben sich Literar- und Übersetzungshistoriker des öfteren geäußert. Gelegentlich werden sprachliche Gründe für die Schwierigkeiten bei der Überwindung der Kulturgrenzen verantwortlich gemacht:

Gerade Dichter von unvergleichlicher Tiefe und Eigenart der Aussage wie Hölderlin, Eichendorff oder Stifter haben im außerdeutschen Sprachraum keine Wechselwirkungen hervorgerufen, da ihre Bindungen an Klanglichkeit und Beziehungsreichtum der deutschen Sprache zu groß ist, um eine befriedigende Übersetzung zu erlauben.[103]

Hier geht resignierende Bescheidenheit eine möglicherweise »typisch deutsche« Verbindung mit Überheblichkeit ein:

Wenn deutsche Literatur außerlandes mit Interesse gelesen wird, dann ist meistens ein Mißverständnis dabei und das Wesentliche wird nicht gesehen oder beachtet. Stifter, Eichendorff, Mörike sind ins Englische übersetzt undenkbar.[104]

Wieso eigentlich? Niemand sollte erwarten, daß sich *Mozart auf der Reise nach Prag* auf englisch ebenso »unvergleichlich deutsch« ausnimmt wie im Original. Das hieße, von der Übersetzung etwas zu fordern, was sie per definitionem nicht leisten kann. Wenn man sich ansieht,

---

[103] Weber 1996, 7.
[104] Ebda, 10.

mit welcher Virtuosität Robert Schneiders sprachlich nicht gerade schlichter Erfolgsroman *Schlafes Bruder* ins Italienische übertragen wurde,[105] so wird man feststellen, daß ein Übersetzer auch angesichts eines Überangebots an „Klanglichkeit und Beziehungsreichtum" nicht kapitulieren muß, es sei denn, eine übermächtige Übersetzungstradition nötige ihn,»flüssige« und »lesbare« Texte zu verfassen.[106] Die deutsche Literatur ist nicht »unübersetzbarer« als irgendeine andere. Wenn es möglich war, einen angelsächsischen Verleger dazu zu bewegen, eine Übersetzung der Erzählung *Das Treffen in Telgte* in Auftrag zu geben, wo fast ausschließlich von deutscher Literatur, und dazu von auch in Deutschland nicht sonderlich bekannter Literatur, die Rede ist,[107] dann sollte auch ein Übersetzungsforscher dazu in der Lage sein, die Rolle des Übersetzungspolitikers zu übernehmen und sich in der angelsächsischen Welt für den *Nachsommer* einzusetzen. Kein leichtes Unterfangen, denn schon Friedrich Hebbel hatte demjenigen die „Krone von Polen" versprochen, der ihm nachweisen könne, daß er das Werk zuende gelesen habe, ohne als Kritiker dazu verpflichtet zu sein.[108]

9.6 Ein Blick in andere Länder und Sprachräume

Zentrum und Herz Europas sind Italien, Frankreich und ein Teil Spaniens gewesen und später England; daraufhin hat sich Europa allmählich auf die germanischen Länder ausgedehnt und schließlich, wenn auch weniger intensiv, auf die slavischen und auf die großen angelsächsischen und romanischen Kolonien. Das älteste und harmonischste Gleichgewicht war folglich zunächst in den romanischen Ländern gegeben, später gewannen dann die Angelsachsen das Übergewicht. Germanen und Slaven hingegen sind weniger tief von europäischem Geist durchdrungen worden [...] in dem Maße, in dem die europäische Rolle in der Welt von Deutschen oder von Russen gespielt wird, verlie-

---

[105] Robert Schneider: *Le voci del mondo* [wörtl. „Die Stimmen der Welt"], traduzione di Flavio Cuniberto, Turin 1994.

[106] Erst kurz vor Abschluß des Skripts erhielt ich Kenntnis von Lawrence Venutis Buch *The Translator's Invisibility*. Bei der Lektüre fand ich meine auf dem Wege induktiver Generalisierung aufgestellte Hypothese bestätigt, daß es die „plain and fluent translations" der modernen angelsächsischen Welt sind, die den Geschmack des Durchschnittslesers und des Verlagslektors nahezu weltweit prägen. Venuti spricht in diesem Zusammenhang geradezu von „ethnocentric violence" (vgl. Venuti 1995, insb. 17-39).

[107] *The Meeting at Telgte*, vgl. Venuti 1995, 8.

[108] Hebbel gibt dieses Versprechen in seiner boshaften Rezension des *Nachsommers* aus dem Jahre 1858. Vgl. *Werke*, hrsg. von Gerhard Fricke, Werner Keller, Karl Pörnbacher, München 1965, Bd. III, 682f.

ren die europäischen Werte ihre Farbe oder nehmen ganz andere Farben oder Klänge an ...[109]

Was der italienische Germanist Vittorio Santoli mitten im Zweiten Weltkrieg in seinem Tagebuch festgehalten hat, zu einem Zeitpunkt, zu dem sein Land noch den sogenannten „Achsenmächten" angehörte, entspricht einer in Süd- und Westeuropa verbreiteten Sicht der Dinge, die ihre Spuren in der Anordnung der vorausgegangenen Teilkapitel hinterlassen hat. Es ist hier nicht der Ort, darüber zu spekulieren, ob die mehr oder weniger korrekte Nachzeichnung der historischen Entwicklung als für alle Zeiten gültiges Bild der gegenwärtigen Verhältnisse ausgegeben werden darf. Was auffällt, ist die Unbekümmertheit, mit der Santoli über kleinere Länder und Sprachen hinweggeht. Im Zeitalter einer Wiederbelebung des Regionalismus sind wir gewohnt, genauer hinzusehen. Die Niederlande und Skandinavien sind in dem von Santoli gebrauchten Begriff „germanische Länder" (*paesi germanici*) immerhin enthalten; auch die „kleineren slavischen Länder" werden an einer anderen, hier nicht zitierten Stelle genannt. Finnland und die baltischen Länder werden jedoch ebenso übergangen wie Ungarn, Griechenland und Albanien. Ob Rumänien für würdig befunden wird, zum Kreis der *paesi latini* gerechnet zu werden, bleibt unklar, und von sprachlich-kulturellen Rückzugsgebieten wie den baskischen Provinzen Spaniens und Frankreichs und den keltisch geprägten Regionen Frankreichs und Großbritanniens ist überhaupt nicht die Rede. Dabei haben die Kelten im Mittelalter durch angelsächsische, französische und schließlich auch deutsche Vermittlung einen nicht zu vernachlässigenden Einfluß auf die europäische Literatur ausgeübt. Die umfassenden Darstellungen der Übersetzungsgeschichte verwenden auf die kleineren Sprachen keine größere Sorgfalt als Santoli, und auch hier wird der versprochene Blick auf den Rest Europas beschämend oberflächlich ausfallen müssen. Übersetzer und Übersetzungstheoretiker aus den sogenannten „kleineren Sprachen" haben am ehesten eine Chance, in den nicht auf ein spezielles Gebiet beschränkten Übersetzungsgeschichten berücksichtigt zu werden, wenn sie sich mit der Bibel auseinandergesetzt haben. Der slowenische Reformator und Bibelübersetzer Primus Truber (slowen. Trubar, 1508-1586) wird häufig erwähnt, obwohl er eine „kleine Sprache" vertritt.

---

[109] Vittorio Santoli: *Dal diario di un critico. Memorie di un germanista (1937-1958)*, hrsg. von Giuseppe Bevilacqua und Maria Fancelli, Florenz 1981, 42. Eigene, leicht paraphrasierende Übersetzung.

Die Literatur zur Übersetzungsgeschichte und zur literarischen Rezeption auf dem Wege der Übersetzung besteht jedoch nicht aus umfassenden Synthesen, sondern in weit größerem Umfang aus gewöhnlich nur den Spezialisten bekannten Detailuntersuchungen. Es können hier nur einige wenige Werke dieser Art, die „kleinere Sprachen" zum Gegenstand haben, exemplarisch herausgegriffen werden. Nicht nur im Hinblick auf die vermittelte Information, sondern auch in methodischer Hinsicht bedeutsam ist die Studie von Hans Elema über die literarischen Übersetzungen aus dem Deutschen ins Niederländische zwischen 1900 und 1960. Kapitelüberschriften wie *Wirkungsbreite, Wirkungsdichte, Wirkungskern, Bedeutung des Verlags* usw. belegen, daß der Verfasser mehr geliefert hat, als eine schlichte kommentierte Übersetzungsbibliographie. Im zehnten Kapitel macht er darüber hinaus einige bemerkenswerte Vorschläge zur »Übersetzungspolitik«, d. h. zu einer gezielten Beeinflussung des Übersetzungsmarkts durch Literatur- und Übersetzungsforscher.[110] Alken Bruns behandelt die übersetzerische Rezeption der skandinavischen Literatur in Deutschland zwischen 1860 und 1900. Wenn auch viele Titel und Übersetzer genannt werden, so deutet doch schon die Kürze der untersuchten Zeitspanne darauf hin, daß dem Verfasser nicht an einer reinen Dokumentation, sondern an einer rezeptionstheoretischen Untersuchung gelegen war.[111] Eher dokumentarischen Charakter hat die Bibliographie deutscher Übersetzungen aus dem Schwedischen von Fritz Paul und Hans-Georg Halbe: sieben Bände für einen Zeitraum von hundertfünfzig Jahren (1830-1980) und für eine Sprachenkombination, die ich bisher noch nicht einmal erwähnt habe![112]

In jüngster Zeit werden auch in breit angelegten Übersichtsdarstellungen die kleineren Sprachen stärker berücksichtigt. Die kurz vor Abschluß des Skripts erschienene *Encyclopedia of Translation Studies* enthält u. a. Kurzdarstellungen der bulgarischen, tschechischen, dänisch-norwegischen, niederländischen, finnischen, neugriechischen, ungarischen, isländischen, polnischen, rumänischen, slowakischen und schwedischen Übersetzungsgeschichte.[113] Autoren, die man aus der allgemeinen übersetzungstheoretischen Literatur kennt, wie Levý, Lefevere,

---

[110] Vgl. Elema 1973, 224-304 und 308f.

[111] Vgl. Alken Bruns: *Übersetzung als Rezeption*. Deutsche Übersetzer skandinavischer Literatur von 1860 bis 1900, Neumünster 1977.

[112] Vgl. Paul/Halbe 1987/88.

[113] Vgl. Baker 1998, Part II.

Radó und Popovič, werden hier in ihren nationalen Kontext eingeordnet; recht spezifische Probleme, wie etwa die besondere Bedeutung der intralingualen Übersetzung für Griechenland (vom Altgriechischen in beide neugriechischen Literatursprachen) oder die Auswirkung des in sprachpolitischer Hinsicht wechselhaften Verhältnisses zwischen dem Tschechischen und dem Slowakischen auf die Übersetzungstätigkeit in den entsprechenden Regionen, erweitern das Spektrum der übersetzungsgeschichtlichen Fragestellungen. Rössig berücksichtigt in seiner Bibliographie eine erstaunlich große Anzahl kleinerer und kleinster europäischer Sprachen: Altprovenzalisch, Bretonisch, Bulgarisch, Dänisch, Faröisch, Estnisch, Finnisch, Flämisch, Irisch, Isländisch, Jiddisch, Kroatisch, Lappisch, Lettisch, Litauisch, Neugriechisch, Neuokzitanisch, Norwegisch, Rätoromanisch, Sorbisch und Ungarisch, dazu, neben den bekannteren west- und südslavischen Sprachen, auch Ukrainisch und Weißrussisch. Für das Bretonische und das Lappische wird jeweils nur ein einziger Titel angeführt.

Als Hans Castorp nach einem längeren Gespräch Herrn Settembrini mit der freundlich gemeinten Bemerkung verabschiedet, es sei doch unterhaltsamer, die Liegekur in Gesellschaft zu verbringen als im eigenen Sanatoriumszimmer, erwidert dieser verächtlich, diese Gesellschaft bestehe nur aus Parthern und Skythen.[114] Settembrini vertritt zweifellos »kerneuropäische« Werte im Sinne Santolis, und so kann er nicht gleichgültig zusehen, wie der reine Tor aus dem deutschen Norden, den er für immerhin formbar hält, in den Einflußbereich der in mancherlei Hinsicht »formlosen« Russin Clawdia Chauchat zu geraten droht. Parther und Skythen – eine mit Bedacht gewählte metonymische Bezeichnung für „Russen". Von den Skythen am nördlichen Ufer des Schwarzen Meers hatte einst Herodot allerlei Wunderliches berichtet; gegen die Parther hatten die römischen Legionen unter Crassus eine vernichtende Niederlage erlitten. Nachdem sich die germanischen Länder im Mittelalter ein, wie wir gesehen haben, nicht allgemein anerkanntes europäisches Bürgerrecht erworben hatten, begannen sie mit der gleichen Mischung aus Beunruhigung und Faszination nach Osten zu blicken. Bis ins 18. Jahrhundert hinein gab es keine nennenswerten literarischen Austauschbeziehungen zwischen West- und Mitteleuropa und Rußland. Dort war die endgültige Entscheidung über die künftig als Literatursprache zu verwendende und auszubauende sprachliche Varietät noch

---

[114] Thomas Mann: *Der Zauberberg*, Fünftes Kapitel, *Freiheit*.

nicht gefallen. Vom 18. Jahrhundert an wurde die russische Literatur erstaunlich schnell an westeuropäische Maßstäbe herangeführt. Peter der Große nahm persönlich durch Erlasse und Förderungsmaßnahmen auf den Übersetzungsbetrieb Einfluß; im späteren 18. Jahrhundert existierte kurzzeitig eine Gesellschaft für die Übersetzung von ausländischen Büchern. Gelehrte und Schriftsteller, die gleichzeitig als Übersetzer tätig waren – Lomonossow, Sumarokow, Trediakowskij, Schukowskij, um nur einige wenige zu nennen – trugen dazu bei, daß die Elite des Landes mit einem bedeutenden Teil der schöngeistigen und wissenschaftlichen Literatur des Westens bekannt gemacht wurde. Dabei darf nicht vergessen werden, daß diese Elite gewohnt war, französische (z.T. auch deutsche) Werke im Original zu lesen.[115] Schon im 19. Jahrhundert begann der Strom der Übersetzungen in der Gegenrichtung anzuschwellen. Wie immer es um das »Europäertum« der Russen bestellt sein mag – die große russische Literatur des 19. Jahrhunderts (nicht so sehr Puschkin als vielmehr Dostojevskij, Tolstoj, Gontscharow, Gogol, Turgenjew)[116] ist in Westeuropa auf größeres Interesse gestoßen als die zeitgenössischen deutschen Erzähler. Dafür sind schwerlich die Übersetzer verantwortlich zu machen.

Eine kleine Bemerkung zur Praxis des Übersetzens bleibt nachzutragen. Aus keiner der großen europäischen Sprachen wird so unbekümmert verfremdend übersetzt wie aus dem Russischen. Das gilt zumindest für die deutschen Übersetzungen der großen Erzähler des 19. Jahrhunderts. Es scheint sich dabei um eine Übersetzungstradition zu handeln, an deren Zustandekommen möglicherweise Balten- und Rußlanddeutsche beteiligt waren. Sie wird durch eine entsprechende Erwartungshaltung bei der Leserschaft gestützt. Entfernungen werden in Werst, die Größe von Grundstücken in Deßjatinen angegeben; von Diminutiven wie *Väterchen*, *Schwesterchen* usw. wird weit häufiger Gebrauch gemacht als im Deutschen üblich. Die höfliche Anrede mit Vor- und Vatersnamen wird beibehalten (*Nikolai Petrowitsch* statt *Herr Kirsanow*). Einem deutschen Leser der russischen Erzähler des

---

[115] Vgl. Vilen N. Komissarov: „Russian tradition", in: Baker 1998, 541-549. Dort findet man auch – allerdings wenig ergiebige – weiterführende Literatur. Darüber hinaus sei auf die Sprachgeschichte von Issatschenko verwiesen (= Issatschenko 1983).

[116] Bei der Wiedergabe russischer Eigennamen folge ich im allgemeinen meinen Quellen, so daß sich eine unheitliche Schreibweise ergibt. Auf eigene Transliterationen habe ich vorsichtshalber verzichtet.

19. Jahrhunderts ist es offenbar durchaus angenehm, ständig daran erinnert zu werden, daß er sich im Geiste in einer fremden Welt befindet, und er nimmt einige Anmerkungen des Übersetzers dafür in Kauf.

10 Die literarische Handelsbilanz im Spiegel der Übersetzungen

Für manchen konservativen Leser mag das Syntagma *literarische Handelsbilanz* ärgerlich salopp, „journalistisch" im unangenehmsten Sinne des Wortes klingen. Mit der Entscheidung für diese kaufmännische Metaphorik folge ich lediglich einer ehrwürdigen Tradition, die auf Goethe zurückgeht.[1] Hier handelt es sich nicht nur darum, eine literarische Handelsbilanz aufzustellen, es gilt ganz einfach Bilanz zu ziehen im alltäglichen Sinn des Ausdrucks. Dabei wird zunächst ein aussagekräftiger, jedoch empirisch kaum zuverlässiger Parameter herangezogen: die Mächtigkeit und die Richtung der Übersetzungsströme zwischen den Literaturen. Auf ältere Werke, deren Übersetzungen nicht geschützt sind oder für die die Bestimmungen der Berner Übereinkunft nicht gelten, läßt sich eine zweite, ebenfalls quantifizierbare Größe anwenden: die Übersetzungsdichte, d. h. die zeitliche Abfolge von Übersetzungen eines Werks in eine bestimmte Sprache. Diese Größe läßt sich, allerdings mit erheblichen methodischen Schwierigkeiten, auf das Gesamtwerk eines Autors übertragen. Der letzte Abschnitt ist schließlich einer hypothetischen Korrelation gewidmet, dem Zusammenhang zwischen dem Erfolg eines Werks auf der einen und der (rechtzeitigen) Verfügbarkeit von Übersetzungen sowie deren Qualität auf der anderen Seite. Ob eine solche Korrelation besteht und wie stark sie gegebenenfalls sein kann, wäre erst noch zu belegen. Hier können – wie zu den beiden anderen Komplexen auch – nur allgemeine Überlegungen angestellt werden.

10.1 Von den Veränderungen der Richtung und der Mächtigkeit der »Übersetzungsströme« im Laufe der Zeit

Das Wichtigste zu dem in der Überschrift umrissenen Themenkomplex ist bereits in den historisch orientierten Kapiteln des vorliegenden Buches gesagt worden. Ich werde mich hier mit einer knappen Zusammenfassung begnügen. Vom Mittelalter an ergießt sich ein schnell anschwellender Strom von Übersetzungen aus der Höhe der klassischen Sprachen – zunächst aus dem Lateinischen, später auch aus dem Griechischen – in die Niederungen der Volkssprachen, der *volgari*. Diese blumige Metaphorik entspricht durchaus der damaligen Sichtweise; man sprach von „Abstieg", vom *descensus* (vgl. viertes Kapitel). Die entgegengesetzte

---

[1] Vgl. u. a. Strich 1946, 33 und 44 und Kap. 5, Anm. 11.

Richtung, der „Aufstieg" (*ascensus*) ist weit schwächer ausgeprägt, hat jedoch eine wichtige Funktion: Lateinische Übersetzungen volkssprachlicher Werke dienen als Zwischenstufe für Übersetzungen in andere Volkssprachen (es sei hier nur an Sebastian Brants *Narrenschiff* erinnert) und leiten somit das „horizontale" Übersetzen in Europa ein. In dem Maße, in dem die verschiedenen europäischen Sprachen und Literaturen durch die übersetzerische Rezeption antiker Werke bereichert und umgestaltet werden, steigen sie in den Rang von Ausgangssprachen und Ausgangsliteraturen für die Übersetzer und für das Lesepublikum der benachbarten Nationen auf (vgl. die Reihenfolge der verschiedenen Abschnitte des neunten Kapitels). Das An- und Abschwellen und die nicht selten überraschenden Richtungsänderungen der Übersetzungsströme zwischen den europäischen Sprachen können hier nicht im einzelnen weiterverfolgt werden. In einer neueren Dokumentation des Übersetzungsbetriebs in Europa mit dem plakativen Titel *Traduire l'Europe* („Europa übersetzen") werden die „Übersetzungsströme" (*flux de traduction*) zwischen den Sprachräumen, die auch hier im Mittelpunkt stehen, graphisch dargestellt. Natürlich lassen sich die mehr oder weniger dick gezeichneten und unterschiedlich schraffierten Pfeile auch in Zahlen ausdrücken. Der Anteil der Übersetzungen an der gesamten Buchproduktion wird für Italien und Spanien mit einem Viertel, für Frankreich mit knapp achtzehn Prozent, für Deutschland erstaunlicherweise mit nur vierzehn, für Großbritannien mit gerade einmal gut drei Prozent angegeben. Ein Blick auf drei „kleinere" Sprachen fördert noch überraschendere Ergebnisse zutage: In den Niederlanden soll es sich bei vierundzwanzig Prozent, in Dänemark bei knapp neunzehn Prozent, in Schweden jedoch bei sechzig Prozent der verlegten Bücher um Übersetzungen handeln.[2] Diese Zahlen, die für die Zeit um 1990 gelten sollen, geben zu Zweifeln Anlaß. Sind die erhobenen Daten wirklich unmittelbar vergleichbar? Gibt es keine länderspezifischen Unterschiede in der Erhebungsmethode? Sicher ist nur, daß der »Markt« allein vor allem bei den kleineren Sprachen die Proportionen nicht bestimmt; kleinere Länder fördern die Übersetzungen in ihre und aus ihren Sprachen[3] mit erheblichen Beträgen.

Wenn es schon schwer ist, sich ein zutreffendes Bild von der Gegenwart zu machen, wieviel schwerer dürfte es dann fallen, Mächtigkeit und

---

[2] Vgl. Barret-Ducrocq 1992, 60-69.

[3] „*Intraductions*" und „*extraductions*", vgl. ebda, 65. Diese Neologismen sind noch in keinem Wörterbuch zu finden.

Richtung von Übersetzungsströmen über Jahrhunderte hinweg zuverlässig zu ermitteln. Mit der Datenerhebung allein ist es nicht getan. Es gehört zu den Traditionen einer altmodischen, „logozentrischen" Wissenschaft, die ermittelten Daten auch zu interpretieren. Diese Aufgabe wurde schon vor fast dreißig Jahren von der Übersetzungshistorikerin Heide Pohling in Angriff genommen. Im Anschluß an eine knappe Analyse der unterschiedlichen historischen Bedingungen, unter denen in Europa übersetzt wurde, resümiert sie:

So finden die historischen „Übersetzungsströme" jeweils eine ganz spezifische Ausprägung, die nicht zuletzt einem konkreten Bedürfnis der jeweiligen Sprachträger Rechnung trägt und sowohl über Entwicklungsstand der Sprache, der Literatur ebenso wie über den Stand der für das Übersetzen nutzbaren wissenschaftlichen Grundlagen Aufschlüsse bietet.[4]

Wir sind inzwischen im Umgang mit der Vergangenheit vorsichtiger geworden – zumindest in theoretischer Hinsicht. Die „treue" Übersetzung vergangener Ereignisse und Sachverhalte in die Begriffssprache der Gegenwart beginnt mit einer möglichst voraussetzungsfreien Ermittlung der »Fakten«. Eine „verfremdende" Methode wäre angezeigt; die meisten Übersetzungshistoriker entscheiden sich dabei jedoch nolens volens für die Strategie der „Einbürgerung"; sie interpretieren die Vergangenheit im Hinblick auf die Gegenwart.

10.2 Die Übersetzungsgeschichte als Spiegel der Beständigkeit und Unbeständigkeit des Interesses an Werken und Autoren

Welcher Historiker könnte der Versuchung widerstehen – wenn es denn eine ist –, in der Fülle des Vorgefallenen, von dem er Kenntnis erlangt hat, nach auf das Gegenwärtige hindeutenden »Tendenzen« Ausschau zu halten, die ermittelten Einzelfälle in irgendeine Art von »sinnvollen« Zusammenhang zu bringen? Die „Kometenschweifstudien" der Göttinger Übersetzungsforscher (vgl. 5. Kapitel, Anm. 76) geben vielfältigen Anlaß dazu. Wir haben gesehen, daß Manzonis *Promessi sposi* im 19. Jahrhundert auf ein vergleichsweise geringes Interesse stießen, später jedoch in kurzer Folge immer wieder neu übersetzt wurden (vgl. 9. Kapitel, Anm. 18). Ein Anwachsen des Interesses für die italienische Literatur insgesamt zur selben Zeit läßt sich nicht nachweisen; zeitliche Verdich-

---

[4] Pohling 1971, 135.

tungen im „Kometenschweif" korrespondieren nicht notwendigerweise mit der Mächtigkeit des Übersetzungsstroms der Literatur, zu der das betreffende Werk gehört. Man ist also geneigt, nach individuellen Gründen zu suchen. Für die Zeit nach der Berner Übereinkunft von 1886[5] sind Untersuchungen dieser Art nicht besonders aufschlußreich, denn von diesem Zeitpunkt an gelten für Übersetzungen im Prinzip die gleichen Schutzvorkehrungen und -fristen wie für Originale. Nur in Ausnahmefällen, wie z. B. bei Enrique Becks Übersetzung eines Großteils des Œuvres von Federico García Lorca, die Harald Weinrich im Mai 1998 zu einem „Rezeptionshindernis" erklärt hat,[6] gelingt es, eine Neuübersetzung vor Ablauf der Schutzfrist durchzusetzen. Im Bereich der älteren Literatur ist jedoch die Übersetzungsdichte ein aussagekräftiger Indikator für Kontinuität oder Diskontinuität des Interesses an einem Werk oder einem Autor. Natürlich ist auch dieser Indikator interpretationsbedürftig. Verdichtungen und Lücken im „Kometenschweif" können ganz unterschiedliche Ursachen haben. Zwischen 1935 und 1945 geht die Übersetzungsproduktion in Deutschland insgesamt deutlich zurück; einzelne Autoren sind davon besonders stark betroffen. In der Zeit von 1880 bis 1927 sind dreizehn Übersetzungen von Zolas Roman *L'Assommoir* entstanden. Die nächste, über zehnmal neuaufgelegte Übersetzung erschien dann erst wieder 1956. In den sechziger Jahren folgten drei weitere Übersetzungen. Flauberts Romane *Madame Bovary* und *Salammbô* erschienen dagegen in der fraglichen Zeitspanne in neuen Übersetzungen. Es liegt nahe, den Grund dafür in der nationalsozialistischen Kulturpolitik zu suchen. Sie richtete sich bekanntlich nicht nur gegen jüdische Autoren. Wenn andererseits im Jahre 1978 Mylius' 1782 erstmals erschienene Übersetzung des *Candide* und 1992 Johann Daniel Tietzens Übertragung der *Essais* von Montaigne aus dem Jahre 1754 wieder aufgelegt wurden, dann sind runde Gedenkjahre (in diesen beiden Fällen Todesjahre) für diese außergewöhnliche verlegerische Entscheidung verantwortlich zu machen. Die Beständigkeit, mit der in größeren oder kleineren Abständen ältere Werke der Weltliteratur immer wieder in neuen Übersetzungen erscheinen, bietet Anlaß zur Verwunderung. So gibt es, um nur zwei be-

---

[5] Die späteren Revisionen dieser Konvention (Bern 1896; Berlin 1908; Bern 1914; Rom 1928; Brüssel 1948 usw. usf.) gelten jeweils in verschiedenen Ländern, so daß weltweit eine nur für Spezialisten überschaubare Rechtslage besteht. Vgl. Nordemann et alii 1990, Weltkarte im Bucheinband und Appendix.

[6] Pressemitteilung des Insel Verlags vom 28.05.1998.

sonders sorgfältig dokumentierte Fälle anzuführen, von Voltaires *Candide* mindestens vierundzwanzig, von der *Manon Lescaut* des Abbé Prévost sogar nahezu vierzig Übertragungen ins Deutsche. Viele von ihnen sind in zahlreichen Auflagen erschienen, so daß sich zu allen Zeiten konkurrierende Übersetzungen im Handel befanden.[7] Bei genauerem Hinsehen ist allerdings der Begriff „Neuübersetzung" zu relativieren. Literarische Übersetzer sind fast immer tüchtige Übersetzungshistoriker. Sie verstehen sich darauf, auch entlegene ältere Übersetzungen aufzuspüren und für ihre Zwecke zu nutzen. Wenige unter ihnen legen dabei so viel Aufrichtigkeit an den Tag wie der Franzose Frédéric Brotonne. Er deklarierte seine *Don Quijote*-Übersetzung auf dem Titelblatt als Kompilation aus den Übersetzungen von Oudin, Rosset, Filleau de Saint-Martin, Florian, Bouchon-Dubournial und Delaunay.[8]

Im Zeitalter eines vorwiegend „nomothetischen" Wissenschaftsverständnisses hat der Historiker die undankbare Aufgabe, auf die Bedeutung des Individuellen, des Unvorhersehbaren hinzuweisen, das sich weder auf Gesetze oder Regeln noch auf bloße »Tendenzen« zurückführen läßt. Hier sind die Buchhändler unbefangener als die Übersetzungshistoriker. Sie versichern uns, daß ein erfolgreiches Buch hin und wieder den „Übersetzungsstrom" der Literatur, der es angehört, wenigstens kurzfristig anschwellen läßt. So habe Umberto Ecos *Der Name der Rose* das Interesse an der modernen italienischen Literatur spürbar belebt.

10.3 Ausblick: Über die wechselseitige Abhängigkeit von literarischem Erfolg und literarischer Übersetzung

Bei flüchtigem Hinsehen scheint zwischen der Anzahl der Übersetzungen eines Buchs und dem literarischen Erfolg des Originals eine einseitige Abhängigkeit zu bestehen. In Katalogen und Waschzetteln werben die Verlage mit dem Argument, das von ihnen publizierte Werk sei innerhalb weniger Jahre in zahlreiche Sprachen übersetzt worden. Aus dieser Sicht sind »Übersetzungslücken« als Indizien für Mißerfolg zu werten. Raabes Erzählung *Die Akten des Vogelsangs* – um eines der in der Einführung erwähnten Beispiele nochmals zu bemühen – war offenbar nicht »über-

---

[7] Ich stütze mich auf die Diplomarbeiten von B. Hampel (1993) und A. Wührl (1992).

[8] *Histoire de Don Quijote de la Mancha, traduite sur le texte original, et d'après les traductions comparées de Oudin et Rosset, Filleau de Saint-Martin* usw. usf., erstmals Paris 1837. Hier wurden übersetzerische Lösungen aus mehreren Jahrhunderten zu einer neuen Einheit verschmolzen.

setzungswürdig«. Hier müssen bereits Einschränkungen gemacht werden. Manche Werke, die in der Ausgangskultur durchaus erfolgreich waren, konnten trotz aller Anstrengungen und Kunstgriffe der Übersetzer die Sprach- und Kulturgrenzen nicht wirklich überwinden. Die beiden klassischen Vertreter des französischen Dramas, Pierre Corneille und Jean Racine, sind vom 17. Jahrhundert bis in die jüngste Vergangenheit immer wieder ins Deutsche übersetzt worden;[9] der Erfolg ist ihnen sowohl beim deutschen Lesepublikum als auch auf den deutschen Bühnen weitgehend versagt geblieben. Bei genauerem Hinsehen läßt sich die Hypothese von der einseitigen Abhängigkeit der Übersetzungschancen eines literarischen Kunstwerks von seinem Erfolg in der Ausgangskultur nicht aufrechthalten. Das Modell einer wechselseitigen Abhängigkeit trägt den Verhältnissen eher Rechnung. Um uns dies zu vergegenwärtigen, wollen wir den Kreis schließen und nochmals zu Machiavellis *Principe* zurückkehren. Drei Faktoren tragen für Machiavelli zum Erfolg eines Staatsmanns bei: *virtù*, intrinsischer Wert, *occasione*, fördernde Bedingung und *fortuna*, blindes Glück. Von der *fortuna* will ich hier nicht reden. Sie gäbe – in Form einer „unerhörten Begebenheit" – eher den Stoff zu einer Novelle ab als das Material für eine wissenschaftliche Abhandlung. Die *occasione* hingegen läßt sich bis zu einem gewissen Grad kategorisieren und generalisieren. Die Übersetzung gehört zu den Formen der „Manipulation des literarischen Ruhms",[10] die dazu beitragen können, daß einem Werk von bescheidener *virtù* ein größerer und dauerhafterer Erfolg beschieden ist als einem bedeutenderen, dem die *occasione* zum richtigen Zeitpunkt gefehlt hat. Zur *occasione* gehört vor allem die Zugehörigkeit zur »richtigen« historischen Gemeinschaft, zur »richtigen« Sprache. Ein Korse mit herausragenden politisch-militärischen Fähigkeiten mußte Franzose werden, um seine ehrgeizigen Pläne zu verwirklichen. Peter Høegs Roman *Frøken Smillas fornemelse for sne* mußte ins Englische (und in einige weitere Sprachen) übersetzt werden, um von einem größeren Publikum wahrgenommen zu werden. In einem solchen Fall ist der Erfolg eines Werks weit stärker von einem gut informierten, sprachenkundigen »literarischen Makler« abhängig als vom Übersetzer – es sei denn, dieser hätte es selbst zur Übersetzung vorgeschlagen.

---

[9] Rössig führt sechsundzwanzig Corneille- und neununddreißig Racine-Übersetzungen auf. Die erste Übersetzung des *Cid* ist 1650 erschienen.

[10] Vgl. Lefevere 1992, passim. Der Autor rechnet u. a. dazu: die Bearbeitung bis hin zur Parodie, die Literatur- und Übersetzungskritik, die Literaturgeschichtsschreibung, die Kompilation von (Übersetzungs)anthologien und anderes mehr.

Eine der „fördernden Bedingungen" für den weltweiten Erfolg eines Buchs ist zweifellos seine rechtzeitige Übersetzung in die »richtige« Zielsprache. In dieser Hinsicht hat das Englische die Rolle übernommen, die im Mittelalter und in der frühen Neuzeit dem Lateinischen und im 18. Jahrhundert dem Französischen vorbehalten war. Und wie im 18. Jahrhundert eine Übersetzung in der Regel dem Modell der *belles infidèles* folgen mußte, wenn sie erfolgreich sein sollte, so müssen sich die europäischen Übersetzer heute nolens volens den angelsächsischen Übersetzungsmaßstäben anpassen. Dabei haben Werke, deren sprachliche Gestalt nicht unmittelbar den Blick auf die mitgeteilten Inhalte freigibt,[11] am meisten zu verlieren. Übersetzungsstrategien, die solchen Werken gerecht zu werden suchen und dabei unvermeidlicherweise Texte hervorbringen, die den Lesegewohnheiten des Publikums zuwiderlaufen, haben gegenwärtig nur in eng begrenzten Bezirken des Kulturbetriebs eine Chance, als ernsthafte übersetzerische Anstrengungen anerkannt zu werden. Schnell sind die Kritiker in solchen Fällen mit dem Vorwurf der Stümperei bei der Hand.

Genug der Bestandsaufnahme. Auf der letzten Seite seines Buchs kann der Verfasser der Versuchung nicht widerstehen, den Zeigefinger zu erheben: Was können und sollen Übersetzungsforscher tun, um der *fortuna* wenigstens dort, wo sie in Gestalt des blinden *Un*glücks auftritt, entgegenzutreten? Als erstes wäre hier an die Schulung der künftigen Übersetzer zu denken. Sicherlich kann der beste Unterricht mangelnde Begabung nicht kompensieren; andererseits kann auch dem Hochbegabten ein Besuch in der linguistischen Klippschule nichts schaden. Übersetzungsanalysen zeigen, daß selbst erfahrene deutsche Übersetzer ihre Schwierigkeiten haben mit einer angemessenen Übertragung des von der Norm abweichenden Gebrauchs des französischen Imperfekts bei den Naturalisten, den Symbolisten und später vor allem bei Proust. Wer in seiner Muttersprache nur ein Präteritum, kein Imperfekt kennt, entwickelt auch keine „Intuition" dafür. Hier können kontrastive Analysen entscheidende übersetzerische Anregungen geben. Als nächstes wären die Kritiker der Tages- und Wochenpresse für ein behutsameres Vorgehen zu gewinnen. Ihre als Nebenprodukt mitgelieferte Übersetzungskritik greift nicht selten zu kurz (vgl. w. o. 6.3). Schließlich gilt es auch bei den Verlegern Überzeugungsarbeit zu leisten: Nicht jeder sprachkundige Literaturbegeisterte ist ein tüchtiger Übersetzer, und die billigste Über-

---

[11] „Transparent discourse", vgl. Venuti 1995, 39f.

setzung verspricht nicht immer den höchsten Gewinn. Zum Schluß seien die Literaturwissenschaftler unter den Übersetzungsforschern dazu aufgefordert, öfter einmal in die Rolle des »Übersetzungspolitikers« zu schlüpfen. Die ganz großen Werke benötigen ihre Hilfe sicherlich nicht. Es sei vielmehr wichtig, hat Arno Schmidt einmal bemerkt, „für das Schaffen der *Guten Meister zweiten Ranges* einzutreten, die sonst oft, unbeachtet, durch die Dünung der Jahrzehnte an die Ränder des Literaturmeers gespült werden."[12] Warum sollte ein solcher „Guter Meister zweiten Ranges" nicht auch einmal triumphierend in die Heimat zurückkehren, nachdem ihm durch einen Übersetzer in der Fremde zum Erfolg verholfen wurde?

---

[12] Arno Schmidt: „Der Waldbrand oder Vom Grinsen der Weisen", in ders.: *Das essayistische Werk zur deutschen Literatur*, Bargfeld/Zürich, Bd. 3, 1988, 81.

Literatur

Hier werden nur Arbeiten aufgeführt, die für das behandelte Thema insgesamt von Bedeutung sind; auf sie wird in den Anmerkungen in Kurzform verwiesen. Alle übrigen Veröffentlichungen erscheinen an der sie betreffenden Stelle in einer Fußnote mit vollständiger Quellenangabe.

Albrecht, Jörn: "*Zazie dans le métro* italienisch und deutsch. Zum Problem der Übersetzung von Texten großer sozio-stilistischer Variabilität", in: Wolfgang Pöckl (Hrsg.): *Europäische Mehrsprachigkeit*. Festschrift zum 70. Geburtstag von Mario Wandruszka, Tübingen 1981, 311-328.

Albrecht, Jörn: "Wissenschaftstheoretischer Status und praktischer Nutzen der Übersetzungswissenschaft", in: Rolf Ehnert/Walter Schleyer (Hrsg.): *Übersetzen im Fremdsprachenunterricht*. Beiträge zur Übersetzungswissenschaft - Annäherungen an eine Übersetzungsdidaktik, Regensburg 1987 (= Materialien Deutsch als Fremdsprache 26), 9-23.

Albrecht, Jörn: *Europäischer Strukturalismus*. Ein forschungsgeschichtlicher Überblick, Darmstadt und Tübingen 1988 (= UTB 1487).

Albrecht, Jörn: "Die literarische Handelsbilanz Europas im Spiegel der Übersetzungen. Vorstellung eines Projekts", in: Pöckl 1990, 31-48.

Albrecht, Jörn: "Invarianz, Äquivalenz, Adäquatheit", in: Reiner Arntz/Gisela Thome (Hrsg.): *Übersetzungswissenschaft*. Ergebnisse und Perspektiven. Festschrift für Wolfram Wilss zum 65. Geburtstag, Tübingen 1990a, 71-81.

Albrecht, Jörn: "Le français langue abstraite? Neue Antworten auf eine alte Frage aus der Sicht der Prototypensemantik", in: Ulrich Hoinkes (Hrsg.): *Panorama der Lexikalischen Semantik*. Thematische Festschrift aus Anlaß des 60. Geburtstag von Horst Geckeler, Tübingen 1995a, 23-40.

Albrecht, Jörn: "Der Einfluß der frühen Übersetzertätigkeit auf die Herausbildung der romanischen Literatursprachen", in: Christian Schmitt/Wolfgang Schweickard (Hrsg.): *Die Romanischen Sprachen im Vergleich*. Akten der gleichnamigen Sektion des Potsdamer Romanistentages (27.-30.09.1993), Bonn 1995b, 1-37.

Albrecht, Jörn: "Was heißt und zu welchem Ende kompiliert man eine Lyrikanthologie? *Orfeo. Il tesoro della lirica universale*. A cura di Vincenzo Errante e Emilio Mariano, Florenz [6]1974", in: Harald Kittel (Hrsg.): *International Anthologies of Literature in Translation*, Berlin 1995c, 171-188 (= Göttinger Beiträge zur Internationalen Übersetzungsforschung 9).

Alewyn, Richard: *Vorbarocker Klassizismus und griechische Tragödie*. Analyse der "Antigone"-Übersetzung des Martin Opitz, Heidelberg 1926.

Allison, Anthony F.: *English Translations from the Spanish and Portuguese to the Year 1700*. An Annoted Catalogue of the Extant Printed Versions (exluding Dramatic Adaptions), Folkestone 1974.

Amos, Flora Ross: *Early Theories of Translation*, New York 1920.

Apel, Friedmar: *Sprachbewegung*. Eine historisch-poetologische Untersuchung zum Problem des Übersetzens, Heidelberg 1982.

Apel, Friedmar: *Literarische Übersetzung*, Stuttgart 1983.

Arend, Elisabeth: "Übersetzungsforschung und Rezeptionsforschung. Fragen der Theorie und Praxis am Beispiel der übersetzerischen Rezeption italienischer Literatur im deutschen Sprachraum von 1750-1850", in: Frank-Rutger Hausmann (Hrsg.): *»Italien in Germanien«.* Deutsche Italien-Rezeption von 1750-1850, Tübingen 1996, 185-214.

Ashton, Rosemary: *The German Idea.* Four English Writers and the Reception of German Thought 1800-1860, Cambridge University Press 1980.

Assmann, Aleida/Jan Assmann (Hrsg.): *Kanon und Zensur.* Beiträge zur Archäologie der literarischen Kommunikation II, München 1987.

Assmann, Aleida/Jan Assmann: "Kanon und Zensur als kultursoziologische Kategorien", in: Assmann/Assmann 1987, 7-27.

Auerbach, Erich: "Philologie der Weltliteratur", jetzt in: ders.: *Gesammelte Aufsätze zur Romanischen Philologie,* Bern/München 1967, 301-310.

Baasner, Frank/Peter Kuon: *Was sollen Romanisten lesen?,* Berlin 1994.

Bachleitner, Norbert: "»Übersetzungsfabriken«. Das deutsche Übersetzungswesen in der ersten Hälfte des 19. Jahrhunderts", in: *Internationales Archiv für Sozialgeschichte der deutschen Literatur* 14, Tübingen 1989, 1-49.

Bachleitner, Norbert (Hrsg.): *Quellen zur Rezeption des englischen und französischen Romans in Deutschland und Österreich im 19. Jahrhundert,* Tübingen 1990.

Baker, Mona (Hrsg.): *Routledge Encyclopedia of Translation Studies,* London/New York 1998.

Ballard, Michel: *De Cicéron à Benjamin.* Traducteurs, traductions, réflexions, Lille ²1995.

Barrento, João: *Deutschsprachige Literatur in portugiesischer Übersetzung.* Eine Bibliographie (1945-1978), Bonn – Bad Godesberg (Inter Nationes) 1978.

Barret-Ducrocq, Françoise (Hrsg.): *Traduire l'Europe,* Paris 1992.

Baugh, Albert C.: *A History of the English Language,* New York ²1957.

Bausch, Karl-Richard: "Die Transposition. Versuch einer neuen Klassifikation", in: Wolfram Wilss (Hrsg.): *Übersetzungswissenschaft,* Darmstadt 1981, 277-297.

Bellanger, Justin: "Histoire de la traduction en France", *Revue de la Société des Etudes Historiques* IX (1891), 245-262; 321-337; 398-416; X (1892), 1-15; 117-138.

Benjamin, Walter: "Die Aufgabe des Übersetzers", in: ders.: *Schriften.* Herausgegeben von Theodor W. Adorno und Gretel Adorno unter Mitwirkung von Friedrich Podszus, Frankfurt a. M. 1955, Bd. I, 40-54.

Berger, Günter/Hans-Jürgen Lüsebrink: *Literarische Kanonbildung in der Romania,* Rheinfelden 1987.

Berger, Samuel: *La Bible Française au Moyen Age.* Etude sur les plus anciennes versions de la Bible écrites en prose de langue d'oïl, Paris 1884, Nachdruck Genf 1967.

Berman, Antoine: *L'épreuve de l'étranger.* Culture et traduction dans l'Allemagne romantique, Paris 1984.

Berschin, Walter: "I traduttori d'Amalfi nell' XI secolo", in: Cesare Alzati (Hrsg.): *Cristianità ed Europa.* Miscellanea di studi in onore di Luigi Prosdocimi, Rom/Freiburg/Wien 1994, 237-243.

Besch, Werner/Oskar Reichmann/Stefan Sonderegger (Hrsg.): *Sprachgeschichte. Ein Handbuch zur Geschichte der deutschen Sprache und ihrer Erforschung.* Erster Halbband, Berlin/New York 1984.

Bihl, Liselotte/Karl Epting: *Bibliographie französischer Übersetzungen aus dem Deutschen 1487-1944*, 2 Bde, Tübingen 1987.

Bodmer, Martin: *Eine Bibliothek der Weltliteratur*, Zürich 1947.

Bolton, Whitney F.: *A Short History of Literary English*, London 1967.

Borst, Arno: *Der Turmbau von Babel.* Geschichte der Meinungen über Ursprung und Vielfalt der Sprachen und Völker, 4 Bde in 6 Büchern, Stuttgart 1957-1963.

Briamonte, Nino: *Saggio di bibliografia sui problemi storici, teorici e pratici della traduzione*, Neapel 1984.

Briesemeister, Dietrich: "Deutsche Übersetzungen aus dem Spanischen seit 1945", in: Volker Roloff (Hrsg.): *Übersetzungen und ihre Geschichte.* Beiträge der romanistischen Forschung, Tübingen 1994, 92-119.

Broich, Ulrich/Manfred Pfister (Hrsg.): *Intertextualität.* Formen, Funktionen, anglistische Fallstudien, Tübingen 1985 (= Konzepte der Sprach- und Literaturwissenschaft 35).

Brügger, Samuel: *Die deutschen Bibelübersetzungen des 20. Jahrhunderts im sprachwissenschaftlichen Vergleich.* Studien zum Metaphergebrauch in den Verdeutschungen des Neuen Testaments, Bern usw. 1983.

Brunel, Pierre/Claude Pichois/André-Michel Rousseau: *Qu'est-ce que la littérature comparée?*, Paris 1983.

Buber, Martin: *Die fünf Bücher der Weisung.* Verdeutscht von Martin Buber gemeinsam mit Franz Rosenzweig, Heidelberg [11]1987.

Cary, Edmond: *La traduction dans le monde*, Genf 1956.

Cary, Edmond: *Les grands traducteurs français*, Genf 1963.

Cassell's Encyclopaedia of World Literature, New York 1954.

Chevrel, Yves: "Les traductions et leur rôle dans le système littéraire français", in: Kittel 1988, 30-55.

Cohen, John Michael: *English Translators and Translations*, London 1962.

Coseriu, Eugenio: "Das Phänomen der Sprache und das Daseinsverständnis des heutigen Menschen", *Die pädagogische Provinz* 1-2 (1967), 11-28.

Coseriu, Eugenio: "Das Problem des Übersetzens bei Juan Luis Vives", in: Karl-Richard Bausch/Hans-Martin Gauger (Hrsg.): *Interlinguistica.* Sprachvergleich und Übersetzung, Festschrift zum 60. Geburtstag von Mario Wandruszka, Tübingen 1971, 571-582.

Coseriu, Eugenio: *Textlinguistik. Eine Einführung.* Herausgegeben und bearbeitet von Jörn Albrecht. Dritte, überarbeitete und erweiterte Auflage, Tübingen und Basel 1994 (= UTB 1808).

Dante Alighieri: *La Divina Commedia*, zit. nach Dante Alighieri: *Tutte le Opere* a cura di Luigi Blasucci, Florenz 1965, 389-733.

Delisle, Jean/Judith Woodsworth (Hrsg.): *Les traducteurs dans l'histoire*, Les Presses de l'Université d'Ottawa 1995.

D'Hulst, Lieven: *Cent ans de théorie française de la traduction. De Batteux à Littré (1748-1847)*, Presses Universitaires de Lille 1990.

Duranti, Riccardo: "Italian Tradition", in: Baker 1998, 474-485.

Eggebrecht, Axel: *Weltliteratur*. Ein Überblick, Hamburg 1948.

Elema, Hans: *Literarischer Erfolg in sechzig Jahren:* Eine Beschreibung der belletristischen Werke, die zwischen 1900 und 1960 aus dem Deutschen ins Holländische übersetzt wurde, Assen 1973.

Eppelsheimer, Hanns W.: *Handbuch der Weltliteratur*. Von den Anfängen bis zur Gegenwart, Frankfurt a. M. ^{3}1960.

Folena, Gianfranco: *Volgarizzare e tradurre*, Turin 1991.

Fränzel, Walter: *Geschichte des Übersetzens im 18. Jahrhundert*, Leipzig 1914.

Frank, Armin Paul: "Einleitung", zu: Brigitte Schultze (Hrsg.): *Die literarische Übersetzung*. Fallstudien zur ihrer Kulturgeschichte, Berlin 1987, IX-XVII (= Göttinger Beiträge zur Internationalen Übersetzungsforschung 1).

Frank, Armin Paul (Hrsg.): *Die literarische Übersetzung. Der lange Schatten kurzer Geschichten.* Amerikanische Kurzprosa in deutschen Übersetzungen, Berlin 1989 (= Göttinger Beiträge zur Internationalen Übersetzungsforschung 3).

Franzbach, Martin: *Lessings Huarte-Übersetzung (1752)*, Hamburg 1965.

Fromm, Hans: *Bibliographie deutscher Übersetzungen aus dem Französischen*, 6 Bde, Baden-Baden 1950-1953, ^{2}1981.

Gardt, Andreas: "Die Übersetzungstheorie Martin Luthers", *Zeitschrift für deutsche Philologie* 111 (1992), 87-111.

Gatzke, Katrin: "Die Übertragung des Preziösen in den deutschen Übersetzungen von Molières *Les précieuses ridicules*", in: Ulrike Jekutsch et al. (Hrsg.): *Komödie und Tragödie – übersetzt und bearbeitet*, Tübingen 1994, 187-223 (= Forum Modernes Theater Schriftenreihe 16).

Gervinus, Georg Gottfried: *Geschichte der Deutschen Dichtung*, Leipzig ^{4}1853.

Gnilka, Joachim/Hans P. Rüger (Hrsg.): *Die Übersetzung der Bibel – Aufgabe der Theologie*, Bielefeld 1985.

Goody, Jack/Ian Watt/Kathleen Gough: *Entstehung und Folgen der Schriftkultur*. Mit einer Einleitung von Heinz Schlaffer, Frankfurt a. M. 1986.

Graeber, Wilhelm/Geneviève Roche: *Englische Literatur des 17. und 18. Jahrhunderts in französischer Übersetzung und deutscher Weiterübersetzung*. Eine kommentierte Bibliographie. Herausgegeben und eingeleitet von Jürgen von Stackelberg, Tübingen 1988.

Graeber, Wilhelm (Hrsg.): *Französische Übersetzervorreden des 18. Jahrhunderts*, Frankfurt a. M. 1990.

Greenslade, Stanley L. (Hrsg.): *The Cambridge History of the Bible*. The West from the Reformation to the Present Day, Cambridge 1978.

Güttinger, Fritz: *Zielsprache*. Theorie und Technik des Übersetzens, Zürich 1963.

Gumbrecht, Hans Ulrich: "»Phoenix aus der Asche« oder: Vom Kanon zur Klassik", in: Assmann/Assmann 1987, 284-299.

Guthmüller, Bodo: "Die *volgarizzamenti*", in: *Grundriss der Romanischen Literaturen des Mittelalters*, vol. X/2, Heidelberg 1989, 201-254.

Guthmüller, Bodo: "Literaturgeschichte und Volgare in der ersten Hälfte des Cinquecento", in: August Buck (Hrsg.): *Humanismus und Historiographie*. Rundgespräche und Kolloquien, Weinheim 1991 (= Acta Humaniora), 105-123.

Haarmann, Harald: *Universalgeschichte der Schrift*, Frankfurt a. M./New York 1990.

Hausmann, Frank-Rutger: *Bibliographie der deutschen Übersetzungen aus dem Italienischen*; Bd. 1: *Von den Anfängen bis 1730*, Tübingen 1992.

Hennebert, Frédéric: *Histoire des traductions françaises d'auteurs grecs et latins, pendant le XVIe et le XVIIe siècles*, Brüssel 1861, Neudruck Amsterdam 1968.

Hermann, Alfred: "Dolmetschen im Altertum. Ein Beitrag zur antiken Kulturgeschichte", in: Karl Thieme/Alfred Hermann/Edgar Gläser: *Beiträge zur Geschichte des Dolmetschens*, München 1956, 25-59.

Hermann, Alfred (unter Mitarbeit von W. von Soden): "Dolmetscher"; Stichwort in: *Reallexikon für Antike und Christentum*. Sachwörterbuch zur Auseinandersetzung des Christentums mit der antiken Welt. Herausgegeben von Theodor Klauser, Bd. IV, Stuttgart 1959, 24-50.

Hermans, Theo: *The Manipulation of Literature*. Studies in Literary Translation, London 1985.

Hess, Günter: *Deutsch-Lateinische Narrenzunft*. Studien zum Verhältnis von Volkssprache und Latinität in der satirischen Literatur des 16. Jahrhunderts, München 1971.

Heyden-Rynsch, Verena von der (Hrsg.): *Vive la littérature!* Französische Literatur der Gegenwart, München/Wien 1989.

Hirsch, Alfred (Hrsg.): *Übersetzung und Dekonstruktion*, Frankfurt a. M. 1997.

Hönig, Hans G./Paul Kußmaul: *Strategie der Übersetzung*, Tübingen 1982, [3]1991.

Hoffmeister, Gerhart: *Spanien und Deutschland*. Geschichte und Dokumentation der literarischen Beziehungen, Berlin 1976.

Holmes, James S./José Lambert/Raymond van den Broek (Hrsg.): *Literature and Translation*, Löwen 1978.

Holthuis, Susanne: *Intertextualität*. Aspekte einer rezeptionsorientierten Konzeption, Tübingen 1993 (= Stauffenburg-Colloquium 28).

Honnefelder, Gottfried (Hrsg.): *Warum Klassiker?* Ein Almanach zur Eröffnungsedition der Bibliothek deutscher Klassiker, Frankfurt a. M. 1985.

Horn-Monval, Madeleine: *Traductions et adaptations françaises du théâtre étranger*, 8 Bde und Index général, Paris 1967.

Huet, Pierre-Daniel: *De interpretatione libri duo*, Venedig 1756 (Erste Aufl. Paris 1661; zweite überarbeitete Aufl. Den Haag 1680).

Huyssen, Andreas: *Die Frühromantische Konzeption von Übersetzung und Aneignung*. Studien zur frühromantischen Utopie einer deutschen Weltliteratur, Zürich/Freiburg i. Br. 1969.

Issatschenko, Alexander: *Geschichte der russischen Sprache*. 2. Band: Das 17. und 18. Jahrhundert, Heidelberg 1983.

Jacobsen, Eric: *Translation a Traditional Craft*, Kopenhagen 1958.

Jansohn, Christa/Dieter Mehl/Hans Bungert: *Was sollen Anglisten und Amerikanisten lesen?*, Berlin 1995.

Jurt, Joseph/Martin Ebel/Ursula Erzgräber: *Französischsprachige Gegenwartsliteratur 1918-1986/87*. Eine bibliographische Bestandsaufnahme der Originaltexte und der deutschen Übersetzungen, Tübingen 1989.

Kaiser, Gerhard R.: *Einführung in die Vergleichende Literaturwissenschaft*. Forschungsstand - Kritik - Aufgaben, Darmstadt 1980.

Kelletat, Andreas: "Die Rückschritte der Übersetzungstheorie. Anmerkungen zur *Grundlegung einer allgemeinen Translationstheorie* von Katharina Reiß und Hans J. Vermeer", in: Rolf Ehnert/Walter Schleyer (Hrsg.): *Übersetzen im Fremdsprachenunterricht*. Beiträge zur Übersetzungswissenschaft – Annäherungen an eine Übersetzungsdidaktik, Regensburg 1987, 33-49 (= Materialien Deutsch als Fremdsprache 26).

Kelly, Louis G.: *The True Interpreter*. A History of Translation Theory and Practice in the West, Oxford 1979.

Kindlers Neues Literaturlexikon, hrsg. von Walter Jens, München 1988-1992.

Kittel, Harald (Hrsg.): *Die literarische Übersetzung*. Stand und Perspektiven ihrer Erforschung, Berlin 1988 (= Göttinger Beiträge zur Internationalen Übersetzungsforschung 2).

Kittel, Harald (Hrsg.): *Geschichte, System, Literarische Übersetzung*, Berlin 1992 (= Göttinger Beiträge zur Internationalen Übersetzungsforschung 5).

Kittel, Harald (Hrsg.): *International Anthologies of Literature in Translation*, Berlin 1995 (= Göttinger Beiträge zur Internationalen Übersetzungsforschung 9).

Kloepfer, Rolf: *Die Theorie der literarischen Übersetzung*, München 1967.

Koch, Klaus et al. (Hrsg.): *Reclams Bibellexikon*, Stuttgart [5]1992.

Köpf, Ulrich: "Hieronymus als Bibelübersetzer", in: Siegfried Maurer (Hrsg.): *Eine Bibel – viele Übersetzungen. Not oder Notwendigkeit?*, Stuttgart 1978, 71-89.

Koller, Werner: "Übersetzungen ins Deutsche und ihre Bedeutung für die deutsche Sprachgeschichte", in: Besch/Reichmann/Sonderegger 1984, 112-129.

Konopik, Iris: *Leserbilder in französischen und deutschen Übersetzungskonzeptionen des 18. Jahrhunderts*, Tübingen 1997.

Kortländer, Bernd/Fritz Nies (Hrsg.): *Französische Literatur in deutscher Übersetzung.* Eine kritische Bilanz, Düsseldorf 1986.

Krauss, Werner: *Grundprobleme der Literaturwissenschaft*. Zur Interpretation literarischer Werke. Mit einem Textanhang, Reinbek bei Hamburg 1968.

Krauss, Werner: "Zur Theorie und Praxis des Übersetzens im Frankreich und Deutschland des 18. Jahrhunderts", *Beiträge zur Romanischen Philologie XII* (1973), 387-392.

Küpper, Klaus: *Bibliographie der portugiesischen Literatur*. Prosa, Lyrik, Essay und Drama in deutscher Übersetzung, Portugal-Frankfurt a. M. 1997.

Kuhn, Irène: "Der Übersetzer: Stiefkind der Kritik?", in: Nies 1996, 68-76.

Kurz, Ingrid: "Das Dolmetschen - Relief aus dem Grab des Haremhab in Memphis. Ein Beitrag zur Geschichte des Dolmetschens im alten Ägypten", *Babel* 32/2 (1985), 73-77.

Kurz, Ingrid: "Dolmetschen im alten Rom", *Babel* 32/4 (1986), 215-220.

Kurz, Ingrid: *Pictorial Representation of an Interpreter in the Memphis Tomb of Haremhab*. NRCTI outreach paper, Georgetown University, Washington D.C. 1986 (= 1986a).

Laaths, Erwin: *Geschichte der Weltliteratur*. Eine Gesamtdarstellung, München 1953.

Laffont, Robert/Valentino Bompiani: *Dictionnaire des œuvres de tous les temps et de tous les pays*, 2 Bde, Paris ²1957.

Lapucci, Carlo: *Dal volgarizzamento alla traduzione*, Florenz 1983.

Larbaud, Valéry: *Sous l'invocation de saint Jérôme*, Paris 1946.

Lausberg, Heinrich: *Elemente der literarischen Rhetorik*, München 1963.

Lefevere, André: *Translating Literature: The German Tradition from Luther to Rosenzweig*, Assen/Amsterdam 1977.

Lefevere, André: *Translation, Rewriting, and the Manipulation of Literary Fame*, London/New York 1992.

Leppla, R.: "Übersetzungsliteratur", in: Paul Merker/Wolfgang Stammler (Hrsg.): *Reallexikon der deutschen Literaturgeschichte*, Bd. III, Berlin 1928/29, 394-402.

Die Leseliste (Reclam), Stuttgart 1994.

Levý, Jiří: *Die literarische Übersetzung*. Theorie einer Kunstgattung, Frankfurt a. M./Bonn 1969.

Lieber, Maria: "Die Bedeutung der literarischen Übersetzung bei der Herausbildung des Katalanischen", in: Wolfgang Pöckl (Hrsg.): *Literarische Übersetzung*. Formen und Möglichkeiten ihrer Wirkung in neuerer Zeit. Beiträge zur Sektion *Literarische Übersetzung* des XXII. Deutschen Romanistentags in Bamberg (23.-25. September 1991), Bonn 1992, 33-56.

Lowell, Robert: *Racine's Phèdre. Phaedra*, London 1961.

Luther, Martin: "Ein Sendbrief D.M. Luthers. Vom Dolmetschen und Fürbitte der Heiligen (1530)", in: ders.: *Studienausgabe*. In Zusammenarbeit mit Herlmar Junghans, Joachim Rogge und Günther Wartenberg herausgegeben von Hans-Ulrich Delius, Bd. 3, Berlin 1983, 477-496.

Luther, Martin: *Die gantze Heilige Schrifft Deudsch*. Wittenberg 1545. Letzte zu Luthers Lebzeiten erschienene Ausgabe. Herausgegeben von Hans Volz unter Mitarbeit von Heinz Blanke. Textredaktion Friedrich Kur, 2 Bde, München 1972.

Macheiner, Judith: *Übersetzen*. Ein Vademecum, Frankfurt a. M. 1995.

Maggini, Francesco: *I primi volgarizzamenti dai classici latini*, Florenz 1952.

Malclès, Louise-Noëlle: *La bibliographie*, Paris ⁴1977 (= Que sais-je? 708).

Marti, Heinrich: *Übersetzer der Augustin-Zeit*. Interpretation von Selbstzeugnissen, München 1974.

Meschonnic, Henri: *Pour la poétique* II, Paris 1973.

Mörchen, Helmut: *Übersetzung im Lesebuch*. Zur Lektüre ausländischer Literatur innerhalb des Deutschunterrichts, Heidelberg 1985.

Morgan, Bayard Q.: *A Bibliography of German Literature in English Translation 1481-1927*, Madison 1965.

Mounin, Georges: *Les Belles Infidèles*, Paris 1955.

Mounin, Georges: *Les problèmes théoriques de la traduction*, Paris 1963 (Neudruck Taschenbuchausgabe Paris 1980).

Mounin, Georges: *Teoria e storia della traduzione*, Turin 1965 (dt. Übersetzung von Harro Stammerjohann: *Die Übersetzung. Geschichte - Theorie - Anwendung*, München 1967).

Müller, Bodo: "Die Rezeption der deutschen Literatur in Spanien", *Arcadia* 2 (1967), 257-276.

Nida, Eugene A.: "Linguistics and Ethnology in Translation – Problems", *Word* 1 (1945), 194-208.

Nida, Eugene A./Charles R. Taber: *Theorie und Praxis des Übersetzens unter besonderer Berücksichtigung der Bibelübersetzung*, Weltbund der Bibelgesellschaften, o.O. 1969.

Nies, Fritz/Albert-Reiner Glaap/Wilhelm Gössmann (Hrsg.): *Ist Literaturübersetzen lehrbar?* Beiträge zur Eröffnung des Studiengangs Literaturübersetzen an der Universität Düsseldorf (= Transfer 1), Düsseldorf 1989.

Nies, Fritz (Hrsg.): *Literaturimport und Literaturkritik: das Beispiel Frankreich*, Tübingen 1996.

Nordemann, Wilhelm et alii: *International Copyright and Neighboring Rights Law*. Commentary with special emphasis on the European Community, Weinheim 1990.

Ong, Walter J.: *Orality and Literacy. The Technologizing of the Word*, London/New York 1982.

Panzer, M. Georg Wolfgang: *Versuch einer kurzen Geschichte der römisch-catholischen deutschen Bibelübersetzung*, Nürnberg 1781, Nachdruck Leipzig 1971.

Paul, Fritz/Heinz-Georg Halbe (Hrsg.): *Schwedische Literatur in deutscher Übersetzung 1830-1980*. Eine Bibliographie, 7 Bde, Göttingen 1987/88.

Paul, Hermann: *Deutsches Wörterbuch*, Tübingen ^{5}1966.

Der kleine Pauly. Lexikon der Antike in fünf Bänden. Auf der Grundlage von Pauly's Realencyclopädie der classischen Altertumswissenschaft unter Mitwirkung zahlreicher Fachgelehrter bearbeitet und herausgegeben von Konrat Ziegler und Walther Sontheimer, München 1979.

Pieper, Annemarie/Urs Thurnherr: *Was sollen Philosophen lesen?*, Berlin 1994.

Pöckl, Wolfgang: "Villon unter den Deutschen. Bemerkungen zur Übersetzung als Rezeptionsproblem", in: Jürgen Kühner/Hans-Dieter Mück/Ulrich Müller (Hrsg.): *Mittelalter-Rezeption*. Gesammelte Vorträge des Salzburger Symposions "Die Rezeption mittelalterlicher Dichter und ihrer Werke in Literatur, bildender Kunst und Musik des 19. und 20. Jahrhunderts", Göppingen 1979, 504-536.

Pöckl, Wolfgang (Hrsg.): *Österreichische Literatur in Übersetzungen. Salzburger linguistische Analysen*, Wien 1983.

Pöckl, Wolfgang (Hrsg.): *Literarische Übersetzung*. Beiträge zur gleichnamigen Sektion des XXI. Romanistentags in Aachen (25.-27. September 1989), Bonn 1990.

Pohling, Heide: "Zur Geschichte der Übersetzung", in: *Studien zur Übersetzungswissenschaft* (Beiheft zur Zeitschrift *Fremdsprachen*), Leipzig 1971, 125-162.

Pongs, Hermann: *Das kleine Lexikon der Weltliteratur*, Stuttgart 1956.

Prampolini, Giacomo: *Storia universale della letteratura*, 7 Bde, Turin ³1959-1961.

Pym, Anthony: "Spanish Tradition", in: Baker 1998, 552-563.

Queneau, Raymond (Hrsg.): *Histoire des Littératures*, 3 Bde, Paris ³1977 (= Encyclopédie de la Pléiade).

M. Fabius Quintilianus: *Institutio oratoria X*. Lehrbuch der Redekunst. Lateinisch und Deutsch. Übersetzt, kommentiert und mit einer Einleitung herausgegeben von Franz Loretto, Stuttgart 1974.

Jean Racine: *Fedra*. Traduzione di Giuseppe Ungaretti. A cura di Alberto Capatti, Mailand 1950.

Jean Racine: *Phädra. Trauerspiel in fünf Aufzügen*. Aus dem Französischen übertragen von Friedrich Schiller. Mit einem Nachwort von Hermann Gmelin, Stuttgart 1955.

Jean Racine: *Dramatische Dichtungen. Geistliche Gesänge. Französisch-deutsche Gesamtausgabe*. Deutsche Nachdichtung von Wilhelm Willige, 2 Bde, Darmstadt usw. 1956.

Radó, György: "La traduction et son histoire", *Babel* 10 (1964), 15-16.

Radó, György: "Approaching the History of Translation", *Babel* 13 (1967), 169-173.

Reiß, Katharina: *Möglichkeiten und Grenzen der Übersetzungskritik*. Kategorien und Kriterien für eine sachgerechte Beurteilung von Übersetzungen, München 1971, ³1986.

Reiß, Katharina: "Der Ausgangstext – das sine qua non der Übersetzung", *TextConText* 1990, 31-39.

Reiß, Katharina/Hans J .Vermeer: *Grundlegung einer allgemeinen Translationstheorie*, Tübingen 1984, ²1991.

Rener, Frederick: *Interpretatio: Language and Translation from Cicero to Tytler*, Amsterdam 1989 (= Approaches to Translation Studies 8).

Rodrigues, Antonio A. Gonçalves: *A tradução em Portugal*, 4 Bde, Lissabon 1992f.

Rössig, Wolfgang: *Literaturen der Welt in deutscher Übersetzung*. Eine chronologische Bibliographie, Stuttgart/Weimar 1997.

Rossum, Walter van: "Bekenntnisse eines skeptischen Übersetzungskritikers", in: Nies 1996, 20-25.

Rühling, Lutz: "Der Geist im Moorwasser. Kognitionspsychologische Aspekte semantischer Übersetzungsfehler", in: Kittel 1992, 350-367.

Santoyo, Julio-César: *Teoría y crítica de la traduccion: antología*, Bellaterra: Universitat Autónoma de Barcelona 1987.

Sauer-Geppert, Waltraut Ingeborg: "Verstehbarkeit – Zur Revision der Lutherbibel", in: Heimo Reinitzer (Hrsg.): *Was Dolmetschen fur Kunst und Erbe sey*. Beiträge zur Geschichte der deutschen Bibelübersetzung, Hamburg 1982 (= Vestigia Bibliae 4), 193-208.

Savory, Theodore: *The Art of Translation*, London 1957, ²1968.

Schimmang, Jochen: "Eine Übersetzungskritik findet nicht statt. Anmerkungen zu einem nicht haltbaren Apodiktum", in: Nies 1996, 26-29.

Schirach, Viktoria von (Hrsg.): *Almanach zur italienischen Literatur der Gegenwart*, München/Wien 1988.

Schleiermacher, Friedrich: "Ueber die verschiedenen Methoden des Uebersezens", in: *Friedrich Schleiermacher's sämmtliche Werke*. Dritte Abtheilung. Zur Philosophie, Zweiter Band, Berlin 1838, 207-245.

Schneider, Michael: "Zwischen Verfremdung und Einbürgerung. Zu einer Grundfrage der Übersetzungstheorie und ihrer Geschichte", *Germanisch-Romanische Monatsschrift* 66 (1985), 1-12.

Schneiders, Hans-Wolfgang: *Die Ambivalenz des Fremden*. Übersetzungstheorie im Zeitalter der Aufklärung (Frankreich und Italien), Bonn 1995.

Schreiber, Michael: *Übersetzung und Bearbeitung. Zur Differenzierung und Abgrenzung des Übersetzungsbegriffs*, Tübingen 1993.

Schröder, Rudolf Alexander: *Corneille/Racine/Molière in deutschen Alexandrinern* [= Gesammelte Werke, VI], Frankfurt a. M. 1958.

Schwarz, W.: "The History of Principles of Bible Translation in the Western World", *Babel* IX/1-2 (1963), 5-22.

Sdun, Winfried: *Probleme und Theorien des Übersetzens*, München 1967.

Seele, Astrid: *Römische Übersetzer. Nöte, Freiheiten, Absichten*. Verfahren des literarischen Übersetzens in der griechisch-römischen Antike, Darmstadt 1995.

Segebrecht, Wulf: *Was sollen Germanisten lesen?* Ein Vorschlag, Berlin 1994.

Siebenmann, Gustav/Donatella Casetti: *Bibliographie der aus dem Spanischen, Portugiesischen und Katalanischen ins Deutsche übersetzten Literatur* [1945-1983], Tübingen 1985.

Sonderegger, Stefan: "Geschichte deutschsprachiger Bibelübersetzungen in Grundzügen", in: Besch/Reichmann/Sonderegger 1984, 129-185.

Stackelberg, Jürgen von: "Das Ende der 'belles infidèles'. Ein Beitrag zur französischen Übersetzungsgeschichte", in: Karl-Richard Bausch/Hans-Martin Gauger (Hrsg.): *Interlinguistica*. Sprachvergleich und Übersetzung (Festschrift Mario Wandruszka), Tübingen 1971, 583-596.

Stackelberg, Jürgen von: *Weltliteratur in deutscher Übersetzung*. Vergleichende Analysen, München 1978.

Stackelberg, Jürgen von: *Übersetzungen aus zweiter Hand*. Rezeptionsvorgänge in der europäischen Literatur vom 14. bis zum 18. Jahrhundert, Berlin/New York 1984.

Stackelberg, Jürgen von: "Blüte und Niedergang der »Belles Infidèles«", in: Kittel 1988, 16-29.

Stackelberg, Jürgen von: *Fünfzig Romanische Klassiker in deutscher Übersetzung*, Bonn 1997.

Steenmeijer, Maarten: *Bibliografía de las traducciones de la literatura española e hispanoamericana al holandés 1946-1990*, Tübingen 1991.

Steiner, George: *After Babel*. Aspects of Language and Translation, New York/London 1975 (dt. Üb.: *Nach Babel*. Dt. von Monika Plessner, Frankfurt a. M. 1981).

Stockley, V.: *German Literature as known in England 1750-1830*, London 1929.

Störig, Hans Joachim (Hrsg.): *Das Problem des Übersetzens*, Darmstadt 1963; ³1973 (= Wege der Forschung 8).

Strauß, Bruno: *Der Übersetzer Nicolaus von Wyle*, Berlin 1912 (= Palaestra 118).

Strich, Fritz: *Goethe und die Weltliteratur*, Bern 1946.

Tgahrt, Reinhard et alii (Hrsg.): *Weltliteratur. Die Lust am Übersetzen im Jahrhundert Goethes*. Eine Ausstellung des Deutschen Literaturarchivs im Schiller-Nationalmuseum Marbach am Neckar, München 1982.

Thieme, Karl: "Die Bedeutung des Dolmetschens für die »Weltgeschichte Europas«", in: Karl Thieme/Alfred Hermann/Edgar Glässer: *Beiträge zur Geschichte des Dolmetschens*, München 1956, 9-24.

Thome, Gisela: "Die wörtliche Übersetzung (Französisch-Deutsch) (1978)", in: Wolfram Wilss (Hrsg.): *Übersetzungswissenschaft*, Darmstadt 1981, 302-322 (= Wege der Forschung 535).

Trübner, Georg: "Johann Diederich Gries – ein vergessener Übersetzer?", *Babel* XV-XVI (1969/70), 150-155.

Tytler, Alexander Fraser: *Essay on the Principles of Translation* (1813), London/New York 1907 (= Everyman's Library 168).

Van Hoof, Henri: *Histoire de la traduction en occident. France, Grande-Bretagne, Allemagne, Russie, Pays-Bas*, Paris/Louvain-la-Neuve 1991.

Venuti, Lawrence: *The Translator's Invisibility. A History of Translation*, London/New York 1995.

Vermeer, Hans J.: *Skizzen zu einer Geschichte der Translation*, Heidelberg 1992ff.

Vermeer, Hans J.: *Das Übersetzen im Mittelalter* (13. Und 14. Jahrhundert), 3 Bde, Heidelberg 1996.

Wandruszka, Mario: *Sprachen vergleichbar und unvergleichlich*, München 1969.

Weber, Horst: *Von Hieronymus bis Schlegel*. Vom Übersetzen und Übersetzern, Heidelberg 1996.

Wellek, René: "Begriff und Idee der Vergleichenden Literaturwissenschaft", *Arcadia* 2,2 (1967), 229-247.

Widmer, Walter: *Fug und Unfug des Übersetzens*. Sachlich-polemische Betrachtungen zu einem literarischen Nebengeleise, Köln 1959.

Wiegler, Paul: *Geschichte der fremdsprachigen Weltliteratur*, München 1949.

Wilpert, Gero von (Hrsg.): *Lexikon der Weltliteratur*. Biographisch-bibliographisches Handbuch nach Autoren und anonymen Werken, 2 Bde, Stuttgart ³1988.

Wolf, Lothar: "Fr. *traduire*, lat. *traducere* und die kulturelle Hegemonie Italiens zur Zeit der Renaissance", *Zeitschrift für romanische Philologie* 87 (1971), 99-105.

Wuthenow, Ralph-Rainer: *Das fremde Kunstwerk*. Aspekte der literarischen Übersetzung, Göttingen 1969.

Zima, Peter V.: *Komparatistik*, Tübingen 1992 (= UTB 1705).

Zuber, Roger: *Les 'Belles Infidèles' et la formation du goût classique*. Perrot d'Ablancourt et Guez de Balzac, Paris 1968.

Unveröffentlichte Diplomarbeiten

Bechtold, Andrea: *Anglo-irische Literatur in deutscher Übersetzung: Eine bibliographische Untersuchung*, 2 Bde, Diplomarbeit Germersheim 1991.

Becker, Yvonne: *Die deutsche Dante-Rezeption im Spiegel der Übersetzungen*, Germersheim 1993.

Diehl, Julia: *Die Rezeption der Essais von Michel de Montaigne in Deutschland im Spiegel der Übersetzungen. Ein historisch-deskripitiver Übersetzungsvergleich*, Heidelberg 1997.

Ertz, Christoph: *Englische Übersetzungen deutscher Werke (zwischen 1700 und 1850). Eine kritische Sichtung*, Germersheim 1991.

Fritz, Martin: *Michel Tournier deutsch: Eine vergleichende Kritik einiger Tournier-Übersetzungen von Hellmut Waller*, Germersheim 1986.

Fruth, Silke: *Maupassant in deutschen und englischen Übersetzungen. Ein Beitrag zur historisch-deskriptiven Übersetzungsforschung*, Heidelberg 1993.

Gatzke, Katrin: *Molières* Les précieuses ridicules *und* Les femmes savantes *in ihren deutschen Übersetzungen*, Heidelberg 1994.

Genet, Isabelle: *Honoré Balzacs Roman* Eugénie Grandet *in italienischen Übersetzungen*, Heidelberg 1994.

Gennrich, Cornelia: *Die Übersetzung der Bibel als Sonderfall der Übersetzung unter besonderer Berücksichtigung der Offenbarung des Johannes*, Heidelberg 1994.

Grieger, Gisela: *Die literarische Übersetzung im Spiegel von Übersetzervor- und Nachworten*, Germersheim 1992.

Haas, Dorothée: *Mehrsprachigkeit im Spiegel von literarischen Selbstzeugnissen am Beispiel von Julien Green und Elias Canetti*, Heidelberg 1995.

Hampel, Beate: *Prévosts 'Manon Lescaut' in deutschen Übersetzungen des 18., 19. und 20. Jahrhunderts. Eine Studie im Rahmen der historisch-deskriptiven Übersetzungsforschung*, Heidelberg 1993.

Höpoltseder, Anja: *Rainer Maria Rilke als Übersetzer aus dem Französischen*, Heidelberg 1994.

Jacobs, Anne: *Intertextualität und Übersetzung*, Germersheim 1992.

Joos, Regina: *Pierre-Daniel Huet. Ein Übersetzungskritiker im 17. Jahrhundert*, Heidelberg 1993.

Keimel, Olivier: *Eigenübersetzung zweisprachiger Autoren*, Heidelberg 1994.

Kemmer, Beatrix: *Peter Handke als Übersetzer aus dem Französischen*, Heidelberg 1996.

Kohlenberger, Patricia: Die Blechtrommel *und* Hundejahre *französisch und englisch. Mit besonderer Berücksichtigung der Grass-Rezeption in Frankreich*, Heidelberg 1997.

Krieg, Andrea: *René Char. Versuch einer Gesamtwürdigung mit besonderer Berücksichtigung seiner Rezeption in Frankreich und Deutschland und der deutschen Übersetzung seiner Poesie*, Germersheim 1985.

Lafront, Diane: *Das Berufsbild des Übersetzers und Dolmetschers in Vergangenheit und Gegenwart (Deutschland; Frankreich; Großbritannien)*, Heidelberg 1997.

Lau, Ingrid: *Flaubert in Deutschland und Spanien*, Heidelberg 1993.

Lienenkämper, Isabel: *Die Rezeption des* Don Quijote *in Frankreich im Spiegel der Übersetzungen*, Heidelberg 1994.

Mayr, Monika: *Die Rezeption der klassischen spanischen Literatur in Frankreich*, Heidelberg 1993.

Nicoley, Pia: *Überlegungen zum Problem der Opernübersetzung, dargestellt anhand der "Tre libretti per Mozart" von Lorenzo da Ponte*, Germersheim 1986.

Sendrowski, Claudia: *Die literarische Handelsbilanz Europas im Spiegel der Übersetzungen: Emile Zola – L'Assommoir*, Heidelberg 1993.

Sihn, Andrea: *Die Rezeption Alessandro Manzonis in Frankreich im Spiegel der Übersetzungen*, Heidelberg 1993.

Simons, Ruth: *Die Rezeption englischer Literatur im Frankreich des 18. Jahrhunderts*, Heidelberg 1993.

Speer, Susanne: *Lessing als Übersetzer und Übersetzungkritiker*, Heidelberg 1994.

Wührl, Adriana: *Art und Dichte der translatorischen Rezeption von Voltaires Roman* Candide *im deutschen Sprachraum (1759-1992). Ein historisch-deskriptiver Beitrag zur Erforschung der Rezeptionsgeschichte*, Heidelberg 1992.

Namenregister

Addison, J. 262, 339
Aelfric 332
Afer, Publius Terentius 29
Aischines 55, 56
Aischylos 155, 209
Alain-Fournier, H. 235
Albert, H. 319
Alemán, M. 317, 327
Alexander der Große 81
Alfons X. (der Weise) 332
Alfred (engl. König) 281, 332
Alkaios 209
Ammer, K. L. 245, 263, 264, 265
Amyot, J. 79, 80, 81, 322, 333
Anakreon 209, 287
Andersen, H. C. 221, 229, 230
Aneau, B. 153
Apollinaire, G. 226
Archilochos 209
Ariosto, L. 283, 287, 314, 335
Aristophanes 209
Aristoteles 209, 316, 325
Arnolds, M. 90, 339
Arnulf von Löwen 171
Artmann, H. C. 264, 265
Äsop (Aisopos) 281
Augustinus 115, 116, 120
Augustus 81
Aulus Gellius 29, 41, 215
Bachet de Méziriac, G. 80, 322
Bachmann, I. 342
Bachschwanz, L. 314
Bachtin, M. M. 182
Balzac, H. de 11, 12, 17, 112, 223, 243
Bang, H. 20
Barbey d'Aurévilly, J.-A. 187
Barclay, A. 333
Barrojas, P. 327
Barthes, R. 321
Baudelaire, C. 18, 197, 218, 223, 227, 232, 294, 300
Baudissin, W. Graf 20, 293

Beaufret, J. 90, 91
Beaumarchais, P. A. Caron de 178
Beaumont, F. 296
Beckett, S. 290, 298, 299
Behan B. 338
Bellay, J. du 153, 157, 245, 299
Bembo, P. 211
Benjamin, W. 52, 107, 108, 271, 300
Berlioz, H. 318
Bernhard von Clairvaux 94
Bernhard, T. 342
Bertuch, F. J. 317, 343
Bligger von Steinach 210
Boccaccio, G. 47, 106, 150, 211, 307, 308, 312, 334
Bode, J. J. C. 112, 186, 198, 248, 285, 286, 343
Bodmer, J. J. 134, 135, 169, 245, 248, 313, 342
Boethius 332
Boiardo, M. M. 287, 308
Boileau, N. 212, 215, 252
Böll, H. 293, 304, 305
Borchardt, R. 294
Borck, C. W. von 337
Boscán, J. 325
Bove, E. 297
Brahms, J. 310
Brant, S. 150, 333, 352
Braun, V. 258
Brecht, B. 99, 178, 245, 262, 263, 264
Breitbach, J. 299
Breitinger, J. J. 169, 342
Brentano, C. 219
Brontë, E. 216
Brotonne, F. 355
Bruno, Leonardo 41, 315
Buber, M. 130, 138, 139, 140
Bühler, K. 267, 268, 269
Butor, M. 321
Byron, G. G. N. (Lord) 288
Caesar 28, 220, 271, 325

Calderón de la Barca, P. 18, 19, 26, 287, 328, 329
Calvin, J. 133, 297
Calvino, I. 315
Camões, L. de 247, 331, 335
Camus, A. 250
Canetti, E. 298
Cantacuzène, J. A. 319
Caragiale, I. 247
Carlyle, Th. 94, 336, 339
Casanova, G. G. 220
Castiglione, B. 325
Cato (der Ältere) 262, 266
Cato (der Jüngere) 94
Catull 210, 271, 272
Caxton, W. 334
Cernuda, L. 327
Cervantes, M. 10, 12, 13, 14, 82, 104, 147, 173, 185, 218, 259, 280, 283, 301, 325, 327, 335
Cesarotti, M. 130, 266, 310, 315, 336
Champollion, J. F. 30
Char, R. 296, 297
Charles V. (frz. König) 332
Chaucer, G. 212, 260, 288, 332, 334
Chénier, A. 179
Chomsky, N. 328
Chrétien de Troyes 38, 160, 211, 221, 319
Cicero 28, 29, 39, 51, 54, 55, 56, 57, 60, 63, 91, 95, 119, 209, 266, 270, 271, 325
Cioran, E. 321
Clari, R. de 333
Claris de Florian, J.-P. 196
Clément de Genève 193
Coleridge, S. T. 229, 336
Collyer, J. 335
Commynes, P. de 333
Cooper, J. F. 280
Corneille, P. 16, 246, 247, 316, 356
Crassus 348
Crébillon, C. 179
Croce, B. 44
Croker, T. G. 338
Curtius, E. R. 62, 150, 215
D'Alembert, Jean Le Rond 82

D'Annunzio, G. 191, 312
Da Ponte, L. 20
Dante 93, 94, 104, 106, 114, 173, 211, 212, 218, 235, 287, 295, 307, 312, 313, 314, 315
Defoe, D. 234, 280
Deledda, G. 17, 112
Demosthenes 55, 56, 209
Destouches, P. N. 317
Dickens, Ch. 229, 234, 243, 288
Diderot, D. 19, 82, 167, 195, 196, 292, 293, 300
Dolet, E. 322, 325, 326
Doni, A. F. 44
Dostojewskij (Dostojevskij), F. M. 229, 234, 349
Dryden, J. 150, 335, 339
Du Marsais, C. C. 322
Dubois, P. (Petrus de Bosco) 32
Duras, M. 297, 321
Durkheim, E. 204
Dürrenmatt, F. 342
Eckermann, J. P. 151, 176, 206
Eco, U. 9, 12, 18, 304, 355
Eichendorff, J. von 18, 19, 221, 328, 344
Eliade, M. 167, 248
Eliot, G. (Mary A. Evans) 336
Elizabeth I. 152, 332
Elyot, Sir Thomas 152
Eminescu, M. 247, 248
Encina, J. del 212
Engels, F. 297
Ennius 29, 210
Enzensberger, H. M. 293
Enzina, F. de 325
Erasmus von Rotterdam 116, 133
Errante, V. 84, 174, 311, 312
Euripides 209
Faulkner, W. 312
Fernow, C. L. 314
Ferry, J. 228
Feuerbach, F. H. 107
Feuerbach, L. 337
Fielding, H. 10, 286
Filleau de Saint-Martin, F. 193, 317, 355

Fischart, J. 180, 181, 258, 259, 291
Flaubert, G. 10, 30, 185, 319, 354
Florio, J. 334
Fontane, T. 219, 221, 304
Foscolo, U. 293, 311
Foucault, M. 321
François Ier 80, 81
Freiligrath, F. 19, 245, 295
Freud, S. 232, 342
Friedrich II. (der Große) 192
Frisch, M. 342
Froissart, J. 333, 334
Gadamer, H. G. 20
Gaiser, G. 85, 86
García Lorca, F. 232, 354
Gary, R. 321
Gellert, C. F. 123
Gellius, J. G. 286
Geoffrey of Monmouth 212
George, St. 227, 257, 294
Gerhard, P. 171
Gerstenberg, H. W. von 295, 296
Gervinus, G. G. 177, 180, 181, 245, 258, 259
Gesner, K. 44
Gide, A. 296
Gildemeister, O. 94
Gmelin, H. 94
Goethe, J. C. 305
Goethe, J. W. 19, 26, 54, 75, 76, 77, 96, 151, 172, 173, 174, 175, 176, 177, 195, 196, 206, 213, 215, 219, 226, 228, 232, 246, 250, 258, 286, 291, 300, 309, 311, 313, 314, 318, 326, 330, 336, 340, 351
Gogol, N. 229, 349
Goldoni, C. 297
Goldschmidt, G.-A. 296, 298, 318
Goldsmith, O. 285, 338
Góngora, L. 222
Gontscharow, I. A. 349
Gottfried von Straßburg 163, 210
Gotthelf, J. 342
Gottsched, J. C. 16, 83, 135, 169, 284, 313
Goyert, G. 10
Gracián, B. 317, 329

Grass, G. 70, 304, 341
Green, J. 297, 298, 321
Greiffenberg, C. R. von 222
Gries, J. D. 26, 248, 286, 287, 314, 343
Grillparzer, F. 311, 342
Grimm, F. M. Baron von 195
Grimm, J. u. W. 98, 338
Grimmelshausen, H. J. C. von 327
Guareschi, G. 315
Guido delle Colonne 212
Guizot, F. 206
Gutzkow, K. 190
Hacks, P. 280
Handke, P. 296, 297, 301, 318
Hardy, Th. 172, 208
Harsdörffer, G. Ph. 42, 155
Hartmann von Aue 162, 163, 210, 221
Hauff, W. 190
Hebbel, F. 345
Hegel, G. W. F. 174, 175, 319, 336
Heimburg, G. 154
Heine, H. 172, 219, 220, 226, 311, 318, 326, 328
Heinrich VIII. (engl. König) 334
Heinrich von Veldeke 210
Heinse, W. 100
Herder, J. G. 17, 35, 80, 81, 210, 228, 284, 286, 291, 299, 310, 328
Hermlin, S. 15, 321
Herodot 209, 348
Hesse, H. 169, 207, 208, 330
Heyse, P. 94
Hieronymus 50, 54, 59, 60, 61, 62, 63, 69, 114, 116, 118, 119, 121, 124, 134, 318, 332
Hitler, A. 298
Hoffmann von Fallersleben, A. H. 220
Hoffmann, E. T. A. 219, 229, 318, 326
Hoffmann, H. 255
Hofmannsthal, H. von 311, 342
Hölderlin, F. 51, 173, 219, 223, 229, 232, 311, 327, 344
Homer 25, 35, 72, 73, 81, 88, 90, 120, 130, 173, 175, 209, 266, 280, 311, 335, 339
Hopkins, G. M. 172

Horaz 54, 57, 58, 59, 60, 157, 209, 217, 287, 292
Hottinger, J. J. 188
Huarte, J. 328
Huet, P. D. (Huetius) 45, 59, 71, 80, 83, 322
Hugo, V. 223, 231, 295
Humboldt, W. von 155, 207, 248
Hus, J. 133
Ibsen, H. 191, 233
Ionesco, E. 321
Isokrates 209
Jacobsen, J. P. 29, 191
Jagemann, C. J. 313, 314
Jauß, H. R. 180
Jean Paul (Richter, J. P. F.) 70, 219, 224
Jesus 69, 114, 129
Jochmann, K. G. 158
Joinville, J. de 333
Kafka, F. 219
Kallimachos 209
Kannegießer, K. L. 287, 288, 294
Kant, I. 219, 220, 250, 267, 326, 336
Karl der Große 25, 43, 211
Karl IV. (Kaiser) 133
Kavafis, K. 230
Keats, J. 229
Keller, G. 219, 221, 342
Kerr, A. 264
Klabund (Alfred Henschke) 178, 179, 263
Kleist, H. von 173, 219, 311, 342
Klingeman, E. A. F. (Bonaventura) 219, 231
Klinger, F. M. 195
Klopstock, F. G. 135, 169, 318, 335
Kochanowski, J. 222
Konrad (Pfaffe) 25
Kotzebue, A. von 262, 326
Krebs, J. Ph. 164
Kundera, M. 11
La Fontaine, J. de 234
Labé, L. 294, 300
Labeuf (Abbé) 124
Lacaussade, A. 84
Laclos, P. Choderlos de 179, 300

Landolfi, T. 231
Lange, S. G. 292
Lapide, P. 121, 122
Laplace, P.-A. 10, 259
Larbaud, V. 50, 51, 322
Le Fevre, A. (Mme Dacier) 72, 80, 292
Lefèvre d'Etaples, J. 131, 133
Leibniz, G. W. 34
Leiris, M. 321
Lenau, N. 311
Leopardi, G. 18, 84, 85, 88, 111, 158, 229, 256, 257, 288, 294, 295, 310, 315
Leopold I. (Haus Habsburg) 222
Lesage, A. 179
Lessing, G. E. 14, 15, 16, 17, 19, 74, 112, 169, 179, 185, 186, 204, 219, 221, 232, 246, 260, 284, 285, 291, 292, 293, 299, 313, 317, 328, 335
Letourneur, P. P. 87, 309, 310
Levi, H. 20
Lévi-Strauss, C. 321
Lewes, G. H. 336
Lichtenberg, G. 221
Lillo, G. 194
Littré, E. 319
Livius 209, 266, 325
Livius Andronicus 29
Llull, R. (Raimundus Lullus) 32, 324
Locher, J. 333
Lomonossow, M. V. 349
Lope de Vega, F. 317
Lorenz, K. 342
Lorris, Guillaume de 334
Loschi, L. A. 309, 310
Lowell, R. 22, 68, 75
Lully, J.-B. 252
Luther, M. 20, 27, 60, 62, 83, 116, 117, 119, 123, 125, 126, 127, 129, 131, 132, 133, 134, 136, 137, 140, 141, 142, 146, 156, 222, 230, 235, 343
Machiavelli, N. 15, 132, 220, 314, 356
Maeterlinck, M. 191
Maffei, A. 311
Mallarmé, St. 197, 226

Mann, H. 300
Mann, Th. 65, 219, 221, 301, 302, 348
Manzoni, A. 10, 109, 229, 235, 314, 353
March, A. 324
Marías, J. 302
Marie de France 281
Marmontel, J.-F. 167
Marot, C. 291
Martin de Chassonville, S. 10
Marx, K. 177, 219, 220, 250, 285, 297
Maturin, C. H. R. 338
Mauriac, F. 290
Meinhard(t), J. N. 313
Melville, H. 293
Mena, J. de 212
Ménage, G. 78, 79
Menéndez y Pelayo, M. 331
Merson, E. 10
Meschonnic, H. 117, 137, 138, 140
Metge, B. 324
Meun(g), Jean de 334
Meyer, C. F. 342
Mickiewicz, A. 288
Milton, J. 18, 87, 135, 313, 335
Mirabeau, H. G. Riqueti, Graf von 179
Modiano, P. 297
Molière 69, 216, 217, 243, 247, 250, 293
Montaigne, M. de 106, 108, 112, 185, 186, 198, 203, 212, 285, 334, 335, 354
Montale, E. 311
Montemayor, J. D. 317
Monti, V. 311
Mörike, E. 172, 219, 344
Moritz, K. P. 327
Morus, Th. 134
Moses 24, 27, 140, 158
Motteux, P. 334, 335
Mozart, W. A. 20, 345
Müller, W. 204
Muschg, A. 342
Nabokov, V. 90, 297
Naevius 29
Neruda, P. 235
Nerval, G. de 318

Newman, F. W. 90, 339
Nicolai, F. 188, 189, 284, 285, 317
Niese, C. 20
Nietzsche, F. 86, 159, 250, 319
Norfolk, L. 261
North, T. 333
Novalis (F. von Hardenberg) 235, 311
O'Casey, S. 338
Olivétan, P. R. 131, 133
Opitz, M. 154, 155, 181, 245
Oresme, N. 332
Origenes 115
Orléans, Ch. de 226
Ortega y Gasset, J. 90, 331
Osbern Bokenam 332
Ossian (Macpherson, J.) 87, 130, 175, 266, 299, 310, 336
Otfried von Weißenburg 115
Oudin, C. 316, 355
Ovid 43, 164, 209, 325, 339
Pavese, C. 101, 293, 311
Peletier du Mans, J. 153, 154, 157
Pelisson, P. 58, 59
Perikles 81
Perrot d'Ablancourt, N. 71, 78, 79, 80, 87, 110, 242
Pessoa, F. 230
Peter der Große (Zar) 349
Petrarca, F. 47, 106, 150, 211, 307, 308, 312
Petronius 100
Philipp IV. (der Schöne) 33
Pindar 209
Pirandello, L. 315
Pius IV. 133
Plato(n) 77, 209, 220, 267, 325, 340
Plautus 29
Plutarch 80, 325, 333
Poe, E. A. 18, 197, 218, 229, 294
Ponge, F. 297
Pope, A. 73, 82, 335, 339
Prévost d'Exiles, A. F. (Abbé Prévost) 96, 97, 179, 221, 302, 317, 355
Proust, M. 300, 358
Puschkin, A. S. 234, 349
Queiróz, J. M. Eça de 208, 238, 247
Queneau, R. 102, 174, 248

Quevedo, F. 317
Quinault, P. 215, 252
Quintilian 91, 151, 152, 209, 249, 256
Raabe, W. 15, 16, 221, 252, 318, 356
Rabelais, F. 173, 180, 181, 212, 245, 258, 259, 334
Racine, J. 16, 19, 21, 22, 68, 69, 74, 135, 223, 246, 247, 293, 356
Ransmayr, Ch. 250
Rapp, K. M. 331
Raspe, R. E. 335
Reinmar von Hagenau 210
Reisiger, H. 234, 301
Renan, E. 224
Rétif de la Bretonne, N. 179
Rey-Dusseuil, M. 10
Richelieu 80
Rilke, R. M. 18, 85, 219, 232, 294, 296, 300, 311, 342
Rivarol, A. de 318
Rivière, P. 333
Robbe-Grillet, A. 290, 321
Robert, M. 98
Ronsard, P. 245
Rosenzweig, F. 130, 138, 140, 343
Roth, J. 342
Rückert, F. 343
Sade, D. A. F., Maquis de 179
Sadoveanu, M. 247
Sainte-Beuve, Ch. A. 84, 96, 212, 215, 218
Saint-Exupéry, A. de 234, 301, 304
Saint-Simon, L. de Rouvroy (Duc de) 220
Sallust 209, 220
Santoli, V. 346, 348
Sappho 209, 217, 311
Sarraute, N. 290
Sartre, J.-P. 100, 101, 250, 301
Sayers, D. 337
Scerbanenco, V. 315
Schadewald, W. 90
Scherer, W. 177
Schiller, F. 19, 21, 68, 75, 110, 219, 221, 232, 262, 291, 293, 311, 318, 326, 336, 339
Schlegel, A. W. von 20, 286, 293, 328

Schlegel, F. 176, 179, 219
Schleiermacher, F. 51, 68, 76, 77, 88, 89, 90, 157, 331, 339, 340
Schlink, B. 302
Schmidt, A. 249, 358
Schneider, R. 208, 345
Schnitzler, A. 320
Schopenhauer, A. 319, 326, 329
Schottel, J. G. 156, 189
Schröder, R. A. 68, 246, 247
Schubert F. 204
Schukowskij, V. A. 349
Schünemann, G. 20
Scott, W. 158, 190
Sébillet, Th. 153
Seneca 210
Seyssel, C. de 193
Shakespeare, W. 16, 18, 20, 22, 54, 87, 104, 110, 151, 165, 215, 224, 233, 234, 246, 262, 293, 296, 309, 328, 329, 333, 337, 339
Shelton, T. 335
Simenon, G. 321, 322
Simon, C. 236, 290, 321
Sophokles 51, 209
Sorel, Ch. 45
Sostschenko, M. 234
Speroni, S. 299
Spinoza, B. 220, 337
Staël, Madame de (Germaine Necker) 88, 158
Stagnelius, E. J. 288
Stalin (I. V. Džugašvili) 303
Steinbeck, J. 312
Steiner, G. 24, 51, 53, 56, 87, 339
Steinhöwel, H. 47
Stendhal (H. Beyle) 216
Sterne, L. 285, 293, 311, 338
Stifter, A. 172, 219, 221, 318, 342, 344
Stoker, A. (= Bram) 338
Strauß, D. F. 225, 319, 337
Sulla 31
Sumarokow, A. P. 349
Swift, J. 172, 317, 338
Synge, J. M. 338
Tacitus 71, 79, 82, 220

Tasso, T. 287, 314, 335
Taylor, W. 335
Tende, G. de 322
Terenz 29, 209
Theophrast 209
Thukydides 209
Tibull 209
Tieck, D. 20, 293
Tieck, L. 200, 328
Tietz, J. D. (Titius) 185, 186, 354
Tolstoi (Tolstoj), L. N. 229, 234, 349
Tomaso da Celano 171
Tophoven, E. 290, 322
Tournier, M. 18, 288, 289
Trakl, G. 342
Trediakowskij, V. K. 349
Troyat, H. 321
Truber (Trubar), Primus 347
Turgenjew, I. S. 234, 349
Twain, M. 255
Tyndale, W. 133
Tytler, A. F. 110, 111, 254, 339
U(h)lenhart, N. 82, 259
Uhland, L. 226
Ungaretti, G. 21, 68
Urquhart, T. 334
Valdés, J. de 211, 325, 331
Valéry, P. 226, 294
Vargas Llosa, M. 12
Venzky, G. 83
Vera, A. 319
Verga, G. 102

Vergil 73, 164, 209, 266, 325
Verlaine, P. 258
Villehardonin, G. de 333
Villon, F. 101, 178, 226, 232, 235, 244, 245, 262, 263, 264, 265
Vittorini, E. 311, 312
Vives, J. L. 325, 331
Voltaire 15, 18, 87, 90, 173, 212, 213, 215, 252, 293, 313, 317, 319, 339, 355
Voss, J. H. 25, 72, 73, 74, 169, 340
Vossler, K. 18, 94, 295
Wagner, R. 222
Waller, E. 339
Walter von der Vogelweide 210
We(t)zel, F. G. 219
White, P. 293
Wieland, C. M. 18, 75, 169, 206, 219, 221, 291, 293, 337
Wilde, O. 338
Willige, W. 68, 74
Wolf, F. A. 35
Wolfram von Eschenbach 105, 163, 210, 221
Wolfskehl, K. 300
Wycliffe, J. 133, 150
Wyle, N. von 42, 154, 165
Xenophon 28, 193, 209
Young, E. 87, 309
Zola, E. 111, 191, 250, 320, 354
Zschokke, H. 217